高等教育经济管理类融媒体特色教材

税务会计（含习题集）

理论·实训·微课

主编　侯丽平　许庆建　高　丛

郑州大学出版社
郑州

图书在版编目(CIP)数据

税务会计:含习题集/侯丽平,许庆建,高丛主编.—郑州:郑州大学出版社,2019.9(2019.12 重印)
ISBN 978-7-5645-6616-6

Ⅰ.①税… Ⅱ.①侯…②许…③高… Ⅲ.①税务会计-高等学校-教材 Ⅳ.①F810.62

中国版本图书馆 CIP 数据核字(2019)第 157835 号

郑州大学出版社出版发行
郑州市大学路 40 号　　邮政编码:450052
出版人:孙保营　　发行部电话:0371-66966070
全国新华书店经销
郑州市诚丰印刷有限公司印制
开本:787 mm×1 092 mm　1/16
印张:20.25
字数:495 千字
版次:2019 年 9 月第 1 版　　印次:2019 年 12 月第 2 次印刷

书号:ISBN 978-7-5645-6616-6　　定价:49.00 元

前 言

随着我国税制改革的不断完善，企业纳税意识日益增强，纳税活动已经渗透到企业生产经营的每一个环节。因此，具备一定的纳税常识、税务会计知识和纳税筹划技能已成为企业管理人员、会计师及税务师必须掌握的专业知识。

随着我国“营改增”改革的全面实施、个人所得税改革的全面推进，以及消费政策的不断调整，原有教材已经不能满足教学需要。编者结合多年税法及税务会计课程的教学经验，在汲取最新税收法规和会计准则的基础上编写了本教材。

“税务会计”课程是财税类专业的核心课程，也是其他经管类专业的必修课程或选修课程，是专门研究税务信息确认、计量和报告的交叉学科。本教材按照高等职业教育的人才培养目标，本着重能力、求创新的思路编写，主要突出以下特点：

第一，及时性。本教材以最新税法（截至 2019 年 6 月之前国家有关部门发布的税收法律、法规和规章）和财政部颁布的最新企业会计准则为依据编写而成，内容力求最新。

第二，重要性。本教材在内容设计上，对我国主体税种的基本法规规定、应纳税额计算及其会计处理进行了详尽介绍，对辅助性税种的税法规定及会计处理则做了概要性的介绍。

第三，实践性。本教材对企业日常涉税业务，均以大量实际业务为例进行编写，充分体现教学过程的实践性、开放性和职业性，从而达到强化技能、规范操作的效果。

本教材由河南经贸职业学院侯丽平、河南经贸职业学院许庆建、河南职业技术学院高丛担任主编。具体编写分工如下：侯丽平负责设计编写思路、编写大纲及统稿，并编写第一章和第二章，许庆建负责编写第三章、第四章、第五章、第六章、第七章；高丛负责编写第八章、第九章、第十章。在编写过程中参阅了许多专家和学者的相关教材、论著和资料，在此深表谢意。

由于编者水平有限，时间仓促，加之我国税制仍处于不断改革之中，书中不妥之处在所难免，恳请众位同仁批评指正。

编者

2019 年 6 月

前　言

随着我国税制改革的不断完善，企业纳税意识日益增强，纳税活动已经渗透到企业生产经营的每一个环节。因此，具备一定的纳税常识、税务会计知识和纳税筹划技能已成为企业管理人员、会计师及税务师必须掌握的专业知识。

随着我国“营改增”改革的全面实施、个人所得税改革的全面推进，以及消费政策的不断调整，原有教材已经不能满足教学需要。编者结合多年税法及税务会计课程的教学经验，在汲取最新税收法规和会计准则的基础上编写了本教材。

“税务会计”课程是财税类专业的核心课程，也是其他经管类专业的必修课程或选修课程，是专门研究税务信息确认、计量和报告的交叉学科。本教材按照高等职业教育的人才培养目标，本着重能力、求创新的思路编写，主要突出以下特点：

第一，及时性。本教材以最新税法（截至2019年6月之前国家有关部门发布的税收法律、法规和规章）和财政部颁布的最新企业会计准则为依据编写而成，内容力求最新。

第二，重要性。本教材在内容设计上，对我国主体税种的基本法规规定、应纳税额计算及其会计处理进行了详尽介绍，对辅助性税种的税法规定及会计处理则做了概要性的介绍。

第三，实践性。本教材对企业日常涉税业务，均以大量实际业务为例进行编写，充分体现教学过程的实践性、开放性和职业性，从而达到强化技能、规范操作的效果。

本教材由河南经贸职业学院侯丽平、河南经贸职业学院许庆建、河南职业技术学院高丛担任主编。具体编写分工如下:侯丽平负责设计编写思路、编写大纲及统稿,并编写第一章和第二章,许庆建负责编写第三章、第四章、第五章、第六章、第七章;高丛负责编写第八章、第九章、第十章。在编写过程中参阅了许多专家和学者的相关教材、论著和资料,在此深表谢意。

由于编者水平有限,时间仓促,加之我国税制仍处于不断改革之中,书中不妥之处在所难免,恳请众位同仁批评指正。

编者

2019 年 6 月

目　录

第一章 税务会计概述

【学习目标】

1. 理解税务会计概念、特点；
2. 理解税务会计对象、目标；
3. 理解税务会计前提、原则；
4. 掌握税收的概念和税收制度构成要素。

第一节 税务会计概念与特点

一、税务会计概念

税务会计是以国家现行税收法规为准绳，以货币计量为基本形式，运用会计学的理论和方法，对纳税单位纳税活动引起的资金运动，进行核算和监督的一门专业会计。它融税收法规和会计核算为一体，是财务会计学与税收学在一定程度上的相互结合。它研究的既是会计中的税收问题，也是税收中的会计问题。

税务会计是企业会计的一个特殊领域。它以财务会计为基础，对财务会计中按会计准则、会计制度进行的会计处理与国家现行税收法规不一致的会计事项或者出于纳税筹划的目的而进行纳税调整或重新计算。因此税务会计并不是要求企业在财务会计的凭证、账簿、报表之外再设一套会计账表（纳税表报及其附表除外），而是要求各企业均应设置专职税务会计人员（办税员），大企业还应设置专门的税务会计机构。

二、税务会计特点

税务会计虽然与财务会计有着紧密的联系和许多相同点，但是，作为一门相对独立的会计分支学科,与财务会计相比具有以下特点。

(一)法定性

税务会计以国家现行税收法令为准绳,这是它区别于其他专业会计的一个最重要的特点。企业会计准则、制度规定,对某些会计事项,财务会计可以根据企业生产、经营需要进行会计政策选择。税务会计则必须在遵守国家现行税收法令的前提下选择。税收法令是调节税企关系的准则,制约着征纳双方的分配关系。国家不能超越法律征税,企业也不得拒绝执行税法规定、不履行纳税义务。当财务会计制度的规定与现行税法的计税方法、计税范围等发生矛盾时税务会计必须以现行税收法规为准,进行纳税调整。对某些按财务会计制度反映而不便按照税法规定反映的会计事项,必须单独设置账簿、单独核算其销售金额等,方能据以按应税税种的不同税率计税或减税、免税;否则,计税时税率从高或不予减免。由此可见,严格受税收法律的制约是税务会计的一个最显著特点。

(二)广泛性

按税法规定,所有法人和自然人都可能是纳税权利义务人。由于法定纳税人的广泛性,决定了税务会计的广泛性。一般企业的财务会计执行企业会计准则、制度,为了纳税的需要,还应设置税务会计;而小型企业则是以税法为导向的,其会计可以称为税务会计,但不能称为财务会计。

(三)统一性

由于税务会计是融会计和税收法规于一体的会计,税法的统一性决定了税务会计的统一性。这就是说,同一种税对不同企业(不同纳税人)的规定都是一样的,因此,其税务会计处理也是统一的。而财务会计在会计准则制度的规范内,可以根据企业的具体情况进行会计政策选择,允许职业判断。但在统一的前提下,税务会计也不排除特殊情况下的灵活性,如减免税规定,个体工商业户确实无力建账的经批准可暂免建账等。

(四)协调性

因税务会计是从财务会计中分离出来的,对财务会计确认、计量、记录和报告的事项及其结果,只要与税法规定不悖,就可以直接采用。只有对不符合税法规定者,才进行纳税调整,即进行税务会计处理,使之符合税法的要求。因此,税务会计是对财务会计的调整,两者具有互调性。

三、税务会计与财务会计的联系和区别

(一)税务会计与财务会计的联系

要探讨税务会计与财务会计的关系,就必须明确会计与法律、会计与税收、会计与企业决策者的关系。我国于 2000 年 7 月 1 日实施了新修订的《中华人民共和国会计法》,随后又陆续出台了企业会计具体准则,从 2001 年起,各企业(小型企业除外)要逐步执行

新的《企业会计制度》和《金融企业会计制度》,2017 年 11 月 4 日,国家对《中华人民共和国会计法》进行第三次修订,并于 2017 年 11 月 5 日施行。会计的法规制度,对我国会计工作的影响是方向性的。税收对会计的影响,往往与法律对会计的影响是分不开的,税收通过法律发挥作用,法律保障税收的执行,但它们对会计影响的着重点不同。法律规定会计“能做什么”和“不能做什么”,而税收则引导企业及其会计“怎样做”,从而影响企业及其会计的具体行为。例如,当税务会计与财务会计在实务中允许存在合理差异时,会计计量模式的选择必须遵循分别反映的原则;否则,两者之间量的差异将无法揭示出来。因此,税收对会计的影响是调节性的。企业决策者则是要求在国家法律、制度许可的范围内,进行某些会计政策选择,如选择会计原则、会计程序、会计方法等。但会计的规范、计量方法、处理方法等也会反作用于法律、税收和企业决策者。

税务会计作为一项实质性工作并不是独立存在的,而是企业会计的一个特殊领域,是以财务会计为基础的。税务会计资料大多来源于财务会计,它对财务会计处理中与现行税法不相符的会计事项或出于税务筹划目的需要调整的事项按税务会计方法计算、调整,并做调整会计分录,再融于财务会计账簿或财务会计报告之中。对以税法为导向的小型企业会计,不对外提供会计报告,两者融为一体,其会计可以称之为企业会计或税务会计。

(二)税务会计与财务会计的区别

1. 核算基础、处理依据不同

税收法规与会计准则之间存在不少差别,其中最主要的差别在于收益实现的时间和费用的可扣减性上。税收制度是收付实现制与权责发生制的结合,因为计算应税所得是要确定纳税人立即支付货币资金的能力、管理上的方便性和征收当期收入的必要性,这与财务会计所依据的持续经营假设是相矛盾的;这便是纳税年度自身存在的独立性的倾向。财务会计只是遵循财务会计准则和制度处理各种经济业务,会计人员对某些相同的经济业务可能有不同的表述、得出不同的会计结果,应该认为是正常情况。税务会计要遵循税务会计的一般原则,也要遵守与税收法规不相矛盾的那些财务会计一般原则。

2. 计算损益的程序不同

税收法规中包括了修正一般收益概念的社会福利、公共政策和权益条款,强调应税所得与会计所得的不同。各国所得税税法都明确规定法定收入项目、税法允许扣除项目及其金额的确认原则和方法。企业按税法规定确定两者金额后,其差额即为应纳税所得额。税务会计以此为法定依据,但在实际计算时,是在“会计所得”的基础上调整为应税所得。当财务会计的核算结果与税务会计不一致时,财务会计的核算应服从于税务会计的核算,使之符合税法的要求。

税务会计坚持历史成本,不考虑货币时间价值的变动,更重视可以预见的事项,而财务会计却可以有某些不同。各国都在力图缩小财务会计与税务会计的差异,但两者的差异不可能消失,因为两者目标不同。此外,承认税务会计与财务会计的区别,实际上是承认政府有权对纳税人的非营业收益等确认和征税的问题。抹杀两者的区别,可能对征纳双方都是无益的。因此既不必要求对方适应自己，也不必自己削足适履去符合对方。应该各自遵循其本身的规律和规范，在理论上不断发展自己，在方法上不断完善自己，更好地体现其目标。

第二节　税务会计对象、任务与目标

一、税务会计对象

税务会计的对象是独立于会计系统之外的客体，是运用会计的特定程序和方法对客体进行的分类和表述。在企业中，凡是能够用货币计量的涉税事项都是税务会计对象。因此，纳税人因纳税而引起的税款的形成、计算、缴纳补退、罚款等经济活动以货币表现的资金运动就是税务会计对象。企业在经营过程中以货币表现的税务活动主要包括以下几个方面。

(一)计税基础和计税依据

1. 流转额

流转额是指企业在经营过程中的销售(购进)量、销售(购进)额、营业额等，它是各种流转税的计税依据，又是所得税的计税基础和前提。

2. 成本、费用额

成本、费用是企业在生产经营过程中的耗费和支出。它包括生产过程的生产费用和流通过程的流通费用。成本、费用主要反映企业资金的垫支和耗费，是企业资金补偿的尺度。一定会计期间的成本、费用总额与同期经营收入总额相比，可以反映企业的生产经营成果。财务会计记录的成本、费用、支出额，按税法规定允许在税前扣除的部分是计算应纳税所得额的基础。

3. 利润额与收益额

财务会计核算的经营利润、投资收益，都需要按税法规定调整、确认为应税利润和应税收益，它是正确计税的基础。

4. 财产额(金额、数额)

对各种财产税，如房产税、土地税、契税、遗产与赠与税等，需要在财务会计对各类资产确认、计量、记录的基础上，按税法规定的税种，正确确认应税财产金额或数额。

5. 行为计税额

对行为税(如印花税)，应以财务会计确认、记录的应税行为交易额或应税数额为课税依据。

(二)税款的计算与核算

企业按税法规定应缴的各种税款在正确确认应税依据的基础上准确计算各种应缴

税金,并做相应的会计处理。

(三)税款的缴纳、退补与减免

由于各种税的计税依据和征收方法不同,同一种税对不同行业、不同纳税人的会计处理也有所不同。因此,反映各种税款的缴纳方法也不尽一致。企业应按税法规定,根据企业会计制度,正确进行税款缴纳的会计核算。对企业多缴税款、按规定应该退回的税款或应该补缴的税款,要进行相应的会计处理。减税、免税是对某些纳税人的一些特殊情况、特殊事项的特殊规定,从而体现税收政策灵活性和税收杠杆的调节作用;对减免税款,企业应按税法规定正确进行会计处理。

(四)税收滞纳金与罚款、罚金

企业因逾期缴纳税款或违反税法规定而支付的各项税收滞纳金、罚款、罚金,也属税务会计对象,应该如实记录和反映。

二、税务会计任务

税务会计作为会计的一个重要分支,既要以国家税法为准绳,认真履行纳税义务;又要在国家税法的允许范围内,寻求企业税收利益。因此,税务会计的主要任务是:

第一,反映和监督企业对国家税收法令、制度的贯彻执行情况,认真履行纳税义务,正确处理企业与国家的关系。

第二,按照国家现行税法所规定的税种、计税依据、纳税环节、税目、税率等,正确计算企业在纳税期内的各种应缴税款并进行正确的会计处理。

第三,按照税务机关的规定,及时足额地缴纳各种税金,并进行相应的会计处理。

第四,正确编制、及时报送会计报表和纳税申报表,认真执行税务机关的审查意见。

第五,正确进行企业税务活动的财务分析,不断提高企业执行税法的自觉性,不断提高涉税核算和税务管理水平,不断增强企业的纳税能力。

第六,充分利用现行税法和有关法规、制度赋予企业的权力,从企业的组建形式、生产经营范围,到会计政策的选择,以及投资、筹资方式等,对各个税种进行纳税筹划,选择税负较轻的纳税方案,尽可能降低企业的税收负担。

三、税务会计目标

税务会计的目标是向税务会计信息使用者提供有助于税务决策的会计信息。税务会计信息的使用者首先是各级税务机关,可以凭此信息进行税收征收、检查、监督,并作为税收立法的主要依据;其次是企业的经营者、投资人、债权人等,可以据此了解企业纳税义务的履行情况和税收负担,并为其进行经营决策、投资决策等提供税收因素的会计信息,这些信息更是企业进行税务筹划必不可少的依据;再次是社会公众,他们通过企业提供的税务会计报告,了解企业纳税义务的履行情况,以及对社会的贡献额诚信度和社会责任感。

第三节 税务会计前提和原则

一、税务会计前提

税务会计目标是提供有助于企业税务决策的信息，而企业错综复杂的经济业务会使企业会计实务存在种种不确定因素，因此，要进行正确的确认和计量，必须要明确税务会计的基本前提。由于税务会计以财务会计为基础，财务会计中的基本前提有些也适用于税务会计，如会计分期、货币计量等。但因税务会计的法定性等特点，税务会计的基本前提也有其特殊性。

（一）纳税主体

纳税主体就是税法规定的直接负有纳税义务的实体，包括单位和个人（法人和自然人），即“纳税权利义务人”。正确界定纳税主体，就是要求每个纳税主体应与其他纳税主体分开，保持单独的会计记录并报告其经营状况。国家规定各税种的不同纳税人，有利于体现税收政策中合理负担和区别对待的原则，协调国民经济各部门各地区、各层次的关系。

纳税主体与财务会计中的“会计主体”有密切联系，但不一定等同。会计主体是财务会计为之服务的特定单位或组织，会计处理的数据和提供的财务信息，被严格限制在一个特定的、独立的或相对独立的经营单位之内，典型的会计主体是企业。

纳税主体必须是能够独立承担纳税义务的纳税人。在一般情况下，会计主体应是纳税主体。但在特殊或特定情况下，会计主体不一定就是纳税主体，纳税主体也不一定就是会计主体。在某些垂直领导的行业，如铁路、银行，由铁道部、各总行集中纳税，其基层单位是会计主体但不是纳税主体。如对稿酬征纳个人所得税时，其纳税人（即稿酬收入者）并非会计主体，而作为扣缴义务人的出版社或杂志社则成为这一纳税事项的会计主体。纳税主体作为代扣（收付）代缴义务人时纳税人与负税人是分开的。作为税务会计的一项基本前提，应侧重从会计主体的角度来理解和应用纳税主体。

（二）持续经营

持续经营的前提意味着该企业个体将继续存在足够长的时间以实现其现在的承诺，如预期所得税在将来被继续课征。这是所得税款递延、亏损前溯或后转以及暂时性差异能够存在，并且能够使用纳税影响会计法进行所得税跨期摊配的理由所在。以折旧为例，它意味着，在缺乏相反证据的时候，人们总是假定该企业将在足够长的时间内为转回暂时性的纳税利益而经营并获得收益。

（三）货币时间价值

货币资金在其运行过程中具有增值能力。即使不考虑通货膨胀的因素，今天的 1 元钱比若干年后收到（或付出）的 1 元钱的价值要大得多。这说明，同样一笔资金，不同时间具有不同的价值。随着时间的推移，投入周转使用的资金价值将会发生增值，这种增值的能力或数额，就是货币的时间价值。这一基本前提已成为税收立法、税收征管的基点，因此，各个税种都明确规定纳税义务发生时间的确认原则、纳税期限等。它深刻地揭示了纳税人进行税务筹划的目标之一——纳税最晚。

（四）纳税会计期间

纳税会计期间是指纳税人按照税法规定选定的纳税年度期间。因此，纳税会计期间亦称纳税年度。应税实体必须以年度为基础报告其经营成果，确定其纳税年度。即所有应税实体都必须选择一个年度会计期间向政府报告其成果。我国纳税会计期间统一规定为日历年度，而不是由纳税人自己选择。虽然税务会计也可将会计年度划分为月、季，但强调的是年度应税收益，尤其是所得税。纳税会计期间不等同于纳税期限，如增值税、消费税的纳税期限是日或月。如果纳税人在一个纳税年度的中间开业，或者由于改组、合并、破产、关闭等原因，使该纳税年度的实际经营期限不足 12 个月的，应当以其实际经营期限为一个纳税年度。纳税人清算时，应当以清算期间作为一个纳税年度。各国纳税年度规定的具体起止时间有所不同，一般有日历年度、非日历年度、财政年度或营业年度。纳税人可在税法规定的范围内选择、确定但必须符合税法规定的采用和改变应纳税年度的办法，并且遵循税法中关于对不同企业组织形式、企业类型的各种限制性规定。

（五）年度会计核算

年度会计核算是税务会计中最基本的前提，各国税制都是建立在年度会计核算的基础上，而不是建立在某一特定业务的基础上。课税只针对某一特定纳税期间里发生的全部事项的净结果，而不考虑当期事项在后续年度中的可能得到的结果如何，后续事项将在其发生的年度内考虑。

二、税务会计原则

税务会计首先应遵循一般的会计原则，但税务会计又具有一定的特殊性，在遵守一般性原则的基础上，还应遵循其特有的原则。税务会计的特殊性原则主要包括以下方面。

（一）法定性原则

税法与会计准则都是国家处理经济活动的规范。税务会计在核算和监督企业的税务活动时，必须以税法为准绳，严格遵守税收法律法规的相关规定，正确确定计税依据，准确计算应纳税额，及时足额上缴税款，严格履行纳税义务。同时，纳税人还必须依照征收管理法的要求进行税务登记，建立健全账簿凭证管理制度，严格按照规定使用发票，及时进行纳税申报。

(二)较少运用谨慎原则

谨慎原则是指企业在经济业务的处理上应保持谨慎态度,以达到规避风险的目的。税法从保证国家财政收入出发,较少运用谨慎原则。为与税法保持一致,税务会计在处理有关可以预见的损失或费用、不确定的收入或收益时,必须较少运用谨慎原则。

财务会计的主要目的是向管理部门、股东、债权人或其他方面提供有用的信息。税务会计的目的是保证及时足额缴纳税款。由于目的不同,税法可能会无视某些公认的会计原则。如财务会计一般鼓励会计人员稳健,这会促使他们低估而不是高估收益。然而税法一般不允许纳税人像财务会计那样预计未来费用,只有在有客观依据表明费用已经发生的情况下才可扣除。由于运用谨慎原则的不同,税务会计确定的应税销售额、应纳税所得额与财务会计确定的销售收入、会计利润会有所不同。一般来说,税务会计对谨慎原则的运用主要体现在事前核算与监督税务计划上。通过税务计划合理安排企业税务支出的空间与时间,以达到降低企业税务支出规模的目的。

(三)税收筹划原则

税收筹划是指纳税人在投资、理财或经营过程中,通过事先的精心策划和巧妙安排,充分利用税收法律的非限定性、可选择性条款,以及引导性优惠政策,以达到最大节税利益的一种理财活动。

税务会计的一项重要目标就是提供准确的纳税资料和信息,以促进企业的生产发展,提高经济效益。对此,企业的税务会计人员应深刻理解现行税法的有关精神,在不违法的前提下,合理筹划税务活动,研究节税策略,争取减少纳税支出,以获得经济利益最大化,这不仅符合经营者的利益,也符合债权人和投资者的利益。同时,税务会计的筹划活动不仅有利于税务机关加强税收征收管理,堵塞税法漏洞,完善反避税措施,还有利于通过对纳税人进行有效的引导,更好地贯彻国家的税收政策。

(四)接受审查原则

税务会计核算的结果是企业进行纳税申报以及缴纳税款的直接依据,企业税务会计核算的正确与否,直接关系到国家的财政收入,所以,企业要对税务会计资料的真实性负责,任何违反税法规定少纳或不纳税款的行为,都应该受到法律处罚。税务机关应对企业税务会计资料加强审查和监督,进行定期或不定期的检查,及时堵塞漏洞,保证税收的及时足额入库。

第四节 税收基础知识和税务会计要素

一、税收基础知识

(一)税收的定义

税收是政府为满足社会公共需要,凭借政治权利,强制、无偿地取得财政收入的一种形式。税收是国家取得财政收入的一种重要工具,也是国家财政收入的主要来源。

税收是国家实行宏观经济调控的重要经济杠杆之一。适度的宏观税收水平,科学合理的税收结构和税收制度,规范的税收政策,可以有效地调节国民收入再分配,促进生产要素流动,引导资源优化配置,推动经济增长和产业升级,促进充分就业和社会稳定。对于理顺和规范国家与企业之间的分配关系、中央与地方之间的国民收入分配关系,促进企业公平竞争,都具有非常重要的意义。

税收与税法密不可分,税法是税收的法律表现形式,税收则是税法所确定的具体内容。税收是国家为了行使其职能而取得财政收入的一种方式,其特征主要表现在以下三个方面:

一是强制性,主要指国家以社会管理者的身份,用法律、法规等形式对征收捐税加以规定,并依照法律强制征税。

二是无偿性,主要指国家征税后,税款即成为财政收入,不再归还纳税人,也不支付任何报酬。

三是固定性,主要指国家征税后,以法的形式预先规定了课税对象、课税额度和课税方法等。

(二)税收制度的主要构成要素

税收制度的构成要素一般包括纳税义务人、征收对象、税率、纳税环节、纳税期限、纳税地点、减税免税、罚则、附则等项目。

1. 纳税义务人

纳税义务人(纳税人)即纳税主体,主要是指一切履行纳税义务的法人、自然人以及其他组织。

2. 征收对象

征收对象即纳税客体,主要是指税收法律关系中征纳双方权利义务所指向的物或行为。这是区分不同税种的主要标志,我国现行法律、法规独有自己特定的征收对象。比如,企业所得税的征收对象就是应税所得,增值税的征收对象就是商品劳务在生产和流通过程中的增值额。

3. 税率

税率是对征收对象的征收额度或征收比例。税率是计算税额的尺度,也是衡量税负轻重的重要标志。我国现行的税率主要有:

(1)比例税率。即对同一征收对象,不分数额大小,规定相同的征收比例。我国的增值税、城市维护建设税、企业所得税等采用的是比例税率。

(2)超额累进税率。即把征收对象按数额的大小分成若干等级,每一等级规定一个税率,税率依次提高。目前采用这种税率的有个人所得税。

(3)定额税率。即按征收对象确定的计算单位,直接规定一个固定的税额。目前采用这种税率的有资源税、城镇土地使用税、车船税。

(4)超率累进税率。即以征收对象的相对率划分若干级距,分别规定相应的差别税率,相对率每超过一个级距的,对超的部分就按高一级的税率计算征税。目前采用这种税率的是土地增值税。

4. 纳税环节

纳税环节主要指税法规定的征收对象在从生产到消费的流转过程中应当缴纳税款的环节。如流转税在生产和流通环节纳税,所得税在分配环节纳税等。

5. 纳税期限

纳税期限是指纳税人按规定缴纳税款的期限。比如,企业所得税在月末或季度终了后15 日内预缴,年度终了后5 个月内汇算清缴,多退少补。纳税人的具体纳税期限,由主管税务机关根据应纳税额的大小分别核定,不能按照固定期限纳税的,可以按次纳税。

6. 纳税地点

纳税地点主要是纳税人(包括代征、代扣、代缴义务人)的具体纳税地点。

7. 减税免税

减税免税主要是对某些纳税人和征收对象采取减少征税或者免予征税的特殊规定。

8. 罚则

罚则主要是指对纳税人违反税法的行为采取的处罚措施。

9. 附则

附则一般都规定与该法律法规密切相关的内容,比如解释权、生效时间等。

(三)税收的主要分类

1. 按课税对象分类

(1)流转税。流转税是以商品生产流转额和非生产流转额为课税对象征收的一类税。流转税是我国税制结构中的主体税类,目前包括增值税、消费税和关税等税种。

(2)所得税。所得税亦称收益税,是指以各种所得额为课税对象的一类税。所得税也是我国税制结构中的主体税类,目前包括企业所得税、个人所得税。

(3)财产税。财产税是指以纳税人所拥有或支配的财产为课税对象的一类税。包括房产税、契税、车辆购置税和车船使用税等。

(4)行为税。行为税是指以纳税人的某些特定行为为课税对象的一类税。我国现行税制中的城市维护建设税、印花税等都属于行为税。

(5)资源税。资源税是指对在我国境内从事资源开发的单位和个人征收的一类税。我国现行税制中资源税、土地增值税、耕地占用税和城镇土地使用税都属于资源税。

2. 按税收与价格的关系分类

(1)价内税。价内税是指税款在应税商品价格内,作为商品价格一个组成部分的一类税。如我国现行的消费税和关税等税种。

(2)价外税。价外税是指税款不在商品价格之内,不作为商品价格的一个组成部分的一类税。如我国现行的增值税。

3. 按税收的管理和使用权限分类

(1)中央税。中央税是指由中央政府征收和管理使用或由地方政府征收后全部划解中央政府所有并支配使用的一类税。如我国现行的关税和消费税等。这类税一般收入较大,征收范围广泛。

(2)地方税。地方税是指由地方政府征收和管理使用的一类税。如我国现行的个人所得税。这类税一般收入稳定,并与地方经济利益关系密切。

(3)中央与地方共享税。中央与地方共享税是指税收的管理权和使用权属中央政府和地方政府共同拥有的一类税。如我国现行的增值税和资源税等。这类税直接涉及中央与地方的共同利益。

二、税务会计要素

税务会计环境决定纳税会计主体的具体涉税事项和特点,按涉税事项的特点和税务会计信息使用者的要求进行的分类,即形成税务会计要素。税务会计要素同时也是税务会计报表要素。税务会计要素一般有以下几方面:

(一)计税依据

计税依据就是税法中规定的计算应纳税额的根据,在税收理论中称为税基。纳税人的各种应缴税款等于各税的计税依据与其税率相乘之积。不同税种的计税依据不同,有收入额、销售额(量)、增值额(率)、所得额等。

(二)应税收入

应税收入是企业因销售商品、提供劳务等应税行为所取得的收入,即税法所认定的收入。因此应税收入也可称为法定收入。应税收入与财务会计收入(简称“会计收入”)有密切联系,但不一定等同。确认应税收入根据两点:一是与应税行为相联系,即发生应税行为才能产生应税收入。换言之如果纳税人发生非应税行为或免税行为,其所取得的收入就不是应税收入,而只是会计收入。二是与某一具体税种相关。纳税人取得一项收入,如果是应税收入,那必然与某一具体税种相关,即是某一特定税种的应税收入,而非其他税种的应税收入。

对应税收入一般也是按财务会计的原则与标准确认和计量的。但在具体掌握上税法又有例外，如对权责发生制的修正，税法对某些应税行为按收付实现制确认应税收入。

（三）扣除费用

扣除费用是企业因发生应税收入而必须支付的相关成本、费用，即税法所认可的允许在计税时扣除项目的金额，因此，亦称法定扣除项目金额。属于扣除项目的成本、费用、税金、损失是在财务会计确认、记录的基础上，分别不同情况确认。它包括三种情况：一是按其与应税收入的发生是否为因果关系，如为因果关系，可按比例扣除。二是在受益期内，按税法允许的会计方法进行折旧、摊销。三是对特定项目，不论财务会计按什么会计原则均不得超过扣除标准。如财务会计中的投资成本，在所得税中应是计税成本。由此可见，财务会计确认、记录的费用、支出与法定扣除项目金额虽然有密切关系，但两者并不等同。

（四）应税所得

在经济学、财务会计学与税务会计学中，"所得"的含义有所不同。财务会计中的"所得"就是账面利润或会计利润。税务会计中的"所得"即指应税所得，或称应纳税所得，它是应税收入与法定扣除项目金额之差额。在税务会计的实务操作中，企业是在财务会计提供的账面利润的基础上，按现行税法与财务会计的差异及其选定的所得税会计方法确认应税所得，进而计算应纳税额。

如果"应税所得"是负数，则为"应税亏损"。如果财务会计提供的账面利润是负数，即为账面亏损。在账面亏损基础上，按现行税法进行调整，如果调整后仍是负数，即为应税亏损。对应税亏损，方可按税法规定进行税前弥补。对企业有意虚列亏损，视同偷税行为。

（五）应纳税额

应纳税额亦称应缴税款。它是计税依据与其适用税率或（和）单位税额之乘积。应纳税额是税务会计特有的一个会计要素，其他会计没有这个要素。影响应纳税额的因素有计税依据、税率、单位税额和减免税规定。计税依据体现征税的广度，每个税种都要明确规定其计税依据除附加税外，各个税种均有独立的计税依据。税率体现征税的深度，各个税种一般都有其特定的税率。如果是对税基的减免，减免税则体现在计税依据中；如果是对应纳税额的减免，减免税款则是一个单独的因素。

此外，退免税、退补税、滞纳金、罚款、罚金也可以作为税务会计的会计要素，但不是主要的税务会计要素。

在我国财务会计的六项会计要素中，资产、负债和所有者权益构成资产负债表，收入、费用和利润构成利润表。通过这两张会计报表，分别体现了静态动态会计要素之间的关系。当税务会计要素的确认与财务会计一致时，按财务会计处理；当两者不一致时，按税法要求进行调整，调整后再融入财务会计之中。税务会计要素是税制构成要素在纳税人会计中的基本体现，它们之间有两个会计等式：

计税依据×适用税率(或单位税额)=应纳税额

应税收入-扣除费用=应税所得

前者适用于所有税种,后者仅适用于所得税,由此可见税务会计要素之间的关系。

第二章 增值税及其会计处理

【学习目标】

1. 熟悉增值税法的基本内容;
2. 重点掌握一般纳税人增值税销项税额、进项税额和应纳税额的计算;
3. 熟练掌握一般纳税人增值税核算科目的设置及相关业务处理;
4. 掌握小规模纳税人增值税应纳税额的计算、核算科目的设置及相关业务的会计处理。

第一节 增值税概述

一、增值税概念

关于“营改增”

增值税(value-added tax, VAT),是对商品、货物、劳务、服务等在生产、进口或经营过程中产生的增值额为计税依据而征收的税。

所谓增值额,有理论增值额和法定增值额之分。理论增值额,指生产者或者经营者于一定时期内,在商品生产经营过程中或劳务、服务提供过程中新创造的那部分价值,包括工资、奖金、利息、利润和其他增值项目。法定增值额,指各国根据各自的国情和政策需要,在其增值税法中明确规定的增值额。各国在确定法定增值额时,允许纳税人从其销售额或收入额中扣除的项目或范围有所不同,主要表现为对购进固定资产的处理方法不同。理论增值额与法定增值额可能一致,也可能不一致。本章所称的增值额均指法定增值额。

增值税之所以受到各国青睐,源于其自身设计具有的一系列优点,堪称一种“良税”,

主要表现在以下几个方面：

(1)增值税是一个“中性”税种,它以增值额为计税依据,可以有效地避免重复征税,促进纳税人之间的公平竞争,使税收效率原则得到充分体现。

(2)增值税实行“道道课征、税不重征”,能够体现经济链条各个环节的内在联系,促进相互监督,从而保障征税过程的普遍性、连续性和合理性,保证税收稳定增长。

(3)增值税的税收负担在商品流转或业务经营的各个环节合理分配,可以促进生产的专业化和纳税人的横向联合,从而提高劳动生产率、鼓动产品出口和促进本国经济的发展。

二、增值税的类型

各国在增值税立法中,出于财政收入或者投资政策的考虑,在确定法定增值额时,除了对一般性外购货物(即非固定资产项目)普遍实行扣除之外,对于某一纳税人外购固定资产价值的扣除,规定不完全相同。根据税基和购进固定资产的进项税额是否扣除及如何扣除的不同,各国增值税可以分为生产型、收入型和消费型三种类型。

我国增值税转型

(一)生产型增值税

以销售收入减去购入原材料等(不含外购固定资产价值)的余额为课税对象,大体相当于国民生产总值。即不允许纳税人在计算增值税时扣除外购固定资产的价值。

(二)收入型增值税

以销售收入减去购入原材料等与固定资产折旧额的余额为课税对象,大体上相当于国民收入。即允许纳税人在计算增值税时,将外购固定资产的折旧部分扣除。

(三)消费型增值税

以销售收入减去购入原材料等与固定资产全部价值的余额为课税对象,相当于社会消费资料的价值。即允许纳税人在计算增值税时,将外购固定资产的价值一次性全部扣除。

目前,只有极少数发展中国家实行生产型增值税,极少数拉丁美洲国家实行收入型增值税,90%以上的国家开征的都是消费型增值税。相比之下,生产型增值税的税基最大;消费型增值税的税基最小,纳税人的税负最小。我国原来开征的是生产型增值税,2009年1月1日后全面改征消费型增值税,实现了“增值税转型”。

【例2-1】 我国现行增值税的类型属于(　　)。

A. 生产型　　　　B. 消费型

C. 收入型　　　　D. 未定型

【解析】 答案为B。自2009年1月1日起,我国全面改征消费型增值税。

三、增值税的征税范围

增值税的征税范围包括在中华人民共和国境内销售的货物、劳务、服务、无形资产、不动产,以及进口货物。

(一)销售货物

在中国境内销售货物,是指销售货物的起运地或者所在地在境内。销售货物是有偿转让货物的所有权。货物,是指有形动产,包括电力、热力、气体在内。有偿,是指从购买方取得货币、货物或者其他经济利益。

【例 2-2】 某汽车生产企业收到代销公司代销 5 辆小汽车的代销清单及货款 1 582 000元(小汽车每辆成本价 200 000 元,与代销公司不含税结算价 280 000 元)。某汽车生产企业会计处理为:

借:银行存款　　1 582 000

　贷:预收账款——代销汽车款　　1 582 000

要求:判断纳税人处理是否正确。如不正确,该如何处理?

【解析】 纳税人处理错误。

应纳增值税 $=280\ 000\times5\times13\%=182\ 000$(元),会计处理为:

借:银行存款　　1 582 000

　贷:主营业务收入　　1 400 000

　　应交税费——应交增值税(销项税额)　　182 000

(二)销售劳务

在中国境内销售劳务,是指提供的劳务发生地在境内。销售劳务,是指有偿提供加工、修理修配劳务。单位或者个体工商户聘用的员工为本单位或者雇主提供加工、修理修配劳务不包括在内。

加工,是指受托加工货物,即委托方提供原料及主要材料,受托方按照委托方的要求,制造货物并收取加工费的业务;修理修配,是指受托对损伤和丧失功能的货物进行修复,使其恢复原状和功能的业务。

【例 2-3】 下列各项中,属于增值税征税范围的有(　　)。

A. 汽车维修　　B. 手机修配

C. 金银首饰加工　　D. 电力销售

【解析】 答案为 ABCD。根据增值税法律制度的规定,销售劳务、电力均属于增值税征税范围。

(三)销售服务

销售服务,是指提供交通运输服务、邮政服务、电信服务、建筑服务、金融服务、现代服务、生活服务。

1. 交通运输服务

交通运输服务指利用运输工具将货物或者旅客送达目的地，使其空间位置得到转移的业务活动。包括陆路运输服务、水路运输服务、航空运输服务和管道运输服务。

(1)陆路运输服务，是指通过陆路(地上或者地下)运送货物或者旅客的运输业务活动，包括铁路运输服务和其他陆路运输服务。出租车公司向使用本公司自有出租车的出租车司机收取的管理费用，按照陆路运输服务缴纳增值税。

(2)水路运输服务，是指通过江、河、湖、川等天然、人工水道或者海洋航道运送货物或旅客的运输业务活动。水路运输的程租、期租业务，属于水路运输服务。

(3)航空运输服务，是指通过空中航线运送货物或者旅客的运输业务活动。航空运输的湿租业务，属于航空运输服务。航天运输服务，按照航空运输服务缴纳增值税。航天运输服务，是指利用火箭等载体将卫星、空间探测器等空间飞行器发射到空间轨道的业务活动。

(4)管道运输服务，是指通过管道设施输送气体、液体、固体物质的运输业务活动。无运输工具承运业务，按照交通运输服务缴纳增值税。无运输工具承运业务，是指经营者以承运人身份与托运人签订运输服务合同，收取运费并承担承运人责任，然后委托实际承运人完成运输服务的经营活动。

2. 邮政服务

邮政服务指中国邮政集团公司及其所属邮政企业提供邮件寄递、邮政汇兑和机要通信等邮政基本服务的业务活动。包括邮政普遍服务、邮政特殊服务和其他邮政服务。

(1)邮政普遍服务，是指函件、包裹等邮件寄递，以及邮票发行、报刊发行和邮政汇兑等业务活动。

(2)邮政特殊服务，是指义务兵平常信函、机要通信、盲人读物和革命烈士遗物的寄递等业务活动。

(3)其他邮政服务，是指邮册等邮品销售、邮政代理等业务活动。

3. 电信服务

电信服务，是指利用有线、无线的电磁系统或者光电系统等各种通信网络资源，提供语音通话服务，传送、发射、接收或者应用图像、短信等电子数据和信息的业务活动。包括基础电信服务和增值电信服务。

(1)基础电信服务，是指利用固网、移动网、卫星、互联网，提供语音通话服务的业务活动，以及出租或者出售带宽、波长等网络元素的业务活动。

(2)增值电信服务，是指利用固网、移动网、卫星、互联网、有线电视网络，提供短信和彩信服务、电子数据和信息的传输及应用服务、互联网接入服务等业务活动。卫星电视信号落地转接服务，按照增值电信服务缴纳增值税。

4. 建筑服务

建筑服务，是指各类建筑物、构筑物及其附属设施的建造、修缮、装饰，线路、管道、设备、设施等的安装以及其他工程作业的业务活动。包括工程服务、安装服务、修缮服务、装饰服务和其他建筑服务。

(1)工程服务,是指新建、改建各种建筑物、构筑物的工程作业,包括与建筑物相连的各种设备或者支柱、操作平台的安装或者装设工程作业,以及各种窑炉和金属结构工程作业。

(2)安装服务,是指生产设备、动力设备、起重设备、运输设备、传动设备、医疗实验设备及其他各种设备、设施的装配、安置工程作业,包括与被安装设备相连的工作台、梯子、栏杆的装设工程作业,以及被安装设备的绝缘、防腐、保温、油漆等工程作业。

固定电话、有线电视、宽带、水、电、燃气、暖气等经营者向用户收取的安装费、初装费、开户费、扩容费以及类似收费,按照安装服务缴纳增值税。

(3)修缮服务,是指对建筑物、构筑物进行修补、加固、养护、改善,使之恢复原来的使用价值或者延长其使用期限的工程作业。

(4)装饰服务,是指对建筑物、构筑物进行修饰装修,使之美观或者具有特定用途的工程作业。

(5)其他建筑服务,是指上述工程作业之外的各种工程作业服务,如钻井(打井)、拆除建筑物或者构筑物、平整土地、园林绿化、疏浚(不包括航道疏浚)、建筑物平移、搭脚手架、爆破、矿山穿孔、表面附着物(包括岩层、土层、沙层等)剥离和清理等工程作业。

5. 金融服务

金融服务,是指经营金融保险的业务活动。包括贷款服务、直接收费金融服务、保险服务和金融商品转让。

(1)贷款服务。贷款,是指将资金贷与他人使用而取得利息收入的业务活动。

各种占用、拆借资金取得的收入,包括金融商品持有期间(含到期)利息(保本收益、报酬、资金占用费、补偿金等)收入、信用卡透支利息收入、买入返售金融商品利息收入、融资融券收取的利息收入,以及融资性售后回租、押汇、罚息、票据贴现、转贷等业务取得的利息及利息性质的收入,按照贷款服务缴纳增值税。

融资性售后回租,是指承租方以融资为目的,将资产出售给从事融资性售后回租业务的企业后,从事融资性售后回租业务的企业将该资产出租给承租方的业务活动。

以货币资金投资收取的固定利润或者保底利润,按照贷款服务缴纳增值税。

(2)直接收费金融服务,是指为货币资金融通及其他金融业务提供相关服务并且收取费用的业务活动。包括提供货币兑换、账户管理、电子银行、信用卡、信用证、财务担保、资产管理、信托管理、基金管理、金融交易场所(平台)管理、资金结算、资金清算、金融支付等服务。

(3)保险服务,是指投保人根据合同约定,向保险人支付保险费,保险人对于合同约定的可能发生的事故因其发生所造成的财产损失承担赔偿保险金责任,或者当被保险人死亡、伤残、疾病或者达到合同约定的年龄、期限等条件时承担给付保险金责任的商业保险行为。包括人身保险服务和财产保险服务。

(4)金融商品转让,是指转让外汇、有价证券、非货物期货和其他金融商品所有权的业务活动。

其他金融商品转让包括基金、信托、理财产品等各类资产管理产品和各种金融衍生品的转让。

6. 现代服务

现代服务，是指围绕制造业、文化产业、现代物流产业等提供技术性、知识性服务的业务活动。包括研发和技术服务、信息技术服务、文化创意服务、物流辅助服务、租赁服务、鉴证咨询服务、广播影视服务、商务辅助服务和其他现代服务。

(1)研发和技术服务，包括研发服务、合同能源管理服务、工程勘察勘探服务、专业技术服务。

(2)信息技术服务，是指利用计算机、通信网络等技术对信息进行生产、收集、处理、加工、存储、运输、检索和利用，并提供信息服务的业务活动。包括软件服务、电路设计及测试服务、信息系统服务、业务流程管理服务和信息系统增值服务。

(3)文化创意服务，包括设计服务、知识产权服务、广告服务和会议展览服务。

(4)物流辅助服务，包括航空服务、港口码头服务、货运客运场站服务、打捞救助服务、装卸搬运服务、仓储服务和收派服务。

(5)租赁服务，包括融资租赁服务和经营租赁服务。

融资性售后回租不按照本税目缴纳增值税。

将建筑物、构筑物等不动产或者飞机、车辆等有形动产的广告位出租给其他单位或者个人用于发布广告，按照经营租赁服务缴纳增值税。

车辆停放服务、道路通行服务(包括过路费、过桥费、过闸费等)等按照不动产经营租赁服务缴纳增值税。

(6)鉴证咨询服务，包括认证服务、鉴证服务和咨询服务。翻译服务和市场调查服务按照咨询服务缴纳增值税。

(7)广播影视服务，包括广播影视节目(作品)的制作服务、发行服务和播映(含放映)服务。

(8)商务辅助服务，包括企业管理服务、经纪代理服务、人力资源服务、安全保护服务。

(9)其他现代服务，是指除研发和技术服务、信息技术服务、文化创意服务、物流辅助服务、租赁服务、鉴证咨询服务、广播影视服务和商务辅助服务以外的现代服务。

7. 生活服务

生活服务，是指为满足城乡居民日常生活需求提供的各类服务活动。包括文化体育服务、教育医疗服务、旅游娱乐服务、餐饮住宿服务、居民日常服务和其他生活服务。

(1)文化体育服务，包括文化服务和体育服务。

(2)教育医疗服务，包括教育服务和医疗服务。

(3)旅游娱乐服务，包括旅游服务和娱乐服务。

(4)餐饮住宿服务，包括餐饮服务和住宿服务。

(5)居民日常服务,是指主要为满足居民个人及其家庭日常生活需求提供的服务,包括市容市政管理、家政、婚庆、养老、殡葬、照料和护理、救助救济、美容美发、按摩、桑拿、氧吧、足疗、沐浴、洗染、摄影扩印等服务。

(6)其他生活服务,是指除文化体育服务、教育医疗服务、旅游娱乐服务、餐饮住宿服务和居民日常服务之外的生活服务。

(四)销售无形资产

销售无形资产,是指转让无形资产所有权或者使用权的业务活动。无形资产,是指不具实物形态,但能带来经济利益的资产,包括技术、商标、著作权、商誉、自然资源使用权和其他权益性无形资产。技术,包括专利技术和非专利技术。自然资源使用权,包括土地使用权、海域使用权、探矿权、采矿权、取水权和其他自然资源使用权。其他权益性无形资产,包括基础设施资产经营权、公共事业特许权、配额、经营权(包括特许经营权、连锁经营权、其他经营权)、经销权、分销权、代理权、会员权、席位权、网络游戏虚拟道具、域名、名称权、肖像权、冠名权、转会费等。

【例 2-4】 下列无形资产中,属于自然资源使用权的有(　　)。

A. 土地使用权　　B. 海域使用权

C. 采矿权　　D. 经营权

【解析】 答案为 ABC。根据《营业税改征增值税试点实施办法》及相关的规定,土地使用权、海域使用权和采矿权属于自然资源使用权。经营权属于其他权益性无形资产。

(五)销售不动产

销售不动产,是指转让不动产所有权的业务活动。不动产,是指不能移动或者移动后会引起性质、形状改变的财产,包括建筑物、构筑物等。建筑物,包括住宅、商业营业用房、办公楼等可供居住、工作或者进行其他活动的建造物。构筑物,包括道路、桥梁、隧道、水坝等建造物。转让建筑物有限产权或者永久使用权的,转让在建的建筑物或者构筑物所有权的,以及在转让建筑物或者构筑物时一并转让其所占土地的使用权的,按照销售不动产缴纳增值税。

(六)进口货物

进口货物,是指申报进入中国海关境内的货物。根据《增值税暂行条例》的规定,只要是报关进口的应税货物,均属于增值税的征税范围,除享受免税政策外,在进口环节缴纳增值税。

四、视同销售增值税行为

(一)视同销售货物行为

(1)将货物交付其他单位或者个人代销。

(2)销售代销货物。

【例 2-5】 某商业企业(一般纳税人)为甲公司代销货物,按零售价以 5% 收取手续费 5 000 元,尚未收到甲公司开来的增值税专用发票。

要求:计算该商业企业代销业务应纳增值税。

【解析】 零售价=5 000÷5% =100 000(元);

代销货物销项税额=100 000÷(1+13%)×13% =11 504.42(元);

手续费销项税额=5 000÷(1+6%)×6% =283.02(元)。

(3)设有两个以上机构并实行统一核算的纳税人,将货物从一个机构移送至其他机构用于销售,但相关机构设在同一县(市)的除外。

(4)将自产或者委托加工的货物用于非增值税应税项目。

(5)将自产、委托加工的货物用于集体福利或者个人消费。

(6)将自产、委托加工或者购进的货物作为投资,提供给其他单位或者个体工商户。

(7)将自产、委托加工或者购进的货物分配给股东或者投资者。

(8)将自产、委托加工或者购进的货物无偿赠送其他单位或者个人。

(5)的相关处理与会计确认

【例 2-6】 下列行为中,应视同销售货物征收增值税的有(　　)。

A. 将外购货物分配给股东　　B. 将外购货物用于个人消费

C. 将自产货物无偿赠送他人　　D. 将自产货物用于集体福利

【解析】 答案为 ACD。根据增值税法律制度的规定,将外购货物用于个人消费,其购进货物的进项税额不允许抵扣,不属于增值税视同销售货物的情形,而选项 ACD 三种情形属于增值税视同销售货物的情形。

【例 2-7】 下列行为中,视同销售货物缴纳增值税的是(　　)。

A. 将购进的货物用于集体福利

B. 将购进的货物用于个人消费

C. 将购进的货物用于非增值税应税项目

D. 将购进的货物用于对外投资

【解析】 答案为 D。

【例 2-8】 某市一家电生产企业为增值税一般纳税人,12 月份将自产家电 10 台奖励给劳动模范,每台成本价 20 万元,市场销售价格 23 万元(不含税)。企业核算时按成本价格直接冲减了库存商品。

要求:计算该业务增值税销项税额。

【解析】 应确认销项税额=23×10×13% =29.9(万元)。

【例 2-9】 某客运公司为一般纳税人,购买矿泉水一批,取得增值税专用发票注明价款 2 万元、增值税 0.26 万元,其中 70% 赠送给运送的旅客,30% 用于公司集体福利。

要求:分别计算客运公司的进项税额和销项税额。

【解析】 进项税额 = 0.26×70% = 0.182(万元);

销项税额 = 2×70%×13% = 0.182(万元)。

(二)视同销售服务、销售无形资产或者销售不动产行为

(1)单位或者个体工商户向其他单位或者个人无偿提供服务,但用于公益事业或者以社会公众为对象的除外。

(2)单位或者个人向其他单位或者个人无偿转让无形资产或者不动产,但用于公益事业或者以社会公众为对象的除外。

(3)财政部和国家税务总局规定的其他情形。

五、混合销售与兼营

(一)混合销售

一项销售行为如果既涉及货物又涉及服务,为混合销售。从事货物的生产、批发或者零售的单位和个体工商户的混合销售行为,按照销售货物缴纳增值税;其他单位和个体工商户的混合销售行为,按照销售服务缴纳增值税。

上述从事货物的生产、批发或者零售的单位和个体工商户,包括以从事货物的生产、批发或者零售为主,并兼营销售服务的单位和个体工商户在内。

自 2017 年 5 月起,纳税人销售活动板房、机器设备、钢结构件等自产货物的同时提供建筑、安装服务,不属于混合销售,应分别核算货物和建筑服务的销售额,分别适用不同的税率或者征收率。

【例 2-10】 下列各项中,属于增值税混合销售行为的有( )。

A. 百货商店在销售商品的同时又提供送货服务

B. 餐饮公司提供餐饮服务的同时又销售烟酒

C. 建材商店在销售木质地板的同时提供安装服务

D. 歌舞厅在提供娱乐服务的同时销售食品

【解析】 答案为 ABCD。根据增值税法律制度的规定,选项 ABCD 均属于增值税混合销售行为。

(二)兼营

兼营,是指纳税人的经营中包括销售货物、劳务,以及销售服务、无形资产和不动产的行为。

纳税人发生兼营行为,应当分别核算适用不同税率或征收率的销售额,未分别核算销售额的,按照以下办法适用税率或征收率:

(1)兼有不同税率的销售货物、劳务、服务、无形资产或者不动产,从高适用税率。

(2)兼有不同征收率的销售货物、劳务、服务、无形资产或者不动产,从高适用征收率。

(3)兼有不同税率和征收率的销售货物、劳务、服务、无形资产或者不动产,从高适用税率。

六、不征收增值税项目

（1）根据国家指令，无偿提供的铁路运输服务、航空运输服务，属于《营业税改征增值税试点实施办法》规定的用于公益事业的服务。

（2）存款利息。

（3）被保险人获得的保险赔付。

（4）房地产主管部门或者其指定机构、公积金管理中心、开发企业，以及物业管理单位代收的住宅专项维修资金。

（5）在资产重组过程中，通过合并、分立、出售、置换等方式，将全部或者部分实物资产，以及与其相关联的债权、负债和劳动力一并转让给其他单位和个人，其中涉及的不动产、土地使用权转让行为。

（6）纳税人在资产重组过程中，通过合并、分立、出售、置换等方式，将全部或者部分实物资产以及与其相关联的债权、负债和劳动力一并转让给其他单位和个人，不属于增值税的征税范围，其中涉及的货物转让，不征收增值税。

第二节　增值税纳税人与增值税税率

增值税纳税人是指税法规定负有缴纳增值税义务的单位和个人。在我国境内销售、进口货物或者提供加工、修理修配劳务以及应税服务的单位和个人，为增值税纳税人。按照经营规模的大小和会计核算健全与否等标准，增值税纳税人可分为一般纳税人和小规模纳税人。

一般纳税人与小规模纳税人的区分

一、小规模纳税人与其增值税征收率

（一）小规模纳税人标准

（1）增值税小规模纳税人标准为年应征增值税销售额500万元及以下。年应税销售额，是指纳税人在连续不超过12个月或4个季度的经营期内累计应征增值税销售额，包括纳税申报销售额、稽查查补销售额、纳税评估调整销售额。

（2）已登记为增值税一般纳税人的单位和个人，在2018年12月31日前，可转登记为小规模纳税人，其未抵扣的进项税额做转出处理。

小规模纳税人会计核算健全，能够提供准确税务资料的，可以向税务机关申请登记为一般纳税人，不再作为小规模纳税人。会计核算健全，是指能够按照国家统一的会计制度规定设置账簿，根据合法、有效凭证核算。

增值税纳税人登记条件

小规模纳税人实行简易征税办法，并且一般不使用增值税专用发票，但基于增值税征收管理中一般纳税人与小规模纳税人之间客观存在的经济往来的实情，小规模纳税人可以到税务机关代开增值税专用发票。住宿业、建筑业和鉴证咨询业等行业小规模纳税人试点自行开具增值税专用发票（销售其取得的不动产除外），税务机关不再代开。

（二）小规模纳税人增值税征收率

1. 征收率的一般规定

小规模纳税人以及一般纳税人选择简易办法计税的，征收率为3%。另有规定的除外。具体为：

（1）一般纳税人销售自己使用过的属于我国《增值税暂行条例》第10条规定的不得抵扣且未抵扣进项税额的固定资产，按简易办法依3%征收率减按2%征收增值税。

（2）一般纳税人销售自己使用过的其他固定资产（以下简称已使用过的固定资产）应区分不同情形征收增值税：销售自己使用过的2009年1月1日以后购进或者自制的固定资产，按照适用税率征收增值税；2008年12月31日以前未纳入扩大增值税抵扣范围试点的纳税人，销售自己使用过的2008年12月31日以前购进或者自制的固定资产，按照简易办法依照3%征收率减按2%征收增值税；2008年12月31日以前已纳入扩大增值税抵扣范围试点的纳税人，销售自己使用过的在本地区扩大增值税抵扣范围试点以前购进或者自制的固定资产，按照简易办法依照3%征收率减按2%征收增值税；销售自己使用过的在本地区扩大增值税抵扣范围试点以后购进或者自制的固定资产，按照适用税率征收增值税。

（3）一般纳税人销售自己使用过的除固定资产以外的物品，应当按照适用税率征收增值税。

（4）小规模纳税人（除其他个人外，下同）销售自己使用过的固定资产，减按2%征收率征收增值税。小规模纳税人销售自己使用过的除固定资产以外的物品，应按3%的征收率征收增值税。

（5）纳税人销售旧货，按照简易办法依照3%征收率减按2%征收增值税。旧货，是指进入二次流通的具有部分使用价值的货物（含旧汽车、旧摩托车和旧游艇），但不包括自己使用过的物品。

（6）一般纳税人销售自产的下列货物，可选择按照简易办法依照3%征收率计算缴纳增值税，选择简易办法计算缴纳增值税后，36个月内不得变更，具体适用范围为：①县级及县级以下小型水力发电单位生产的电力，小型水力发电单位，是指各类投资主体建设的装机容量为5万千瓦以下（含5万千瓦）的小型水力发电单位；②建筑用和生产建筑材料所用的砂、土、石料；③以自己采掘的砂、土、石料或其他矿物连续生产的砖、瓦、石灰（不含黏土实心砖、瓦）；④用微生物、微生物代谢产物、动物毒素、人或动物的血液或组织制成的生物制品；⑤自来水（对属于一般纳税人的自来水公司销售自来水按简易办法依照3%的征收率征收增值税，不得抵扣其购进自来水取得增值税扣税凭证上注明的增值税税款）；⑥商品混凝土（仅限于以水泥为原料生产的水泥混凝土）。

（7）一般纳税人销售货物属于下列情形之一的，暂按简易办法依照3%的征收率计算缴纳增值税：寄售商店代销寄售物品（包括居民个人寄售的物品在内）；典当业销售死当物品。

（8）建筑企业一般纳税人提供建筑服务属于老项目的，可以选择简易办法依照3%的征收率征收增值税。

2. 征收率的特殊规定

（1）小规模纳税人转让其取得的不动产，按照5%的征收率征收增值税。

（2）一般纳税人转让其2016年4月30日前取得的不动产，选择简易计税方法计税的，按照5%的征收率征收增值税。

（3）小规模纳税人出租其取得的不动产（不含个人出租住房），按照5%的征收率征收增值税。

（4）一般纳税人出租其2016年4月30日前取得的不动产，选择简易计税方法计税的，按照5%的征收率征收增值税。

（5）房地产开发企业（一般纳税人）销售自行开发的房地产老项目，选择简易计税方法计税的，按照5%的征收率征收增值税。

（6）房地产开发企业（小规模纳税人）销售自行开发的房地产项目，按照5%的征收率征收增值税。

（7）纳税人提供劳务派遣服务，选择差额纳税的，按照5%的征收率征收增值税。

跨县市提供建筑服务增值税征收

【例2-11】 某生产企业为增值税一般纳税人。

2016年10月销售购于2008年10月份的设备一台，取得收入59 000元：

应纳增值税=59 000÷（1+3%）×2%=1 145.63（元）。

【解析】 自2009年1月1日以前购入的固定资产，一般纳税人销售自己使用过的属于不抵扣且未抵扣进项税额的固定资产按简易办法依3%征收率减按2%征收增值税。

2019年5月销售购于2012年12月份的设备一台，取得收入59 000元：

应纳增值税=59 000÷（1+13%）×13%=6787.61（元）。

【解析】 自2009年1月1日以后购入的固定资产，按适用税率征收。

二、一般纳税人与其增值税税率

（一）一般纳税人标准

一般纳税人，是指年应税销售额超过财政部、国家税务总局规定的小规模纳税人标准的企业和企业性单位。自2015年3月30日起，一般纳税人实行登记制，除另有规定外，应当向税务机关办理登记手续。

下列纳税人不办理一般纳税人登记：

(1)按照政策规定,选择按照小规模纳税人纳税的。

(2)年应税销售额超过规定标准的其他个人。

纳税人自一般纳税人生效之日起,按照增值税一般计税方法计算应纳税额,并可以按照规定领用增值税专用发票,财政部、国家税务总局另有规定的除外。纳税人登记为一般纳税人后,不得转为小规模纳税人,国家税务总局另有规定的除外。

有下列情形之一者,应按销售额依照增值税税率计算应纳税额,不得抵扣进项税额,也不得使用增值税专用发票:

(1)一般纳税人会计核算不健全,或者不能够提供准确税务资料的。

(2)除年应税销售额超过小规模纳税人标准的其他个人,非企业性单位、不经常发生应税行为的企业,可选择按小规模纳税人纳税外,纳税人销售额超过小规模纳税人标准,未申请办理一般纳税人认定手续的。

区分一般纳税人和小规模纳税人的重要意义在于,两者的税法地位、计税方法都是不同的。两者的税法地位或称税法待遇的差别主要表现在:一般纳税人用购进扣税法抵扣发票上注明的已纳增值税额,而小规模纳税人不能进行税款抵扣。由于两者在税法地位上的差异,计税方法也各有不同。

中华人民共和国境外的单位或者个人在境内销售劳务,在境内未设有经营机构的,以其境内代理人为扣缴义务人;在境内没有代理人的,以购买方为扣缴义务人。

(二)一般纳税人增值税税率

(1)纳税人销售货物、劳务、有形动产租赁服务或者进口货物除《增值税暂行条例》第2条第2项、第4项、第5项(即下列第2、4、5项)另有规定外,税率为13%。

(2)纳税人销售交通运输、邮政、基础电信、建筑、不动产租赁服务,销售不动产,转让土地使用权,销售或者进口下列货物,税率为9%:①粮食等农产品、食用植物油、食用盐;②自来水、暖气、冷气、热水、煤气、石油液化气、天然气、二甲醚、沼气、居民用煤炭制品;③图书、报纸、杂志、音像制品、电子出版物;④饲料、化肥、农药、农机、农膜;⑤国务院规定的其他货物。

(3)纳税人销售服务、无形资产,除《增值税暂行条例》第2条第1项、第2项、第5项(即上述第1、2项和下列第5项)另有规定外,税率为6%。

(4)纳税人出口货物,税率为零;但是,国务院另有规定的除外。

(5)境内单位和个人跨境销售国务院规定范围内的服务、无形资产,税率为零。包括国际运输服务、航天运输服务。

(6)向境外单位提供的完全在境外消费的下列服务:研发服务;合同能源管理服务;设计服务;广播影视节目(作品)的制作和发行服务;软件服务;电路设计及测试服务;信息系统服务;业务流程管理服务;离岸服务外包业务;转让技术。

(7)国务院规定的其他服务。

第三节　增值税应纳税额的计算

一、一般纳税人应纳税额的计算

一般纳税人销售货物、劳务、服务、无形资产、不动产(以下简称应税销售行为),采取一般计税方法计算应纳增值税额。其计算公式为:

应纳税额=当期销项税额-当期进项税额

销项税额是指纳税人发生应税销售行为,按照销售额和适用税率计算并向购买方收取的增值税税款,其计算公式为:

销项税额=销售额×适用税率

可见,一般纳税人计算增值税应纳税额时,主要有两个因素:一是计算销项税额的销售额的确定;二是进项税额的确定。

(一)销售额的确定

1.销售额的概念

销售额是指纳税人发生应税销售行为向购买方收取的全部价款和价外费用,但是不包括收取的销项税额。价外费用,包括价外向购买方收取的手续费、补贴、基金、集资费、返还利润、奖励费、违约金、滞纳金、延期付款利息、赔偿金、代收款项、代垫款项、包装费、包装物租金、储备费、优质费、运输装卸费,以及其他各种性质的价外收费。上述价外费用无论其会计制度如何核算,均应并入销售额计算销项税额。但下列项目不包括在销售额内:

(1)受托加工应征消费税的消费品所代收代缴的消费税。

(2)同时符合以下条件代为收取的政府性基金或者行政事业性收费:由国务院或者财政部批准设立的政府性基金,由国务院或者省级人民政府及其财政、价格主管部门批准设立的行政事业性收费;收取时开具省级以上财政部门印制的财政票据;所收款项全额上缴财政。

(3)销售货物的同时代办保险等而向购买方收取的保险费,以及向购买方收取的代购买方缴纳的车辆购置税、车辆牌照费。

(4)以委托方名义开具发票代委托方收取的款项。

2.含税销售额的换算

增值税实行价外税,计算销项税额时,销售额中不应含有增值税款。如果销售额中包含了增值税款即销项税额,则应将含税销售额换算成不含税销售额。其计算公式为:

不含税销售额=含税销售额÷(1+增值税税率)

3.视同销售货物的销售额的确定

《增值税暂行条例实施细则》规定了8种视同销售货物行为,这8种视同销售行为一般不以资金的形式反映出来,因而会出现无销售额的情况。在此情况下,税务机关有权按照下列顺序核定其销售额:

第一,按纳税人最近时期同类货物的平均销售价格确定。

第二,按其他纳税人最近时期同类货物的平均销售价格确定。

第三,按组成计税价格确定。其计算公式为:

$$组成计税价格=成本\times(1+成本利润率)$$

征收增值税的货物,同时又征收消费税的,其组成计税价格中应包含消费税税额。其计算公式为:

$$组成计税价格=成本\times(1+成本利润率)+消费税税额$$

或:

$$组成计税价格=成本\times(1+成本利润率)\div(1-消费税税率)$$

公式中的成本分两种情况:一是销售自产货物的为实际生产成本;二是销售外购货物的为实际采购成本。公式中的成本利润率为10%。但属于应从价定率征收消费税的货物,其组成计税价格公式中的成本利润率,为《消费税若干具体问题的规定》中规定的成本利润率。

纳税人销售货物或者劳务的价格明显偏低并无正当理由的,由税务机关按照上述方法核定其销售额。

《营业税改征增值税试点实施办法》规定,纳税人销售服务、无形资产或者不动产价格明显偏低或者偏高且不具有合理商业目的的,或者发生无销售额的,税务机关有权按照下列顺序确定销售额:

第一,按照纳税人最近时期销售同类服务、无形资产或者不动产的平均价格确定。

第二,按照其他纳税人最近时期销售同类服务、无形资产或者不动产的平均价格确定。

第三,按照组成计税价格确定。组成计税价格的公式为:

$$组成计税价格=成本\times(1+成本利润率)$$

其中,成本利润率由国家税务总局确定。

不具有合理商业目的的,是指以谋取税收利益为主要目的,通过人为安排,减少、免除、推迟缴纳增值税税款,或者增加退还增值税税款。

4.混合销售额的确定

依照《营业税改征增值税试点实施办法》及相关规定,混合销售的销售额为货物的销售额与服务销售额的合计。

5.兼营销售额的确定

依照《营业税改征增值税试点实施办法》及相关规定,纳税人兼营不同税率的货物、劳务、服务、无形资产或者不动产,应当分别核算不同税率或者征收率的销售额;未分别核算销售额的,从高适用税率。

6. 特殊销售方式下销售额的确定

(1)折扣方式销售。折扣折让方式销售包括销售折扣、折扣销售、销售折让三种形式,计算增值税应税销售额时需要严格加以区分。

1)销售折扣:又称为现金折扣,是指销货方在销售货物或应税劳务后为了鼓励购买方及早偿还货款,给予购货方的一种优惠。例如:3/10(10 天内付款,销售折扣 3%),2/20(20 天内付款,销售折扣 2%),1/30(30 天内付款,销售折扣 1%),N/30(1 个月以上全价付款)。销售折扣发生在销售之后,属于一种理财行为,因此,销售折扣不得从销售额中扣除。这里的折扣仅限于货物价格折扣,如果是实物折扣应按视同销售中"无偿赠送"处理,实物款额不能从原销售额中减除。增值税条例视同销售货物中的"赠送他人"计算征收增值税。

2)折扣销售:又称为打折销售(商业折扣),是指销货方在销售货物或应税劳务时,为鼓励对方多购货而给予的一种优惠,一种给予购货方的价格优惠。例如:购买 50 个,折扣 2%;购买 100 个,折扣 5% 等。

3)销售折让:指货物销售后由于其品种、质量等原因购货方未予退货,但销货方需给予购货方的一种价格折让。销售折让发生在销货之后,作为已售产品出现品种、质量问题而给予购买方的补偿,是原销售额的减少,折让额可以从销售额中减除。

销售方式税务处理说明折扣销售(商业折扣)折扣额可以从销售额中扣减(要求在同一张发票"金额"栏上分别注明)①目的:促销;②实物折扣:按视同销售中"赠送他人"处理,实物价款不能从原销售额中减除销售折扣(现金折扣)折扣额不得从销售额中减除发生在销货之后,属于一种融资行为销售折让折让额可以从销售额中减除为保证商业信誉,对已售产品出现品种、质量问题时给予购买方的补偿

【例 2-12】 某设备生产企业,设备不含税价款 3 000 000 元,考虑到与购买方长期合作,给予 5% 价格优惠(开一张发票);由于购货方及时付款,给予 2% 的销售折扣,实收 2 793 000 元。

要求:计算该设备生产企业应缴纳的销项税额,并进行相应会计处理。

【解析】 销项税额 $=3\ 000\ 000\times(1-5\%)\times13\%=370\ 500$(元);

销售折扣额 $=3\ 000\ 000\times(1-5\%)\times2\%=57\ 000$(元),计入财务费用。

整个销售的会计分录:

借:银行存款　　3 163 500(2 793 000+370 500)

　财务费用　　57 000

　贷:主营业务收入　　2 850 000

　　应交税费——应交增值税(销项税额)　　370 500

(2)以旧换新方式销售。以旧换新是指纳税义务人在销售自己的货物时,有偿回收旧货物的行为。采用以旧换新方式销售货物时,应按新货物的同期销售价格确定销售额,旧货物的收购价格不允许扣除,金银首饰除外。对金银首饰以旧换新业务,可以按销

售方实际收到的不含增值税的全部价款征收增值税。

1）一般货物：按新货同期销售价格确定销售额，不得扣减旧货收购价格。

2）金银首饰：按实际收到的不含税销售价格确定销售额（扣减旧货收购价格）。金银首饰在零售环节缴纳的消费税也是这样确定销售额。

【例2-13】 位于某市区的一家百货商场为增值税一般纳税人。2019年4月份零售金银首饰取得含税销售额101 700元，其中包括以旧换新首饰的含税销售额56 500元。在以旧换新业务中，旧首饰作价的含税金额为33 900元，百货商场实际收取的含税金额为22 600元。

要求：计算百货商场应确认的销项税额，并进行相应会计处理。

【解析】 百货商场4月份零售金银首饰的增值税销项税额为：

(101 700−56 500)÷(1+13%)×13%+22 600÷(1+13%)×13%=7 800（元）。

会计分录：

零售业务会计分录：

借：银行存款　　101 700

　贷：主营业务收入　　90 000

　　应交税费——应交增值税（销项税额）　　11 700

以旧换新业务会计分录：

借：银行存款　　−56 500

　贷：主营业务收入　　−50 000

　　应交税费——应交增值税（销项税额）　　−6 500

借：银行存款　　22 600

　贷：主营业务收入　　20 000

　　应交税费——应交增值税（销项税额）　　2 600

【例2-14】 某商贸企业为增值税一般纳税人，销售某种型号自行车一批，本月采用以旧换新方式促销，销售该型号自行车618台，每台旧自行车作价260元，扣除旧货收购价，实际取得不含税销售收入791 040元。

要求：计算其增值税销项税额，并进行相应会计处理。

【解析】 增值税销项税额=(791 040+618×260)×13%=123 723.6（元）。

会计分录：

借：银行存款　　1 075 443.6

　贷：主营业务收入　　951 720

　　应交税费——应交增值税（销项税额）　　123 723.6

（3）还本销售方式销售。还本销售是指纳税人在销售货物后，到一定期限将货款一次或分次退还给购货方全部或部分价款的一种销售方式。这种方式实际上是一种筹资，是以货物换取资金的使用价值，到期还本不付息的方法。纳税人采取还本销售方式销售货物，其销售额就是货物的销售价格，不得从销售额中减除还本支出。

【例2-15】　某企业为增值税一般纳税人，本月采取“还本销售”方式销售乙商品一批，收取了含税货款1 000 000元，企业扣除还本金额后按400 000元作为销售处理。

要求：计算增值税计税销售额。

【解析】　计税销售额=1 000 000÷(1+13%)=884 955.75(元)

(4)以物易物方式销售。以物易物是指购销双方不是以货币结算，而是以同等价款的货物相互结算，实现货物购销的一种方式。以物易物双方都应作购销处理，以各自发出的货物核算销售额并计算销项税额，以各自收到的货物按规定核算购货额并计算进项税额。在以物易物活动中，应分别开具合法的票据，如收到的货物不能取得相应的增值税专用发票或其他合法票据的，不能抵扣进项税额。

【例2-16】　某汽车生产企业为增值税一般纳税人，4月份业务如下：

(1)将生产的800辆汽车分两批出售，其中300辆增值税专用发票注明销售金额4 500万元，税额为585万元；500辆增值税专用发票注明销售金额6 500万元，税额845万元。

(2)将生产的100辆小汽车用于换取生产资料，以成本12万元每辆互相开具，增值税专用发票注明金额1 200万元，税额156万元。

要求：计算本月应缴纳的增值税。

【解析】　平均售价=(4 500+6 500)/800=13.75(万元)；

销项税额=585+845+100×13.75×13%=1 608.75(万元)；

进项税额=156(万元)；

应纳增值税=1 608.75-156=1 452.75(万元)。

(5)直销方式销售。直销企业先将货物销售给直销员，直销员再将货物销售给消费者的，直销企业的销售额为其向直销员收取的全部价款和价外费用。直销员将货物销售给消费者时，应按照现行规定缴纳增值税。

直销企业通过直销员向消费者销售货物，直接向消费者收取货款，直销企业的销售额为其向消费者收取的全部价款和价外费用。

7.包装物押金

包装物是指纳税人包装本单位货物的各种物品。一般情况下，销货方向购货方收取包装物押金，购货方在规定时间内返还包装物，销货方再将收取的包装物押金返还。纳税人为销售货物而出租、出借包装物收取的押金，单独记账核算的，且时间在1年以内，又未过期的，不并入销售额征税；但对因逾期未收回包装物不再退还的押金，应按所包装货物的适用税率计算增值税款。实践中，应注意以下具体规定：

(1)“逾期”是指按合同约定实际逾期或以1年为期限，对收取1年以上的押金，无论是否退还均并入销售额征税。

(2)包装物押金是含税收入，在并入销售额征税时，需要先将该押金换算为不含税收入，再计算应纳增值税款。

(3)包装物押金不同于包装物租金，包装物租金属于价外费用，在销售货物时随同货款一并计算增值税款。

(4)从1995年6月1日起,对销售除啤酒、黄酒外的其他酒类产品而收取的包装物押金,无论是否返还以及会计上如何核算,均应并入当期销售额征收增值税。

【例2-17】 某酒厂为一般纳税人,本月向一小规模纳税人销售白酒,开具普通发票上注明金额93 600元,同时收取单独核算的包装物押金2 000元(尚未逾期)。

要求:计算此业务酒厂应确认的销项税额。

【解析】 销项税额=(93 600+2 000)÷(1+13%)×13%=10 998.23(元)

【例2-18】 某商场为增值税一般纳税人,6个月前收取一餐厅啤酒包装物押金10 000元,月初到期,餐厅未返还包装物,按照销售时的约定,这部分押金即收归商场所有,商场的账务处理为:

借:其他应付款——某餐厅押金 10 000

　贷:其他业务收入 10 000

要求:分析针对上述业务判断商场账务处理和相关税务处理是否正确。如果不正确,列出正确的处理方式。

【解析】 商场的账务处理和税务处理不正确,啤酒逾期的包装物押金应缴纳增值税。

增值税的销项税额=10 000÷1.13×13%=1 150.44(元)

商场账务处理不正确,更正如下:

冲销错账:

借:其他业务收入 10 000

　贷:其他应付款——某餐厅押金 10 000

正确处理:

借:其他应付款——某餐厅押金 10 000

　贷:其他业务收入 8 849.56

　　应交税费——应交增值税(销项税额) 1 150.44

8.营改增行业销售额的规定

(1)贷款服务,以提供贷款服务取得的全部利息及利息性质的收入为销售额。

(2)直接收费金融服务,以提供直接收费金融服务收取的手续费、佣金、酬金、管理费、服务费、经手费、开户费、过户费、结算费、转托管费等各类费用为销售额。

(3)金融商品转让,按照卖出价扣除买入价后的余额为销售额。

转让金融商品出现的正负差,按盈亏相抵后的余额为销售额。若相抵后出现负差,可结转下一纳税期与下期转让金融商品销售额相抵,但年末时仍出现负差的,不得转入下一个会计年度。

金融商品的买入价,可以选择按照加权平均法或者移动加权平均法进行核算,选择后36个月内不得变更。金融商品转让,不得开具增值税专用发票。

(4)经纪代理服务,以取得的全部价款和价外费用,扣除向委托方收取并代为支付的政府性基金或者行政事业性收费后的余额为销售额。向委托方收取的政府性基金或者行政事业性收费,不得开具增值税专用发票。

(5)航空运输企业的销售额,不包括代收的机场建设费和代售其他航空运输企业客票而代收转付的价款。

(6)试点纳税人中的一般纳税人提供客运场站服务,以其取得的全部价款和价外费用,扣除支付给承运方运费后的余额为销售额。

(7)试点纳税人提供旅游服务,可以选择以取得的全部价款和价外费用,扣除向旅游服务购买方收取并支付给其他单位或者个人的住宿费、餐饮费、交通费、签证费、门票费和支付给其他接团旅游企业的旅游费用后的余额为销售额。

选择上述办法计算销售额的试点纳税人,向旅游服务购买方收取并支付的上述费用,不得开具增值税专用发票,可以开具普通发票。

(8)试点纳税人提供建筑服务适用简易计税方法的,以取得的全部价款和价外费用扣除支付的分包款后的余额为销售额。

(9)房地产开发企业中的一般纳税人销售其开发的房地产项目(选择简易计税方法的房地产老项目除外),以取得的全部价款和价外费用,扣除受让土地时向政府部门支付的土地价款后的余额为销售额。

房地产老项目,是指《建筑工程施工许可证》注明的合同开工日期在2016年4月30日前的房地产项目。

9. 销售额确定的特殊规定

(1)纳税人兼营免税、减税项目的,应当分别核算免税、减税项目的销售额;未分别核算的,不得免税、减税。

(2)纳税人发生应税销售行为,开具增值税专用发票后,发生开票有误或者销售折让、中止、退回等情形的,应当按照国家税务总局的规定开具红字增值税专用发票;未按照规定开具红字增值税专用发票的,不得扣减销项税额或者销售额。

10. 外币销售额的折算

纳税人按人民币以外的货币结算销售额的,其销售额的人民币折合率可以选择销售额发生的当天或者当月1日的人民币外汇中间价。纳税人应在事先确定采用何种折合率,确定后在1年内不得变更。

【例2-19】 关于计税销售额的下列表述中,正确的有(　　)。

A. 金融企业转让金融商品,按照卖出价扣除买入价后的余额为销售额

B. 银行提供贷款服务,以提供贷款服务取得的全部利息及利息性质的收入为销售额

C. 建筑企业提供建筑服务适用一般计税方法的,以取得的全部价款和价外费用扣除支付的分包款后的余额为销售额

D. 房地产开发企业销售其开发的房地产项目适用一般计税方法的,以取得的全部价款和价外费用,扣除受让土地时向政府部门支付的土地价款后的余额为销售额

【解析】 答案为ABD。根据《营业税改征增值税试点实施办法》及相关规定,试点

纳税人提供建筑服务适用简易计税方法的，以取得的全部价款和价外费用扣除支付的分包款后的余额为销售额。

（二）进项税额的确定

进项税额，是指纳税人购进货物、劳务、服务、无形资产或者不动产，支付或者负担的增值税额。

1. 准予从销项税额中抵扣的进项税额

（1）从销售方取得的增值税专用发票（含税控机动车销售统一发票，下同）上注明的增值税额。

（2）从海关取得的海关进口增值税专用缴款书上注明的增值税额。

外购农副产品进项税扣除率

（3）购进农产品，除取得增值税专用发票或者海关进口增值税专用缴款书外，按照农产品收购发票或者销售发票上注明的农产品买价和9%的扣除率计算进项税额，国务院另有规定的除外。进项税额计算公式为：

$$进项税额=买价\times扣除率$$

（4）自境外单位或者个人购进劳务、服务、无形资产或者境内的不动产，从税务机关或者扣缴义务人取得的代扣代缴税款的完税凭证上注明的增值税额。

（5）原增值税一般纳税人购进货物或者接受劳务，用于《销售服务、无形资产或者不动产注释》所列项目的，不属于《增值税暂行条例》第10条规定不得抵扣进项税额的项目，其进项税额准予从销项税额中抵扣。

（6）原增值税一般纳税人购进服务、无形资产或者不动产，取得的增值税专用发票上注明的增值税额为进项税额，准予从销项税额中抵扣。

（7）原增值税一般纳税人自用的应征消费税的摩托车、汽车、游艇，其进项税额准予从销项税额中抵扣。

（8）自2019年4月1日至2021年12月31日，允许生产、生活性服务业纳税人按照当期可抵扣进项税额加计10%，抵减应纳税额。生产、生活性服务业纳税人，是指提供邮政服务、电信服务、现代服务、生活服务（以下称四项服务）取得的销售额占全部销售额的比重超过50%的纳税人。

（9）自2019年4月1日起，增值税一般纳税人购进国内旅客运输服务，其进项税额允许从销项税额中抵扣。

未取得增值税专用发票的：

1）取得增值税电子普通发票的，为发票上注明的税额。

2）取得注明旅客身份信息的航空运输电子客票行程单的，为按照下列公式计算进项税额。

$$航空旅客运输进项税额=(票价+燃油附加费)\div(1+9\%)\times9\%$$

3）取得注明旅客身份信息的铁路车票的，为按照下列公式计算的进项税额。

铁路旅客运输进项税额 = 票面金额 ÷ (1+9%) × 9%

4)取得注明旅客身份信息的公路、水路等其他客票的,按照下列公式计算进项税额。

公路、水路等其他旅客运输进项税额 = 票面金额 ÷ (1+3%) × 3%

纳税人购进货物、劳务、服务、无形资产、不动产,取得的增值税扣税凭证不符合法律、行政法规或者国务院税务主管部门有关规定的,其进项税额不得从销项税额中抵扣。

增值税扣税凭证,是指增值税专用发票、海关进口增值税专用缴款书、农产品收购发票、农产品销售发票和完税凭证。

纳税人凭完税凭证抵扣进项税额的,应当具备书面合同、付款证明和境外单位的对账单或者发票。资料不全的,其进项税额不得从销项税额中抵扣。

2. 不得从销项税额中抵扣的进项税额

(1)用于简易计税方法计税项目、免征增值税项目、集体福利或者个人消费的购进货物、劳务、服务、无形资产和不动产。其中涉及的固定资产、无形资产、不动产,仅指专用于上述项目的固定资产、无形资产(不包括其他权益性无形资产)、不动产。

如果是既用于上述不允许抵扣项目又用于抵扣项目的,该进项税额准予全部抵扣。自 2018 年 1 月 1 日起,纳税人租入固定资产、不动产,既用于一般计税方法计税项目,又用于简易计税方法计税项目、免征增值税项目、集体福利或者个人消费的,其进项税额准予从销项税额中全额抵扣。

纳税人的交际应酬消费属于个人消费。

(2)非正常损失的购进货物,以及相关的劳务和交通运输服务。

(3)非正常损失的在产品、产成品所耗用的购进货物(不包括固定资产)、劳务和交通运输服务。

(4)非正常损失的不动产,以及该不动产所耗用的购进货物、设计服务和建筑服务。

(5)非正常损失的不动产在建工程所耗用的购进货物、设计服务和建筑服务。纳税人新建、改建、扩建、修缮、装饰不动产,均属于不动产在建工程。

(6)购进的旅客运输服务、贷款服务、餐饮服务、居民日常服务和娱乐服务。

(7)纳税人接受贷款服务向贷款方支付的与该笔贷款直接相关的投融资顾问费、手续费、咨询费等费用,其进项税额不得从销项税额中抵扣。

(8)财政部和国家税务总局规定的其他情形。

上述第(4)项、第(5)项所称货物,是指构成不动产实体的材料和设备,包括建筑装饰材料和给排水、采暖、卫生、通风、照明、通信、煤气、消防、中央空调、电梯、电气、智能化楼宇设备及配套设施。

不动产、无形资产的具体范围,按照《销售服务、无形资产或者不动产注释》执行。

固定资产,是指使用期限超过 12 个月的机器、机械、运输工具以及其他与生产经营有关的设备、工具、器具等有形动产。

非正常损失,是指因管理不善造成货物被盗、丢失、霉烂变质,以及因违反法律法规造成货物或者不动产被依法没收、销毁、拆除的情形。

【例 2-20】 下列各项中，不得从销项税额中抵扣进项税额的是(　　)。

A. 购进生产用燃料所支付的增值税款

B. 不合格产品耗用材料所支付的增值税款

C. 因管理不善被盗材料所支付的增值税款

D. 购进不动产耗用装修材料所支付的增值税款

【解析】 答案为 C。根据增值税法律制度的规定，因管理不善造成被盗、丢失、霉烂变质的损失以及被执法部门依法没收或者强令自行销毁的货物的增值税款，不允许从销项税额中抵扣。

3. 其他

(1)适用一般计税方法的纳税人，兼营简易计税方法计税项目、免征增值税项目而无法划分不得抵扣的进项税额，按照下列公式计算不得抵扣的进项税额：

不得抵扣的进项税额=当期无法划分的全部进项税额×(当期简易计税方法计税项目销售额+免征增值税项目销售额)÷当期全部销售额

税务机关可以按照上述公式依据年度数据对不得抵扣的进项税额进行清算。

(2)根据《增值税暂行条例实施细则》的规定，一般纳税人当期购进的货物或劳务用于生产经营，其进项税额在当期销项税额中予以抵扣。但已抵扣进项税额的购进货物或劳务如果事后改变用途，用于集体福利或者个人消费、购进货物发生非正常损失、在产品或产成品发生非正常损失等，应当将该项购进货物或者劳务的进项税额从当期的进项税额中扣减；无法确定该项进项税额的，按当期外购项目的实际成本计算应扣减的进项税额。

(3)已抵扣进项税额的购进服务，发生《营业税改征增值税试点实施办法》规定的不得从销项税额中抵扣情形(简易计税方法计税项目、免征增值税项目除外)的，应当将该进项税额从当期进项税额中扣减；无法确定该进项税额的，按照当期实际成本计算应扣减的进项税额。

(4)已抵扣进项税额的无形资产或者不动产，发生《营业税改征增值税试点实施办法》规定的不得从销项税额中抵扣情形的，按照下列公式计算不得抵扣的进项税额：

不得抵扣的进项税额=无形资产(或者不动产净值)×适用税率

无形资产或者不动产净值，是指纳税人根据财务会计制度计提折旧或摊销后的余额。

(5)纳税人适用一般计税方法计税的，因销售折让、中止或者退回而退还给购买方的增值税额，应当从当期的销项税额中扣减；因销售折让、中止或者退回而收回的增值税额，应当从当期的进项税额中扣减。

(6)有下列情形之一者，应当按照销售额和增值税税率计算应纳税额，不得抵扣进项税额，也不得使用增值税专用发票：①一般纳税人会计核算不健全，或者不能够提供准确税务资料的；②应当办理一般纳税人资格登记而未办理的。

(7)适用一般计税方法的试点纳税人，2016 年 5 月 1 日后取得并在会计制度上按固定资产核算的不动产或者2016年5月1日后取得的不动产在建工程，其进项税额应自取得之日起分两年从销项税额中抵扣，第一年抵扣比例为60%，第二年抵扣比例为40%。但从2019年4月1日起，增值税一般纳税人取得不动产的进项税额不再分两年抵扣，而是在购进不动产的当期一次性抵扣进项税额。

取得不动产，包括以直接购买、接受捐赠、接受投资入股、自建以及抵债等各种形式取得不动产，不包括房地产开发企业自行开发的房地产项目。

(8)根据《营业税改征增值税试点实施办法》及相关规定，不得抵扣且未抵扣进项税额的固定资产、无形资产、不动产，发生用途改变，用于允许抵扣进项税额的应税项目，可在用途改变的次月按照下列公式，计算可以抵扣的进项税额：

可以抵扣的进项税额=固定资产、无形资产、不动产净值÷(1+适用税率)×适用税率

上述可以抵扣的进项税额应取得合法有效的增值税扣税凭证。

(9)一般纳税人发生下列应税行为可以选择适用简易计税方法计税，不允许抵扣进项税额：

1)公共交通运输服务，包括轮客渡、公交客运、地铁、城市轻轨、出租车、长途客运、班车。

2)经认定的动漫企业为开发动漫产品提供的动漫脚本编撰、形象设计、背景设计、动画设计、分镜、动画制作、摄制、描线、上色、画面合成、配音、配乐、音效合成、剪辑、字幕制作、压缩转码(面向网络动漫、手机动漫格式适配)服务，以及在境内转让动漫版权(包括动漫品牌、形象或者内容的授权及再授权)。

3)电影放映服务、仓储服务、装卸搬运服务、收派服务和文化体育服务。

4)以纳入营改增试点之日前取得的有形动产为标的物提供的经营租赁服务。

5)在纳入营改增试点之日前签订的尚未执行完毕的有形动产租赁合同。

【例2-21】 营改增试点一般纳税人发生的下列应税行为中，可以选择简易计税方法计税的有(　　)。

A. 公交客运服务　　　　B. 动画设计服务

C. 仓储服务　　　　　　D. 装卸搬运服务

【解析】 答案为ABCD。根据《营业税改征增值税试点实施办法》及相关规定，营改增试点一般纳税人提供公交客运服务、动画设计服务、仓储服务和装卸搬运服务，可以选择适用简易计税方法计税。

(10)进项税额抵扣期限的规定。

1)自2017年7月1日起，增值税一般纳税人取得的2017年7月1日及以后开具的增值税专用发票和机动车销售统一发票，应自开具之日起360日内认证或登录增值税发票选择确认平台进行确认，并在规定的纳税申报期内，向税务机关申报抵扣进项税额。

2)增值税一般纳税人取得的2017年7月1日及以后开具的海关进口增值税专用缴款书，应自开具之日起360日内向税务机关报送《海关完税凭证抵扣清单》，申请稽核比对。

(三)应纳税额的计算

应纳税额=当期销项税额-当期进项税额

当期销项税额小于当期进项税额不足抵扣时,其不足部分可以结转下期继续抵扣。

【例2-22】 某银行为增值税一般纳税人,2019年第一季度发生的有关经济业务如下:

(1)购进5台自助存取款机,取得增值税专用发票注明的金额为40万元,增值税为5.2万元;

(2)租入一办公用房作为营业部,租金总额为105万元,取得增值税专用发票注明的金额为100万元,增值税为5万元;

(3)办理公司业务,收取结算手续费(含税)31.8万元;收取账户管理费(含税)26.5万元;

(4)办理贷款业务,取得利息收入(含税)1.06亿元;

(5)吸收存款8亿元。

已知:该银行取得增值税专用发票均符合规定,并已认证;提供金融服务适用的增值税税率为6%。

要求:计算该银行第一季度应纳增值税税额。

【解析】 根据《营业税改征增值税试点实施办法》及相关规定:①购进自助存取款机的进项税额允许抵扣;②租入办公用房的进项税额允许抵扣;③办理公司业务,收取的手续费和账户管理费属于直接收费金融服务,应缴纳增值税;④办理贷款业务收取利息收入,属于贷款服务,应缴纳增值税;⑤吸收存款不属于增值税征税范围。

计算过程:

进项税额=5.2+5=10.2(万元);

销项税额=31.8÷(1+6%)×6%+26.5÷(1+6%)×6%+1.06÷(1+6%)×6%×10 000
=1.8+1.5+600=603.3(万元);

应纳增值税税额=603.3-10.2=593.1(万元)。

二、小规模纳税人应纳税额的计算

小规模纳税人采用简易计税方法,按照销售额和征收率计算应纳税额,不得抵扣进项税额。

应纳税额=销售额×征收率

销售额是指因销售货物或提供应税劳务向购买方收取的全部价款和加外费,但不包括增值税额。征收率一般为3%。

【例2-23】 某企业为增值税小规模纳税人,专门从事商业咨询服务。2019年4月发生以下业务:

(1)15日,向某一般纳税人企业提供资讯信息服务,取得含增值税销售额3.09万元;

(2)20 日,向某小规模纳税人提供注册信息服务,取得含增值税销售额 1.03 万元;

(3)25 日,购进办公用品,支付价款 2.06 万元,并取得增值税普通发票。

已知增值税征收率为 3%。

要求:计算该企业当月应纳增值税税额。

【解析】 根据《营业税改征增值税试点实施办法》及相关规定,小规模纳税人提供应税服务,采用简易办法征税,销售额中含有增值税款的,应换算为不含税销售额,计算应纳税额,购进货物支付的增值税款不允许抵扣。

销售额=(3.09+1.03)÷(1+3%)=4(万元);

应纳增值税税额=4×3%=0.12(万元)。

【例 2-24】 某汽车修理企业为小规模纳税人,提供加工修理修配劳务,2019 年 5 月修车收入 200 000 元,销售汽车零部件收入 60 000 元。

要求:计算该企业本月需缴纳的增值税。

【解析】 该企业本月需缴纳的增值税为:(200 000+60 000)÷(1+3%)×3%=7 600(元)。

第四节　一般计税方法的账务处理

一、一般计税方法的会计科目

一般纳税人"应交税费——应交增值税"会计科目设置

为了核算企业应交增值税的发生、抵扣、缴纳、退税及转出等情况,增值税一般纳税人应当在"应交税费"科目下设置"应交增值税""未交增值税""预交增值税""待抵扣进项税额""待认证进项税额""待转销项税额""简易计税""转让金融商品应交增值税""代扣代交增值税""增值税留抵税额"等明细科目。

(一)"应交增值税"明细科目

"应交增值税"明细科目,核算一般纳税人进项税额、销项税额抵减、已交税金、转出未交增值税、减免税款、出口抵减内销产品应纳税额、销项税额、出口退税、进项税额转出、转出多交增值税等情况。

该明细账设置以下专栏:

(1)"进项税额"专栏,记录一般纳税人购进货物、加工修理修配劳务、服务、无形资产或不动产而支付或负担的、准予从当期销项税额中抵扣的增值税额。

(2)"销项税额抵减"专栏,记录一般纳税人按照现行增值税制度规定因扣减销售额而减少的销项税额。

(3)“已交税金”专栏,记录一般纳税人当月已缴纳的应交增值税额。

(4)“减免税款”专栏,记录一般纳税人按现行增值税制度规定准予减免的增值税额。

(5)“出口抵减内销产品应纳税额”专栏,记录实行“免、抵、退”办法的一般纳税人按规定计算的出口货物的进项税抵减内销产品的应纳税额。

(6)“销项税额”专栏,记录一般纳税人销售货物、加工修理修配劳务、服务、无形资产或不动产应收取的增值税额。

(7)“出口退税”专栏,记录一般纳税人出口货物、加工修理修配劳务、服务、无形资产按规定退回的增值税额。

(8)“进项税额转出”专栏,记录一般纳税人购进货物、加工修理修配劳务、服务、无形资产或不动产等发生非正常损失以及其他原因而不应从销项税额中抵扣、按规定转出的进项税额。

(9)“转出未交增值税”和“转出多交增值税”专栏,分别记录一般纳税人月度终了转出当月应交未交或多交的增值税额。

(二)“未交增值税”明细科目

“未交增值税”明细科目,核算一般纳税人月度终了从“应交增值税”或“预交增值税”明细科目转入当月应交未交、多交或预交的增值税额,以及当月缴纳以前期间未交的增值税额。

(三)“预交增值税”明细科目

“预交增值税”明细科目,核算一般纳税人转让不动产、提供不动产经营租赁服务、提供建筑服务、采用预收款方式销售自行开发的房地产项目等,以及其他按现行增值税制度规定应预交的增值税额。

(四)“待抵扣进项税额”明细科目

“待抵扣进项税额”明细科目,核算一般纳税人已取得增值税扣税凭证并经税务机关认证,按照现行增值税制度规定准予以后期间从销项税额中抵扣的进项税额。

(五)“待认证进项税额”明细科目,

“待认证进项税额”明细科目,核算一般纳税人由于未经税务机关认证而不得从当期销项税额中抵扣的进项税额。包括:一般纳税人已取得增值税扣税凭证、按照现行增值税制度规定准予从销项税额中抵扣,但尚未经税务机关认证的进项税额;一般纳税人已申请稽核但尚未取得稽核相符结果的海关缴款书进项税额。

(六)“待转销项税额”明细科目

“待转销项税额”明细科目,核算一般纳税人销售货物、加工修理修配劳务、服务、无形资产或不动产,已确认相关收入(或利得)但尚未发生增值税纳税义务而需于以后期间确认为销项税额的增值税额。

(七)“简易计税”明细科目

“简易计税”明细科目,核算一般纳税人采用简易计税方法发生的增值税计提、扣减、预缴、缴纳等业务。

（八）“转让金融商品应交增值税”明细科目

“转让金融商品应交增值税”明细科目，核算增值税纳税人转让金融商品发生的增值税额。

（九）“代扣代交增值税”明细科目

“代扣代交增值税”明细科目，核算纳税人购进在境内未设经营机构的境外单位或个人在境内的应税行为代扣代缴的增值税。

（十）“增值税留抵税额”明细科目

原增值税一般纳税人，截止到纳入营改增试点之日前的增值税期末留抵税额按照现行增值税制度规定不得从销售服务，无形资产或不动产的销项税额中抵扣的增值税留抵税额。

二、一般计税方法的会计处理

（一）购进业务的进项税额

1. 一般纳税人购进货物、加工修理修配劳务、服务、无形资产或者不动产

按应计入相关成本费用或资产的金额，借记“材料采购”“在途物资”“原材料”“库存商品”“生产成本”“无形资产”“固定资产”“管理费用”等科目，按当月已认证的可抵扣增值税额，借记“应交税费——应交增值税（进项税额）”科目，按当月未认证的可抵扣增值税额，借记“应交税费——待认证进项税额”科目，按应付或实际支付的金额，贷记“应付账款”“应付票据”“银行存款”等科目。购进货物等发生的退货，应根据税务机关开具的红字增值税专用发票编制相反的会计分录，如原增值税专用发票未做认证，应将发票退回并做相反的会计分录。

企业购进农产品，除取得增值税专用发票或者海关进口增值税专用缴款书外，按照农产品收购发票或者销售发票上注明的农产品买价和9%的扣除率计算的进项税额；购进用于生产销售或委托加工13%税率的农产品，按照农产品收购发票或者销售发票上注明的农产品买价和13%的扣除率计算的进项税额借记“应交税费——应交增值税（进项税额）”科目，按农产品买价扣除进项税额后的差额，借记“材料采购”“在途物资”“原材料”“库存商品”等科目，按照应付或实际支付的价款，贷记“应付账款”“应付票据”银行存款”等科目。

【例2-25】 甲公司为增值税一般纳税人，适用的增值税税率为13%，原材料按实际成本核算，销售商品价格为不含增值税的公允价格。

要求：编制2019年4月份发生交易或事项以及相关的会计分录。

【解析】 （1）5日，购入原材料一批，增值税专用发票上注明的价款为120 000元，增值税税额为15 600元，材料尚未到达，全部款项已用银行存款支付。

借:在途物资　　120 000

　应交税费——应交增值税(进项税额)　　15 600

　贷:银行存款　　135 600

(2)10日,收到5日购入的原材料并验收入库,实际成本总额为120 000元。同日与运输公司结清运输费用,增值税专用发票上注明的运输费用为5 000,增值税税额为450元,运输费用和增值税税额已用转账支票付讫。

借:在途物资　　5 000

　应交税费——应交增值税(进项税额)　　450

　贷:银行存款　　5 450

借:原材料　　120 000

　贷:在途物资　　120 000

(3)15日,购入不需要安装的生产设备一台,增值税专用发票上注明的价款为30 000元,增值税税额为3 900元,款项尚未支付。

借:固定资产　　30 000

　应交税费——应交增值税(进项税额)　　3 900

　贷:应付账款　　33 900

(4)20日,购入农产品一批,农产品收购发票上注明的买价为200 000元,规定的扣除率为9%,货物尚未到达,价款已用银行存款支付。

进项税额=购买价款×扣除率=20 000×9%=18 000(元)。

借:在途物资　　182 000

　应交税费——应交增值税(进项税额)　　18 000

　贷:银行存款　　200 000

(5)25日,企业管理部门委托外单位修理机器设备,取得对方开具的增值税专用发票上注明的修理费用为20 000元,增值税税额为2 600元,款项已用银行存款支付。

借:管理费用　　20 000

　应交税费——应交增值税(进项税额)　　2 600

　贷:银行存款　　22 600

2.购进不动产或不动产的在建工程

一般纳税人自2016年5月1日后取得并按固定资产核算的不动产或者2016年5月1日后取得的不动产在建工程,其进项税额自取得之日起分两年从销项税额中抵扣的,第一年抵扣比例为60%,第二年抵扣比例为40%。自2019年4月1日起,增值税一般纳税人取得不动产的进项税额不再分两年抵扣,而是在购进不动产的当期一次性抵扣进项税额。2016年5月1日至2019年4月1日期间取得的不动产尚未抵扣的40%的待抵扣进项税额需要于2019年4月份全部转入进项税额进行抵扣。

企业作为一般纳税人,自2019年4月1日后取得并按固定资产核算的不动产或者2019年4月1日后取得的不动产在建工程,取得增值税专用发票并通过税务机关认证时，应按增值税专用发票上注明的价款作为固定资产成本，借记“固定资产”“在建工程”科目；其进项税额借记“应交税费——应交增值税（进项税额）”科目；按应付或实际支付的金额，贷记“应付账款”“银行存款”等科目。

【例 2-26】 承【例 2-25】，2019 年 4 月 30 日，该公司购进一幢简易办公楼作为固定资产核算，并于当月投入使用。取得增值税专用发票并通过认证，增值税专用发票上注明的价款为 3 000 000 元，增值税税额为 390 000 元，款项已用银行存款支付。不考虑其他相关因素。

要求：编制相关会计分录。

【解析】

借：固定资产　　3 000 000

　应交税费——应交增值税（进项税额）　　390 000

　贷：银行存款　　3 390 000

3. 货物等已验收入库但尚未取得增值税扣税凭证

企业购进的货物等已到达并验收入库，但尚未收到增值税扣税凭证并未付款的，应在月末按货物清单或相关合同协议上的价格暂估入账，不需要将增值税的进项税额暂估入账。下月初，用红字冲销原暂估入账金额，待取得相关增值税扣税凭证并经认证后，按应计入相关成本费用或资产的金额，借记“原材料”“库存商品”“固定资产”“无形资产”等科目，按可抵扣的增值税额，借记“应交税费——应交增值税（进项税额）”科目，按应付或实际支付的金额贷记“应付账款”“应付票据”“银行存款”等科目。

【例 2-27】 承【例 2-25】，2019 年 4 月 30 日，甲公司购进原材耕一批已验收入库，但尚未收到增值税扣税凭证，款项也未支付。随货同行的材料清单列明的原材料销售价格为 260 000 元。

要求：编制甲公司会计分录。

【解析】

借：原材料　　260 000

　贷：应付账款　　260 000

下月初，用红字冲销原暂估入账金额：

借：原材料　　-260 000

　贷：应付账款　　-260 000

5 月 10 日，取得相关增值税专用发票上注明的价款为 260 000 元，增值税税额为 33 800元，增值税专用发票已经认证。全部款项以银行存款支付。

要求：编制甲公司会计分录。

【解析】

借：原材料　　260 000

　应交税费——应交增值税（进项税额）　　33 800

　贷：银行存款　　293 800

4. 已经确认进项税额的购进货物等改变用途或发生非正常损失

企业已单独确认进项税额的购进货物、加工修理修配劳务或者服务、无形资产或者不动产但其事后改变用途(如用于简易计税方法计税项目、免征增值税项目、非增值税应税项目等),或发生非正常损失,原已计入进项税额或待认证进项税额,按照现行增值税制度规定不得从销项税额中抵扣。这里所说的"非正常损失",根据现行增值税制度规定,是指因管理不善造成货物被盗、丢失、霉烂变质,以及因违反法律法规造成货物或者不动产被依法没收、销毁、拆除的情形。

进项税额转出的账务处理为,借记"待处理财产损溢""应付职工薪酬""固定资产""无形资产"等科目,贷记"应交税费——应交增值税(进项税额转出)""应交税费——待认证进项税额"科目。属于转作待处理财产损失的进项税额,应与非正常损失的购进货物、在产品或库存商品、固定资产和无形资产的成本一并处理。

【例 2-28】 承【例 2-25】,2019 年 4 月份,甲公司发生进项额转出事项如下:

(1)10 日,库存材料因管理不善发生火灾损失,材料实际成本为 20 000 元,相关增值税专用发票上注明的增值税额为 2 600 元。甲公司将毁损库存材料作为待处理财产损溢入账。

(2)18 日,领用一批外购原材料用于集体福利,该批原材料的实际成本为 60 000 元,相关增值税专用发票上注明的增值税税额为 7 800 元。

要求:编制相关会计分录。

【解析】

(1)借:待处理财产损溢——待处理流动资产损溢　　22 600
　　贷:原材料　　20 000
　　　　应交税费——应交增值税(进项税额转出)　　2 600

(2)借:应付职工薪酬——职工福利　　67 800
　　贷:原材料　　60 000
　　　　应交税费——应交增值税(进项税额转出)　　7 800

需要说明的是,一般纳税人购进货物、加工修理修配劳务、服务、无形资产或不动产,用于简易计税方法计税项目、免征增值税项目、集体福利或个人消费等,即使取得的增值税专用发票上已注明增值税进项税额,该税额按照现行增值税制度规定也不得从销项税额中抵扣的。取得增值税专用发票时,应将待认证的目前不可抵扣的增值税进项税额,借记"应交税费——待认证进项税额"科目,贷记"银行存款""应付账款"等科目。经税务机关认证为不可抵扣的增值税进项税额时,借记"应交税费——应交增值税(进项税额)"科目,贷记"应交税费——待认证进项税额"科目;同时,将增值税进项税额转出,借记相关成本费用或资产科目,贷记"应交税费——应交增值税(进项税额转出)"科目。

【例 2-29】 承【例 2-25】,2019 年 4 月 28 日,甲公司外购空调 300 台作为福利发放给直接从事生产的职工,取得的增值税专用发票上注明的价款为 150 000 元、增值税税额为 19 500 元,以银行存款支付了购买空调的价款和增值税进项税额,增值税专用发票尚未经税务机关认证。

要求:编制甲公司会计分录。

【解析】(1)购入时:

借:库存商品——空调　　150 000

　应交税费——待认证进项税额　　19 500

　　贷:银行存款　　169 500

(2)经税务机关认证不可抵扣时:

借:应交税费——应交增值税(进项税额)　　19 500

　　贷:应交税费——待认证进项税额　　19 500

同时,

借:库存商品——空调扇　　19 500

　　贷:应交税费——应交增值税(进项税额转出)　　19 500

(3)实际发放时:

借:应付职工薪酬——非货币性福利　　169 500

　　贷:库存商品——空调扇　　169 500

(二)销售业务的销项税额

1. 企业销售货物、加工修理修配劳务、服务、无形资产或不动产

应当按应收或已收的金额,借记“应收账款”“应收票据”“银行存款”等科目,按取得的收益金额,贷记“主营业务收入”“其他业务收入”“固定资产清理”“工程结算”等科目,按现行增值税制度规定计算的销项税额(或采用简易计税方法计算的应纳增值税额),贷记“应交税费——应交增值税(销项税额)”或“应交税费——简易计税”科目。

企业销售货物等发生销售退回的,应根据税务机关开具的红字增值税专用发票作相反的会计分录。按照国家统一的会计制度确认收入或利得确认时点早于按照现行增值税制度确认增值税纳税义务发生时点的,应将相关销项税额计入“应交税费——待转销项税额”科目,待实际发生纳税义务时再转入“应交税费——应交增值税(销项税额)”或“应交税费——简易计税”科目。按照增值税制度确认增值税纳税义务发生时点早于按照国家统一的会计制度确认收入或利得的时点的,应将应纳增值税额,借记“应收账款”科目,贷记“应交税费——应交增值税(销项税额)”或“应交税费——简易计税”科目,按照国家统一的会计制度确认收入或利得时,应按扣除增值税销项税额后的金额确认收入。

【例 2-30】　承【例 2-25】,2019 年 4 月份,甲公司发生与销售相关的交易或事项如下:

(1)15 日,销售产品一批,开具增值税专用发票上注明的价款为 1 000 000 元,增值税税额为 130 000 元,提货单和增值税专用发票已交给买方,款项尚未收到。

(2)28 日,为外单位代加工电脑桌 500 个,每个收取加工费 80 元,已加工完成。开具增值税专用发票上注明的价款为 40 000 元,增值税税额为 5 200 元,款项已收到并存入

银行。

要求:编制相关会计分录。

【解析】

(1)借:应收账款　　1 130 000

　　贷:主营业务收入　　1 000 000

　　　　应交税费——应交增值税(销项税额)　　130 000

(2)借:银行存款　　45 200

　　贷:主营业务收入　　40 000

　　　　应交税费——应交增值税(销项税额)　　5 200

2.视同销售业务或行为

企业有些交易和事项按照现行增值税制度规定,应视同对外销售处理,计算应交增值税。视同销售需要缴纳增值税的事项有:企业将自产或委托加工的货物用于集体福利或个人消费,将自产、委托加工或购买的货物作为投资、提供给其他单位或个体工商户、分配给股东或投资者、对外捐赠等。在这些情况下,企业应当根据视同销售的具体内容,按照现行增值税制度规定计算的销项税额(或采用简易计税方法计算的应纳增值税额),借记"长期股权投资""应付职工薪酬""利润分配""营业外支出"等科目,贷记"应交税费——应交增值税(销项税额)"或"应交税费——简易计税"科目。

【例 2-31】　承【例 2-25】,2019 年 4 月份,甲公司发生的视同销售交易或事项如下:

(1)10 日,以公司生产的产品对外捐赠,该批产品的实际成本为 20 000,售价为 250 000元,开具的增值税专用发票上注明的增值税税额为 32 500 元。

(2)25 日,甲公司用一批原材料对外进行长期股权投资。该批原材料实际成本为 600 000 元,双方协商不含税价值为 750 000,开具的增值税专用发票上注明的增值税税额为 97 500 元。

要求:编制如下会计分录。

【解析】

借:营业外支出　　232 500

　　贷:库存商品　　200 000

　　　　应交税费——应交增值税(销项税额)　　32 500

公司以自产产品对外捐赠应交的增值税销项税额 = 250 000×13% = 32 500(元)

借:长期股权投资　　847 500

　　贷:其他业务收入　　750 000

　　　　应交税费——应交增值税(销项税额)　　97 500

同时:

借:其他业务成本　　600 000

　　贷:原材料　　600 000

公司对外投资原材料应交的增值税销项税额 = 750 000×13% = 97 500(元)。

(三)差额征税的账务处理

根据财政部和国家税务总局营改增试点政策的规定,对于企业发生的某些业务(金融商品转让、经纪代理服务、融资租赁和融资性售后回租业务、一般纳税人提供客运场站服务、试点纳税人提供旅游服务、选择简易计税方法提供建筑服务等)无法通过抵扣机制避免重复征税的,应采用差额征税方式计算缴纳增值税。

1. 企业按规定支付的相关成本费用允许扣减销售额

按现行增值税制度规定,企业发生相关成本费用允许扣减销售额的,发生成本费用时,按应付或实际支付的金额,借记"主营业务成本""工程施工"等科目,贷记"应付账款""应付票据""银行存款"等科目。待取得合规增值税扣税凭证且纳税义务发生时,按照允许抵扣的税额,借记"应交税费——应交增值税(销项税额抵减)"或"应交税费——简易计税"科目(小规模纳税人应借记"应交税费——应交增值税"科目),贷记"主营业务成本""工程施工"等科目。

【例 2-32】 某旅行社为增值税一般纳税人,应交增值税采用差额征税方式核算。2019 年 4 月份,该旅行社为乙公司提供职工境内旅游服务,向乙公司收取含税价款 318 000元,其中增值税 18 000,全部款项已收妥入账。旅行社以银行存款支付其他接团旅游企业的旅游费用和其他单位相关费用共计 254 400 元,其中,因允许扣减销售额而减少的销项税额 14 400 元。

要求:编制旅行社相关会计分录。

【解析】 (1)确认旅游服务收入。

借:银行存款　　318 000
　　贷:主营业务收入　　300 000
　　　　应交税费——应交增值税(销项税额)　　18 000

(2)支付其他接团旅游企业的旅游费用等。

借:主营业务成本　　254 400
　　贷:银行存款　　254 400

(3)根据增值税扣税凭证抵减销项税额,并调整成本。

借:应交税费——应交增值税(销项税额抵减)　　14 400
　　贷:主营业务成本　　14 400

上述分录(2)(3)可合并编制如下会计分录:

借:主营业务成本　　240 000
　　应交税费——应交增值税(销项税额抵减)　　14 400
　　贷:银行存款　　254 400

2. 企业转让金融商品应交增值税额

企业转让金融商品按规定以盈亏相抵后的余额作为销售额。按现行增值税制度规定,企业实际转让金融商品,月末,如产生转让收益,则按应纳税额,借记"投资收益"等科目,贷记"应交税费——转让金融商品应交增值税"科目;如产生转让损失,则按可结转下月抵扣税额，借记“应交税费——转让金融商品应交增值税”科目，贷记“投资收益”等科目。缴纳增值税时，应借记“应交税费——转让金融商品应交增值税”科目，贷记“银行存款”科目。年末，“应交税费——转让金融商品应交增值税”科目如有借方余额，则借记“投资收益”等科目，贷记“应交税费——转让金融商品应交增值税”科目。

（四）购买增值税税控系统专用设备和技术维护费用

按现行增值税制度规定，企业初次购买增值税税控系统专用设备支付的费用以及缴纳的技术维护费允许在增值税应纳税额中全额抵减。增值税税控系统专用设备，包括增值税防伪税控系统设备（如金税卡、IC 卡、读卡器或金税盘和报税盘）、货物运输业增值税专用发票税控系统设备（如税控盘和报税盘）、机动车销售统一发票税控系统和公路、内河货物运输业发票税控系统的设备（如税控盘和传输盘）。

企业初次购入增值税税控系统专用设备，按实际支付或应付的金额，借记“固定资产”科目，贷记“银行存款”“应付账款”等科目。按规定抵减的增值税应纳税额，借记“应交税费——应交增值税（减免税款）”科目（小规模纳税人应借记“应交税费——应交增值税”科目），贷记“管理费用”等科目。

企业发生增值税税控系统专用设备技术维护费，应按实际支付或应付的金额，借记“管理费用”科目，贷记“银行存款”等科目。按规定抵减的增值税应纳税额，借记“应交税费——应交增值税（减免税款）”科目（小规模纳税人应借记“应交税费——应交增值税”科目），贷记“管理费用”等科目。

【例 2-33】 某公司为增值税一般纳税人，初次购买数台增值税税控系统专用设备作为固定资产核算，取得增值税专用发票上注明的价款为 38 000 元，增值税税额为 4 940 元，价款和税款以银行存款支付。

要求：编制该公司相关会计分录。

【解析】 （1）取得设备，支付价款和税款时。

借：固定资产　　42 940

　贷：银行存款　　42 940

（2）按规定抵减增值税应纳税额时。

借：应交税费——应交增值税（减免税款）　　42 940

　贷：管理费用　　42 940

小微企业在取得销售收入时，应当按照现行增值税制度的规定计算应交增值税，并确认为应交税费，在达到增值税制度规定的免征增值税条件时，将有关应交增值税转入当期损益。

（五）缴纳增值税的会计处理

1. 缴纳当月应交增值税

企业缴纳当月应交的增值税，借记“应交税费——应交增值税（已交税金）”科目，贷记“银行存款”科目。

【例 2-34】 承【例 2-25】至【例 2-31】,2019 年 4 月份,甲公司当月发生增值销项税合计为 326 400 元,增值税进项税额转出合计为 36 800 元,增值税进项税额合计为 359 700元。

要求:计算甲公司当月应交增值税。

【解析】 当月应交增值税=326 400-(359 700-36 800)=3 500(元)。

4 月 30 日,假设甲公司用银行存款缴纳当月增值税税款 3 000 元。

要求:编制甲公司会计分录。

【解析】

借:应交税费——应交增值税(已交税金) 3 000

　贷:银行存款 3 000

2. 月末结转当月未交或多交增值税

月度终了,企业应当将当月应交未交或多交的增值税从“应交增值税”明细科目转入“未交增值税”明细科目。对于当月应交未交的增值税,借记“应交税费——应交增值税(转出未交增值税)”科目,贷记“应交税费——未交增值税”科目;对于当月多交的增值税,借记“应交税费——未交增值税”科目,贷记“应交税费——应交增值税(转出多交增值税)”科目。

【例 2-35】 承【例 2-34】,2019 年 4 月 30 日,甲公司将尚未缴纳的其余增值税税款 500 元进行转账。

要求:编制甲公司会计分录。

【解析】

借:应交税费——应交增值视(转出未交增值税) 500

　贷:应交税费——未交增值税 500

3. 缴纳上月未交增值税

企业缴纳以前期间未交的增值税,借记“应交税费——未交增值税”科目,贷记“银行存款”科目。

【例 2-36】 承【例 2-35】,2019 年 5 月 8 日,甲公司缴纳 4 月份未交增值税 500 元。

要求:编制甲公司会计分录。

【解析】

借:应交税费——未交增值税 500

　贷:银行存款 500

需要说明的是,企业购入材料、商品等不能取得增值税专用发票的,发生的增值税应计入材料采购成本,借记“材料采购”“在途物资”“原材料”“库存商品”等科目,贷记“银行存款”等科目。

第五节　简易计税方法的账务处理

一、简易计税方法的适用范围

增值税简易计税方法是指按销售额和增值税征收率计算缴纳增值税。它适用于小规模纳税人。一般纳税人应该按照一般计税方法计算缴纳增值税,但是个别情形可在一般纳税人与简易计税两种方法中选择。如一般纳税人提供的公共交通运输服务,一般纳税人以该地区试点实施之日前购进或者自制的有形动产为标的物提供的经营租赁服务,一般纳税人提供的电影放映服务、仓储服务、装卸搬运服务和收费服务等,可以选择按照简易计税办法计算缴纳增值税。

实行按照销售额和征收率计算应纳税额简易办法的企业,不得抵扣进项税额。但特殊业务销售额可差额计税,如物业管理服务、劳务派遣服务、销售非自建不动产老项目。

二、简易计税方法应纳增值税计算

应纳税额=销售额×征收率

销售额是指因销售货物或提供应税劳务向购买方收取的全部价款和加外费,但不包括增值税额。

简易计税征收率有两档:3%和5%。

纳税人适用简易计税方法计税的,因销售折让、中止或者退回而退还给购买方的销售额,应当从当期销售额中扣减。扣减当期销售额后仍有余额造成多缴的税款,可以从以后的应纳税额中扣减。

简易计税方法的销售额包括纳税人采用销售额和应纳税额合并定价方法的,按照下列公式计算不含税销售额:

不含税销售额=含税销售额÷(1+征收率)

三、简易计税方法税额减征的计算

(1)纳税人(除其他个人外)销售自己使用过的、未抵扣增值税的固定资产,3%征收率减按2%征收:

应纳增值税=售价÷(1+3%)×2%

其他个人(指自然人)销售自己使用过的物品免税,如自然人卖自己使用过的手机或者汽车,免征增值税。

(2)个人纳税人出租住房,5%征收率减按1.5%征收:

应纳增值税=售价÷(1+5%)×1.5%。

【例2-37】　某副食品商店为增值税小规模纳税人,2018年8月销售副食品取得含税销售额66 950元,销售自己使用过的固定资产取得含税销售额17 098元。

要求:计算该商店应缴纳增值税。

【解析】　缴纳增值税=66 950÷(1+3%)×3%+17 098÷(1+3%)×2%=2 282(元)。

【例2-38】　某汽车修理企业为小规模纳税人,提供加工修理修配劳务,2018年6月修车收入200 000元,销售汽车零部件收入60 000元。

要求:计算该企业本月应缴纳的增值税。

【解析】　应缴纳增值税=(200 000+60 000)÷(1+3%)×3%=7 600(元)。

【例2-39】　某商店为增值税小规模纳税人,2018年10月取得零售收入总额123 600元。

要求:计算该商店10月应缴纳的增值税税额。

【解析】

(1)10月取得的不含税销售额:123 600÷(1+3%)=120 000(元)。

(2)10月应缴纳增值税税额:120 000×3%=3 600(元)。

【例2-40】　某生产企业属增值税小规模纳税人,2019年3月对部分资产盘点后进行处理:销售边角废料,由税务机关代开增值税专用发票,取得含税收入82 400元;销售使用过的小汽车1辆,取得含税收入72 100元(原值为140 000元)。

要求:计算该企业上述业务应缴纳的增值税。

【解析】　应缴纳增值税=82 400÷(1+3%)×3%+72 100÷(1+3%)×2%=2 400+1 400=3 800(元)。

四、简易计税方法的会计处理

小规模纳税人核算增值税采用简化的方法,即购进货物、应税劳务或应税行为,取得增值税专用发票上注明的增值税,一律不予抵扣,直接计入相关成本费用或资产。小模纳税人销售货物、应税劳务或应税行为时,按照不含税的销售额和规定的增值税征收率计算应缴纳的增值税(即应纳税额),但不得开具增值税专用发票。

小规模纳税人进行账务处理时,只需在"应交税费"科目下设置"应交增值税"明细科目,该明细科目不再设置增值税专栏,"应交税员——应交增值税"科目货方登记应缴纳的增值税,借方登记已缴纳的增值税;期末贷方余额,反映小规模纳税人尚未交的增值税,期末借方余额,反映小规模纳税人多交的增值税。

小规模纳税人购进货物、服务、无形资产或不动产,按照应付或实际支付的全部款项(包括支付的增值税),借记"材料采购""在途物资""原材料""库存商品"科日,贷记"应付账款""应付票据""银行存款"等科目;销售货物、服务、无形资产或不动产,应按全部价款(包括应交的增值税额),借记"银行存款"等科目,按不含税的销售额,贷记"主营业务收入"等科目,按应交增值税额,贷记"应交税费——应交增值税"科目。

【例 2-41】 某企业为增值税小规模纳税人,适用增值视征收率为 3%,原材料按实际成本核算。该企业发生经济交易如下:购入原材料一批,取得增值税专用发票上注明的价款为 30 000 元,增值税税额为 3 900 元,款项以银行存款支付,材料已验收入库。销售产品一批,开具的普通发票上注明的货款(含税)为 51 500 元,款项已存入银行。用银行存款缴纳增值税 1 500 元。

要求:编制该企业相关会计分录。

【解析】 (1)购入原材料:

借:原材料　　33 900

　　贷:银行存款　　33 900

(2)销售产品:

借:银行存款　　51 500

　　贷:主营业务收入　　50 000

　　　　应交税费——应交增值税　　1 500

不含税销售额=含税销售额÷(1+征收率)=51 500÷(1+3%)=5 000(元)

应纳增值税=不含税销售额×征收率=50 000×3%=1 500(元)

(3)缴纳增值税

借:应交税费——应交增值税　　1 500

　　贷:银行存款　　1 500

第六节　进出口货物增值税

一、进口货物征税

根据我国《海关法》和《进出口关税条例》的规定,一般贸易下进口货物的关税完税价格以海关审定的成交价格为基础的到岸价格作为完税价格。所谓成交价格是一般贸易项下进口货物的买方为购买该项货物向卖方实际支付或应当支付的价格;到岸价格,包括货价,加上货物运抵我国关境内输入地点起卸前的包装费、运费、保险费和其他劳务费等费用构成的一种价格。

特殊贸易下进口的货物,由于进口时没有"成交价格"作为依据,为此,《进出口关税条例》对这些进口货物制定了确定其完税价格的具体办法。

凡是申报进入我国海关境内的货物,不论其是国外产制还是我国已出口而转销国内的货物,不论是进口者自行采购还是国外捐赠的货物,不论是进口者自用还是作为贸易或其他用途等,均应按照规定缴纳进口环节的增值税。跨境电子商务零售进口商品按照货物征收。

（一）进口增值税的纳税人

进口增值税的纳税人一般为进口货物的收货人（承受人）或办理报关手续的单位和个人。对于代理进口货物，以海关开具的完税凭证上的纳税人为增值税纳税人。购买跨境电子商务零售进口商品纳税义务人为购买的个人，其代收代缴义务人为电子商务企业、电子商务交易平台企业或物流企业。

（二）进口增值税适用税率

1. 同国内货物税率

为13%或9%，进口货物的小规模纳税人、非企业单位、个人均适用。

2. 跨境电子商务零售进口商品税率

为13%或9%，单次交易限值为人民币2 000元，个人年度交易限值为人民币20 000元以内进口的跨境电子商务零售进口商品，关税税率暂设为0%。

（三）进口增值税计税依据

进口增值税计税依据采用组成计税价格：

组成计税价格＝关税完税价格＋关税＋消费税

1. 一般贸易下进口货物

关税完税价格以海关审定的成交价格为基础的到岸价格作为完税价格。

2. 跨境电子商务零售进口商品

以实际交易价格（包括货物零售价格、运费和保险费）作为完税价格。

（四）进口货物应纳增值税的计算

应纳进口增值税＝组成计税价格×税率

（1）在计算进口环节的应纳增值税税额时不得抵扣任何税额，即发生在我国境外的各种税金。

（2）纳税人进口货物取得的合法海关完税凭证，是增值税进项税额的抵扣依据，其价格差额部分以及从境外供应商取得的退还或返还的资金，不作进项税额转出处理。

（3）跨境电子商务零售进口商品。

1）限值以内，增值税、消费税按法定应纳税额的70%征收；限值以内指单次交易限值为人民币2 000元，个人年度交易限值为人民币20 000元以内。

2）超过限值，单次限值、累加后超过个人年度限值的单次交易，以及完税价格超过2 000元限值的单个不可分割商品，增值税、消费税均按照一般贸易方式全额征税。

跨境电商（BCC）增值税政策

【例2-42】　某进出口公司2019年4月进口办公设备500台，每台进口完税价格1万元，委托运输公司将进口办公设备从海关运回本单位，支付运输公司不含税运输费用9万元，取得了运输公司开具的增值税专用发票。当月以每台1.8万元的含税价格售出400台，向甲公司捐赠2台，对外投资20台，留下4台自用。另支付销货运输费1.3万元，取得了运输公司开具的增值税专用发票。

要求：计算该企业当月应缴纳的增值税（假设进口关税税率为15%）。

【解析】 进口货物进口环节应纳增值税=（1×500+1×500×15%）×13%=74.75（万元）；

销项税额=（400+2+20）×1.8÷（1+13%）×13%=87.39（万元）；

可以抵扣的进项税额=74.75+9×9%+1.3×9%=75.68（万元）；

应缴纳增值税=87.39-75.68=11.71（万元）。

（五）进口货物应纳增值税的会计处理

纳税人应在“应交税费——应交增值税”下设“进项税额”明细科目，取得海关缴款书后，先借记“应交税费——应交增值税（进项税额）”，贷记相关对应科目；稽核比对相符以及检查后允许抵扣时，借记“应交税费——应交增值税（进项税额）”，贷记“应交税费——应交增值税（进项税额）”。对不得抵扣的进项税额，红字借记“应交税费——应交增值税（进项税额）”，贷记相关对应科目。

【例2-43】 某商业批发企业为增值税一般纳税人，记账本位币为人民币。1月10日由国外进口某商品一批，取得海关开具的完税凭证并认证，完税价格100 000美元。该商品关税税率为20%，增值税税率为13%，货款以美元结算，关税、增值税以人民币上缴。进口当日美元汇率为1∶7。2月1日进口商品验收入库。另外，该企业支付国内运费3 270元，取得增值税专用发票并认证，其中，价款为3 000元。

要求：计算应纳关税额和增值税进项税额并编制会计分录。

【解析】 应纳关税税额=100 000×7×20%=140 000（元）；

增值税组成计税价格=700 000+140 000=840 000（元）；

增值税进项税额=840 000×13%=109 200（元）。

（1）1月10日支付货款、关税和增值税时：

借：材料采购	840 000	
应交税费——应交增值税（进项税额）	109 200	
贷：银行存款——美元户		（100 000×7）700 000
——人民币户		249 200

该业务记账凭证后附：海关完税凭证1张、银行付款凭证2张。

（2）2月1日支付国内运费时：

借：材料采购	3 000	
应交税费——应交增值税（进项税额）	270	
贷：银行存款——人民币户		3 270

该业务记账凭证后附：运费专用发票1张、银行付款凭证1张。

（3）2月1日进口商品验收入库时：

借：库存商品	843 000	
贷：材料采购		843 000

前该业务记账凭证后附：商品入库单 1 张。

(六)进口货物的税收管理

相关税收管理依据我国《税收征收管理法》《海关法》《进出口关税条例》和《进出口税则》的有关规定。

1. 进口货物的增值税由海关代征的相关管理规定

(1)纳税义务发生时间为报关进口当天。

(2)纳税地点为进口货物报关地海关。

(3)纳税期限为海关填发海关进口增值税专用缴款书之日起 15 日内。

2. 跨境电子商务零售进口商品关管理规定

(1)由海关代征进口税金。

(2)自海关放行之日起 30 日内退货的，可申请退税，并相应调整个人年度交易总额。

(3)跨境电子商务零售进口商品购买人(订购人)的身份信息应进行认证；未进行认证的，购买人(订购人)身份信息应与付款人一致。

二、增值税的出口退(免)税

企业出口货物以不含税价格参与国际市场竞争是国际上通行的做法。我国同世界上其他征收增值税的国家一样，为了鼓励出口，增值税对出口货物实行零税率的优惠政策，而且出口货物根据政策规定，还可以退还以前环节的已纳税款。由于各种货物出口前涉及征免税的情况不同，国家在遵循"征多少，退多少""未征不退"和"彻底退税"的基本原则基础上，规定了不同的税务处理办法。

(一)出口货物增值税的退(免)税政策

我国出口货物增值税的退(免)税政策有三种：出口免税并且退税；出口免税但不予退税；出口不免税也不予退税，即征税后出口的政策。

1. 出口免税并且退税

(1)出口免税并且退税的货物必须是属于增值税、消费税征税范围的货物，必须是报关离境的货物，必须是在财务上做销售处理的货物，必须是出口收汇并已核销的货物。

(2)出口免税并且退税的企业为一般纳税人的生产企业自营出口或委托外贸企业代理出口的自产货物，或有出口经营权的外贸企业收购后直接出口或委托其他外贸企业代理出口的货物。

(3)出口免税并且退税的特定出口的货物有：对外承包工程运出境外用于对外承包项目货物；对外承接修理修配业务用于对外修理修配货物；外轮供应公司、远洋运输供应公司销售给外轮、远洋国轮而收取外汇的货物；企业在国内采购并运往境外作为在国外投资货物；对融资租赁企业、金融租赁公司及其设立的项目子公司，以融资租赁方式租赁给境外承租人且租赁期限在 5 年(含)以上，并向海关报关后实际离境的货物。

2. 出口免税但不予退税政策

(1)免税不退税的企业为属于生产企业的小规模纳税人自营出口或委托外贸企业代理出口的自产货物,或外贸企业从小规模纳税人购进并持普通发票的货物出口,免税但不予退税,或外贸企业直接购进国家规定的免税货物出口的,免税但不予退税。

(2)免税不退税的货物为来料加工复出口的货物;避孕药品和用具、古旧图书;非计划内的卷烟;生产企业销售自产的海洋工程结构物等。

3. 出口不免税也不予退税政策

(1)不免税也不退税的货物包括出口的原油、援外出口货物和国家禁止出口的货物(麝香、白银、铜和铜基、天然牛黄)。

(2)不免税也不退税的企业,指商贸企业,从事出口贸易不免税也不退税。

(二)出口货物增值税的退(免)税办法

1. "免、抵、退"税办法

"免、抵、退"税办法:免征增值税,相应的进项税额抵减应纳增值税额,未抵减完的部分予以退还。

(1)生产企业出口自产货物和视同自产货物,以及列名的生产企业出口非自产货物。

(2)对外提供加工修理修配劳务。

(3)适用零税率跨境应税行为,包括零税率的服务和无形资产。

2. "免、退"税办法

免征增值税,相应的进项税额予以退还。

(1)不具有生产能力的出口企业或其他单位出口货物劳务——外贸企业出口货物或劳务。

(2)外贸企业外购的研发服务和设计服务出口。

(三)增值税出口退税率

除单独规定外,出口货物的退税率为其适用征税率。适用不同退税率的货物、劳务及应税服务,应分开报关、核算并申报退(免)税,否则从低适用退税率。

(四)增值税退(免)税的计税依据

依据法定发票,如按出口货物、劳务及应税服务的出口发票(外销发票)、其他普通发票;购进出口货物、劳务及应税服务的增值税专用发票;海关进口增值税专用缴款书。

(五)增值税出口退税计算

1. "免、抵、退"税计算

(1)当期应纳税额的计算。

当期应纳税额=当期销项税额-(当期进项税额-当期不得免征和抵扣税额)

当期不得免征和抵扣税额=当期出口货物离岸价×外汇人民币折合率×(出口货物适用税率-出口货物退税率)-当期不得免征和抵扣税额抵减额

当期不得免征和抵扣税额抵减额=当期免税购进原材料价格×(出口货物适用税率-

出口货物退税率)

(2)当期"免、抵、退"税额的计算。

当期"免、抵、退"税额=当期出口货物离岸价×外汇人民币折合率×出口货物退税率-当期"免、抵、退"税额抵减额=当期免税购进原材料价格×出口货物退税率

(3)当期应退税额和免抵税额的计算。

当期应退税额为"当期期末留抵税额"与"当期免抵退税额"中的较小者。

当期免抵税额为计算的差额。

【例 2-44】 某自营出口的生产企业为增值税一般纳税人,出口货物的征税税率为13%,退税税率假定为9%。2019 年 4 月的有关经营业务为:购进原材料一批,取得的增值税专用发票注明价款 2 000 000 元,准予抵扣的进项税额 260 000 元通过认证。上月末留抵税款 30 000 元,本月内销货物不含税销售额 1 000 000 元,收款 1 130 000 元存入银行,本月出口货物的销售额折合人民币 2 000 000 元,出口货物成本为 1 200 000 元。

要求:计算该企业当期的"免、抵、退"税额。

【解析】 当期"免、抵、退"税不得免征和抵扣税额=2 000 000×(13%-9%)=80 000(元);

当期应纳税额=1 000 000×13%-(260 000-80 000)-30 000=130 000-180 000-30 000=-80 000(元);

出口货物"免、抵、退"税额=2 000 000×9%=180 000(元);

当期应退税额=80 000(元);

当期免抵税额=当期免抵退税额-当期应退税额=180 000-80 000=100 000(元)。

(1)出口时的账务处理:

借:应收账款	2 000 000	
贷:主营业务收入		2 000 000
借:主营业务成本	1 200 000	
贷:库存商品		1 200 000

(2)内销时:

借:银行存款	1 130 000	
贷:主营业务收入——内销		1 000 000
应交税费——应交增值税——销项税额		130 000
借:主营业务成本	600 000	
贷:库存商品		600 000

(3)计算免抵退不得免征和抵扣税额时:

借:主营业务成本	80 000	
贷:应交税费——应交增值税——进项税额转出		80 000

(4)计算当期应退税额时:

借:其他应收款——出口退税	80 000	

应交税费——应交增值税——出口抵减内销的应纳税额　　100 000

贷:应交税费——应交增值税——出口退税　　180 000

(5)收到出口退税款时:

借:银行存款　　80 000

贷:其他应收款——出口退税　　80 000

假若免抵退税额<应纳税额的绝对值,则:免抵税额=0(当期免抵税额全部退了)。

备注:出口退税率调整自2019年4月1日起执行。为给出口企业消化前期购进的货物、原材料等库存留出时间,此次出口退税率调整设置了3个月的过渡期,即2019年6月30日前,企业出口货物劳务、发生跨境应税行为,可根据具体的情形适用相应的过渡期规定,过渡期后再统一按调整后的退税率执行。

【例2-45】 某自营出口的生产企业为增值税一般纳税人,出口货物的征税税率为13%,退税税率假定为9%。2019年4月有关经营业务为:购原材料一批,取得的增值税专用发票注明价款4 000 000元,外购货物准予抵扣的进项税额520 000元通过认证。上期末留抵税款50 000元。本月内销货物不含税销售额1 000 000元,收款1 130 000元存入银行。本月出口货物的销售额折合人民币2 000 000元,出口货物成本为1 200 000元。

要求:试计算该企业当期的"免、抵、退"税额并编制相关会计分录。

【解析】 当期"免、抵、退"税不得免征和抵扣税额=2 000 000×(13%-9%)=80 000(元);

当期应纳税额=1 000 000×13%-(520 000-80 000)-50 000=130 000-440 000-50 000=-360 000(元);

出口货物"免、抵、退"税额=2 000 000×9%=180 000(元);

当期应退税额=180 000(元);

当期免抵税额=180 000-180 000=0(元);

6月期末留抵结转下期继续抵扣税额=360 000-180 000=180 000(元)。

(1)出口时的账务处理:

借:应收账款　　2 000 000

贷:主营业务收入　　2 000 000

借:主营业务成本　　1 200 000

贷:库存商品　　1 200 000

(2)内销时:

借:银行存款　　1 130 000

贷:主营业务收入——内销　　1 000 000

应交税费——应交增值税——销项税额　　130 000

借:主营业务成本　　600 000

贷:库存商品　　600 000

(3)计算免抵退不得免征和抵扣税额时:

借:主营业务成本　　80 000

　　贷:应交税费——应交增值税——进项税额转出　　80 000

(4)计算当期应退税额时:

借:其他应收款——出口退税　　180 000

　　贷:应交税费——应交增值税——出口退税　　180 000

(5)收到出口退税款时:

借:银行存款　　180 000

　　贷:其他应收款——出口退税　　180 000

【例 2-46】 某自营出口的生产企业为增值税一般纳税人,出口货物的征税率为13%,退税率假定为9%,2019年5月购进原材料一批,取得的增值税专用发票注明金额5 000 000元,税额650 000元。6月内销货物取得不含税销售额1 500 000元,出口货物取得销售额折合人民币2 000 000元,上月增值税抵税额100 000元。

要求:试计算该企业当期"免、抵、退"税不得免征和抵扣税额为多少万元。

【解析】 当期"免、抵、退"税不得免征和抵扣税额=2 000 000×(13%-9%)=80 000(元)。

【例 2-47】 某国际运输公司,已登记为一般纳税人,实行"免、抵、退"税管理办法。该企业2019年4月实际发生如下业务:

(1)该企业当月承接了3个国际运输业务,取得确认的收入600 000元人民币。

(2)企业增值税纳税申报时,期末留抵税额为150 000元人民币。

要求:计算该企业当月的退税额。

【解析】 当期零税率应税服务"免、抵、退"税额=当期零税率应税服务"免、抵、退"税计税依据×零税率应税服务增值税退税率=600 000×9%=54 000(万元);

当期期末留抵税额15 000元>当期"免、抵、退"税额54 000(元);

当期应退税额=当期"免、抵、退"税额=54 000(元);

退税申报后,结转下期留抵的税额为96 000元。

2."免、退"税计算

外贸企业出口货物、劳务适用"免、退"税计算。

(1)外贸企业出口委托加工修理修配货物以外的货物:

增值税应退税额=增值税退(免)税计税依据×出口货物退税率

退税率低于适用税率的,相应计算出的差额部分的税款计入出口货物劳务成本。

(2)外贸企业出口委托加工修理修配货物:

出口委托加工修理修配货物的增值税应退税额=委托加工修理修配的增值税退(免)税计税依据×出口货物退税率

【例 2-48】 某进出口公司2018年6月购进牛仔布委托加工成服装出口,取得牛仔布增值税发票一张,注明计税金额10 000元;取得服装加工费计税金额2 000元,受托方将原料成本并入加工修理修配费用并开具了增值税专用发票。

要求:假设退税税率为 13%,计算该企业应退税额。

【解析】 应退税额 = 10 000×13% + 2 000×13% = 1 560(元)。

(3)融资租赁出口货物退税的计算:

增值税应退税额=购进融资租赁货物的增值税专用发票注明的金额或海关(进口增值税)专用缴款书注明的完税价格×融资租赁货物适用的增值税退税率

第七节 增值税的征收管理与增值税发票

一、增值税的征收管理

(一)纳税义务发生时间

(1)纳税人发生应税销售行为,为收讫销售款项或者取得索取销售款项凭据的当天;先开具发票的,为开具发票的当天。具体为:

1)采取直接收款方式销售货物,不论货物是否发出,均为收到销售款或者取得索取销售款凭据的当天。

纳税人生产经营活动中采取直接收款方式销售货物,已将货物移送对方并暂估销售收入入账,但既未取得销售款或取得索取销售款凭据也未开具销售发票的,其纳税义务发生时间为取得销售款或取得索取销售款凭据的当天;先开具发票的,为开具发票的当天。

2)采取托收承付和委托银行收款方式销售货物,为发出货物并办妥托收手续的当天。

3)采取赊销和分期收款方式销售货物,为书面合同约定的收款日期的当天,无书面合同的或者书面合同没有约定收款日期的,为货物发出的当天。

4)采取预收货款方式销售货物,为货物发出的当天,但生产销售生产工期超过 12 个月的大型机械设备、船舶、飞机等货物,为收到预收款或者书面合同约定的收款日期的当天。

5)委托其他纳税人代销货物,为收到代销单位的代销清单或者收到全部或部分货款的当天。未收到代销清单及货款的,为发出代销货物满 180 天的当天。

6)纳税人提供租赁服务采取预收款方式的,其纳税义务发生时间为收到预收款的当天。

7)纳税人从事金融商品转让的,为金融商品所有权转移的当天。

8)纳税人发生相关视同销售货物行为,为货物移送的当天。

9)纳税人发生视同销售劳务、服务、无形资产、不动产情形的,其纳税义务发生时间为劳务、服务、无形资产转让完成的当天或者不动产权属变更的当天。

(2)纳税人进口货物,其纳税义务发生时间为报关进口的当天。

(3)增值税扣缴义务发生时间为纳税人增值税纳税义务发生的当天。

【例2-49】 根据我国《增值税暂行条例》及其实施细则的规定,采取预收货款方式销售货物,增值税纳税义务的发生时间是(　　)。

A. 销售方收到第一笔货款的当天

B. 销售方收到剩余货款的当天

C. 销售方发出货物的当天

D. 购买方收到货物的当天

【解析】 答案为C。

(二)纳税地点

(1)固定业户应当向其机构所在地的税务机关申报纳税。总机构和分支机构不在同一县(市)的,应当分别向各自所在地的税务机关申报纳税;经国务院财政、税务部门或者其授权的财政、税务机关批准,可以由总机构汇总向总机构所在地的税务机关申报纳税。

(2)固定业户到外县(市)销售货物或者劳务,应当向其机构所在地的税务机关报告外出经营事项,并向其机构所在地的税务机关申报纳税;未报告的,应当向销售地或者劳务发生地的税务机关申报纳税;未向销售地或者劳务发生地的税务机关申报纳税的,由其机构所在地的税务机关补征税款。

(3)非固定业户销售货物或者劳务,应当向销售地或者劳务发生地的税务机关申报纳税;未向销售地或者劳务发生地的税务机关申报纳税的,由其机构所在地或者居住地的税务机关补征税款。

(4)进口货物,应当向报关地海关申报纳税。

(5)其他个人提供建筑服务,销售或者租赁不动产,转让自然资源使用权,应向建筑服务发生地、不动产所在地、自然资源所在地税务机关申报纳税。

(6)扣缴义务人应当向其机构所在地或者居住地的税务机关申报缴纳其扣缴的税款。

(三)纳税期限

根据《增值税暂行条例》及其实施细则和《营业税改征增值税试点实施办法》的规定,增值税的纳税期限分别为1日、3日、5日、10日、15日、1个月或者1个季度。

纳税人的具体纳税期限,由税务机关根据纳税人应纳税额的大小分别核定;不能按照固定期限纳税的,可以按次纳税。以1个季度为纳税期限的规定适用于小规模纳税人、银行、财务公司、信托投资公司、信用社,以及财政部和国家税务总局规定的其他纳税人。

纳税人以1个月或者1个季度为1个纳税期的,自期满之日起15日内申报纳税;以1日、3日、5日、10日或者15日为1个纳税期的,自期满之日起5日内预缴税款,于次月1日起15日内申报纳税并结清上月应纳税款。

扣缴义务人解缴税款的期限,依照上述规定执行。

纳税人进口货物,应当自海关填发进口增值税专用缴款书之日起 15 日内缴纳税款。

【例 2-50】 下列关于增值税纳税义务发生时间的表述中,正确的有(　　)。

A. 纳税人发生视同销售货物行为,为货物移送的当天

B. 销售劳务,为提供劳务同时收讫销售款或者取得索取销售款的凭据的当天

C. 纳税人进口货物,为从海关提货的当天

D. 采取托收承付方式销售货物,为发出货物的当天

【解析】 答案为 AB。根据增值税法律制度的规定,纳税人进口货物,为报关进口的当天。采取托收承付方式销售货物,为发出货物并办妥托收手续的当天。

【例 2-51】 某房地产企业采取预收款方式销售不动产,其纳税义务发生时间为收到预收款的当天。

要求:判断该种说法是否正确。

【解析】 不正确。根据《营业税改征增值税试点实施办法》以及相关规定,纳税人提供租赁服务采取预收款方式的,其纳税义务发生时间为收到预收款的当天,不包括提供建筑服务和销售不动产。

二、增值税专用发票使用规定

增值税专用发票,是增值税一般纳税人发生应税销售行为开具的发票,是购买方支付增值税额并可按照增值税有关规定据以抵扣增值税进项税额的凭证。

一般纳税人应通过增值税防伪税控系统使用专用发票。使用,包括领购、开具、缴销、认证、稽核比对专用发票及其相应的数据电文。

(一)专用发票的联次及用途

专用发票由基本联次或者基本联次附加其他联次构成,基本联次为 3 联:①发票联,作为购买方核算采购成本和增值税进项税额的记账凭证;②抵扣联,作为购买方报送主管税务机关认证和留存备查的扣税凭证;③记账联,作为销售方核算销售收入和增值税销项税额的记账凭证。

其他联次用途,由一般纳税人自行确定。自 2014 年 8 月 1 日起启用新版增值税专用发票,

(二)专用发票的领购

一般纳税人领购专用设备后,凭《最高开票限额申请表》《发票领购簿》到税务机关办理初始发行。初始发行,是指税务机关将一般纳税人的企业名称、纳税人识别号、开票限额、购票限量、购票人员姓名、密码、开票机数量、国家税务总局规定的其他信息等载入空白金税盘和 IC 卡的行为。一般纳税人凭《发票领购簿》、金税盘(或 IC 卡)和经办人身份证明领购专用发票。

一般纳税人有下列情形之一的,不得领购开具专用发票:

(1)会计核算不健全,不能向税务机关准确提供增值税销项税额、进项税额、应纳税额数据及其他有关增值税税务资料的。

(2)有《税收征管法》规定的税收违法行为,拒不接受税务机关处理的。

(3)有下列行为之一,经税务机关责令限期改正而仍未改正的:①虚开增值税专用发票;②私自印制专用发票;③向税务机关以外的单位和个人买取专用发票;④借用他人专用发票;⑤未按规定开具专用发票;⑥未按规定保管专用发票和专用设备;⑦未按规定申请办理防伪税控系统变更发行;⑧未按规定接受税务机关检查。

有上列情形的,如已领购专用发票,税务机关应暂扣其结存的专用发票和IC卡。

(三)专用发票的使用管理

1. 专用发票开票限额

专用发票实行最高开票限额管理。最高开票限额,是指单份专用发票开具的销售额合计数不得达到的上限额度。

最高开票限额由一般纳税人申请,税务机关依法审批。最高开票限额为10万元及以下的,由区(县)级税务机关审批;最高开票限额为100万元的,由地市级税务机关审批;最高开票限额为1 000万元及以上的,由省级税务机关审批。防伪税控系统的具体发行工作由区县级税务机关负责。

2. 专用发票开具范围

一般纳税人发生应税销售行为,应当向索取增值税专用发票的购买方开具专用发票。属于下列情形之一的,不得开具增值税专用发票:

(1)商业企业一般纳税人零售烟、酒、食品、服装、鞋帽(不包括劳保专用部分)、化妆品等消费品的。

(2)应税销售行为的购买方为消费者个人的。

(3)发生应税销售行为适用免税规定的。

(4)小规模纳税人发生应税销售行为的(需要开具专用发票的,可向税务机关申请代开,国家税务总局另有规定的除外)。

小规模纳税人开具增值税专用发票范围

3. 专用发票开具要求

专用发票应按下列要求开具:

(1)项目齐全,与实际交易相符。

(2)字迹清楚,不得压线、错格。

(3)发票联和抵扣联加盖财务专用章或者发票专用章。

(4)按照增值税纳税义务的发生时间开具。

【例2-52】 下列业务中,一般纳税人允许开具增值税专用发票的为(　　)。

A. 向个人提供餐饮服务　　B. 向某科技公司零售烟酒、食品

C. 向一般纳税人销售货物　　D. 向个人销售房屋

【解析】 答案为C。根据增值税法律制度的规定,选项ABD三种情形不允许开具专用发票。

第三章 消费税及其会计处理

【学习目标】

1. 了解和熟悉消费税的基础知识和纳税程序；
2. 理解和掌握消费税的纳税义务人、税目、税率等基本法律内容；
3. 掌握消费税应纳税额的计算与征收方法；
4. 掌握消费税的会计处理。

第一节 消费税纳税义务人、税目、税率

消费税简介

消费税是对我国境内从事生产、委托加工和进口应税消费品的单位和个人，就其销售额或销售数量，在特定环节征收的一种税。简单地说，消费税是对特定的消费品征收的一种税。它属于流转税的范畴。目前，世界上已有一百多个国家开征了这一税种或类似税种。

消费税的特点：征收范围具有选择性；征税环节具有单一性；平均税率水平比较高且税负差异大；征收方法具有灵活性；税负具有转嫁性。

一、消费税的纳税义务人

消费税的纳税义务人为在中华人民共和国境内生产、委托加工和进口应税消费品的单位和个人。在中华人民共和国境内是指生产、委托加工和进口应税消费品的起运地或所在地在境内。

二、消费税的税目

按照税法规定，我国现行消费税共设置了15个税目，有的税目还进一步划分为若干子目。消费税属于价内税，并实行单一环节征收。一般在应税消费品的生产、委托加工和进口环节缴纳，在以后的批发、零售等环节中，由于价款中已包含消费税，因此不必再缴纳消费税。金银首饰、钻石及钻石饰品由生产、进口环节改为零售环节征税。消费税具体税目如下。

（一）烟

包括卷烟、雪茄烟、烟丝。

卷烟（包括进口卷烟、白包卷烟、手工卷烟和未经国务院批准纳入计划的企业及个人生产的卷烟）：①生产、委托加工、进口环节征消费税；②批发环节加征消费税。

烟丝：在中华人民共和国境内从事卷烟批发业务的单位和个人，按其销售额（不含增值税）的11%在批发环节加征一道消费税。

（二）酒

1. 粮食白酒

即以高粱、玉米、糯米、大麦、小麦、青稞等各种粮食为原料，经过糖化、发酵后，采用蒸馏方法酿制的白酒。

2. 薯类白酒

即以白薯（红薯、地瓜）、木薯、马铃薯、芋头、山药等各种干鲜薯类为原料，经过糖化、发酵后，采用蒸馏方法酿制的白酒。

3. 黄酒

即以糯米、粳米、籼米、大米、黄米、玉米、小麦、薯类等为原料，经加温、糖化、发酵、压榨酿制的酒。黄酒分为干黄酒、半干黄酒、半甜黄酒、甜黄酒四类。

4. 啤酒（含果啤）

即以大麦或其他粮食为原料，加入啤酒花，经糖化发酵、过滤酿制的含有二氧化碳的酒。

5. 其他酒

即除粮食白酒、薯类白酒、黄酒、啤酒以外，酒精度在1度以上的各种酒，包括糠麸白酒、其他饮料白酒、土甜酒、复制酒、果木酒、汽酒、药酒等。

注意：

（1）啤酒的分类：甲类啤酒、乙类啤酒。

（2）饮食业、商业、娱乐业举办的啤酒屋（啤酒坊）利用啤酒生产设备生产的啤酒应当征收消费税。

（3）配制酒中：其他酒（10%）与白酒（20%）。

（4）葡萄酒消费税适用“其他酒”子目。

【例3-1】 某企业将生产的食用酒精作为酒基,加入食品添加剂调制成配制酒,当月全部销售,开具的增值税专用发票注明金额180 000元、税额30 600元。

要求:计算该企业应纳消费税税额。

【解析】 应纳的消费税=180 000×10%=18 000(元)。

【例3-2】 啤酒屋2019年6月发生业务如下:店堂点餐消费收入100 000元,含销售瓶装啤酒2吨收入5 000元、用自有设备现酿啤酒0.4吨收入2 000元。

要求:计算啤酒应纳的服务业增值税和消费税税额。

【解析】 啤酒屋应缴纳的服务业增值税=100 000÷(1+3%)×3%=2 912.62(元);啤酒屋应缴纳消费税=250×0.4=100(元)。

(三)高档化妆品

本税目包括高档美容修饰类化妆品、高档护肤类化妆品和成套化妆品,即生产(进口)环节销售(完税)价格(不含增值税)在10元/毫升(克)或15元/片(张)及以上的美容、修饰类化妆品和护肤类化妆品。

舞台、戏剧、影视演员化妆用的上妆油、卸装油、油彩,不属于本税目的征收范围。

(四)贵重首饰及珠宝玉石

本税目征收范围包括各种金银珠宝首饰和经采掘、打磨、加工的各种珠宝玉石。金银珠宝首饰包括:凡以金 、银、白金、宝石、珍珠、钻石、翡翠、珊瑚、玛瑙等高贵稀有物质以及其他金属、人造宝石等制作的各种纯金银首饰及镶嵌首饰(含人造金银、合成金银首饰等)。

珠宝玉石的种类包括钻石、珍珠、松石、青金石、欧泊石、橄榄石、长石、玉、石英、玉髓、石榴石、锆石、尖晶石、黄玉、碧玺、金绿玉、绿柱石、刚玉、琥珀、珊瑚、煤玉、龟甲、合成刚玉、合成宝石、双合石、玻璃仿制品。

对出国人员免税商店销售的金银首饰征收消费税。

金银首饰(含镶嵌首饰)、钻石及钻石饰品在零售环节征收消费税。

(五)鞭炮、焰火

鞭炮又称爆竹,是用多层纸密裹火药,接以药引线制成的一种爆炸品。焰火是指烟火剂,一般系包扎品,内装药剂,点燃后烟火喷射,呈各种颜色,有的还变换成各种景象,分为平地小焰火和空中大焰火两类。

本税目征收范围包括各种鞭炮、焰火。通常分为十三类,即喷花类、旋转类、旋转升空类、火箭类、吐珠类、线香类、小礼花类、烟雾类、造型玩具类、爆竹类、摩擦炮类、组合烟花类、礼花弹类。

体育上用的发令纸、鞭炮药引线,不属于本税目征收范围。

(六)成品油

本税目包括汽油、柴油、航空煤油、石脑油、溶剂油、润滑油、燃料油七个子目。

1. 汽油

汽油是轻质石油产品的一大类，由天然或人造原油经蒸馏所得的直馏汽油组分、二次加工汽油组分及其他高辛烷值组分按一定的比例调和而成。按生产装置可分为直馏汽油和裂化汽油等类。经调和后制成的各种汽油，主要用作汽油发动机燃料。汽油的质量标准为辛烷值不小于66。

本税目征收范围包括辛烷值不小于66的各种汽油。用其他原料、工艺生产的汽油，也属于本税目的征收范围。

以汽油组分为主，辛烷值大于50的，经调和可以用作汽油发动机燃料的非标油品，也属于汽油的征收范围。

2. 柴油

柴油是轻质石油产品的一大类。由天然或人造原油经减压蒸馏在一定温度下切割的馏分，或于二次加工柴油组分按一定比例调和而成。主要用作转速不低于960转/分的压燃式高速柴油发动机燃料。柴油的质量标准为倾点-50号至30号。

本税目征收范围包括倾点在-50号至30号的各种柴油。

以柴油组分为主、经调和精制可以用作柴油发动机的非标油品。轻柴油、重柴油、农用柴油、军用轻柴油等，也属于柴油的征收范围。

3. 航空煤油

航空煤油也叫喷气燃料，是以石油加工生产的用于喷气发动机和喷气推进系统中作为能源的石油燃料。

航空煤油的征收范围包括各种航空煤油。

4. 石脑油

石脑油又叫轻汽油、化工轻油，是以石油加工生产的或二次加工汽油经加氢精制而得的用于化工原料的轻质油。

石脑油的征收范围包括除汽油、柴油、煤油、溶剂油以外的各种轻质油。

5. 溶剂油

溶剂油是以石油加工生产的用于涂料和油漆生产、食用油加工、印刷油墨、皮革、农药、橡胶、化妆品生产的轻质油。

溶剂油的征收范围包括各种溶剂油。

6. 润滑油

润滑油是用于内燃机、机械加工过程的润滑产品。润滑油分为矿物性润滑油、植物性润滑油、动物性润滑油和化工原料合成润滑油。

润滑油的征收范围包括以石油为原料加工的矿物性润滑油、矿物性润滑油基础油。植物性润滑油、动物性润滑油和化工原料合成润滑油不属于润滑油的征收范围。

7. 燃料油

燃料油也称重油、渣油。燃料油征收范围包括用于电厂发电、船舶锅炉燃料、加热炉燃料、冶金和其他工业炉燃料的各类燃料油。

航空煤油暂缓征收;变压器油、导热类油等绝缘油类产品不征收消费税。

(七)摩托车

摩托车包括轻便摩托车和摩托车两种。对最大设计车速不超过 50 千米/小时、发动机气缸总工作容量不超过 50 毫升的三轮摩托车不征收消费税。

(八)小汽车

汽车是指由动力驱动,具有 4 个或 4 个以上车轮的非轨道承载的车辆。

本税目包括含驾驶员座位在内的最多不超过 9 个座位(含)的,在设计和技术特性上用于载运乘客和货物的各类乘用车和含驾驶员座位在内的座位数在 10 ~23(含 23 座)的在设计和技术性上用于载运乘客和货物的各种中轻型商用客车。

用排气量小于 1.5 升(含)的乘用车底盘(车架)改装、改制的车辆属于乘用车征收范围。用排气量大于 1.5 升的乘用车底盘(车架)或用中轻型商用客车底盘(车架)改装、改制的车辆属于中轻型商用客车征收范围。

含驾驶员人数(额定载客)为区间值(如 8 ~10 人、17 ~26 人)的小汽车,按其区间值下限人数确定征收范围。不包括:①车身长度大于 7 米(含)、座位 10 ~23 座(含);②沙滩车、雪地车、卡丁车、高尔夫车。

电动汽车不属于本税目征收范围。

(九)高尔夫球及球具

高尔夫球及球具是指从事高尔夫球运动所需的各种专用装备,包括高尔夫球、高尔夫球杆及高尔夫球包(袋)等。

高尔夫球是指重量不超过 45.93 克、直径不超过 42.67 毫米的高尔夫球运动比赛、练习用球;高尔夫球杆是指被设计用来打高尔夫球的工具,由杆头、杆身和握把三部分组成;高尔夫球包(袋)是指专用于盛装高尔夫球及球杆的包(袋)。

本税目征收范围包括高尔夫球、高尔夫球杆、高尔夫球包(袋)。高尔夫球杆的杆头、杆身和握把属于本税目的征收范围。

(十)高档手表

高档手表是指销售价格(不含增值税)每只在 10 000 元(含)以上的各类手表。本税目征收范围包括符合以上标准的各类手表。

(十一)游艇

游艇是指长度大于 8 米、小于 90 米,船体由玻璃钢、钢、铝合金、塑料等多种材料制作,可以在水上移动的水上浮载体。按照动力划分,游艇分为无动力艇、帆艇和机动艇。

本税目征收范围包括艇身长度大于(含)8 米、小于(含)90 米,内置发动机,可以在水上移动,一般为私人或团体购置,主要用于水上运动和休闲娱乐等非牟利活动的各类机动艇。

(十二)木制一次性筷子

木制一次性筷子,又称卫生筷子,是指以木材为原料经过锯段、浸泡、旋切、刨切、烘干、筛选、打磨、倒角、包装等环节加工而成的各类一次性使用的筷子。

本税目征收范围包括各种规格的木制一次性筷子。未经打磨、倒角的木制一次性筷子属于本税目征税范围。

(十三)实木地板

实木地板是指以木材为原料,经过锯割、干燥、刨光、截断、开榫、涂漆等工序加工而成的块状或条状的地面装饰材料。实木地板按生产工艺不同,可分为独板(块)实木地板、实木指接地板、实木复合地板三类;按表面处理状态不同,可分为未涂饰地板(白坯板、素板)和漆饰地板两类。

本税目征收范围包括各种规格的实木地板、实木指接地板、实木复合地板及用于装饰墙壁、天棚的侧端面为榫、槽的实木装饰板。未经涂饰的素板属于本税目征税范围。

(十四)铅蓄电池

对无汞原电池、镍蓄电池、锂原电池、锂离子蓄电池、太阳能电池、燃料电池、全钒液流电池免征消费税。

(十五)涂料

施工状态下挥发性有机物含量低于(含)420 克/升的涂料免征消费税。

三、消费税的税率

消费税采用比例税率、定额税率两种形式,以适应不同应税消费品的实际情况。消费税根据不同的税目或子目确定相应的税率或单位税额。消费税比例税率最低为 1%,最高为 56%;定额税率为 7 档税额,最低为每征税单位 0.1 元,最高为每征税单位 250 元。现行消费税税目、税率(税额)见表 3-1。

卷烟批发环节
消费税规定

表 3-1　消费税税目、税率(税额)

税目	税率
一、烟	
1. 卷烟	
工业	
(1)甲类卷烟[调拨价 70 元(不含增值税)/条以上(含 70 元)]	56% 加 0.003 元/支 生产环节
(2)乙类卷烟[调拨价 70 元(不含增值税)/条以下]	36% 加 0.003 元/支 生产环节
商业批发	11% 加 0.005 元/支 批发环节
2. 雪茄	36%
3. 烟丝	30%

续表 3-1

税目	税率
二、酒	
1. 白酒	20%加 0.5 元/500 克(或者 500 毫升)
2. 黄酒	240 元/吨
3. 啤酒	
(1)甲类啤酒	250 元/吨
(2)乙类啤酒	220 元/吨
4. 其他酒	10%
三、高档化妆品	15%
四、贵重首饰及珠宝玉石	
1. 金银首饰、铂金首饰和钻石及钻石饰品	5%(零售环节纳税)
2. 其他贵重首饰和珠宝玉石	10%
五、鞭炮、焰火	15%
六、成品油	
1. 汽油	1.52
2. 石脑油	1.52
3. 溶剂油	1.52
4. 润滑油	1.52
5. 柴油	1.2
6. 航空煤油	1.2
7. 燃料油	1.2
七、摩托车	
1. 气缸容量(排气量,下同)250 毫升	3%
2. 气缸容量在 250 毫升以上的	10%
八、小汽车	
1. 乘用车	
(1)气缸容量(排气量,下同)在 1.0 升(含 1.0 升)以下的	1%
(2)气缸容量在 1.0 升以上至 1.5 升(含 1.5 升)的	3%
(3)气缸容量在 1.5 升以上至 2.0 升(含 2.0 升)的	5%
(4)气缸容量在 2.0 升以上至 2.5 升(含 2.5 升)的	9%
(5)气缸容量在 2.5 升以上至 3.0 升(含 3.0 升)的	12%

续表 3-1

税目	税率
(6)气缸容量在3.0升以上至4.0升(含4.0升)的	25%
(7)气缸容量在4.0升以上的	40%
2. 中轻型商用客车	5%
3. 超豪华小汽车[零售价格130万元(不含增值税)及以上的乘用车和中轻型商用客车]	10%(零售环节)
九、高尔夫球及球具	10%
十、高档手表	20%
十一、游艇	10%
十二、木制一次性筷子	5%
十三、实木地板	5%
十四、电池	4%
十五、涂料	4%

第二节　消费税应纳税额计算

按照现行消费税法的基本规定,消费税应纳税额的计算分为从价定率、从量定额、从价定率和从量定额复合计税三种计算方法。

一、从价定率计算方法

在从价定率计算方法下,应纳税额的计算取决于应税消费品的计税销售额和适用税率两个因素。消费税是价内税,以含消费税的价格作为计税依据,与增值税相同,即二者均以含消费税而不含增值税的价格作为计税依据。其应纳税额的计算公式为:

应纳税额=应税消费品的计税销售额×适用税率

(一)从价定率计税项目

从价定率计税项目有烟丝、雪茄、酒精及其他酒类、高档化妆品、贵重首饰及珠宝玉石、鞭炮焰火、摩托车、小汽车、高档手表、高尔夫球及球具、木制一次性筷子、实木地板、铅蓄电池及涂料。

【例3-3】　某化妆品生产企业为增值税一般纳税人,2019年5月6日向某大型商场销售化妆品一批,开具增值税专用发票,取得不含增值税销售额400 000元。

要求:计算该化妆品生产企业 5 月份应缴纳的消费税额(化妆品适用消费税税率为 15%)。

【解析】 应缴纳的消费税额=400 000×15% =60 000(元)。

在零售环节征收消费税的金银首饰、钻石及钻石饰品,具体要求见表 3-2。

表 3-2 在零售环节征收消费税的金银首饰、钻石及钻石饰品具体要求

要素	规定	注释
征税范围	金银首饰仅限于金基、银基合金首饰以及金、银和金基、银基合金的镶嵌首饰	不符合条件的,仍在生产环节缴纳消费税的金银首饰
税率	5%	对既销售金银首饰又销售非金银首饰的生产经营单位,分别核算销售额。凡划分不清楚或不能分别核算的,在生产环节销售的,一律从高适用税率征收消费税(10%);在零售环节销售的,一律按金银首饰征收消费税(5%)
计税依据一般规定	不含增值税的销售额	含税销售额÷(1+13%)
计税依据具体规定	1. 金银首饰与其他产品组成成套消费品销售	按销售额全额征收消费税
	2. 金银首饰连同包装物销售	无论包装是否单独计价,也无论会计上如何核算,均应并入金银首饰的销售额,计征消费税
	3. 带料加工的金银首饰	按受托方销售同类金银首饰的销售价格确定计税依据征收消费税;没有同类金银首饰销售价格的,按照组成计税价格计算纳税
	4. 以旧换新(含翻新改制)销售金银首饰	按实际收取的不含增值税的全部价款确定计税依据征收消费税

【例 3-4】 乙商场零售金银首饰取得含税销售额 105 300 元,其中包括以旧换新首饰的含税销售额 58 500 元。在以旧换新业务中,旧首饰作价的含税金额为 35 100 元,乙商场实际收取的含税金额为 23 400 元。

要求:计算乙商场零售金银首饰应缴纳的消费税。

【解析】 应纳消费税=(105 300-58 500)÷1.17×5% +23 400÷1.17×5% =3 000(元)。

（二）计税销售额的确定

计税销售额是纳税人销售应税消费品向购买方收取的全部价款和价外费用。价外费用是指价外收取的基金、集资费、返还利润、补贴、违约金（延期付款利息）和手续费、包装费、储备费、优质费、运输装卸费、代收款项、代垫款项以及其他各种性质的价外收费。

其他价外费用，无论是否属于纳税人的收入，均应并入销售额计算征税。

注意：价款要求不含增值税；价外费要转换为不含增值税的价款。

（三）计税销售额的特殊规定

1. 包装物及押金的计税销售额

（1）按税法规定，实行从价定率办法计算应纳税额的应税消费品连同包装销售的，不论包装物是否单独计价，也不论在会计上如何核算，均应并入应税消费品的销售额中征收消费税。

（2）如果包装物不作价随同产品销售，而是收取押金（收取酒类产品的包装物押金除外），该押金不并入计税销售额中，但对因逾期未收回的包装物不再退还的和已收取1年以上的押金，应计入计税消费额，按照应税消费品的适用税率征收消费税。

（3）对既作价随同应税消费品销售，又另外收取包装物押金的，凡纳税人在规定的期限内不予退还的，均应并入计税销售额，按照应税消费品的适用税率征收消费税。

（4）对酒类产品生产企业销售酒类产品（黄酒、啤酒除外）而收取的包装物押金，无论押金是否返还及会计上如何核算，均需并入酒类产品销售额中，依酒类产品的适用税率征收消费税。

2. 含增值税销售额的换算

应税消费品在缴纳消费税的同时，与一般货物一样，还应缴纳增值税。按照规定应税消费品的销售额，不包括应向购货方收取的增值税税款。如果纳税人应税消费品的销售额中未扣除增值税税款或者因不得开具增值税专用发票而发生价款和增值税税款合并收取的，在计算消费税时，应将含增值税的销售额换算为不含增值税税款的销售额。其换算公式为：

应税消费品的计税销售额＝含增值税的销售额÷（1+增值税税率或征收率）

公式中的增值税税率为13%，征收率为3%。

3. 白酒生产企业“品牌使用费”

白酒生产企业向商业销售单位收取的“品牌使用费”是随着应税白酒的销售而向购货方收取的，属于应税白酒销售价款的组成部分，因此，不论企业采取何种方式或以何种名义收取价款，均应并入白酒的销售额中缴纳消费税。

4. 兼营不同税率的消费税规定

纳税人生产销售应税消费品，如果不是单一经营某一税率的产品，而是经营多种不同税率的产品，这就是兼营行为。由于我国《消费税暂行条例》税目税率表列举的各种应税消费品的税率高低不同，因此，纳税人在兼营不同税率应税消费品时，税法就要针对其

不同的核算方式分别规定税务处理办法,以加强税收管理,避免因核算方式不同而出现下列税款流失的现象:

(1)纳税人兼营不同税率应税消费品,未分别核算各自销售额。

(2)将不同税率应税消费品组成成套消费品销售的(即使分别核算也从高税率)。

二、从量定额计算方法

在从量定额计算方法下,应纳税额的计算取决于应税消费品的销售数量和单位税额两个因素。其应纳税额的计算公式为:

应纳税额=应税消费品的销售数量×单位税额

(一)从量定额计税项目

我国现行消费税仅对黄酒、啤酒、成品油实行定额税率,采用从量定额计算方法征税。

(二)销售数量的确定

销售数量是指纳税人生产、加工和进口应税消费品的数量。具体规定为:

(1)销售应税消费品的,为应税消费品的销售数量。

(2)自产自用应税消费品的,为应税消费品的移送使用数量。

(3)委托加工应税消费品的,为纳税人收回的应税消费品数量。

(4)进口的应税消费品,为海关核定的应税消费品进口征税数量。

(三)计量单位的换算标准

按照消费税暂行条例的规定,黄酒、啤酒是以吨为税额单位的,成品油是以升为税额单位的。但是考虑到在实际销售过程中,一些纳税人会把吨或升这两个计量单位混用,为了规范不同产品的计量单位,以准确计算应纳税额,吨与升两个计量单位的换算标准为:

啤酒 1 吨=988 升　溶剂油 1 吨=1 282 升

黄酒 1 吨=962 升　润滑油 1 吨=1 126 升

汽油 1 吨=1 388 升　燃料油 1 吨=1 015 升

柴油 1 吨=1 176 升　航空煤油 1 吨=1 246 升

石脑油 1 吨=1 385 升

【例 3-5】 某炼油厂 2019 年 5 月份销售汽油 60 吨,取得销售额 2 400 000 元;销售柴油 50 吨,取得销售额 180 000 元。另将自产的汽油 8 吨、柴油 10 吨用于本企业运输部门。汽油每吨的生产成本为 25 000 元,柴油每吨的生产成本为 2 000 元。

要求:计算该炼油厂 5 月份应缴纳的消费税额。

【解析】 汽油、柴油均为从量定额计征的消费品,生产后销售的,按销售数量计税;自产汽油、柴油用于本企业运输部门的,应按移送使用数量计税。汽油单位税额为 0.2 元/升,柴油单位税额为 0.1 元/升。

应纳税额=(60+8)×1 388×0.2+(50+10)×1 176×0.1=25 932.8(元)。

三、复合计算方法

复合计算方法是从量定额和从价定率相结合的一种计税方法。复合计税法下,应纳税额计算公式为:

应纳税额=销售数量×定额税率+计税销售额×比例税率

(一)复合计税项目

我国现行消费税的征收范围中,只有卷烟、白酒采用复合计税方法。

生产销售卷烟、粮食白酒、薯类白酒从量定额计税依据为实际销售数量。进口、委托加工、自产自用烟卷、粮食白酒、薯类白酒从量定额计税依据分别为海关核定的进口征税数量、委托方收回数量、移送使用数量。

(二)复合计税公式

从量定额税额(定额税)=应税消费品销售数量×定额税率

从价定率税额=应税消费品的计税销售额×适用税率

应缴消费税=从量定额税额+从价定率税额

【例3-6】 某酒厂为增值税一般纳税人,该厂2019年5月份自制粮食白酒7吨,对外售出5吨,收到不含税销售额1 200 000元,另收取包装物押金(单独核算)4 680元。计算该酒厂当月应纳消费税额(粮食白酒的消费税比例税率为20%,单位税额为0.5元/斤)。

要求:计算该厂应缴纳的消费税额。

【解析】 除黄酒、啤酒外的其他酒类产品收取的包装物押金无论包装是否单独计价,也不论在会计上如何核算,均应并入应税消费品的销售额中征收消费税。

应税消费品的计税销售额 =1 200 000+4 680÷(1+13%)= 1 204 681(元);

应纳税额=1 204 681×20% +5×2 000×0.5=245 936(元)。

【例3-7】 某市卷烟生产企业为增值税一般纳税人,2019年6月有关经营业务如下:

(1)16日销售A牌卷烟310标准箱,每箱不含税售价13 500元,款项收讫;

(2)25日销售进口B牌卷烟380标准箱,取得不含税销售收入72 000元。

A卷烟单价=13 500/箱÷250条/箱=54(元/条),适用税率36%。

要求:计算该企业应缴纳的消费税额。

【解析】 企业6月份国内销售应缴纳的消费税=(310)×13 500×36%+(310)×150=1 553 100(元)。

四、特殊规定

（一）计税依据的特殊规定

（1）纳税人通过自设的非独立核算门市部销售的自产应税消费品，应当按照门市部实际对外销售额或者销售数量征收消费税。

【例3-8】 某摩托车生产企业为增值税一般纳税人，2019年5月份生产摩托车（汽缸容量为200毫升）100辆，以每辆出厂价16 000元（不含增值税）给自设非独立核算的门市部，门市部又以每辆20 340元（含增值税）销售给消费者。

要求：计算摩托车生产企业5月份应缴纳的消费税额（摩托车适用消费税税率3%）。

【解析】 企业应纳税额 $=20\ 340\times100\div(1+13\%)\times3\%=54\ 000$（元）。

（2）纳税人用于换取生产资料和消费资料、投资入股和抵偿债务等方面的应税消费品，应当以纳税人同类应税消费品的最高销售价格作为计税依据计算消费税。

【例3-9】 某汽车制造厂以自产小汽车（气缸容量2.3升）10辆换取某水泥厂生产的水泥2 500吨，每吨水泥500元。该厂生产的同一型号小汽车销售价格分别为135 000元/辆、138 000元/辆和140 000元/辆。

要求：计算用于换取水泥的小汽车应纳消费税税额（以上价格均不含增值税）（小汽车适用的消费税税率为9%）。

【解析】 根据国家有关规定，纳税人用于换取生产资料和消费资料、投资入股和抵偿债务等方面的应税消费品，应当以纳税人同类应税消费品的最高销售价格作为计税依据计算消费税。因此，汽车制造厂用于换取水泥的小汽车应缴纳消费税为：应纳税额＝计税销售额×适用税率 $=140\ 000\times10\times9\%=126\ 000$（元）。

（二）外购应税消费品已纳税款的扣除

由于某些应税消费品是用外购已缴纳消费税的应税消费品连续生产出来的，在对这些连续生产出来的应税消费品计算征税时，税法规定应按当期生产领用数量计算准予扣除外购的应税消费品已纳的消费税税款。在消费税15个税目中，除酒（葡萄酒例外）、小汽车、高档手表、游艇、电池、涂料外，其余税目均有扣税规定。

准予扣除范围包括：

（1）外购已税烟丝生产的卷烟。

（2）外购已税高档化妆品生产的高档化妆品。

（3）外购已税珠宝玉石生产的贵重首饰及珠宝玉石。

（4）外购已税鞭炮焰火生产的鞭炮焰火。

（5）外购已税杆头、杆身和握把为原料生产的高尔夫球杆。

（6）外购已税木制一次性筷子为原料生产的木制一次性筷子。

（7）外购已税实木地板为原料生产的实木地板。

（8）外购汽油、柴油、石脑油、燃料油、润滑油用于连续生产应税成品油。

(9)外购已税摩托车连续生产摩托车(如用外购两轮摩托车改装三轮摩托车)。

此外,从葡萄酒生产企业购进、进口葡萄酒连续生产应税葡萄酒的,准予从葡萄酒消费税应纳税额中扣除所耗用应税葡萄酒已纳消费税税款。

上述当期准予扣除外购应税消费品已纳消费税税款的计算公式为:

当期准予扣除的外购应税消费品已纳税款=当期准予扣除的外购应税消费品买价×外购应税消费品适用税率

当期准予扣除的外购应税消费品买价=期初库存的外购应税消费品的买价+当期购进的应税消费品的买价-期末库存的外购应税消费品的买价

外购已税消费品的买价是指外购应税消费品增值税专用发票上注明的销售额(不包括增值税税额)。

【例3-10】 某卷烟厂2016年5月初库存外购已税烟丝100 000元,当月又外购该种烟丝一批,取得增值税专用发票,注明价款为300 000元,增值税51 000元,月末库存该种烟丝200 000元,其余被当月生产卷烟领用。本月销售卷烟10箱,价款250 000元,增值税425 000元。

要求:计算上述业务应纳的消费税(烟丝适用消费税税率30%,卷烟适用消费税比例税率56%、定额税率150元/标准箱)。

【解析】 当月准予扣除的外购烟丝买价=100 000+300 000-200 000=200 000(元);

当月准予扣除的外购烟丝已纳消费税税款=200 000×30%=60 000(元);

当月销售卷烟应纳消费税=250 000×56%+10×150-60 000=81 500(元)。

在扣除外购应税消费品已纳税额时,应注意以下三个问题:

(1)纳税人用外购的已税珠宝玉石生产的改在零售环节征收消费税的金银首饰(镶嵌首饰)、钻石及钻石饰品,在计税时一律不得扣除外购珠宝玉石的已纳税款。

(2)对自己不生产应税消费品,而只是购进后再销售应税消费品的工业企业,其销售的化妆品、鞭炮焰火和珠宝玉石,凡不能构成最终消费品直接进入市场,而需要进一步生产加工的,应当征收消费税,同时允许扣除上述外购应税消费品的已纳税额。

(3)允许扣除已纳税款的应税消费品只限于从工业企业购进的应税消费品和进口环节已纳消费税的应税消费品,对从境内商业企业购进应税消费品的已纳税款一律不得扣除。

(三)税额减征的规定

消费税一般没有减免税规定,但国家从保护环境、减少污染、节省能源等方面考虑,对生产销售达到低污染排放值的小轿车、越野车和小客车减征30%的消费税。计算公式为:

减征税额=按法定税率计算的消费税税额×30%

应征税额=按法定税率计算的消费税税额-减征税额

自2004年7月1日起,对企业生产销售相当于欧洲Ⅲ号排放标准的小汽车减征30%的消费税。

【例 3-11】 某小轿车生产企业为增值税一般纳税人，2019 年 6 月生产并销售小轿车 300 辆，每辆含税销售价格 169 500 元，适用消费税税率 9%，经审查该企业生产的小轿车已达到减征消费税的国家标准。

要求：计算该企业 6 月份应缴纳消费税和增值税各是多少。

【解析】 应纳消费税税额＝300×169 500÷(1+13%)×9%×(1-30%)＝2835 000(元)；应纳增值税＝300×169 500÷(1+13%)×13%＝5 850 000(元)。

第三节 自产自用消费税的计算

在纳税人生产销售应税消费品中，有一种特殊的形式，即自产自用形式。自产自用指的是纳税人生产应税消费品后，不是直接用于对外销售，而是自己用于连续生产应税消费品，或用于其他方面。这种自产自用应税消费品形式，在实际经济活动中是常见的，但也是在是否纳税或如何纳税上最容易出现问题的。例如：有的企业把自己生产的应税消费品，以奖励、福利等形式发给本厂职工，以为不是对外销售，不必计入销售额，无须纳税。这样就出现了漏缴税款的现象。因此纳税人很有必要认真理解税法对自产自用应税消费品的有关规定。

一、用于连续生产应税消费品的规定

按照消费税法的规定，纳税人自产自用的应税消费品，用于连续生产应税消费品的，不纳税。所谓“纳税人自产自用的应税消费品，用于连续生产应税消费品的”，是指作为生产最终应税消费品的直接材料，并构成最终产品实体的应税消费品。如卷烟厂生产的烟丝，如果直接对外销售，烟丝属于应税消费品，应缴纳消费税；如果烟丝用于本厂连续生产卷烟，这样，用于连续生产卷烟的烟丝就不缴纳消费税，只对生产的卷烟征收消费税。

【例 3-12】 某卷烟厂 2019 年 5 月份生产烟丝 100 000 元，其中 20% 对外销售，取得不含增值税收入 30 000 元；另外 80% 用于连续生产卷烟。本月该厂销售卷烟 20 标准箱，取得不含增值税收入 500 000 元。

要求：计算卷烟厂当月应纳的消费税税额（烟丝消费税税率 30%，卷烟消费税比例税率 56%，定额税率 150 元/标准箱）。

【解析】 烟丝应纳税额＝30 000×30%＝9 000(元)；

卷烟应纳税额＝500 000×56%+20×150＝283 000(元)；

该厂当月应纳消费税税额＝9 000+283 000＝292 000(元)。

二、用于其他方面的规定

纳税人自产自用的应税消费品，除用于连续生产应税消费品外，凡用于其他方面的，应视同销售，于移送使用时纳税。所谓“用于其他方面的”，是指纳税人用于生产非应税消费品和在建工程、管理部门、非生产机构、提供劳务以及用于馈赠、赞助、集资、广告、样品、职工福利、奖励等方面的应税消费品。所谓“用于非生产应税消费品”，是指把自产的应税消费品用于生产消费税税目税率表所列15类产品以外的产品。所谓用于“管理部门、非生产机构”，是指把自己生产的应税消费品用于与本企业有隶属关系的管理部门或非生产机构。例如：汽车制造厂把生产出的小汽车提供给上级主管部门使用。这里的小汽车也需要缴纳消费税。所谓用于“馈赠、赞助、集资、广告、样品、职工福利、奖励”，是指把自己生产的应税消费品无偿赠送给他人或以投资的形式投资于外单位或作为商品广告、经销样品或以福利、奖励的形式发给企业职工。总之，企业自产的应税消费品虽然没有用于销售或连续生产应税消费品，但只要是用于税法所规定的范围的都要视同销售，依法缴纳消费税。

三、组成计税价格及税额的计算

按照税法的规定，纳税人自产自用的应税消费品，凡用于其他方面的，应当纳税。具体分为以下两种情况：

（一）有同类消费品销售价格的

有同类消费品销售价格的，按照纳税人生产的同类消费品的加权平均销售价格计算纳税。

但销售的应税消费品有下列情况之一的，不得列入加权平均计算：

（1）销售价格明显偏低又无正当理由的；

（2）无销售价格的，如果当月无销售或者当月未完结，应按照同类消费品上月或最近月份的销售价格计算纳税。

【例3-13】 某摩托车厂（增值税一般纳税人），2019年5月份将生产的10辆摩托车赠与摩托车拉力赛使用。本月该厂销售该种摩托车两批：5月3日销售80辆，每辆不含税售价9 000元；5月20日销售120辆，每辆不含税售价8 600元。

要求：计算摩托车厂当月应纳消费税额（摩托车消费税税率10%）。

【解析】 对外销售的摩托车按实际销售价格计算应纳税额；赠与的摩托车视同销售，按当月同类摩托车平均售价计算应纳税额。

加权平均售价=（80×9 000+120×8 600）÷（80+120）=8 760（元）；

赠与的摩托车应纳税额=10×8 760×10%=8 760（元）；

对外销售摩托车应纳税额=80×9 000×10%+120×8 600×10%=175 200（元）；

该厂当月应纳税额=8 760+175 200=183 960（元）。

(二)没有同类消费品销售价格的

纳税人自产自用的应税消费品,按规定应当缴纳消费税的,如果没有同类消费品销售价格,应按组成计税价格计算纳税。

1. 从价定率计税

组成计税价格=(成本+利润)÷(1-消费税税率)

或:

组成计税价格=成本×(1+成本利润率)÷(1-消费税税率)

应纳税额=组成计税价格×适用税率

公式中的"成本",是指应税消费品的产品生产成本。公式中的"利润",是指根据应税消费品的全国平均成本利润率计算的利润。应税消费品的全国平均成本利润率由国家税务总局确定。应税消费品全国平均成本利润率见表3-3。

表3-3 应税消费品全国平均成本利润率

货物名称	利润率	货物名称	利润率
甲类卷烟	10%	贵重首饰及珠宝玉石	6%
乙类卷烟	5%	摩托车	6%
雪茄烟	5%	乘用车	8%
烟丝	5%	中轻型商用客车	5%
粮食白酒	10%	高尔夫球及球具	10%
薯类白酒	5%	高档手表	20%
其他酒	5%	游艇	10%
化妆品	5%	木制一次性筷子	5%
鞭炮、焰火	5%	实木地板	5%
涂料	7%	电池	4%

【例3-14】 某化妆品厂将新试制的一批高档化妆品作为福利发给本厂职工,化妆品的生产成本9 000元,该化妆品无同类产品销售价格,已知成本利润率5%。

要求:计算该批化妆品应缴纳的消费税税额(化妆品消费税税率15%)。

【解析】 组成计税价格=9 000(1+5%)÷(1-15%)=11 117.65(元);

应纳税额=13 500×15%=1 667.65(元)。

2. 从量定额计税

应纳税额=视同销售数量×单位税额

【例3-15】 某黄酒厂将自己生产的黄酒20吨发给本企业职工作福利。

要求:计算应缴纳的消费税(黄酒单位税额240元)。

【解析】 应纳消费税=20×240=4 800(元)。

3. 复合计税

组成计税价格=[(成本+利润)+自产自用数量×定额税率]÷(1-消费税税率)

注意:增值税的组成计税价格和消费税的组成计税价格要一致。

【例 3-16】 某酒厂以自产特制粮食白酒 2 000 斤用于厂庆庆祝活动,每斤白酒成本 12 元,无同类产品售价。

要求:计算应纳消费税和增值税(成本利润率为 10%)。

【解析】 (1)应纳消费税:

从量征收的消费税=2 000×0.5=1 000(元);

从价征收的消费税=[12×2 000×(1+10%)+1 000]÷(1-20%)×20%=6 850(元);

应纳消费税=1 000+6 850=7 850(元)①。

(2)增值税={[12×2 000×(1+10%)+1 000]}÷(1-20%)×13%=4552.5(元)。

【例 3-17】 某轿车生产企业为增值税一般纳税人,2019 年 12 月份的生产经营情况如下:

(1)12 月 1 日将 A 型小轿车 130 辆赊销给境内某代理商,约定 12 月 15 日付款,15 日企业开具增值税专用发票,注明金额 23 400 000 元、增值税税额 3 978 000 元,代理商 30 日将货款和延期付款的违约金 80 000 元支付给企业;

(2)12 月销售 A 型小轿车 10 辆给本企业有突出贡献的业务人员,以成本价核算取得销售金额 800 000 元;

(3)12 月企业新设计生产 B 型小轿车 2 辆,每辆成本价 120 000 元,为了检测其性能,将其移送企业下设的汽车维修厂进行碰撞实验,企业和维修厂位于同一市区,市场上无 B 型小轿车销售价格。

其他相关资料:生产销售的小轿车适用消费税率 12%;B 型小轿车成本利润率 8%。

要求:根据上述资料,计算企业 12 月应缴纳的消费税(不含进口环节)。

【解析】 A 型小轿车的消费税=23 400 000÷130×12%×140+80 000÷(1+13%)×12%=3 094 796.46(元);

B 型小轿车的消费税=120 000×(1+8%)÷(1-12%)×2×12%=35 300(元);

合计:企业 12 月应缴纳消费税=3 094796.46+35 300=3 130 096.46(元)。

第四节 委托加工消费品的消费税计算

委托加工应税消费品,是生产应税消费品的另一种形式,也需要纳入征收消费税的

① 组价中包含从量征收的消费税。

范围。按照税法的规定，委托加工的应税消费品，由受托方在向委托方交货时代收代缴税款。

一、委托加工应税消费品的确定

委托加工的应税消费品，是指由委托方提供原料和主要材料，受托方只收取加工费和代垫部分辅助材料加工的应税消费品。

下列不属于委托加工业务：

(1)由受托方提供原材料生产的应税消费品；

(2)受托方先将原材料卖给委托方，再接受加工的应税消费品；

(3)由受托方以委托方名义购进原材料生产的应税消费品。

二、代收代缴税款的规定

委托加工应税消费品消费税的缴纳：

(1)受托方加工完毕向委托方交货时，由受托方代收代缴消费税。如果受托方是个体经营者，委托方须在收回加工应税消费品后向所在地主管税务机关缴纳消费税。

(2)如果受托方没有代收代缴消费税，委托方应补交税款，补税的计税依据为：已直接销售的，按销售额计税；未销售或不能直接销售的，按组价计税（委托加工业务的组价）。

三、组成计税价格的计算

(一)有同类消费品销售价格的

委托加工的应税消费品，如果受托方有同类消费品的销售价格，按受托方同类消费品售价计算纳税。

【例3-18】 甲委托乙加工摩托车100辆，甲提供原材料100 000元，乙收取加工费20 000元，乙向甲开出增值税专用发票，注明增值税3 400元，乙同类摩托车不含税售价2 000元（消费税率10%）。

要求：请计算委托加工应缴纳的消费税。

【解析】 应纳消费税 $=100\times2\ 000=200\ 000$（元）。

(二)没有同类消费品销售价格的

如果受托方没有同类消费品销售价格的，按照组成计税价格计算纳税。

组成计税价格的计算公式如下。

1. 从价定率计税

$$组成计税价格=(材料成本+加工费)\div(1-消费税税率)$$

$$应纳税额=组成计税价格\times适用税率$$

公式中的“材料成本”，是指委托方所提供加工材料的实际成本。委托加工应税消费品的纳税人，必须在委托加工合同上如实注明（或以其他方式提供）材料成本，凡未提供材料成本的，受托方所在地主管税务机关有权核定其材料成本。公式中的“加工费”是指受托方加工应税消费品向委托方所收取的全部费用，包括代垫辅助材料的实际成本。

【例 3-19】　某鞭炮企业 2019 年 8 月受托为某单位加工一批鞭炮，委托单位提供的原材料金额为 300 000 元，收取委托单位不含增值税的加工费 40 000 元，鞭炮企业当地无加工鞭炮的同类产品市场价格。

要求：计算鞭炮企业应代收代缴的消费税（鞭炮的消费税税率为 15%）。

【解析】　组成计税价格＝（300 000+40 000）÷（1−15%）＝400 000（元）；

应代收代缴消费税＝400 000×15%＝60 000（元）。

2. 从量定额计税

应纳税额＝委托加工收回的数量×定额税率

3. 复合计税

组成计税价格＝［（材料成本+加工费）+定额税额］÷（1−消费税税率）

【例 3-20】　甲酒厂从农业生产者手中收购粮食，共计支付收购价款 60 000 元。甲酒厂将收购的粮食从收购地直接运往异地的乙酒厂生产加工白酒，白酒加工完毕，企业收回白酒 8 吨，取得乙酒厂开具防伪税控的增值税专用发票，注明加工费 25 000 元，代垫辅料价值 15 000 元，加工的白酒当地无同类产品市场价格。

要求：计算乙酒厂应代收代缴的消费税。

【解析】　乙酒厂应代收代缴的消费税＝8×2 000×0.5+［60 000×（1−11%）+（25 000+15 000）+8 000］÷（1−20%）×20%＝25 350（元）；

乙酒厂增值税的销项税＝（25 000+15 000）×13%＝5 200（元）；

甲酒厂可以抵扣的增值税为 5 200 元。

四、委托加工应税消费品收回后的处理

（1）委托加工收回后直接出售的，不再征收消费税。这是由消费税的纳税环节的单一性决定的。

（2）委托加工收回的应税消费品用于连续生产应税消费品的：委托加工的应税消费品因为已由受托方代收代缴消费税，因此，委托方收回货物后用于连续生产应税消费品的，其已纳税款准予按照规定从连续生产的应税消费品应纳消费税税额中抵扣。在消费税 15 个税目中，除酒（葡萄酒例外）、小汽车、高档手表、游艇、电池、涂料外，其余 9 个税目委托加工已缴纳的消费税均可扣除。

需要说明的是，纳税人用委托加工收回的已税珠宝玉石生产的改在零售环节征收消费税的金银首饰、钻石及钻石饰品，在计税时一律不得扣除委托加工收回的珠宝玉石的已纳消费税税款。

【例 3-21】　某卷烟厂委托烟丝加工厂加工一批烟丝，卷烟厂提供的烟叶在委托加

工合同上注明成本 100 000 元。烟丝加工完成，卷烟厂提货时，加工厂收取加工费 30 000 元，代垫辅料价值 10 000 元，均不含增值税。（加工厂无同类烟丝售价）卷烟厂将这批收回的烟丝 40% 直接对外出售，取得收入 50 000 元，另外 60% 用于生产加工卷烟。本月销售卷烟 20 标准箱，开具普通发票上注明销售额 351 000 元。

要求：计算卷烟厂应纳的消费税额（烟丝消费税税率 30%，卷烟消费税比例税率 36%、定额税率 150 元/标准箱）。

【解析】 委托加工烟丝的组成计税价格 =（100 000+30 000+10 000）÷（1−30%）= 200 000（元）；

加工厂代收代缴消费税 = 200 000×30% = 60 000（元）。

卷烟厂加工收回的烟丝直接对外出售，不再缴纳消费税。

卷烟厂销售卷烟应纳消费税为：从量定额征收的消费税与从价定率征收的消费税之和，再扣除当月生产领用委托加工收回烟丝的 60% 所负担的消费税。

从量定额征收的消费税 = 20×150 = 3 000（元）；

从价定率征收的消费税 = 351 000÷（1+17）×36% = 108 000（元）；

卷烟厂应纳消费税 =（3 000+108 000）−60 000×60% = 75 000（元）。

【例 3−22】 A 酒厂委托 B 酒厂加工药酒，发出原材料实际成本 310 000 元。B 酒厂在加工过程中代垫辅助材料款 20 000 元，药酒加工完毕，A 酒厂收回药酒时取得 B 酒厂开具的增值税专用发票注明加工费 50 000 元（其中包含代垫辅助材料价款），增值税 8 500元，B 酒厂无同类药酒的市场价格。本月内企业将收回药酒的 40% 直接出售，取得不含税销售额 120 000 元。A 酒厂所在地税务机关发现，该笔委托加工业务 B 酒厂未按规定代收代缴消费税。

要求：计算该委托加工业务应纳消费税税额（药酒消费税率 10%）。

【解析】 按消费税法规定，委托加工的应税消费品，由受托方在向委托方交货时代收代缴消费税，如果受托方没有代收代缴消费税，委托方需补税。对收回已经直接销售的，按销售额计税补征；未销售的，按组成计税价格计税补征。

在这里，受托方 B 酒厂未代收代缴消费税，A 酒厂需补税。

（1）A 酒厂将收回药酒的 40% 直接出售，按销售额计算纳税：

应纳税额 = 120 000×10% = 12 000（元）。

（2）另外 60% 尚未销售，按组成计税价格计算纳税：

应纳税额 =（310 000+50 000）÷（1−10%）×10% = 40 000（元）。

（3）A 酒厂共需补消费税 = 12 000+40 000 = 52 000（元）。

第五节　进口应税消费品消费税的计算

一、进口应税消费品消费税的计算

进口的应税消费品，于报关进口时缴纳消费税；进口的应税消费品的消费税由海关代征；进口的应税消费品，由进口人或者其代理人向报关地海关申报纳税；纳税人进口应税消费品，按照关税征收管理的相关规定，应当自海关填发税款缴款书之日起15日内缴纳消费税税款。

纳税人进口的应税消费品，按照组成计税价格和规定的税率计算应纳税额。

（一）实行从价定率的应税消费品消费税额的计算

组成计税价格=（关税完税价格+关税）÷（1-消费税税率）

应纳消费税税额=组成计税价格×消费税税率

公式中所称"关税完税价格"，是指海关核定的关税计税价格。

【例3-23】 某外贸公司2019年5月份从国外进口一批应税消费品，已知该批应税消费品的关税完税价格为2 000 000元，关税税率10%，假定进口的应税消费品的消费税税率为20%。

要求：计算进口环节应缴纳的消费税。

【解析】 组成计税价格=（2 000 000+2 000 000×10%）÷（1-20%）=2 750 000（元）；

应纳消费税额=2 750 000×20%=550 000（元）。

（二）实行从量定额的应税消费品消费税额的计算

应纳税额=应税消费品数量×消费税单位税额

【例3-24】 某外贸公司5月份从国外进口黄酒一批20吨，单价100 000元。已知关税税率10%，消费税率240元/吨。

要求：计算进口环节应缴纳消费税。

【解析】 应纳消费税=20×240=4 800（元）。

（三）复合计税应税消费品的消费税额的计算

组成计税价格=[（关税完税价格+关税）+进口数量×定额税率]÷（1-消费税税率）

应纳消费税税额=组成计税价格×消费税税率+定额税

（四）进口卷烟应纳消费税的计算

进口卷烟与国产卷烟均适用复合计税办法征收消费税，先确定所适用的比例税率，然后按照组成计税价格计算从价税，按照进口数量计算从量定额税。

找税率：

单条组价=(完税价+关税+从量消费税)÷(1-36%)

单条组价≥70 元/条，适用税率 56%；单条组价<70 元，适用比例税率 36%。

算税额：

从价消费税=(关税完税价格+关税+从量消费税)÷(1-进口卷烟消费税适用比例税率 36%或 56%)×进口卷烟消费税适用比例税率(36%或 56%)

【例 3-25】 有进出口经营权的某外贸公司，2019 年 9 月从国外进口卷烟 320 箱(每箱 250 条，每条 200 支)，支付买价 2 000 000 元，支付到达我国海关前的运输费用 120 000 元、保险费用 80 000 元。已知进口卷烟的关税税率为 20%。

要求：计算卷烟在进口环节应缴纳的消费税。

【解析】 (1)每条进口卷烟消费税适用比例税率的价格=[(2 000 000+120 000+80 000)÷(320×250)×(1+20%)+0.6]÷(1-36%)=52.5(元)；单条卷烟价格小于 70 元，适用消费税税率为 36%。

(2)320×250=80 000(条)。

(3)进口卷烟应缴纳的消费税=80 000×52.5×36%+80 000×0.6=1 560 000(元)。

(4)进口环节应缴纳的增值税=320×250×52.5×13%=546 000(元)。

【例 3-26】 某企业进口一批烟丝，境外成交价格 150 万元，运至我国境内输入地点起运前运费 20 万元，无法确知保险费用；将烟丝从海关监管区运往仓库，支付运费 12 万元，取得货运增值税专用发票。

要求：计算进口环节缴纳的各项税金(关税税率为 10%；保险费用按照货价加运费的 3‰确定，具体内容在关税章节介绍；烟丝消费税税率 30%)。

【解析】 关税完税价格=(150+20)×(1+0.003)=170.51(万元)。

(1)进口关税=170.51×10%=17.05(万元)。

(2)进口增值税=(170.51+17.05)÷(1-30%)×13%=34.83(万元)。

(3)进口消费税=(170.51+17.05)÷(1-30%)×30%=80.38(万元)。

二、出口应税消费品消费税的计算

纳税人出口应税消费品与已纳增值税出口货物一样，国家都是给予退(免)税优惠的。其主要规定与增值税出口退税管理大体相同，不同之处说明如下。

(一)出口应税消费品退(免)税政策

1. 出口免税并退税

适用这个政策的是：有出口经营权的外贸企业购进应税消费品直接出口，以及外贸企业受其他外贸企业委托代理出口应税消费品。这里需要说明的是，外贸企业只有受其他外贸企业委托，代理出口应税消费品才可办理退税，外贸企业受其他企业(主要是非生产性的商贸企业)委托，代理出口应税消费品是不予退(免)税的。这个政策与出口货物退(免)增值税的政策规定是一致的。

2. 出口免税但不退税

适用这个政策的是:有出口经营权的生产性企业自营出口或生产企业委托外贸企业代理出口自产的应税消费品,依据其实际出口数量免征消费税,不予办理退还消费税。其中,免征消费税是指对生产性企业按其实际出口数量免征生产环节的消费税。不予办理退还消费税,是指因已免征生产环节的消费税,该应税消费品出口时,已不含有消费税,所以也无须再办理退还消费税了。这项政策与生产性企业自营出口或委托代理出口自产货物退(免)增值税的规定是不一样的。其主要区别是,消费税仅在生产企业的生产环节征收,生产环节免税了,出口的应税消费品就不含有消费税了;而增值税却在货物销售的各个环节征收,生产企业出口货物时,已纳的增值税就需要退还。

3. 出口不免税也不退税

适用这个政策的是:除生产企业、外贸企业外的其他企业,具体是指一般商贸企业,这类企业委托外贸企业代理出口应税消费品一律不予退(免)税。

(二)出口应税消费品退税率的确定

出口货物应退消费税的税率或单位税额,与其征税率相同。这是退(免)消费税与退(免)增值税的一个重要区别。当出口的货物是应税消费品时,其退还增值税要按规定的退税率计算;而退还消费税则按该应税消费品所适用的消费税税率计算。企业应将不同消费税税率的出口应税消费品分开核算和申报,凡划分不清适用税率的,一律从低适用税率计算应退消费税税额。

(三)出口应税消费品退税额的计算

外贸企业从生产企业购进货物直接出口或受其他外贸企业委托代理出口应税消费品的应退消费税税款,分以下两种情况处理。

1. 从价定率计征消费税退税额的计算

属于从价定率计征消费税的应税消费品,应依照外贸企业从工厂购进货物时征收消费税的价格计算应退消费税税款。其计算公式为:

$$\text{应退消费税税款}=\text{出口货物的工厂销售额}\times\text{税率}$$

上述公式中"出口货物的工厂销售额"不包含增值税。对含增值税的价格应换算为不含增值税的销售额。

【例3-27】 某外贸公司,2019年5月份从国内某汽车制造厂购入小轿车50辆,取得增值税专用发票,价款4 000 000元(每辆不含税额80 000元),当月出口40辆,另外10辆内销,取得含增值税销售收入1 170 000元。

要求:计算该外贸公司当月应纳或应退消费税额(小轿车消费税税率5%)。

【解析】 外贸公司出口小轿车应退消费税税额=80 000×40×5%=160 000(元)。

消费税只在生产、委托加工和进口环节征收,外贸公司内销外购的消费品,不再征收消费税。

2. 从量定额计征消费税退税额的计算

属于从量定额计征消费税的应税消费品，应依货物购进和报关出口的数量计算应退消费税税款。其计算公式为：

$$应退消费税税款=出口数量\times单位税额$$

3. 复合计征消费税退税额的计算

属于复合计税计征消费税的应税消费品，将从价定率计征消费税与从量定额计征消费税的公式相加。

【例 3-28】 某外贸公司从一酒厂购进白酒 5 吨，取得增值税专用发票，注明价款 500 000 元，当月将这批白酒全部出口。

要求：计算当月应退消费税额（白酒消费税比例税率 20%，定额税率 0.5 元/斤）。

【解析】 应退消费税额 $=500\ 000\times20\%+5\times1\ 000\times2\times0.5=105\ 000$（元）。

（四）出口应税消费品的退（免）税管理

外贸企业出口的应税消费品办理退税后，若发生退关或者国外退货，进口时予以免税的，报关出口者必须及时向其所在地主管税务机关申报补缴已退的消费税税款。

纳税人直接出口的应税消费品办理免税后发生退关或国外退货，进口时已予以免税的，经所在地主管税务机关批准，可暂不办理补税，待其转为国内销售时，再向其主管税务机关申报补缴消费税。

第六节　消费税的会计处理

一、会计科目的设置

纳税人与代收代缴义务人应在“应交税费”科目下设置“应交消费税”明细科目。纳税人按规定计提的消费税和代收代缴义务人代收的消费税，计入该科目的贷方；实际缴纳的消费税和代扣的消费税，计入该科目的借方。期末余额在贷方，反映尚未缴纳的消费税；期末余额在借方，反映多缴或待扣的消费税。

另外，消费税属于价内税，企业将生产的应税消费品对外销售时，应缴纳的消费税通过“税金及附加”科目核算，该科目核算企业经营活动（包括主营及其他经营活动）发生的消费税、城市维护建设税、资源税、教育费附加及房地产、土地使用税、车船税、印花税等相关税费。

二、生产销售应税消费品的会计处理

(一)生产销售应税消费品应纳消费税的核算

企业生产销售应税消费品,按规定计算出缴纳的消费税时,借记“税金及附加”科目,贷记“应交税费——应交消费税”科目。同时,还应进行销售收入和增值税销项税额的会计处理。实际缴纳消费税时,借记“应交税费——应交消费税”科目,贷记“银行存款”等科目。

【例3-29】 某汽车制造企业5月份销售自产小轿车15辆,气缸容量为2.2升,不含税售价为160 000元/辆。小轿车消费税税率为9%。

要求:编制该企业的会计处理。

【解析】 销售实现时:

销项税额=160 000×15×13%=312 000(元)。

借:银行存款　　2 712 000

　贷:主营业务收入　　2 400 000

　　应交税费——应交增值税(销项税额)　　312 000

计提消费税时:

应缴纳的消费税额=160 000×15×9%=216 000(元)。

借:税金及附加　　216 000

　贷:应交税费——应交消费税　　216 000

实际缴纳消费税时:

借:应交税费——应交消费税　　216 000

　贷:银行存款　　216 000

(二)外购应税消费品连续生产应税消费品已纳税款扣除的核算

税法规定,纳税人以外购应税消费品连续生产应税消费品销售的,准予从应纳消费税额中按当期生产领用数量计算准予扣除的外购应税消费品已纳的消费税税款。

因此,当纳税人生产领用外购消费品时,应将外购应税消费品已经支付的消费税计入“应交税费——应交消费税”的借方;待连续生产的应税消费品对外销售计算应缴的消费税时,借记“税金及附加”科目,贷记“应交税费——应交消费税”科目。“应交税费——应交消费税”科目的借贷方差额即为纳税人实际缴纳的消费税额。

【例3-30】 某卷烟厂5月份外购已税烟丝一批,取得的增值税专用发票上注明价款300 000元,增值税39 000元,烟丝已验收入库。本月以外购的烟丝生产并销售甲类卷烟20标准箱,不含税销售额500 000元。已知本月期初库存外购烟丝的买价为90 000元,月末库存外购烟丝的买价为150 000元。

要求:编制该卷烟厂的会计处理。

【解析】 本月购进烟丝时:

借：原材料　　300 000
　　应交税费——应交增值税（进项税额）　　39 000
　　贷：银行存款　　339 000

生产卷烟领用外购烟丝时：

本月生产领用烟丝的买价＝90 000+300 000－150 000＝240 000（元）；

当期准予扣除的外购烟丝已纳税款＝240 000×30%＝72 000（元）。

借：生产成本　　168 000
　　应交税费——应交消费税　　72 000
　　贷：原材料　　240 000

销售卷烟，取得收入时：

借：银行存款　　565 000
　　贷：主营业务收入　　500 000
　　　　应交税费——应交增值税（销项税额）　　65 000

计提当期销售卷烟的消费税时：

应缴纳消费税额＝500 000×56%＋20×150＝283 000（元）。

借：税金及附加　　283 000
　　贷：应交税费——应交消费税　　283 000

实际缴纳消费税时：

实际缴纳消费税＝283 000－72 000＝211 000（元）。

借：应交税费——应交消费税　　216 000
　　贷：银行存款　　216 000

三、应税消费品包装物应缴消费税的会计处理

（一）随同应税消费品销售不单独计价的包装物

随同应税消费品销售而不单独计价的包装物，其收入随同所售产品一起计入“主营业务收入”科目，因此，包装物销售应交的消费税与产品销售应交的消费税应一同计入“税金及附加”科目。

（二）随同应税消费品销售单独计价的包装物

随同产品销售但单独计价的包装物，其收入计入“其他业务收入”科目，其应交的消费税计入“税金及附加”科目。

【例 3-31】 某酒厂生产销售葡萄酒一批，开出增值税专业发票，注明不含税销售额为 80 000 元，增值税 10 400 元；另收取包装费 1 130 元，开出普通发票。

要求：计算该酒厂应缴纳的消费税额并进行相关业务的会计处理。

【解析】 （1）销售实现时：

增值税销项税额＝10 400+1 130÷（1+13%）＝11 400（元）。

借:银行存款　　92 400
　贷:主营业务收入　　80 000
　　其他业务收入　　1 000
　　应交税费——应交增值税(销项税额)　　11 400

(2)计提消费税时:

应缴纳消费税税额=80 000×10%+1 130÷(1+13%)×10%=8 100(元)。

借:税金及附加　　8 100
　贷:应交税费——应交消费税　　8 100

(三)出租出借包装物逾期未收回而没收的押金

出租、出借包装物逾期未收回而没收的押金,应按照应税消费品的适用税率缴纳消费税。没收的押金转入“其他业务收入”科目,其应缴纳的消费税计入“税金及附加”科目。

【例3-32】 某化妆品厂销售自产的高档化妆品一批,取得不含税销售额100 000元,增值税13 000元。另随同产品销售的出借了包装物,收取押金2 260元,合同期限为2个月,2个月后由于包装物逾期未还,没收其押金。

要求:进行相关会计处理。

【解析】 (1)销售当期应做如下会计处理:

借:银行存款　　118 260
　贷:主营业务收入　　100 000
　　应交税费——应交增值税(销项税额)　　16 000
　　其他应付款　　2 260

计提化妆品应缴纳消费税税额=100 000×15%=15 000(元)。

借:税金及附加　　15 000
　贷:应交税费——应交消费税　　15 000

(2)逾期未收回包装物而没收押金时:

增值税销项税额=2 260÷(1+13%)×13%=260(元);

应缴纳消费税税额=2 260÷(1+13%)×15%=300(元)。

借:其他应付款　　2 260
　贷:其他业务收入　　2 000
　　应交税费——应交增值税(销项税额)　　260

计提消费税时:

借:税金及附加　　300
　贷:应交税费——应交消费税　　300

四、自产自用应税消费品的会计处理

(一)用于连续生产应税消费品的会计处理

由于纳税人自产自用的应税消费品用于连续生产应税消费品的,不缴纳消费税,所以只进行实际成本核算。

【例3-33】 某卷烟厂领用库存自产烟丝用于连续生产卷烟,烟丝的生产成本为7 200元。

要求:编制领用时的会计分录。

【解析】

借:生产成本　　7 200

　贷:原材料　　7 200

(二)用于连续生产非应税消费品、在建过程、提供应税劳务等的会计处理

由于最终的非应税消费品、不动产或劳务等不再缴纳消费税,所以,应在自产应税消费品移送环节视同销售,计算缴纳消费税。移送使用时,借记"生产成本""在建过程"等科目,贷记"原材料""库存商品""应交税费——应交消费税"等科目。

【例3-34】 某巧克力生产企业领用库存自产葡萄酒用于连续生产酒心巧克力,已知该葡萄酒的生产成本为60 000元,无同类葡萄酒的销售价格,葡萄酒的成本利润率为5%,消费税税率为10%。

要求:编制领用时的会计分录。

【解析】 应缴纳的消费税=60 000×(1+5%)÷(1-10%)×10%=7 000(元)。

借:生产成本　　67 000

　贷:原材料　　60 000

　　应交税费——应交消费税　　7 000

(三)用于其他方面的会计处理

企业将生产的应税消费品用于其他方面,即用于管理部门、非生产机构、馈赠、赞助、集资、广告、样品、职工福利、奖励等方面时,应视同销售,于移送使用时计算纳税。按规定应缴纳的消费税,应计入"固定资产""生产成本""在建工程""营业外支出""销售费用""税金即附加"等科目。

【例3-35】 某汽车制造厂(一般纳税人)以自产的20辆小轿车向本市出租车汽车公司进行投资。双方协议按小轿车的售价作价。每辆车的实际成本60 000元,假设售价和计税价格均为每辆80 000元。小轿车的消费税税率为5%。假如该笔交易符合非货币性资产交换准则规定的按公允价值计量的条件。

要求:编制汽车制造厂的会计分录。

【解析】 对外投资时:

增值税销项税额=80 000×13%×20=208 000(元);

应纳消费税税额 = 80 000×5% ×20 = 80 000(元)。

借:长期股权投资　　1 808 000

　　贷:主营业务收入　　1 600 000

　　　　应交税费——应交增值税(销项税额)　　208 000

计提消费税时:

借:税金及附加　　80 000

　　贷:应交税费——应交消费税　　80 000

结转成本时:

借:主营业务成本　　1 200 000

　　贷:库存商品　　1 200 000

【例 3-36】　某酒厂为一般纳税人,5 月份将自产啤酒 4 吨作为职工福利发给本厂职工,该啤酒的成本为 2 200 元/吨,不含增值税售价为 3 500 元/吨。该啤酒的消费税税率为 250 元/吨。

要求:编制该酒厂的会计分录。

【解析】　发放职工福利时:

增值税销项税额 = 3 500×4×13% = 1 820(元)。

借:应付职工薪酬——非货币性福利　　15 820

　　贷:主营业务收入　　14 000

　　　　应交税费——应交增值税(销项税额)　　1 820

计提消费税时:

应纳消费税税额 = 4×250 = 1 000(元)。

借:税金及附加　　1 000

　　贷:应交税费——应交消费税　　1 000

结转成本时:

借:主营业务成本　　8 800

　　贷:库存商品　　8 800

【例 3-37】　某汽车制造厂将自产的一辆小汽车提供给集体福利部门使用,同类汽车不含税售价为 80 000 元,其生产成本为 65 000 元,消费税税率 5%。

要求:编制相关会计分录。

【解析】　增值税销项税额 = 80 000×13% = 10 400(元);

应纳消费税税额 = 80 000×5% = 4 000(元)。

借:固定资产　　79 400

　　贷:库存商品　　65 000

　　　　应交税费——应交增值税(销项税额)　　10 400

　　　　应交税费——应交消费税　　4 000

五、委托加工应税消费品的会计处理

(一)委托方的会计处理

1. 委托方收回应税消费品后对外销售的会计处理

税法规定,委托方将收回的委托加工的应税消费品,以不高于受托方的计税价格出售的,为直接出售,不再缴纳消费税;委托方以高于受托方的计税价格出售的,不属于直接出售,须按照规定申报缴纳消费税,在计税时准予扣除受托方已代收代缴的消费税。

(1)委托方以不高于受托方的计税价格出售的。如果委托方以不高于受托方的计税价格出售的,可将受托方代收代缴的消费税和应支付的加工费等一并计入委托加工的应税消费品成本,借记“委托加工物资”科目;按照增值税专用发票上注明的增值税额,借记“应交税费——应交增值税(进项税额)”科目;直接出售时,不再缴纳消费税。

【例 3-38】 佳佳公司委托某加工厂(均为增值税一般纳税人)加工一次性筷子一批,佳佳公司付出材料成本 42 350 元,支付加工费 8 000 元,增值税 1 040 元。受托方代收代缴消费税,假定受托方没有同类产品销售价格。佳佳公司收回一次性筷子后直接出售,取得不含税销售额 52 800 元。

要求:编制佳佳公司的相关会计分录。

【解析】 发出材料时:

借:委托加工物资	42 350	
贷:原材料		42 350

支付加工费、增值税和消费税时:

受托方代收代缴消费税的计税价格 = (42 350+8 000) ÷ (1-5%) = 53 000(元);

受托方代收代缴消费税 = 530 000×5% = 2 650(元)。

借:委托加工物资	10 650	
应交税费——应交增值税(进项税额)	1 040	
贷:银行存款		11 690

收回加工后的应税消费品时:

委托加工筷子的成本 = 42 350+10 650 = 53 000(元)。

借:库存商品	53 000	
贷:委托加工物资		53 000

收回后直接出售,不再缴纳消费税:

借:银行存款	59 664	
贷:主营业务收入		52 800
应交税费——应交增值税(销项税额)		6 864

(2)委托方以高于受托方的计税价格出售的。如果委托方以高于受托方的计税价格出售的,可将应税消费品中受托方代收代缴的消费税转入“应交税费——应交消费税”借

方抵扣。

【例 3-39】 豫北卷烟厂委托泰金卷烟厂（均为增值税一般纳税人）加工一批烟丝，豫北卷烟厂提供烟叶成本为 60 000 元，支付加工费 10 000 元，增值税 1 300 元。委托方提货时，泰金卷烟厂代收代缴了消费税。豫北卷烟厂收回委托加工的烟丝后对外销售，取得不含增值税销售额 120 000 元。

要求：编制豫北卷烟厂的相关会计分录。

【解析】 发出材料时：

借：委托加工物资　　60 000

　贷：原材料——烟叶　　60 000

支付加工费、增值税和消费税时：

受托方代收代缴消费税的计税价格 =（60 000+10 000）÷（1-30%）= 100 000（元）；

受托方代收代缴消费税 = 100 000×30% = 30 000（元）。

借：委托加工物资　　40 000

　应交税费——应交增值税（进项税额）　　1 300

　贷：银行存款　　41 300

收回烟丝入库时：

委托加工烟丝的成本 = 60 000+40 000 = 100 000（元）。

借：库存商品　　100 000

　贷：委托加工物资　　100 000

烟丝对外销售，取得收入时：

借：银行存款　　135 600

　贷：其他业务收入　　120 000

　　应交税费——应交增值税（销项税额）　　15 600

计提烟丝的消费税时：

消费税 = 120 000×30% = 36 000（元）。

借：税金及附加　　36 000

　贷：应交税费——应交消费税　　36 000

结转烟丝的销售成本时，由于烟丝再委托加工环节已纳的消费税准予扣除，故会计处理如下：

借：其他业务成本　　70 000

　应交税费——应交消费税　　30 000

　贷：原材料——烟丝　　100 000

豫北卷烟厂实际缴纳消费税时：

销售烟丝实际应缴纳的消费税 = 36 000-30 000 = 6 000（元）。

借：应交税费——应交消费税　　6 000

　贷：银行存款　　6 000

2. 委托方收回应税消费品后用于连续生产应税消费品的会计处理

税法规定，委托加工的应税消费品收回后用于连续生产应税消费品的，其已纳的消费税款准予按当期生产领用数量计算扣除。因此，委托方应将受托方代收代缴的消费税，记入“应交税费——应交消费税”科目的借方待扣。

【例 3-40】 承【例 3-39】，假定上述烟丝收回后连续加工成甲类卷烟，假定当月销售卷烟 5 标准箱（每箱 250 条，每条 200 支），每标准条不含增值税售价为 120 元。已知月初库存委托加工应税烟丝成本 20 000 元；月末库存委托加工应税烟丝的成本为 50 000元。

要求：编制豫北卷烟厂的相关会计分录。

【解析】 发出材料，支付加工费、增值税和消费税，收回烟丝入库的会计处理同【例 3-39】。

当月生产卷烟领用烟丝时：

当月准予抵扣烟丝的消费税额 = 20 000×30% +100 000×30% −50 000×30% = 60 000+30 000−15 000=21 000（元）。

借：生产成本　　49 000
　应交税费——应交消费税　　21 000
　贷：原材料——烟丝　　70 000

销售卷烟，取得收入时：

销项税额 = 250×5×120×16% = 24 000（元）。

借：银行存款　　169 500
　贷：主营业务收入　　150 000
　　应交税费——应交增值税（销项税额）　　19 500

计提卷烟的消费税时：

应纳消费税税额 = 150 000×56% +5×150 = 84 750（元）。

借：税金及附加　　84 750
　贷：应交税费——应交消费税　　84 750

实际缴纳消费税时：

实际缴纳消费税 = 84 750−21 000 = 63 750（元）。

借：应交税费——应交消费税　　63 750
　贷：银行存款　　63 750

（二）受托方的会计处理

受托方在委托方提货时代收消费税，按照应收取的加工费和增值税销项税额，借记“银行存款”等科目，贷记“主营业务收入”或“其他业务收入”“应交税费——应交增值税（销项税额）”“应交税费——应交消费税”科目。受托方上缴消费税时，借记“应交税费——应交消费税”科目，贷记“银行存款”科目。

【例 3-41】 承【例 3-39】，泰金卷烟厂收到豫北卷烟厂支付的加工费、增值税和消费税。

要求:编制相关会计分录。

【解析】

借:银行存款　41 300

　贷:其他业务收入　10 000

　　应交税费——应交增值税(销项税额)　1 300

　　应交税费——应交消费税　30 000

六、进口应税消费品的会计处理

进口应税消费品,其应缴纳的消费税和进口关税一起计入进口应税消费品的成本,在会计处理上,不需要通过“应交税费——应交消费税”科目核算。缴纳时,借记“固定资产”“库存商品”“原材料”等科目。

【例3-42】 某企业从国外进口一批应税消费品,关税完税价格为人民币600 000元,按规定应缴纳关税120 000元。假定进口的应税消费品的消费税率为10%,增值税税率为16%。款项均已通过银行存款结算。

要求:计算该批应税消费品进口环节应缴纳的消费税和增值税,并进行会计处理。

【解析】 组成计税价格=(600 000+120 000)÷(1-10%)=800 000(元);

应纳消费税税额=800 000×10%=8 000(元);

应纳增值税税额=800 000×16%=128 000(元)。

进口环节的会计处理为:

借:库存商品　800 000

　应交税费——应交增值税(进项税额)　128 000

　贷:银行存款　928 000

第七节 消费税征收管理

一、消费税纳税义务发生时间

纳税人生产的应税消费品于销售时纳税,进口消费品应当于应税消费品报关进口环节纳税,但金银首饰、钻石及钻石饰品在零售环节纳税。消费税纳税义务发生的时间,以货款结算方式或行为发生时间分别确定。

(一)纳税人一般销售的应税消费品的纳税义务发生时间

(1)赊销和分期收款结算方式:销售合同规定的收款日期的当天。书面合同没有约定收款日期或者无书面合同的，为发出应税消费品的当天。

（2）预收货款结算方式：发出应税消费品的当天。

（3）托收承付和委托银行收款方式：发出应税消费品并办妥托收手续的当天。

（4）委托加工的应税消费品：纳税人提货的当天。

【例 2-43】 某市高尔夫球具生产企业 2016 年 9 月 1 日以分期收款方式销售一批球杆，价税合计为 135.6 万元，合同约定于 9 月 5 日、11 月 5 日各支付 50% 价款，9 月 5 日按照约定收到 50% 的价款，但并未给客户开具发票，已知高尔夫球具的消费税税率为 10%。

要求：计算该企业 9 月就该项业务应缴纳的消费税为多少万元。

【解析】 应纳税额 = 135.6÷(1+13%)×50%×10% = 6（万元）。

（二）纳税人特殊应税消费品的纳税义务发生时间

（1）纳税人自产自用的应税消费品，其纳税义务的发生时间，为移送使用的当天。

（2）纳税人委托加工的应税消费品，其纳税义务的发生时间，为纳税人提货的当天。

（3）纳税人进口的应税消费品，其纳税义务的发生时间，为报关进口的当天。

二、消费税纳税期限

消费税的纳税期限分别为 1 日、3 日、5 日、10 日、15 日或者 1 个月。纳税人的具体纳税期限，由主管税务机关根据纳税人应纳税额的大小分别核定；不能按照固定期限纳税的，可以按次纳税。

纳税人以 1 个月为一期纳税的，自期满之日起 15 日内申报纳税；以 1 日、3 日、5 日、10 日或者 15 日为一期纳税的，自期满之日起 5 日内预缴税款，于次月 1 日起至 10 日内申报纳税并结清上月应纳税款。

纳税人进口应税消费品，应当自海关填发税款缴款书之日起 15 日内缴纳税款。

如果纳税人不能按照规定的纳税期限依法纳税，将按我国《税收征收管理法》的有关规定处理。

三、消费税纳税地点

（1）纳税人销售的应税消费品，以及自产自用的应税消费品，除国务院财政、税务主管部门另有规定外，应当向纳税人机构所在地或者居住地的主管税务机关申报纳税。

（2）委托加工业务，由受托方向所在地主管税务机关代收代缴消费税税款。

特殊：委托个人加工的应税消费品，由委托方向其机构所在地或者居住地主管税务机关申报纳税。

（3）进口的应税消费品，由进口人或者其代理人向报关地海关申报纳税。

（4）纳税人到外县（市）销售或委托外县（市）代销自产应税消费品的，于应税消费品销售后，向机构所在地或者居住地主管税务机关申报纳税。

（5）纳税人销售的应税消费品，如因质量等原因由购买者退回时，经所在地主管税务机关审核批准后，可退还已征收的消费税。

【例 3-44】 甲企业从境外进口一批化妆品，下列关于该业务缴纳消费税表述中正确的有(　　)。

A. 甲企业应向报关地海关申报缴纳消费税

B. 甲企业应当自海关填发进口消费税专用缴款书之日起 15 日内缴纳税款

C. 海关代征的消费税应分别入中央库和地方库

D. 甲企业使用该进口已税化妆品生产化妆品准许扣除进口环节缴纳的消费税

【解析】 答案为 ABD。

第四章 流转税附加及其会计处理

【学习目标】

流转税附加及其会计处理

1. 了解缴纳城市维护建设税的纳税环节、期限、点及地纳税申报；

2. 掌握城市维护建设税、教育费附加和地方教育附加的纳税义务人、税率、计税依据及应纳税额的计算；

3. 掌握城市维护建设税核算科目的设置及会计处理。

第一节　城市维护建设税及其会计处理

一、纳税义务人

根据税法规定，城市维护建设税（以下简称城建税）以缴纳增值税和消费税的单位和个人为纳税义务人。因此，只要缴纳了增值税和消费税的义务人，都是城市维护建设税的纳税义务人。

二、税率

城市维护建设税税率

城建税是根据城市维护建设资金的不同层次的需要而设计的，实行分区域的差别比例税率，即按纳税人所在城市、县城或镇等不同的行政区域分别规定不同的比例税率。具体规定为：

（1）纳税人所在地在市区的，税率为7%。这里称的“市”是指国务院批准市建制的城市，“市区”是指省人民政府批准的市辖区（含市郊）的区域范围。

(2)纳税人所在地在县城、镇的,税率为5%。这里所称的“县城、镇”是指省人民政府批准的县城、县属镇(区级镇),县城、县属镇的范围按县人民政府批准的城镇区域范围。

(3)纳税人所在地不在市区、县城、县属镇的,税率为1%。

(4)纳税人所在地为工矿区的,应根据行政区划分别按照7%、5%、1%的税率缴纳城市维护建设税。

纳税单位或个人缴纳城市维护建设税的适用税率,一律按其纳税所在地的规定税率执行。纳税人在外地发生缴纳增值税和消费税的义务人,按纳税发生地的适用税率计征城建税。

三、计税依据

(1)纳税人违反“两税”有关规定,被查补“两税”和被处以罚款时,也要对其未缴的城建税进行补税和罚款。

(2)纳税人违反“两税”有关规定而加收的滞纳金和罚款,不作为城建税的计税依据。

(3)“两税”得到减征或免征优惠,城建税也要同时减免征(城建税原则上不单独减免)。

(4)出口不退,进口不征。

(5)经国家税务总局正式审核批准的当期免抵的增值税税额应纳入城建税、教育费附加和地方教育费附加的计征范围,分别按规定的税率征收。

【例4-1】 下列各项中,应作为城市维护建设税计税依据的有(　　)。

A. 纳税人被查补的“两税”税额

B. 纳税人应缴纳的“两税”税额

C. 经税务局审批的当期免抵增值税税额

D. 缴纳的进口产品增值税税额和消费税税额

【解析】 答案为AC。

四、应纳税额计算

城市维护建设税根据纳税人实际缴纳的增值税和消费税的税额和适用的税率进行计算,其计算公式为:

应纳税额=(增值税+消费税)×适用税率

【例4-2】 某市某企业某月实际缴纳的增值税5 180元,消费税2 060元。

要求:计算该企业当月城市建设维护税的应纳税额。

【解析】 应纳税额=(5 180+2 060)×7%=506.8(元)。

【例4-3】 上海市区某企业当月缴纳增值税、消费税共400万元,城市维护建设税适用税率为7%。

要求:计算该企业应纳城市维护建设税。

【解析】 应纳税额 = 400×7% = 28(万元)。

由于城市维护建设税的纳税人以实际缴纳的增值税、消费税为征税对象,因此它的缴纳期限、纳税地点,按照增值税和消费税的有关规定办理。

五、城市维护建设税的会计处理

(一)会计科目的设置

纳税人按规定应缴的城市维护建设税,在“应交税费”科目下设置“应交城市维护建设税”明细科目核算。本科目期末贷方余额反映企业应缴未缴的城市维护建设税。

(二)城市维护建设税的会计处理

企业计提城市维护建设税时,若是由经营业务而缴纳的增值税和消费税所计提的城建税,借记“税金及附加”科目,贷记“应交税费——应交城市维护建设税”科目;若是由经营活动之外的业务而缴纳的增值税和消费税所计提的城建税,则借记其他有关科目(如“固定资产清理”科目),贷记“应交税费——应交城市维护建设税”科目;实际缴纳时,借记“应交税费——应交城市维护建设税”科目,贷记“银行存款”科目。

【例 4-4】 地处市区的某生产企业本月实缴增值税 800 000 元、消费税 1 000 000 万元。

要求:计算该企业本月应纳的城建税并进行会计处理。

【解析】应纳城建税 =(800 000+1 000 000)×7% =126 000(元)。

会计处理如下:

借:营业及附加　　126 000

　贷:应交税费——应交城市维护建设税　　126 000

六、征收管理

城市维护建设税的征收、管理、纳税环节、奖罚等事项比照增值税、消费税的有关规定办理。纳税人直接缴纳增值税、消费税的,在缴纳增值税、消费税的同时缴纳城市维护建设税;代征代扣代缴增值税、消费税的企业单位,同时也要代征代扣代缴城市维护建设税;各银行缴纳的城市维护建设税均由取得业务收入的核算单位在当地缴纳。

城市维护建设税的征收、管理、纳税环节、奖罚等事项,比照增值税、消费税的有关规定办理;城市维护建设税与“两税”同时缴纳,其纳税期限和纳税地点也分别与“两税”相同。

【例 4-5】 某城市税务分局对辖区内一家企业进行税务检查时,发现该企业故意少缴消费税 580 000 元,遂按相关执法程序对该企业做出补缴消费税、城建税和教育费附加并加收滞纳金(滞纳时间 50 天)和罚款(与税款等额)的处罚决定。

要求:该企业于当日接受了税务机关的处罚,试计算补缴的消费税、城建税及滞纳金、罚款合计为多少万元。

【解析】 补缴消费税、城建税及罚款 =（580 000+580 000×7%）×2 = 1 241 200（元），滞纳金按滞纳天数的 0.5‰征收，“两税”滞纳金 =（580 000+580 000×7%）×500 000×0.5‰ = 15 515（元）。

故补缴的消费税、城建税及滞纳金、罚款合计 = 1 241 200+15 515 = 1 256 715（元）。

第二节　教育费附加和地方教育附加及其会计处理

教育费附加是对缴纳增值税、消费税的单位和个人以其实际缴纳的增值税、消费税税额为计算依据征收的一种附加费，由税务机关征收。

一、缴费义务人

与城市建设维护税相同，教育费附加都是以缴纳增值税、消费税的单位和个人为纳税人。

二、计费依据

教育费附加以各单位和个人实际缴纳的增值税、消费税的税额为计征依据。

三、计费比例

教育费附加的计费比例不分地区，一律为 3%；地方教育附加费的计费比例为 2%。除国务院另有规定者外，任何地区、部门不得擅自提高或者降低教育费附加计费比例。

四、计费公式

应纳教育费附加 = 实际缴纳的增值税、消费税之和×计费比例

五、教育费附加的会计处理

（一）会计科目的设置

企业按规定应交的教育费附加，在“应交税费”科目下设置“应交教育费附加”和“应交地方教育附加”明细科目进行核算。

（二）教育费附加的会计处理

企业若是由经营业务而缴纳的增值税和消费税计提的教育费附加和地方教育附加，应借记“税金及附加”科目，贷记“应交税费——应交教育费附加（应交地方教育附加）”

科目;若是由经营活动之外的业务而缴纳的增值税和消费税所计提的教育费附加和地方教育附加,则借记其他有关科目(如“固定资产清理”科目),贷记“应交税费——应交教育费附加(应交地方教育附加)”科目;实际缴纳时,借记“应交税费——应交教育费附加(应交地方教育附加)”科日,贷记“银行存款”科日。

【例 4-6】 某公司地处市区,2018 年 5 月实际缴纳增值税、消费税共 3 600 000 元,因为违反有关税法规定被处以罚款 50 000 元,另因产品出口退还增值税、消费税 200 000元。

要求:计算该公司应纳的教育费附加和地方教育附加并进行会计处理。

【解析】违反有关税法的规定被处以罚款,不作为教育费附加的计算依据;出口产品退还增值税、消费税,不退换已经缴纳的教育费附加。

应缴纳的教育费附加=3 600 000×3% =108 000(元);

应缴纳的地方教育附加=3 600 000×2% =72 000(元)。

计提教育费附加时:

借:税金及附加	180 000	
贷:应交税费——应交教育费附加		108 000
——应交地方教育附加		72 000

第五章

关税及其会计处理

【学习目标】

1. 掌握关税的含义、征税对象和纳税义务人、进出口税则、完税价格、税率及运用；

2. 明确关税应纳税额的计算、关税的减免、关税的征收管理；

3. 掌握关税的会计处理。

第一节　关税征税对象与纳税义务人

关税是海关依法对进出境货物、物品征收的一种税。所谓“境”指关境，又称“海关境域”或“关税领域”，是《中华人民共和国海关法》全面实施的领域。关境与国境有时不一致。

海关在征收进口货物、物品关税的同时，还代征进口增值税和消费税。

一、征税对象

关税征税对象为准许进出境的货物和物品。货物指贸易性商品；物品指入境旅客随身携带的行李物品，个人邮寄物品，各种运输工具上的服务人员携带进口的自用物品、馈赠物品，以及其他方式进境的个人物品。

二、纳税义务人

关税纳税义务人为进口货物收货人、出口货物发货人、进出境物品的所有人。

【例 5-1】　下列各项中，属于关税法定纳税义务人的有(　　)。

A. 进口货物的收货人　　　　B. 进口货物的代理人

C. 出口货物的发货人　　　　　　D. 出口货物的代理人

【解析】 答案为 AC。进出口货物的代理人不是关税的纳税义务人。

第二节　关税进出口税则

进出口税则以税率表为主体,包括税则商品分类目录和税率栏两大部分,通常还包括实施税则的法令、使用税则的有关说明和附录等进出口税则等。

一、进口关税税率

(一)税率设置

我国进口税则设有最惠国税率、协定税率、特惠税率、普通税率、关税配额税率共五种税率。

(二)税率种类与计征办法

(1)从价税:是最常用的关税计税标准。

(2)从量税:是以进口商品的数量、重量、体积、容量等计量单位为计税依据。如原油、啤酒等。

(3)复合税:是对某种进口商品同时使用从价和从量计征的一种计征关税的方法。如摄像机、数字照相机等。

(4)选择税:是对一种进口商品同时定有从价税和从量税两种税率,征税根据物价水平,选择较高的一种适用。

(5)滑准税:是一种关税税率随进口商品价格由高到低而由低到高设置计征关税的方法。

特点:可保持滑准税商品的国内市场价格的相对稳定,尽可能减少国际市场价格波动的影响。

(三)暂定税率与关税配额税率

适用最惠国税率的进口货物有暂定税率的,应当适用暂定税率;适用特惠税率、协定税率的进口货物有暂定税率的,应当从低适用税率;适用普通税率的进口货物,不适用暂定税率。

现行税则对700 多个税目进口商品实行了暂定税率,对小麦、玉米等7 种农产品和尿素等3 种化肥产品实行关税配额管理。

二、出口关税税率

为鼓励出口,我国真正征收出口关税的商品只有100 余种,税率比较低。

三、特别关税

(1)包括报复性关税、反倾销税与反补贴税、保障性关税。

(2)征收特别关税的货物、适用国别、税率、期限和征收办法,由国务院关税税则委员会决定,海关总署负责实施。

四、税率的运用

(1)进出口货物,应当适用海关接受该货物申报进口或者出口之日实施的税率。

(2)进口货物到达前,经海关核准先行申报的,应当适用装载该货物的运输工具申报进境之日实施的税率。

(3)经海关批准集中申报的进出口货物,应当适用每次货物进出口时海关接受该货物申报之日实施的税率。

(4)进口转关运输货物,应当适用指运地海关接受该货物申报进口之日实施的税率;货物运抵指运地前,经海关核准先行申报的,应当适用装载该货物的运输工具抵达指运地之日实施的税率。

(5)出口转关运输货物,应当适用启运地海关接受该货物申报出口之日实施的税率。

(6)因超过规定期限未申报而由海关依法变卖的进口货物,其税款计征应当适用装载该货物的运输工具申报进境之日实施的税率。

(7)因纳税义务人违反规定需要追征税款的进出口货物,应当适用违反规定的行为发生之日实施的税率;行为发生之日不能确定的,适用海关发现该行为之日实施的税率。

(8)已申报进境并放行的保税货物、减免税货物、租赁货物或暂时进出境货物,有下列情形之一的应当适用海关接受纳税人再次填写报关单办理纳税及有关手续之日实施的税率:①保税货物经批准不复运出境的;②保税仓储货物转入国内市场销售的;③减免税货物经批准转让或者移作他用的;④可暂不缴纳税款的暂时进出境货物,经批准不复运出境或者进境的;⑤租赁进口货物,分期缴纳税款的。

第三节 完税价格与应纳税额的计算

一、原产地规定

(一)全部产地生产标准

进口货物"完全在一个国家内生产或制造",生产或制造国即为该货物的原产国。具体包括:

(1)在该国领土或领海内开采的矿产品。

(2)在该国领土上收获或采集的植物产品。

(3)在该国领土上出生或由该国饲养的活动物及从其所得产品。

(4)在该国领土上狩猎或捕捞所得的产品。

(5)在该国的船只上卸下的海洋捕捞物,以及由该国船只在海上取得的其他产品。

(6)在该国加工船加工上述第(5)项所列物品所得的产品。

(7)在该国收集的只适用于作再加工制造的废碎料和废旧物品。

(8)在该国完全使用上述(1)至(7)项所列产品加工成的制成品。

(二)实质性加工标准

适用于确定有两个或两个以上国家参与生产的产品的原产国的标准。“实质性加工”是指产品加工后,在进出口税则中四位数税号一级的税则归类已经改变,或者加工增值部分所占新产品总值的比例已超过30%及以上的。

【例5-2】 下列有关进口货物原产地的确定符合我国关税相关规定的有( )。

A. 从俄罗斯船只上卸下的海洋捕捞物,其原产地为俄罗斯

B. 在澳大利亚开采并经新西兰转运的铁矿石,其原产地为澳大利亚

C. 由台湾提供棉纱,在越南加工成衣,经澳门包装转运的西服,其原产地为越南

D. 在南非开采并经香港加工的钻石,加工增值部分占该钻石总值比例为20%,其原产地为香港

【解析】 答案为ABC。

二、关税完税价格

(一)一般进口货物的完税价格

1. 成交价格为基础的完税价格

进口货物完税价格=货价+购货费用(运抵境内输入地起卸前的运输、保险和其他费用)

(1)如下列费用或者价值未包括实付或应付价格中,应当计入完税价格:

1)由买方负担的除购货佣金以外的佣金和经纪费。

2)由买方负担的与该货物视为一体的容器费用。

3)由买方负担的包装材料和包装劳务费用。

4)与该货物的生产和向我国境内销售有关的、由买方以免费或者以低于成本的方式提供并可按适当比例分摊的料件、工具、模具、消耗材料及类似货物的价款,以及在境外开发、设计等相关服务的费用。

5)与该货物有关并作为卖方向我国销售该货物的一项条件,应当由买方直接或间接支付的特许权使用费。但是在估定完税价格时,进口货物在境内的复制权费不得计入该货物的实付或应付价格之中。

6)卖方直接或间接从买方对该货物进口后转售、处置或使用所得中获得的收益。

(2)下列费用,如能与该货物实付或应付价格区分,不得计入完税价格:

1)厂房、机械、设备等货物进口后的基建、安装、装配、维修和技术服务的费用。

2)货物运抵我国境内输入地点之后的运输费用。

3)进口关税及其他国内税。

4)为在境内复制进口货物而支付的费用。

5)境内外技术培训及境外考察费用。

6)同时符合下列条件的利息费用:利息费用是买方为购买进口货物而融资所产生的;有书面的融资协议的;利息费用单独列明的;纳税义务人可以证明有关利率不高于在融资当时当地此类交易通常应当具有的利率水平,且没有融资安排的相同或者类似进口货物的价格与进口货物的实付、应付价格非常接近的。

【例5-3】 下列税费中,应计入进口货物关税完税价格的有(　　)。

A. 进口环节缴纳的消费税

B. 单独支付的境内技术培训费

C. 由买方负担的境外包装材料费用

D. 由买方负担的与该货物视为一体的容器费用

【解析】 答案为CD。

【例5-4】 下列税费中,应计入进口货物关税完税价格的是(　　)。

A. 单独核算的境外技术培训费用

B. 报关时海关代征的增值税和消费税

C. 进口货物运抵我国境内输入地点起卸前的保险费

D. 由买方单独支付的入关后的运输费用

【解析】 答案为C。根据《中华人民共和国海关法》规定,进口货物的完税价格包括货物的货价、货物运抵我国境内输入地点起卸前的运输及其相关费用、保险费。选项A、B和D不计入进口货物关税完税价格。

【例5-5】 上海某进出口公司从美国进口应征消费税货物一批,货物以离岸价格成交,成交价折合人民币为1 410万元(包括单独计价并经海关审查属实的向境外采购代理人支付的买方佣金10万元,但不包括因使用该货物而向境外支付的软件费50万元、向卖方支付的佣金15万元),另支付货物运抵我国上海港前的运费、保险费等35万元。假设该货物适用的关税税率为20%,增值税税率为13%,消费税税率为10%。

要求:请分别计算该公司应缴纳的关税、消费税和增值税。

【解析】 (1)关税完税价格=1 410+50+15-10+35=1 500(万元);

关税=1 500×20%=300(万元)。

(2)应纳消费税:计税价格=(1 500+300)÷(1-10%)=2 000(万元);

消费税=2 000×10%=200(万元)。

(3)应纳增值税:计税价格=1 500+300+200=2 000(万元);

增值税=2 000×13%=260(万元)。

2. 进口货物海关估价方法

进口货物的价格不符合成交价格条件或者成交价格不能确定的,海关应当依次以相同货物成交价格方法、类似货物成交价格方法、倒扣价格方法、计算价格方法及其他合理方法确定的价格为基础,估定完税价格。

其他合理方法中不得使用以下价格:

(1)境内生产的货物在境内的销售价格;

(2)可供选择的价格中较高的价格;

(3)货物在出口地市场的销售价格;

(4)以计算价格方法规定的有关各项之外的价值或费用计算的价格;

(5)出口到第三国或地区的货物的销售价格;

(6)最低限价或武断虚构的价格。

(二)进口货物完税价格中的运费及相关费用、保险费的计算

(1)进口货物的运输及其相关费用,应当按照由买方实际支付或者应当支付的费用计算。如果进口货物的运输及其相关费用无法确定,海关应当按照该货物进口同期的正常运输成本审查确定。

(2)运输工具作为进口货物,利用自身动力进境的,海关在审查确定完税价格时,不再另行计入运输及其相关费用。

(3)进口货物的保险费,应当按照实际支付的费用计算。如果进口货物的保险费无法确定或者未实际发生,海关应当按照"货价加运费"两者总额计算保险费,其计算公式如下:

$$保险费=(货价+运费)\times 3‰$$

(4)邮运进口的货物,应当以邮费作为运输及其相关费用、保险费。

(三)出口货物的完税价格

1. 以成交价格为基础的完税价格

出口货物的完税价格,由海关以该货物的成交价格为基础审查确定,并且应当包括货物运至我国境内输出地点装载前的运输及其相关费用、保险费。

出口货物的成交价格,是指该货物出口销售时,卖方为出口该货物应当向买方直接收取和间接收取的价款总额。下列税收、费用不计入出口货物的完税价格:

(1)出口关税。

(2)在货物价款中单独列明的货物运至我国境内输出地点装载后的运输及其相关费用、保险费。

2. 出口货物海关估价方法

出口货物的成交价格不能确定时,海关经了解有关情况,并且与纳税义务人进行价格磋商后,依次以下列价格审查确定该货物的完税价格:

(1)同时或者大约同时向同一国家或者地区出口的相同货物的成交价格;

(2)同时或者大约同时向同一国家或者地区出口的类似货物的成交价格;

(3)根据境内生产相同或者类似货物的成本、利润和一般费用(包括直接费用和间接费用)以及境内发生的运输及其相关费用、保险费计算所得的价格;

(4)按照合理方法估定的价格。

【例5-6】 某演出公司进口舞台设备一套,实付金额折合人民币185万元,其中包含单独列出的进口后设备安装费10万元、中介经纪费5万元;运输保险费无法确定,海关按同类货物同期同程运输费计算的运费为25万元。

要求:假定关税税率为20%,计算该公司进口舞台设备应缴纳的关税为多少万元。

【解析】 由买方负担的除购货佣金以外的佣金和经纪费计入完税价格。货物进口后的基建、安装、装配、维修和技术服务的费用,不得计入完税价格。如果进口货物的运费无法确定或未实际发生,海关应当按照该货物进口同期运输行业公布的运费率(额)计算运费;按照"货价加运费"两者总额的3‰计算保险费。

该公司进口舞台设备应缴纳的关税=(185-10+25)×1.003×20%=40.12(万元)。

三、应纳税额的计算

(1)从价税:

关税应纳税额=应税进(出)口货物数量×单位完税价格×税率

(2)从量税:

关税税额=应税进(出)口货物数量×单位货物税额

(3)复合应纳税额:

关税税额=应税货物数量×单位货物税额+应税货物数量×单位完税价格×税率

(4)滑准税应纳税额:

滑准税应纳税额=应税进(出)口货物数量×单位完税价格×滑准税税率

【例5-7】 某企业为增值税一般纳税人,2019年9月从国外进口一批材料,货价80万元,买方支付购货佣金2万元,运抵我国输入地点起卸前运费及保险费5万元;从国外进口一台设备,货价10万元,境外运费和保险费2万元,与设备有关的软件特许权使用费3万元;企业缴纳进口环节相关税金后海关放行。材料关税税率20%,设备关税税率10%。

要求:计算该企业应纳进口环节税金为多少万元。

【解析】 买方支付的购货佣金2万元不计入关税完税价格;与设备有关的特许权使用费应计入完税价格。

进口关税=(80+5)×20%+(10+2+3)×10%=18.5(万元);

进口增值税=(80+5+10+2+3+18.5)×13%=15.41(万元);

该企业应纳进口环节税金=18.5+15.41=33.91(万元)。

四、跨境电子商务零售进口税收政策

(一)征税范围

(1)所有通过与海关联网的电子商务交易平台交易,能够实现交易、支付、物流电子信息"三单"比对的跨境电子商务零售进口商品。

(2)未通过与海关联网的电子商务交易平台交易,但快递、邮政企业能够统一提供交易、支付、物流等电子信息,并承担相应法律责任进境的跨境电子商务零售进口商品。

(二)计征限额

跨境电子商务零售进口商品的单次交易限值为人民币 5 000 元,个人年度交易限值为人民币 26 000 元。

(1)限值以内:关税税率暂设为 0%;进口环节增值税、消费税暂按法定应纳税额的 70%征收。

(2)超过单次限值、累加后超过个人年度限值的单次交易,以及完税价格超过 2 000 元限值的单个不可分割商品,均按照一般贸易方式全额征税。

(三)计征规定

(1)跨境电子商务零售进口商品自海关放行之日起 30 日内退货的,可申请退税,并相应调整个人年度交易总额。

(2)跨境电子商务零售进口商品购买人(订购人)的身份信息应进行认证;未进行认证的,购买人(订购人)身份信息应与付款人一致。

第四节　关税的会计处理

一、会计科目的设置

为了全面反映企业关税的缴纳、结余情况及进出口关税的计算,应在"应交税金"科目下分别设置"应交进口关税""应交出口关税"明细科目。

"应交税金——应交进口关税"的贷方发生额反映计算出应缴的进口关税,借方发生额反映实际上缴的进口关税,贷方余额表示欠缴的进口关税,借方余额表示多缴的进口关税。

"应交税金——应交出口关税"的贷方发生额反映出应缴的出口关税,借方发生额反映实际上缴的出口关税,贷方余额表示欠缴的出口关税,借方余额表示多缴的出口关税。

当企业计算出应缴的进口关税时,借记有关科目,贷记"应交税金——应交进出口关税”，实际缴纳时，借记“应交税金——应交进口关税”，贷记“银行存款”等科目。当企业计算出应缴的出口关税时，借记有关科目，贷记“应交税金——应交出口关税”，实际缴纳时，借记“应交税金——应交出口关税”科目，贷记“银行存款”等。

二、关税的会计处理

（一）进口关税的业务处理

【例5-8】 某外贸企业从国外自营进口排气量2.0升的小轿车一批，完税价格为人民币6 500 000元，款项尚未支付。进口关税税率为25%，消费税税率为9%、增值税税率为13%。根据海关开出的税款缴纳凭证，以银行转账支付付讫税款。

要求：计算应缴关税和商品采购成本，并进行相应会计处理。

【解析】 应交进口关税税额=6 500 000×25%=1 625 000（元）；

应交消费税税额=6 500 000×（1+25%）÷（1-9%）×9%=803 600（元）；

应交增值税税额=8 928 600×13%=1 160 718（元）。

（1）购买国外商品时：

借：物资采购	6 500 000	
贷：应付账款		6 500 000

（2）计算税费时：

借：物资采购	2 428 600	
贷：应交税费——应交进口关税		1 625 000
——应交消费税		803 600

（3）上缴税费时：

借：应交税费——应交进口关税	1 625 000	
——应交消费税	803 600	
——应交增值税（进项税额）	1 160 718	
贷：银行存款		3 589 318

（二）出口关税的业务处理

【例5-9】 某进出口公司自营出口商品一批，完税价为120万元，货款尚未收到，出口关税税率为20%，根据海关开出的税款缴纳凭证，以银行转账支票付讫税款。

要求：进行相应会计处理。

【解析】 应交出口关税税额=1 200 000×20%=240 000（元）。

借：应收账款	1 200 000	
贷：主营业务收入		1 200 000
借：营业税金及附加	240 000	
贷：应交税费——应交出口关税		240 000

第五节　关税减免规定和征收管理

一、关税减免规定

减免税分类三种类型：法定减免税、特定减免税、临时减免税。法定减免依据《中华人民共和国海关法》确定，其他减免税均由国务院决定。在我国加入世界贸易组织之后以最惠国税率或者普通税率为基准。

（一）法定减免关税

以下物品法定减免关税：

（1）关税税额在人民币50元以下的一票货物。

（2）无商业价值的广告品和货样。

（3）外国政府、国际组织无偿赠送的物资。

（4）进出境运输工具装载的途中必需的燃料、物料和饮食用品。

（5）在海关放行前损失的货物。

（6）在海关放行前损坏的货物，依受损程度减税。

（7）我国缔结和参加国际条约规定的减免。

（二）特定减免关税

以下物品特定减免关税：

（1）科教用品。

（2）残疾人专用品。

（3）慈善捐赠物资。

二、关税征收管理

关税征收管理见表5-1。

表5-1　关税征收管理

征收管理项目	内　容
关税缴纳	1. 申报时间：进口货物自运输工具申报进境之日起14日内，出口货物在运抵海关监管区后装货的24小时以前； 2. 纳税期限：关税的纳税义务人或其代理人，应在海关填发税款缴纳证的之日起15日内向指定银行缴纳； 3. 不能按期缴纳税款，经海关总署批准，可延期缴纳，但最长不得超过6个月

续表 5-1

征收管理项目	内 容
关税强制执行	两种形式： 1. 征收关税滞纳金 关税滞纳金金额＝滞纳关税税额×滞纳金征收比率（万分之五）×滞纳天数 2. 强制征收 如纳税义务人自海关填发缴款书之日起 3 个月仍未缴纳税款，经海关关长批准，海关可以采取强制扣缴、变价抵缴等强制措施
关税退还	如遇下列情况之一，可自缴纳税款之日起 1 年内，书面声明理由，连同原纳税收据向海关申请退税，并加计同期银行活期存款利率计算的利息： 1. 已征进口关税的货物，因品质或规格原因，原状退货复运出境； 2. 已征出口关税的货物，因品质或规格原因，原状退货复运进境，并以缴纳因出口退还的国内税收； 3. 已征出口关税的货物，因故未装运出口，申报退关
关税补征和追征	1. 关税补征，是因非纳税人违反海关规定造成的少征或漏征关税，关税补征期为缴纳税款或货物放行之日起 1 年内； 2. 关税追征，是因纳税人违反海关规定造成少征或漏征关税，关税追征期为进出口货物完税之日或货物放行之日起 3 年内，并加收万分之五的滞纳金
关税纳税争议	争议时可以向海关申请复议，但同时应当在规定期限内按海关核定的税额缴纳关税，逾期则构成滞纳，海关有权按规定采取强制执行措施

【例 5-10】 某公司进口一批货物，海关于 2019 年 9 月 1 日填发税款缴款书，但公司迟至 9 月 27 日才缴纳 5 000 000 元的关税。海关应征收关税滞纳金为（ ）。

A. 27 500 元　　B. 30 000 元

C. 65 000 元　　D. 60 000 元

【解析】 答案为 B。滞纳天数为 16 日～27 日，共 12 天。滞纳金＝5 000 000×0.5‰×12＝30 000（元）。

第六章 企业所得税及其会计处理

【学习目标】

1. 掌握企业所得税的纳税人、征税范围以及应纳税所得额、应纳税额度的计算；

2. 掌握各项资产的税务处理办法；

3. 了解企业所得税的各项优惠政策；

4. 明确企业所得税纳税期限、纳税环节及纳税地点；

5. 掌握企业所得税的会计处理。

第一节 企业所得税概述

一、企业所得税的概念

企业所得税是指国家对中华人民共和国境内的企业和组织取得的经营所得和其他所得征收的一种税。它是国家参与企业利润分配、调节企业收益水平、正确处理国家与企业分配关系的一个重要税种。

二、企业所得税的纳税义务人及扣缴义务人

在中华人民共和国境内，企业和其他取得收入的组织(以下统称企业)为企业所得税的纳税义务人。个人独资企业、合伙企业不适用本法。所称个人独资企业、合伙企业，是指依照中国法律、行政法规规定成立的个人独资企业、合伙企业。

(一)居民企业

居民企业是指依法在中国境内成立，或者依照外国(地区)法律成立但实际管理机构

在中国境内的企业。所称实际管理机构，是指对企业的生产经营、人员、账务、财产等实施实质性全面管理和控制的机构。所称机构、场所，是指在中国境内从事生产经营活动的机构、场所，包括：①管理机构、营业机构、办事机构；②工厂、农场、开采自然资源的场所；③提供劳务的场所；④从事建筑、安装、装配、修理、勘探等工程作业的场所；⑤其他从事生产经营活动的机构、场所。

（二）非居民企业

非居民企业，是指依照外国（地区）法律成立且实际管理机构不在中国境内，但在中国境内设立机构、场所的，或者在中国境内未设立机构、场所，但有来源于中国境内所得的企业。

居民企业应当就其来源于中国境内、境外的所得缴纳企业所得税。非居民企业在中国境内设立机构、场所的，应当就其所设机构、场所取得的来源于中国境内的所得，以及发生在中国境外但与其所 场所的，或者虽设立机构、场所但取得的所得与其所设机构、场所没有实际联系的，应当就其来源于中国境内的所得缴纳企业所得税。

（三）扣缴义务人

对非居民企业在中国境内未设立机构、场所的，或者虽设立机构、场所但取得的所得与其所设机构、场所没有实际联系的，其来源于中国境内的所得缴纳企业所得税时，实行源泉扣缴，以支付人为扣缴义务人。税款由扣缴义务人在每次支付或者到期应支付时，从支付或者到期支付的款项中扣缴。对非居民企业在中国境内取得的工程作业和劳务所得应缴纳的所得税，税务机关可以指定工程价款或者劳务费的支付人为扣缴义务人。

非居民企业委托营业代理人在中国境内从事生产经营活动的，包括委托单位或者个人经常代其签订合同，或者储存、交付货物等，该营业代理人视为非居民企业在中国境内设立的机构、场所。

三、企业所得税的税率

企业所得税税率见表6-1。

表6-1　企业所得税税率

种类	税率	适用范围
基本税率	25%	居民企业；在中国境内设有机构、场所且所得与机构、场所有关联的非居民企业
优惠税率	20%	小型微利企业
	15%	国家重点扶持的高新技术企业；西部鼓励类产业企业
扣缴义务人代扣代缴	10%	在中国境内未设立机构、场所的非居民企业；虽设立机构、场所但取得的所得与其所设机构、场所无实际联系的非居民企业

第二节　应纳税所得额的计算

应纳税所得额是指企业每一纳税年度的收入总额减去税法规定的不征税收入、免税收入、各项准予扣除项目金额以及允许弥补的以前年度亏损后的余额。企业应纳税所得额的计算，以权责发生制为原则。其计算公式如下。

直接法：

应纳税所得额=收入总额-不征税收入-免税收入-各项扣除-弥补亏损

间接法：

应纳税所得额=会计利润+纳税调整增加额-纳税调整减少额

一、收入总额的确定

（一）一般收入的确定

收入总额是指在生产经营活动中企业以货币形式和非货币形式从各种来源取得的收入。以非货币形式取得的收入，应当按照公允价值确定收入额。

具体包括如下收入。

1. 销售货物收入

即企业销售商品、产品、原材料、包装物、低值易耗品以及其他存货取得的收入。

2. 提供劳务收入

即企业从事建筑安装、修理修配、交通运输、仓储租赁、金融保险、邮电通信、咨询经纪、文化体育、科学研究、技术服务、教育培训、餐饮住宿、中介代理、卫生保健、社区服务、旅游、娱乐、加工以及其他劳务服务活动取得的收入。

3. 转让财产收入

即企业转让固定资产、生物资产、无形资产、股权、债权等财产取得的收入。

4. 股息、红利等权益性投资收益

即企业因权益性投资从被投资方取得的收入。

股息、红利等权益性投资收益，除国务院财政、税务主管部门另有规定外，按照被投资方做出利润分配决定的日期确认收入的实现。

5. 利息收入

即企业将资金提供他人使用但不构成权益性投资，或者因他人占用本企业资金取得的收入，包括存款利息、贷款利息、债券利息、欠款利息等收入。

利息收入按照合同约定的债务人应付利息的日期确认收入的实现。

6. 租金收入

即企业提供固定资产、包装物或者其他有形资产的使用权取得的收入。

租金收入按照合同约定的承租人应付租金的日期确认收入的实现。

7. 特许权使用费收入

即企业提供专利权、非专利技术、商标权、著作权以及其他特许权的使用权取得的收入。

特许权使用费收入按照合同约定的特许权使用人应付特许权使用费的日期确认收入的实现。

8. 接受捐赠收入

即企业接受的来自其他企业、组织或者个人无偿给予的货币性资产、非货币性资产。

接受捐赠收入按照实际收到捐赠资产的日期确认收入的实现。

受赠资产价值和由捐赠企业代为支付的增值税，不包括由受赠企业另外支付或应付的相关税费。

【例 6-1】 某居民企业为增值税一般纳税人，接受捐赠一批材料，取得捐赠方按市场价格开具的增值税专用发票上注明价款 10 万元，增值税税额 1.3 万元；受赠方委托某运输公司(增值税一般纳税人)将该批材料运回企业，取得运输公司开具的增值税专用发票，注明运费金额 0.3 万元。已知该企业适用 25% 的企业所得税税率，取得的相关发票均通过认证并可以抵扣。

要求：进行相关计算。

【解析】 该批材料入账时接受捐赠收入金额 $=10+1.3=11.3$(万元)；

受赠该批材料应纳的企业所得税 $=11.3\times25\%=2.83$(万元)；

该批材料可抵扣进项税 $=1.3+0.3\times9\%=1.33$(万元)；

该批材料账面成本 $=10+0.3=10.3$(万元)。

9. 其他收入

(1)企业资产溢余收入。企业资产溢余收入是指企业资产在盘点过程中发生的多于账面数额的资产。除了物资和现金等流动资产外，还可能包括无形资产等其他资产。

(2)逾期未退包装物押金收入。包装物押金是指纳税人为销售货物而出租或出借包装物所收取的押金。包装物的押金收取时不并入销售额计征所得税，但企业收取的押金逾期未返还买方的，则成为企业实际上的一笔收入，应确认为《企业所得税法》所称的收入，依法缴纳企业所得税。

(3)确实无法偿付的应付款项。根据企业财务制度规定，企业应当按期偿还各种负债，如确实无法支付的应付款项，计入营业外收入。

(4)已做坏账损失处理后又收回的应收款项。企业的生产经营损失作为坏账损失处理后，其亏损部分可以在年度的利润中扣除，或者在今后五个年度内用利润弥补。因此这部分损失已经在税务上作了处理。如果处理后其应收款项又被收回的，则应当重新作为企业的收入计算。

(5)补贴收入。企业取得国家财政性补贴和其他补贴收入，除国务院和国务院财政、税务主管部门规定不计入损益者外，都应当作为计算应纳税所得额的依据，依法缴纳企业所得税。

(6)违约金收入。违约金是合同一方当事人不履行合同或者履行合同不符合约定时,对另一方当事人支付的用于赔偿损失的金额。我国《合同法》第一百一十四条规定,当事人可以约定一方违约时应当根据违约情况向对方支付一定数额的违约金,也可以约定因违约产生的损失赔偿额的计算方法。

(7)汇兑收益。企业在汇兑人民币和外汇时可能因为汇率变化而产生差价收益,这是营业外收入的一种类型,也应当作为收入依法缴纳企业所得税。

(二)处置资产收入的确认

处置资产收入的确认见表6-2。

原则:改变资产的所有权的行为视同销售;不改变资产的所有权的行为不视同销售。

收入计量:属于自制的资产,按同类资产同期对外售价确定销售收入;属于外购的资产,可按购入时的价格确定销售收入。

表6-2　处置资产收入确认一览表

不视同销售确认收入	视同销售确定收入
(1)将资产用于生产、制造、加工另一产品; (2)改变资产形状、结构或性能; (3)改变资产用途(如自建商品房转为自用或经营); (4)将资产在总机构及其分支机构之间转移; (5)上述两种或两种以上情形的混合; (6)其他不改变资产所有权属的用途	(1)用于市场推广或销售; (2)用于交际应酬; (3)用于职工奖励或福利; (4)用于股息分配; (5)用于对外捐赠; (6)其他改变资产所有权属用途

【例6-2】 企业在境内发生处置资产的下列情形中,应视同销售确认企业所得税应税收入的是(　　)。

A. 将资产用于职工奖励或福利

B. 将资产用于加工另一种产品

C. 将资产用于在总分支机构之间转移

D. 将资产用于结构或性能改变

【解析】 答案为A。

【例6-3】 某企业用自产产品做实物市场推广,产品成本80万元,不含税销售价格120万元,该项业务未反映在账务中。

要求:进行相关计算。

【解析】 增值税销项税=120×17%=20.4(万元);

应纳税所得额调增=120-80=40(万元);

会计利润调增=120-80=40(万元)。

【例6-4】 某企业的自产货物对外捐赠,成本为17万元,不含税售价20万元。

要求:进行相关计算。

【解析】 (1)增值税销项税=20×13% =2.6(万元)。

(2)企业所得税——视同销售:(20-17)×25%。

(3)会计营业外支出=17+2.6=19.6(万元)。

(4)捐赠的处理:

非公益捐赠:不得扣除19.6万元;

公益捐赠:限额扣除=会计利润(已扣除19.6)×12%。

(三)相关收入的确定

(1)企业销售商品同时满足下列条件的,应确认收入的实现:

1)商品销售合同已经签订,企业已将商品所有权相关的主要风险和报酬转移给购货方。

2)企业对已售出的商品既没有保留通常与所有权相联系的继续管理权,也没有实施有效控制。

3)收入的金额能够可靠地计量。

4)已发生或将发生的销售方的成本能够可靠地核算。

(2)采取下列商品销售方式的,应按以下规定确认收入实现时间:

1)销售商品采用托收承付方式的,在办妥托收手续时确认收入。

2)销售商品采取预收款方式的,在发出商品时确认收入。

3)销售商品需要安装和检验的,在购买方接受商品以及安装和检验完毕时确认收入。如果安装程序比较简单,可在发出商品时确认收入。

4)销售商品采用支付手续费方式委托代销的,在收到代销清单时确认收入。

(3)采用售后回购方式销售商品的,销售的商品按售价确认收入,回购的商品作为购进商品处理。有证据表明不符合销售收入确认条件的,如以销售商品方式进行融资,收到的款项应确认为负债,回购价格大于原售价的,差额应在回购期间确认为利息费用。

(4)销售商品以旧换新的,销售商品应当按照销售商品收入确认条件确认收入,回收的商品作为购进商品处理。

(5)商品销售涉及商业折扣的,应当按照扣除商业折扣后的金额确定销售商品收入金额。

销售商品涉及现金折扣的,应当按扣除现金折扣前的金额确定销售商品收入金额,现金折扣在实际发生时作为财务费用扣除。

企业已经确认销售收入的售出商品发生销售折让和销售退回,应当在发生当期冲减当期销售商品收入。

(6)企业在各个纳税期末,提供劳务交易的结果能够可靠估计的,应采用完工进度(完工百分比)法确认提供劳务收入。

(7)下列提供劳务满足收入确认条件的,应按规定确认收入:

1)安装费。应根据安装完工进度确认收入。安装工作是商品销售附带条件的,安装费在确认商品销售实现时确认收入。

2）宣传媒介的收费。应在相关的广告或商业行为出现于公众面前时确认收入。广告的制作费，应根据制作广告的完工进度确认收入。

3）软件费。为特定客户开发软件的收费，应根据开发的完工进度确认收入。

4）服务费。包含在商品售价内可区分的服务费，在提供服务的期间分期确认收入。

5）艺术表演、招待宴会和其他特殊活动的收费。在相关活动发生时确认收入。收费涉及几项活动的，预收的款项应合理分配给每项活动，分别确认收入。

6）会员费。申请入会或加入会员，只允许取得会籍，所有其他服务或商品都要另行收费的，在取得该会员费时确认收入。申请入会或加入会员后，会员在会员期内不再付费就可得到各种服务或商品，或者以低于非会员的价格销售商品或提供服务的，该会员费应在整个受益期内分期确认收入。

7）特许权费。属于提供设备和其他有形资产的特许权费，在交付资产或转移资产所有权时确认收入；属于提供初始及后续服务的特许权费，在提供服务时确认收入。

8）劳务费。长期为客户提供重复的劳务收取的劳务费，在相关劳务活动发生时确认收入。

（8）企业以买一赠一等方式组合销售本企业商品的，不属于捐赠，应将总的销售金额按各项商品的公允价值的比例来分摊确认各项的销售收入。

二、不征税收入项目

收入总额中的下列收入为不征税收入：

（1）财政拨款。

（2）依法收取并纳入财政管理的行政事业性收费、政府性基金。所称行政事业性收费，是指依照法律法规等有关规定，按照国务院规定程序批准，在实施社会公共管理，以及在向公民、法人或者其他组织提供特定公共服务过程中，向特定对象收取并纳入财政管理的费用。所称政府性基金，是指企业依照法律、行政法规等有关规定，代政府收取的具有专项用途的财政资金。

（3）国务院规定的其他不征税收入。所称国务院规定的其他不征税收入，是指企业取得的，由国务院财政、税务主管部门规定专项用途并经国务院批准的财政性资金。有关规定如下：①包括企业按规定取得的出口退税款；②企业的不征税收入用于支出所形成的费用，不得在计算应纳税所得额时扣除，企业的不征税收入用于支出所形成的资产，其计算的折旧、摊销不得在计算应纳税所得额时扣除；③专项用途财政性资金不做征税收入处理后，5 年内未支出使用也未缴回的，计入取得资金第 6 年的应税收入总额。

【例 6-5】 某企业 2019 年获得当地政府财政部门补助的具有专项用途的财政资金 500 万元，已取得财政部门正式文件，并从中支出 400 万元。

要求：计算财政补助资金应调整的应纳税所得额并说明理由。

【解析】 应调减应纳税所得额 = 500 - 400 = 100（万元）。

理由:符合规定的不征税收入不计入收入总额,其形成的支出也不得在税前列支。

三、免税收入项目

(1)国债利息收入,即企业因购买国债所得的利息收入,免征企业所得税。

1)企业从发行者直接投资购买的国债持有至到期,其从发行者取得的国债利息收入,全额免征企业所得税。国债利息收入免税,国债转让收益纳税。

2)企业到期前转让国债或者从非发行者投资购买的国债,其持有期间尚未兑付的国债利息收入,免征企业所得税。

尚未兑付的国债利息收入=国债金额×(适用年利率÷365)×持有天数

3)企业转让或到期兑付国债取得的价款,减除其购买国债成本,并扣除其持有期间尚未兑付的国债利息收入、交易过程中相关税费后的余额,为企业转让国债收益(损失),应按规定纳税。

【例 6-6】 某企业 2019 年投资收益中含转让国债收益 85 万元,该国债购入面值 72 万元,发行期限 3 年,年利率 5%,转让时持有天数为 700 天。

要求:计算转让国债应调整的应纳税所得额。

【解析】 转让国债应调整的应纳税所得额= 72×5%÷365×700=6.90(万元)。

(2)符合条件的居民企业之间的股息、红利等权益性收益,指居民企业直接投资于其他居民企业取得的投资收益。该收益不包括连续持有居民企业公开发行并上市流通的股票不足 12 个月取得的投资收益。

【例 6-7】 某企业 2019 年取得直接投资境内居民企业分配的股息收入 130 万元,已知境内被投资企业适用的企业所得税税率为 15%;取得到期的国债(年利率 6%)利息收入 90 万元。

要求:试计算会计利润和应纳税所得额。

【解析】 会计利润=……+130+90(万元);

计算应纳税所得额=会计利润−130−90(万元)。

(3)在中国境内设立机构、场所的非居民企业从居民企业取得与该机构、场所有实际联系的股息、红利等权益性投资收益。

(4)符合条件的非营利组织的收入。非营利组织的收入,不包括非营利组织从事营利性活动取得的收入。

(5)非营利组织的下列收入为免税收入。包括:①接受其他单位或者个人捐赠的收入;②除《中华人民共和国企业所得税法》第 7 条规定的财政拨款以外的其他政府补助收入,但不包括因政府购买服务取得的收入;③按照省级以上民政、财政部门规定收取的会费(如注册会计师协会收取的会费);④不征税收入和免税收入孳生的银行存款利息收入;⑤财政部、国家税务总局规定的其他收入。

【例 6-8】 企业取得的下列收入,属于企业所得税免税收入的有(　　)。

A. 金融债券的利息收入

B. 国债转让收入

C. 从境内取得的权益性投资收益

D. 持有上市公司流通股票 1 年以上取得的投资收益

【解析】 答案为 CD。选项 A、B 属于企业所得税中的应税收入

四、允许扣除项目

(一)准予扣除项目的基本范围

1. 成本

指企业销售商品,提供劳务,转让固定资产、无形资产(包括技术转让)的成本。视同销售成本要与视同销售收入匹配。

【例 6-9】 某自营出口的生产企业为增值税一般纳税人,出口货物的征税率为 13%,退税率为 11%。2019 年购进原材料一批,取得的增值税专用发票注明金额 500 万元,税额 65 万元。销售货物取得不含税销售额 150 万元,出口货物取得销售额折合人民币 200 万元;营业成本 210 万元。

要求:计算所得税前扣除的营业成本是多少。

【解析】 不得免征和抵扣税额 = 200×(13% −11%)= 4(万元),计入营业成本,减少应纳税所得额。所得税前扣除营业成本 = 210+4 = 214(万元)。

2. 费用

指以下三项期间费用:

(1)销售费用:企业为销售而发生的各项支出。如广告及业务宣传费、手续费及销售佣金等费用。

(2)管理费用:为组织和管理生产经营活动而发生的各项费用。如业务招待费、职工福利费、工会经费、职工教育经费、为管理组织经营活动提供各项支援性服务而发生的费用等。

(3)财务费用:企业生产经营过程中为筹集资金而发生的费用。如借款利息支出、借款费用等。

3. 税金及附加

该科目核算企业经营活动发生的消费税、城市维护建设税、资源税、教育费附加及房产税、城镇土地使用税、车船使用税、印花税等相关税费。

【例 6-10】 某市服装生产企业,为增值税一般纳税人。2019 年企业自行计算实现年度利润总额 1 100 万元。聘请会计师事务所进行审核,发现以下问题:收入、成本中包含 9 月转让旧办公楼合同记载的收入 1 300 万元、成本 700 万元(其中土地价款 200 万元),但未缴纳转让环节的相关税费。经评估机构评估该办公楼的重置成本为 1 600 万元,成新度折扣率 5 成。已知生产企业增值税采用简易计税方法。

要求:计算所得税前扣除的税金。

【解析】 (1)应缴纳的城建税及附加费、印花税=1 300 ÷(1+5%)×5%×(7%+3%+2%)+1 300×0.5‰=8.08(万元)。

(2)应缴纳的土地增值税:

扣除金额=200+8.08+1 600×50%=1 008.08(万元);

增值额=1 300÷(1+5%)-1 008.08=230.02(万元);

增值率=230.02÷1 008.08×100%=22.8%;

应缴纳的土地增值税=230.02×30%=69.01(万元)。

(3)所得税前扣除的税金=8.08+69.01=77.09(万元)。

4.损失

指企业在生产经营活动中的损失和其他损失。有关规定如下:

(1)包括固定资产和存货的盘亏、毁损、报废损失,转让财产损失,呆账损失,坏账损失,自然灾害等不可抗力因素造成的损失以及其他损失。

(2)税前可以扣除的损失为净损失,即企业的损失减除责任人赔偿和保险赔款后的余额。

(3)企业已经作为损失处理的资产,在以后纳税年度又全部收回或者部分收回时,应当计入当期收入。

5.扣除的其他支出

即扣除成本、费用、税金、损失外,企业在生产经营活动中发生的与生产经营活动有关的、合理的支出。

【例6-11】 某企业司机张某驾驶企业小轿车违章行驶,造成车辆报废,该车的资产净值10万元,保险公司给予赔偿6万元,企业要求张某赔偿3万元。

要求:计算该车可在企业所得税前扣除的净损失为多少。

【解析】 10-6-3=1(万元)。

(二)扣除项目的具体范围和标准

在扣除成本、费用、税金、损失和其他支出时,对下列具体项目应按照规定的范围、标准在税前扣除。

1.工资、薪金支出

(1)企业发生的合理工资薪金支出准予据实扣除。“合理工资薪金”,是指企业按照股东大会、董事会、薪酬委员会或相关管理机构制订的工资薪金制度规定实际发放给员工的工资薪金。

一般为成本费用开支、福利部门人员工资和福利费开支。国有企业,其工资薪金不得超过政府有关部门给予的限定数额。超过部分,不得计入企业工资薪金总额,也不得在计算企业应纳税所得额时扣除。

(2)企业雇佣季节工、临时工、实习生、返聘离退休人员及接受外部劳务派遣用工,也属于企业任职或者受雇员工范畴——区分工资薪金与福利费:属于工资薪金支出,准予计入企业工资薪金总额的基数,作为计算其他各项相关费用扣除的依据。

（3）对股权激励计划有关所得税处理：

1）对股权激励计划实行后立即可以行权：差价确定为当年上市公司工资薪金支出，依照税法规定进行税前扣除。

工资薪金支出=（实际行权时该股票的公允价格−激励对象实际行权支付价格）×数量

2）对股权激励计划实行后，需待一定服务年限或者达到规定业绩条件（等待期）方可行权：上市公司等待期内会计上计算确认的相关成本费用（借：成本费用；贷：资本公积——其他资本公积），不得在对应年度计算缴纳企业所得税时扣除。

3）在股权激励计划可行权后，企业方可计算确定作为当年企业工资薪金支出，依照税法规定进行税前扣除。

工资薪金支出=（实际行权时该股票的公允价格−当年激励对象实际行权支付价格）×数量

【例 6-12】 某上市公司 2019 年度实发工资 4 000 万元。当年 6 月 5 日，中层以上员工对公司 2 年前授予的股票期权 500 万股实施行权，行权价每股 6 元，当日该公司股票收盘价每股 10 元。

【解析】 2019 年计入成本、费用的工资总额=4 000+500×（10−6）= 6 000（万元）。

（4）企业福利性补贴支出税前扣除：

列入企业员工工资薪金制度、固定与工资薪金一起发放、代扣代缴了个人所得税的福利性补贴，可作为企业发生的工资薪金支出，按规定在税前扣除。否则按职工福利费限额扣除。

（5）企业在年度汇算清缴结束前，向员工实际支付的已预提汇缴年度工资薪金，准予在汇缴年度按规定扣除。

（6）接受外部劳务派遣用工所实际发生的费用。

1）接受外部劳务派遣用工：作为劳务费支出。

2）直接支付给员工个人的费用：应作为工资薪金支出和职工福利费支出。其中属于工资薪金支出的费用，准予计入企业工资薪金总额的基数，作为计算其他各项相关费用扣除的依据。

2. 职工福利费、职工工会经费、职工教育经费

企业职工福利费内容

（1）职工福利费：企业职工福利费开支项目，如供暖费补贴、职工防暑降温费、职工困难补贴、职工食堂经费补贴、职工交通补贴等。工资薪金总额不包括“五险一金”。

企业实际发生的职工福利费支出，不超过工资薪金总额 14% 的部分准予扣除。规定标准以内按实际数扣除，超过标准的只能按标准扣除。

【例 6-13】 甲公司 2019 年度企业所得税汇算清缴时，工资薪金总额为 2 000 万元，其中计入工资薪金的福利性支出 800 万元，包括：①企业内设福利部门发生费用 100 万元；②交通补贴和住房补贴 400 万元；③为职工发放供暖补贴 200 万元；④为高危工作岗位人员提供福利性津贴 100 万元。

其中,②和④是根据企业董事会制定的工资薪金制度按标准定期发放的,且甲公司依法代扣代缴了个人所得税,符合国家税务总局公告(2015 年第 34 号第一条)规定。

国家税务总局公告(2015 年第 34 号)生效后,交通补贴、住房补贴和为高危工作岗位人员提供福利性津贴计入“福利性补贴”。

要求:进行相关计算。

【解析】 企业所得税允许全额扣除的工资=(2 000-800)+400+100=1 700(万元);

职工福利费扣除限额=1 700×14%=238(万元);

职工福利费支出=100+200=300(万元);

应调增应纳税所得额=300-238=62(万元)。

(2)工会经费:企业拨缴的职工工会经费,不超过工资薪金总额2%的部分,凭工会组织开具的《工会经费收入专用收据》在企业所得税税前扣除。

委托税务机关代收工会经费的,企业拨缴的工会经费也可凭合法、有效的工会经费代收凭据依法在税前扣除。

(3)职工教育经费:除国务院财政、税务主管部门另有规定外,企业发生的职工教育经费支出,不超过工资薪金总额2.5%的部分准予扣除,超过部分准予结转以后纳税年度扣除——以后年度未超标时纳税调减。软件生产企业发生的职工教育经费中的职工培训费用,可以全额在企业所得税前扣除。

3. 社会保险费

(1)按照政府规定的范围和标准缴纳的“五险一金”,即基本养老保险费、基本医疗保险费、失业保险费、工伤保险费、生育保险费等基本社会保险费和住房公积金,准予扣除。

(2)企业为职工支付的补充养老保险费、补充医疗保险费,在国务院财政、税务主管部门规定的范围和标准内,准予扣除。企业依照国家有关规定为特殊工种职工支付的人身安全保险费和符合国务院财政、税务主管部门规定可以扣除的商业保险费准予扣除。

(3)企业参加财产保险,按照规定缴纳的保险费,准予扣除。企业为投资者或者职工支付的商业保险费,不得扣除。

4. 利息支出

(1)非金融企业向金融企业借款的利息支出、金融企业的各项存款利息支出和同业拆借利息支出、企业经批准发行债券的利息支出:可据实扣除。

(2)非金融企业向非金融企业借款的利息支出:不超过按照金融企业同期同类贷款利率计算的数额的部分可据实扣除,超过部分不许扣除。

金融企业同期同类贷款利率指:①金融机构公布的同期同类平均利率;②金融企业对某些企业提供的实际贷款利率。

【例 6-14】 某公司 2019 年度“财务费用”账户中利息,含有以年利率 8% 向银行借入的 9 个月期的生产周转用资金 300 万元贷款的借款利息,也包括 10.5 万元的向非金融企业借入的与银行同期的生产周转用 100 万元资金的借款利息。

要求:计算该公司 2016 年度在计算应纳税所得额时可扣除的利息费用。

【解析】 可扣除的银行利息费用＝300×8%÷12×9＝18(万元)；

向非金融企业借入款项可扣除的利息费用限额＝100×8%÷12×9＝6(万元)；

6 万元<10.5 万元，只可按照限额扣除。则：

可税前扣除的利息费用合计＝18+6＝24(万元)。

(3)企业为购置、建造固定资产、无形资产和经过 12 个月以上的建造才能达到预定可销售状态的存货发生借款的，在有关资产购置、建造期间发生的合理的借款费用，应予以资本化，作为资本性支出计入有关资产的成本；有关资产交付使用后发生的借款利息，可在发生当期扣除。

【例 6-15】 某居民企业向银行借款 400 万元用于建造厂房，借款期从 2019 年 1 月 1 日至 12 月 31 日，支付当年全年借款利息 32 万元，该厂房于 2019 年 9 月 30 日达到预定可使用状态并交付使用，11 月 30 日做完工结算。

要求：计算企业当年税前可扣除的利息费用是多少。

【解析】 该企业当年税前可扣除的利息费用＝32÷12×3＝8(万元)。

(4)企业向自然人借款的利息支出：

1)企业向股东或其他与企业有关联关系的自然人借款的利息支出，符合规定条件的，准予扣除。

2)企业向除上述规定以外的内部职工或其他人员借款的利息支出，其借款情况同时符合以下条件的，利息支出在不超过按照金融企业同期同类贷款利率计算的数额的部分，准予扣除：①企业与个人之间的借贷是真实、合法、有效的，并且不具有非法集资目的或其他违反法律、法规的行为；②企业与个人之间签订了借款合同。

【例 6-16】 某公司 2019 年度实现会计利润总额 25 万元。“财务费用”账户中列支：向银行借入生产用资金 200 万元，借用期限 6 个月，支付借款利息 5 万元；经过批准向本企业职工借入生产用资金 60 万元，借用期限 10 个月，支付借款利息 3.5 万元。

要求：计算该公司 2019 年度的应纳税所得额。

【解析】 银行的利率＝(5×2)÷200＝5%；

可以税前扣除的职工借款利息＝60×5%÷12×10＝2.5(万元)；

超标准＝3.5-2.5＝1(万元)；

应纳税所得额＝25+1＝26(万元)。

5. 业务招待费

企业发生的与生产经营活动有关的业务招待费支出，按照发生额的 60% 扣除，但最高不得超过当年销售(营业)收入的 5‰。

销售(营业)收入即会计核算中的“主营业务收入”“其他业务收入”，再加上视同销售收入。

对于筹建期间的招待费支出，采用了招待费的扣除标准、筹建费的扣除方法。招待费的扣除标准体现在实际发生额的 60% 的比例限制；筹建费的扣除方法则是纳税人可采用在生产经营当年一次性扣，或者作为长期待摊费用不短于 3 年摊销。

扣除标准为扣除最高限额与实际发生数额的60%孰低原则。

例如:纳税人销售收入2 000万元。业务招待费发生扣除最高限额2 000×5‰=10(万元)。分两种情况:

(1)实际发生业务招待费40万元,40×60%=24(万元);税前可扣除10万元。

(2)实际发生业务招待费15万元,15×60%=9(万元);税前可扣除9万元。

【例6-17】 下列各项中,能作为业务招待费税前扣除限额计算基数的是(　　)。

A. 让渡固定资产使用权的收入

B. 因债权人原因确实无法支付的应付款项

C. 转让无形资产所有权的收入

D. 出售固定资产的收入

【解析】 答案为A。

【例6-18】 某企业2019年销售货物收入3 000万元,包装物出租收入400万元,视同销售货物收入600万元,转让厂房所有权收入200万元,接受捐赠收入20万元,债务重组收益10万元,当年实际发生业务招待费30万元。

要求:计算该企业当年可在所得税前列支的业务招待费金额。

【解析】 招待费的扣除限额的基数=3 000+400+600=4 000(万元)。

转让厂房所有权、捐赠收入、债务重组收益均属于营业外收入范畴,不能作为计算业务招待费的基数。

第一,标准的计算:发生额的60%=30×60%=18(万元);

第二,限度的计算:4 000×5‰=20(万元)。

两数据比大小后,择其小者:其当年可在所得税前列支的业务招待费金额是18万元。

【例6-19】 企业2019年全年实现收入总额8 000万元,含销售折扣80万元,国债利息收入7万元、金融债券利息收入20万元、从被投资公司分回的税后利润38万元;后经聘请的会计师事务所审计,发现有关税收问题如下:

(1)12月收到甲公司代销货物的代销清单及货款11.7万元。企业会计处理为:

借:银行存款——代销汽车款　　117 000

　贷:预收账款——代销汽车款　　117 000

(2)12月份,以自产公允价值47万元的货物清偿应付账款50万元,公允价值与债务的差额债权人不再追要。清偿债务时企业直接以50万元分别冲减了应付账款和存货成本。

(3)12月份转让一项无形资产的所有权,取得收入60万元未做收入处理,该项无形资产的账面成本35万元也未转销。

(4)12月份通过当地政府机关向贫困山区捐赠家电产品一批,成本价20万元,市场销售价格23万元。企业核算时按成本价格直接冲减了库存商品。

(5)企业全年发生的业务招待费45万元(其中有5万元未取得合法票据)。

要求:计算业务招待费应调整的应纳税所得额。

【解析】 企业当年销售收入=8 000-7-20-38+11.7÷1.17+47+23=8 015(万元);

允许扣除的业务招待费限额=8 015×5‰=40.075(万元);

实际发生额的60%=(45-5)×60%=24(万元)<40.075,准予扣除24万元;

调增应纳税所得额=45-24=21(万元)。

6.广告费和业务宣传费

企业发生的符合条件的广告费和业务宣传费支出,除国务院财政、税务主管部门另有规定外,不超过当年销售(营业)收入15%的部分,准予扣除;超过部分,准予在以后纳税年度结转扣除。

化妆品的制造或销售、医药制造和饮料制造(不含酒类制造)企业发生的广告费和业务宣传费支出,不超过当年销售(营业)收入30%的部分,准予扣除;超过部分准予在以后年度扣除。

销售(营业)收入即会计核算中的"主营业务收入""其他业务收入",再加上视同销售收入。

广告费条件:①广告是通过工商部门批准的专门机构制作的;②已实际支付费用,并已取得相应发票;③通过一定的媒体传播。

【例6-20】 某制药厂2019年销售收入3 000万元,发生现金折扣100万元;特许权使用费收入200万元,营业外收入150万元。广告费支出1 000万元,业务宣传费40万元。

要求:进行相关计算。

【解析】 广告费和业务宣传费扣除标准=(3 000+200)×30%=960(万元);

广告费和业务宣传费实际发生额=1 000+40=1 040(万元),超标准1040-960=80(万元),调增应纳税所得额80(万元)。

7.环境保护、生态恢复等方面的专项资金

企业依照法律、行政法规有关规定提取的用于环境保护、生态恢复等方面的专项资金,准予扣除。上述专项资金提取后改变用途的,不得扣除。

8.保险费

企业参加财产保险,按照规定缴纳的保险费,准予扣除。

9.租赁费

租赁费扣除范围见表6-3。

表6-3 租赁费扣除范围

方式	租赁费	租入固定资产折旧费
经营租赁	按照租赁期限均匀扣除	不得计提折旧,不扣折旧费
融资租赁	不得扣除	计提折旧,扣折旧费

10. 劳动保护费

企业发生的合理的劳动保护支出，准予扣除。根据其工作性质和特点，由企业统一制作并要求员工工作时统一着装所发生的工作服饰费用，准予税前扣除。

11. 公益性捐赠

公益捐赠是指企业通过公益性社会团体或者县级以上人民政府及其部门，用于《中华人民共和国公益事业捐赠法》规定的公益事业的捐赠。对外公益性捐赠包括货币捐赠和非货币捐赠。

(1)会计对外捐赠计入“营业外支出”账户。

(2)税法区分限额扣除(公益性捐赠)和不得扣除(非公益性捐赠)。

(3)公益性捐赠税前扣除标准：企业发生的公益性捐赠支出，不超过年度利润总额12%的部分，准予扣除。年度利润总额是指企业依照国家统一会计制度的规定计算的年度会计利润。

(4)非货币资产对外捐赠。综合考虑事项：①企业将自产货物用于捐赠，按公允价值缴纳增值税；②视同对外销售缴纳所得税；③会计上不确认收入和结转成本。

(5)纳税人直接向受赠人的捐赠，所得税前不得扣除，应作纳税调增处理。

【例 6-21】 某制药公司为增值税一般纳税人，2019 年主营业务收入 5 500 万元，其他业务收入 400 万元，营业外收入 300 万元，主营业务成本 2 800 万元，其他业务成本 300 万元，营业外支出 210 万元，营业税金及附加 420 万元，管理费用 550 万元，销售费用 900 万元，财务费用 180 万元，投资收益 120 万元。

其中：营业外支出包括对外捐赠货币资金 140 万元(通过县级政府向贫困地区捐赠 120 万元，直接向某学校捐赠 20 万元)。

要求：计算上述业务应调整的应纳税所得额。

【解析】 (1)会计利润 = 5 500+400+300-2 800-300-210-420-550-900-180+120
= 960(万元)。

(2)公益捐赠扣除限额 = 960×12% = 115.2(万元)。

调增应纳税所得额 = 120-115.2 = 4.8(万元)。

(3)直接向某学校捐赠 20 万元不能税前扣除。

(4)上述业务应调增所得额 = 4.8+20 = 24.8(万元)。

【例 6-22】 某企业 2019 年将两台重型机械设备通过市政府捐赠给贫困地区用于公共设施建设。“营业外支出”中已列支两台设备的成本及对应的销项税额合计 247.6 万元。每台设备市场售价为 140 万元(不含增值税)。当年会计利润 1 000 万元。

要求：计算上述业务的纳税调整额。

【解析】 (1)公益性捐赠的扣除限额 = 1 000×12% = 120(万元)；

捐赠调增应纳税所得额 = 247.6-120 = 127.6(万元)；

(2)捐赠设备视同销售处理：

视同销售收入应调增应纳税所得额 = 140×2 = 280(万元)；

视同销售成本应调减应纳税所得额=100×2=200(万元);

视同销售调增应纳税所得额=280-200=80(万元);

(3)共调增应纳税所得=127.6+80=207.6(万元)。

(2)捐赠设备视同销售处理:

视同销售收入应调增应纳税所得额=140×2=280(万元);

视同销售成本应调减应纳税所得额=100×2=200(万元);

视同销售调增应纳税所得额=280-200=80(万元)。

(3)共调增应纳税所得=127.6+80=207.6(万元)。

12. 资产损失

(1)企业当期发生的固定资产和流动资产盘亏、毁损净损失,由其提供清查盘存资料经主管税务机关审核后,准予扣除。

(2)企业因存货盘亏、毁损、报废等原因不得从销项税金中抵扣的进项税金,应视同企业财产损失,准予与存货损失一起在所得税前按规定扣除。

【例6-23】 某企业(增值税一般纳税人)2019年因管理不善毁损一批库存材料,账面成本10 120元(含公路运费120元),保险公司审理后同意赔付8 000元,该企业的损失得到税务机关的审核和确认,在所得税前可扣除的损失金额为多少元?

【解析】 不得抵扣的进项税=(10 120-120)×13%+120×9%=1 300+10.8=1 310.8(元);在所得税前可扣除的损失金额为:10 120+1 310.8-8 000=3 430.8(元)。

13. 汇兑损失

汇率折算形成的汇兑损失,准予扣除。

五、不允许扣除项目

在计算应纳税所得额时,下列支出不得扣除:

(1)向投资者支付的股息、红利等权益性投资收益款项。

(2)企业所得税税款。

(3)税收滞纳金。

(4)罚金、罚款和被没收财物的损失。区分刑事责任、行政责任、经营责任。

(5)超过规定标准的捐赠支出。

(6)赞助支出,指与生产经营无关的非广告性质支出。

(7)未经核定的准备金支出,指不符合规定的各项资产减值准备、风险准备等准备金支出。

(8)企业之间支付的管理费、企业内营业机构之间支付的租金和特许权使用费,以及非银行企业内营业机构之间支付的利息,不得扣除。区分企业之间、企业内营业机构之间。

(9)烟草企业的烟草广告费和业务宣传费。

(10)与取得收入无关的其他支出。

【例 6-24】 某公司持有的原账面价值 300 万元的交易性金融资产，到 12 月底公允价值下降为 210 万元(企业以公允价值核算)；计提资产减值损失准备金 1 500 万元，该资产减值损失准备金未经税务机关核定。

要求：计算对应纳税所得额的影响。

【解析】 (1)交易性资产减值应调增的应纳税所得额 = 300 - 210 = 90(万元)。

(2)资产减值准备调增应纳税所得额 1 500 万元。

【例 6-25】 居民企业发生的下列支出中，不得在企业所得税税前扣除的是(　　)。

A. 逾期归还银行贷款的罚息

B. 为投资者支付的商业保险费

C. 未能形成无形资产的研究开发费用

D. 以经营租赁方式租入固定资产的租金

【解析】 答案为 B。

【例 6-26】 下列各项中，在计算企业所得税应纳税所得额时不得扣除的有(　　)。

A. 企业之间支付的管理费

B. 企业内营业机构之间支付的租金

C. 企业向投资者支付的股息

D. 银行企业内营业机构之间支付的利息

【解析】 答案为 ABC。

六、亏损弥补

企业某一纳税年度发生的亏损可以用下一年度的所得弥补，下一年度的所得不足以弥补的，可以逐年延续弥补，但最长不得超过 5 年。而且，企业在汇总计算缴纳企业所得税时，其境外营业机构的亏损不得抵减境内营业机构的盈利。

【例 6-27】 表 6-4 为经税务机关审定的某国有企业 7 年的弥补亏损前的应纳税所得额的情况。

要求：假设该企业一直执行 5 年亏损弥补规定，计算该企业 7 年间应缴纳的企业所得税。

表 6-4　税务机关审定的某国有企业 7 年的弥补亏损前的应纳税所得额

年度	2013	2014	2015	2016	2017	2018	2019
未弥补亏损前的应纳税所得额/万元	-100	10	-20	30	20	30	60

【解析】 关于 2019 年的亏损，要用 2014 年至 2018 年的所得弥补，尽管期间 2015 年亏损，也要占用 5 年抵亏期的一个抵扣年度，且先亏先补，2015 年的亏损需在 2013 年的

亏损问题解决之后才能考虑。到了2018年,2013年的亏损未弥补完但5年抵亏期已满,还有10万元亏损不得用2019年的应纳税所得额弥补;2015年的亏损只能用2019年所得弥补,在弥补2015年亏损后,2019年应纳税所得额=60-20=40(万元),则应纳企业所得税税额=40×25%=10(万元)。

第三节　资产的税务处理

企业的各项资产,包括固定资产、生物资产、无形资产、长期待摊费用、投资资产、存货等,所有资产均以历史成本为计税基础。所称历史成本,是指企业取得该项资产时实际发生的支出。

企业持有各项资产期间资产增值或者减值,除国务院财政、税务主管部门规定可以确认损益外,不得调整该资产的计税基础。

一、固定资产的税务处理

固定资产,是指企业为生产产品、提供劳务、出租或者经营管理而持有的、使用时间超过12个月的非货币性资产,包括房屋、建筑物、机器、机械、运输工具以及其他与生产经营活动有关的设备、器具、工具等。

(一)固定资产的计税基础

1. 基本原则

确定固定资产计税基础的原则主要有历史成本、公允价值加相关税费、重置价值等,具体如下。

(1)外购的固定资产,以购买价款和支付的相关税费以及直接归属于使该资产达到预定用途发生的其他支出为计税基础。

(2)自行建造的固定资产,以竣工结算前发生的支出为计税基础。

(3)融资租入的固定资产,以租赁合同约定的付款总额和承租人在签订租赁合同过程中发生的相关费用为计税基础,租赁合同未约定付款总额的,以该资产的公允价值和承租人在签订租赁合同过程中发生的相关费用为计税基础。

(4)盘盈的固定资产,以同类固定资产的重置价值为计税基础。

(5)通过捐赠、投资、非货币性资产交换、债务重组等方式取得的固定资产,以该资产的公允价值和支付的相关税费为计税基础。

2. 确认原则

根据财税〔2018〕54号第一条,企业在2018年1月1日至2020年12月31日期间新购进的设备、器具,单位价值不超过500万元的,允许一次性计入当期成本费用在计算应纳税所得额时扣除，不再分年度计算折旧；单位价值超过500万元的，仍按企业所得税法实施条例相关规定执行。

（二）不得计算折旧扣除的固定资产

（1）房屋、建筑物以外未投入使用的固定资产。

（2）以经营租赁方式租入的固定资产。

（3）以融资租赁方式租出的固定资产。

（4）已足额提取折旧仍继续使用的固定资产。

（5）与经营活动无关的固定资产。

（6）单独估价作为固定资产入账的土地。

（7）其他不得计算折旧扣除的固定资产。

（三）固定资产折旧的计提方法

（1）时间：新增固定资产，投入使用月份的次月起计算折旧；停止使用的固定资产，应当自停止月份的次月起停止计算折旧。

（2）预计净残值：一经确定，不得变更。

（3）方法：直线法计算折旧，准予直接扣除。

（四）固定资产折旧的计提年限

除另有规定外，固定资产计算折旧的最低年限如下：

（1）房屋、建筑物，为20年。

（2）飞机、火车、轮船、机器、机械和其他生产设备，为10年。

（3）与生产经营活动有关的器具、工具、家具等，为5年。

（4）飞机、火车、轮船以外的运输工具，为4年。

（5）电子设备，为3年。

加速折旧缩短年限的，不超过规定年限的60%

（五）折旧年限的其他规定

（1）会计年限<税法最低年限——差额纳税调增。

（2）会计年限>税法最低年限，按会计年限计算扣除——无须纳税调整。

（3）会计年限已满，税法最低年限未到且税收折旧尚未足额扣除，尚未足额的折旧可在剩余年限继续扣除——差额纳税调减。

（六）房屋、建筑物未提足折旧前进行改扩建的税务处理

（1）属于推倒重置：净值并入重置后的固定资产计税成本。

（2）属于提升功能、增加面积：改扩建支出并入该固定资产计税基础，按尚可使用的年限与税法规定的最低年限孰低原则选择年限计提折旧。

（3）已提足折旧的固定资产改扩建支出按照长期待摊费用摊销。

【例6-28】 下列企业于2019年1月1日后购进的固定资产，在计算企业所得税应

纳税所得额时,可以一次性计入成本费用扣除的有(　　)。

A. 商场购进价值为4 500元的二维码打码器

B. 小型微利饮料厂购进价值为20万元生产用的榨汁机

C. 集成电路生产企业购进价值为120万元的专用于研发的分析仪

D. 小型微利信息技术服务公司购进价值为80万元的研发用的服务器群组

【解析】 答案为AD。

【例6-29】 乙公司(一般纳税人)2019年10月为一名副总经理配备一辆轿车并投入使用,用于企业的业务经营管理,取得机动车销售统一发票上注明价款40万元,增值税6.8万元,缴纳车辆购置税和牌照费支出12.8万元(该公司确定折旧年限4年,残值率5%)。年底,会计师事务所审计时发现此项业务尚未进行会计处理。

要求:计算上述业务的纳税调整额。

【解析】 固定资产应于投入使用的次月起计提折旧,折旧额可以税前扣除。

调减应纳税所得额=52.8×(1-5%)÷4÷12×2=2.09(万元)。

二、生物资产的税务处理

(一)生物资产的分类

根据财政部《企业会计准则》的规定,生物资产,是指有生命的动物和植物。生物资产分为以下三类。

1. 消耗性生物资产

即为出售而持有的,或在将来收获为农产品的生物资产,包括生长中的大田作物、蔬菜、用材林以及存栏待售的牲畜等。

2. 生产性生物资产

即为产出农产品、提供劳务或出租等目的而持有的生物资产,包括经济林、薪炭林、产畜和役畜等。

3. 公益性生物资产

即以防护、环境保护为主要目的的生物资产,包括防风固沙林、水土保持林和水源涵养林等。

(二)生产性生物资产相关税务规定

《中华人民共和国企业所得税法实施条例》主要对生产性生物资产做出了税务规定:

1. 生产性生物资产的计税基础

(1)外购的生产性生物资产,以购买价款和支付的相关税费为计税基础;

(2)通过捐赠、投资、非货币性资产交换、债务重组等方式取得的生产性生物资产,以该资产的公允价值和支付的相关税费为计税基础。

2. 生产性生物资产的折旧

生产性生物资产按照直线法计算的折旧,准予扣除。

企业应当自生产性生物资产投入使用月份的次月起计算折旧；停止使用的生产性生物资产，应当自停止使用月份的次月起停止计算折旧。

企业应当根据生产性生物资产的性质和使用情况，合理确定生产性生物资产的预计净残值。生产性生物资产的预计净残值一经确定，不得变更。

生产性生物资产计算折旧的最低年限如下：

(1)林木类生产性生物资产，为10年；

(2)畜类生产性生物资产，为3年。

【例6-30】　下列各项中，依据企业所得税法相关规定可计提折旧的生物资产是(　　)。

A. 经济林　　　　B. 防风固沙林

C. 用材林　　　　D. 存栏待售牲畜

【解析】　答案为A。

【例6-31】　某农场外购奶牛支付价款20万元，依据企业所得税相关规定，税前扣除方法为(　　)。

A. 一次性在税前扣除

B. 按奶牛寿命在税前分期扣除

C. 按直线法以不低于3年折旧年限计算折旧税前扣除

D. 按直线法以不低于10年折旧年限计算折旧税前扣除

【解析】　答案为C。

三、无形资产的税务处理

无形资产，是指企业为生产产品、提供劳务、出租或者经营管理而持有的、没有实物形态的非货币性长期资产，包括专利权、商标权、著作权、土地使用权、非专利技术、商誉等。

1. 不得计算摊销费用扣除的无形资产

(1)自行开发的支出已在计算应纳税所得额时扣除的无形资产。

(2)自创商誉。外购商誉，在企业持续经营阶段不予扣除；整体转让或者清算时准予扣除。

(3)与经营活动无关的无形资产。

(4)其他不得计算摊销费用扣除的无形资产。

2. 无形资产的摊销方法及年限

无形资产的摊销采取直线法计算。无形资产的摊销不得低于10年。

四、长期待摊费用的税务处理

在计算应纳税所得额时，企业发生的下列支出作为长期待摊费用，按照规定摊销的，准予扣除：

（1）已足额提取折旧的固定资产的改建支出。

（2）租入固定资产的改建支出。

（3）固定资产的大修理支出，同时符合：①修理支出达到取得固定资产时的计税基础50%以上；②修理后固定资产的使用年限延长2年以上。

（4）其他。其他应当作为长期待摊费用的支出，自支出发生月份的次月起，分期摊销，摊销年限不得低于3年。

五、投资资产的税务处理

投资资产，是指企业对外进行权益性投资和债权性投资形成的资产。

企业对外投资期间，投资资产的成本在计算应纳税所得额时不得扣除。

企业在转让或者处置投资资产时，投资资产的成本，准予扣除。

投资资产按照以下方法确定成本：

（1）通过支付现金方式取得的投资资产，以购买价款为成本。

（2）通过支付现金以外的方式取得的投资资产，以该资产的公允价值和支付的相关税费为成本。

六、存货的税务处理

存货，是指企业持有以备出售的产品或者商品、处在生产过程中的在产品、在生产或者提供劳务过程中耗用的材料和物料等。

企业使用或者销售存货，按照规定计算的存货成本，准予在计算应纳税所得额时扣除。

存货按照以下方法确定成本：

（1）通过支付现金方式取得的存货，以购买价款和支付的相关税费为成本。

（2）通过支付现金以外的方式取得的存货，以该存货的公允价值和支付的相关税费为成本。

（3）生产性生物资产收获的农产品，以产出或者采收过程中发生的材料费、人工费和分摊的间接费用等必要支出为成本。

企业使用或者销售的存货的成本计算方法，可以在先进先出法、加权平均法、个别计价法中选用一种。计价方法一经选用，不得随意变更。

第四节　应纳税额的计算

一、居民企业应纳税额的计算

应纳税额=应纳税所得额×适用税率-减免税额-抵免税额

其中：

应纳税所得额=会计利润总额±纳税调整项目金额

【例6-32】　某上市公司自2018年起被认定为高新技术企业，2019年度取得主营业务收入48 000万元、其他业务收入2 000万元、营业外收入1 000万元、投资收益500万元，发生主营业务成本25 000万元、其他业务成本1 000万元、营业外支出1 500万元、营业税金及附加4 000万元、管理费用3 000万元、销售费用10 000万元、财务费用1 000万元，实现年度利润总额6 000万元。当年发生的相关具体业务如下：

（1）广告费支出8 000万元。

（2）业务招待费支出350万元。

（3）实发工资4 000万元。当年6月5日，中层以上员工对公司2年前授予的股票期权500万股实施行权，行权价每股6元，当日该公司股票收盘价每股10元；其中高管王某行权6万股，王某当月工资收入9万元。

（4）拨缴职工工会经费150万元，发生职工福利费900万元、职工教育经费160万元。

（5）专门用于新产品研发的费用2 000万元，独立核算管理。

（6）计提资产减值损失准备金1 500万元，该资产减值损失准备金未经税务机关核定。

（7）公司取得的投资收益中包括国债利息收入200万元，购买某上市公司股票分得股息300万元，该股票持有8个月后卖出。

（8）获得当地政府财政部门补助的具有专项用途的财政资金500万元，已取得财政部门正式文件，支出400万元。

（9）向民政部门捐赠800万元用于救助贫困儿童。

（其他相关资料：各扣除项目均已取得有效凭证，相关优惠已办理必要手续。）

要求：根据上述资料，按照下列顺序计算回答问题，如有计算，应计算出合计数。

（1）计算广告费支出应调整的应纳税所得额。

（2）计算业务招待费支出应调整的应纳税所得额。

（3）计算应计入成本、费用的工资总额。

（4）计算工会经费、职工福利费和职工教育经费应调整的应纳税所得额。

(5)计算研发费用应调整的应纳税所得额。

(6)计算资产减值损失准备金应调整的应纳税所得额并说明理由。

(7)计算投资收益应调整的应纳税所得额。

(8)计算财政补助资金应调整的应纳税所得额并说明理由。

(9)计算向民政部门捐赠应调整的应纳税所得额。

(10)计算该公司2019年应缴纳企业所得税税额。

【解析】 (1)广告费支出计算基数=48 000+2 000=50 000(万元);

广告费扣除限额=50 000×15%=7 500(万元);

广告费应调增应纳税所得额=8 000-7 500=500(万元)。

(2)业务招待费限额一=50 000×5‰=250(万元);

业务招待费限额二=350×60%=210(万元);

业务招待费应调增应纳税所得额=350-210=140(万元)。

(3)计入成本、费用的工资总额=4 000+500×(10-6)=6 000(万元)。

(4)工会经费可扣除数额=6 000×2%=120(万元);

拨缴工会经费150万元,应调增应纳税所得额30万元。

福利费可扣除数额=6 000×14%=840(万元);

发生职工福利费900万元,应调增应纳税所得额60万元。

教育经费扣除数额=6 000×2.5%=150(万元);

发生教育经费160万元,应调增应纳税所得额10万元。

应调增应纳税所得额合计=30+60+10=100(万元)。

(5)研发费用可加计50%扣除,应调减应纳税所得额1 000万元。

(6)资产减值准备金应调增应纳税所得额1 500万元。

税法规定,未经核定的准备金支出不得扣除,资产减值准备金属于未经核定的准备金。

(7)投资收益应调减应纳税所得额200万元。

(8)财政补助应调减所得额=500-400=100(万元)。

符合规定的不征税收入不计入收入总额,其形成的支出也不得在税前列支。

(9)公益捐赠扣除限额=6 000×12%=720(万元);

向民政部门捐赠应调增所得额=800-720=80(万元)。

(10)企业所得税应纳税额=(6 000+500+140+100-1 000+1 500-200-100+80)×15%=7 020×15%=1 053(万元)。

二、境外所得抵扣税额的计算

境外已纳税额扣除,是避免国际上对同一所得重复征税的一项重要措施,我国税法规定,对境外已纳税款实行限额扣除。境外缴纳的所得税税额,是指企业来源于中国境外的所得依照中国境外税收法律以及相关规定应当缴纳并已经实际缴纳的企业所得税性质的税款。抵免限额采用分国不分项的计算原则。

（一）抵免适用情况

（1）直接抵免——（总分机构之间）对进行境外经营所得已纳税款的抵扣：①居民企业来源于中国境外的应税所得；②非居民企业在中国境内设立机构、场所，取得发生在中国境外但与该机构、场所有实际联系的应税所得。

（2）间接抵免——（母子或母子机构之间）对进行境外投资所得已纳税款的抵扣：居民企业从其直接或者间接控制的外国企业分得的来源于中国境外的股息、红利等权益性投资收益，外国企业在境外实际缴纳的所得税税额中属于该项所得负担的部分，可以作为该居民企业的可抵免境外所得税税额，在税法规定的抵免限额内抵免。

直接控制是指居民企业直接持有外国企业20%以上股份；间接控制是指居民企业以间接持股方式持有外国企业20%以上的股份。

（二）抵免限额的计算

境外所得税税款扣除限额公式：

抵免限额＝境内、境外所得按税法计算的应纳税总额×来源于某国（地区）的应纳税所得额÷境内、境外应纳税所得总额

该公式可以简化成：

抵免限额＝来源于某国的（税前）应纳税所得额×我国税率

（1）公式中税率的运用：25%或15%。

（2）公式中的所得是税前所得（含税所得）。可选用以下两种方法将税后所得还原成税前所得：①用分回的税后所得除以（1－境外所得税税率）还原；②用境外已纳税额加分回税后收益还原。

（三）抵免限额的具体应用

理论应用：用抵免限额与境外实纳税额比大小，择其小者在境内外合计应纳税额中抵扣。

（1）如果纳税人来源于境外的所得在境外实际缴纳的税款低于扣除限额，可从应纳税额中据实扣除。

（2）如果超过扣除限额，其超过部分不得从本年度应纳税额中扣除，也不得列为本年度费用支出，但可以用以后年度抵免限额抵免当年应抵税额后的余额进行抵补，补扣期限最长不能超过5年。

【例6-33】 某境内公司企业所得税税率为25%，2019年取得境内应纳税所得额160万元，境外应纳税所得额50万元，在境外已缴纳企业所得税10万元。

要求：计算2019年度该公司汇总纳税时实际应缴纳企业所得税。

【解析】 境外缴纳企业所得税的扣除限额＝50×25%＝12.5（万元）。

在境外已缴纳企业所得税10万元，那么此部分境外已经缴纳的企业所得税10万元可以全额抵免，则：

汇总纳税时实际应缴纳企业所得税=(160+50)×25%-10=42.5(万元)。

【例6-34】 某企业2019年来自境外A国的已纳所得税因超过抵免限额尚未扣除的余额为1万元,2019年在我国境内所得160万元,来自A国税后所得20万元,在A国已纳所得税额5万元。

要求:计算该企业在我国汇总缴纳多少所得税。

【解析】 2019年境内、外所得总额=160+20+5=185(万元);

境内外总税额=185×25%=46.25(万元);

2019年A国扣除限额=46.25×(20+5)/185=6.25(万元);

在我国汇总纳税=46.25-5-1=40.25(万元)。

【例6-35】 某公司企业所得税税率为25%,2019年度取得境内应纳税所得额160万元,境外应纳税所得额50万元,在境外已缴纳企业所得税10万元。

要求:计算2019年度该公司汇总纳税时实际应缴纳企业所得税。

【解析】 境外的缴纳所得税的扣除限额=50×25%=12.5(万元);

汇总纳税时实际应缴纳企业所得税=160×25%+12.5-10=42.5(万元)。

第五节　企业所得税会计处理

资产负债表债务法处理程序

《企业会计准则第18号——所得税》规定采用资产负债法核算所得税。在资产负债表法下,通过比较资产负债表上列示的资产、负债按照会计准则规定确定的账面价值与按照税法规定确定的计税基础,对于两者之间的差异分别按应纳税暂时性差异与可抵扣暂时性差异,确认相关的递延所得税负债与递烟所得税资产,并在此基础上确定每一个会计期间利润表中的所得税费用。

一、所得税会计处理的一般程序

(1)按照相关会计准则规定确定资产负债表中除递烟所得税资产和递烟所得税负债以外的其他资产和负债项目的账面价值。

(2)按照会计准则中对于资产和负债计税基础的确定方法,以适用的税收法规为基础,确定资产、负债项目的计税基础。

(3)比较资产、负债的账面价值与计税基础,对于两者之间存在差异的,分析其性质,除准则中规定的特殊情况外,分别用应纳税暂时性差异与可抵扣暂时性差异乘以所得税税率,确定资产负债表日递延所得税负债和递延所得税资产的应有金额,并与期初递延所得税负债和递延所得税资产的余额相比,根据以下公式确认递延所得税:

递延所得税=(期末递延所得税负债-期初期末递延所得税负债)-(期末递延所得税

资产-期初递延所得税资产）

（4）就企业当期发生的交易或事项，按照适用的税法规定计算确定当期应纳税所得额，将应纳税所得额与适用的所得税税率计算的结果确认为当期应交所得税。

（5）根据当期应交所得税和递延所得税之和（或之差），确定利润表中的所得税费用。

二、计税基础

计税基础是依据税法对资产、负债进行确认和计量的金额；账面价值是依据会计准则对资产、负债进行确认和计量的金额。

（一）资产的计税基础

资产的计税基础，是指企业收回资产账面价值过程中，计算应纳税所得额时按照税法规定可以自应税经济利益中抵扣的金额，即某一项资产在未来期间计税时按照税法规定可税前扣除的金额。通常情况下，资产取得时其入账价值与计税基础是相同的，后续计量因会计准则与税法规定不同，可能造成账面价值与计税基础的差异。

常见资产账面价值与计税基础的确定如下。

1. 固定资产

企业以各种方式取得固定资产，在初始确认时，其账面价值一般等于计税基础，不存在差异。在持有期间进行后续计量时，由于会计与税收就折旧方法、折旧年限以及固定资产减值准备的提取等处理不同，可能造成固定资产的账面价值与计税基础的差异。

固定资产的账面价值=实际成本-会计累计折旧-固定资产减值准备

固定资产计税基础=实际成本-税收累计折旧

【例6-36】 某企业2017年末购买一台设备，原价1 000万元，使用年限为10年，净残值为0。会计按照直线法计提折旧，假设《税法》按双倍余额递减法计提折旧费。两年后，2019年12月31日，企业对该项固定资产计提了30万元的固定资产减值准备。

要求：请确定该资产2019年12月31日的账面价值和计税基础。

【解析】 会计：年折旧额=100 010=100（万元）。

据《税法》：第一年折旧额=100 020%=200（万元）；

第二年折旧额=（1 000-200）20%=160（万元）。

该设备2019年12月31日的账面价值=1 000-100-100-30=770（万元）。

该设备2019年12月31日的计税基础=1 000-200-160=640（万元）。

该项固定资产的账面价值与计税基础之间的130万元差额，将于未来期间计入企业的应纳税所得额。

2. 无形资产

除内部研究开发形成的无形资产以外，其他方式取得的无形资产，初始确认时按照会计准则规定的入账价值与按税法规定确定的计税成本之间一般不存在差异。无形资产的差异主要产生于内部研究开发形成的无形资产以及寿命不确定的无形资产。

（1）对于内部研究开发形成的无形资产，一般情况下，初始确认时按照会计准则规定确定的成本与按照税法规定确定的计税成本之间一般不存在差异（均为开发过程中该资产符合资本化条件后至达到预定用途前发生的支出）。对于享受税收优惠的研究开发支出，在形成无形资产时，按照会计准则规定确定的成本为研究开发过程中符合资本化条件后至达到预定用途前发生的支出；而《税法》规定按照无形资产成本的150%摊销（科技型中小企业开展研发活动中实际发生的研发费用，在2017年1月1日至2019年12月31日期间，形成无形资产的，在上述期间按照无形资产成本的175%在税前摊销），则其计税基础应在会计入账价值的基础上加计50%（或75%），因而产生了账面价值与计税基础在初始确认时的差异。但是，如果该无形资产的确认不是产生于企业的合并交易，同时确认时既不影响会计利润，也不影响应纳税所得额，则按会计准则规定，不确认有关暂时性差异的所得税影响，即不确认相关的递延所得税。

【例6-37】 某企业2018年发生研究开发支出2 000万元，其中：研究阶段支出400万元，开发阶段符合资本化条件前发生的支出为400万元，符合资本化条件后至达到预定用途前的支出为1 200万元。税法规定，企业为开发“三新”发生的研究开发费，未形成无形资产计入当期损益的，按照研究开放费用的50%加计扣除；形成无形资产的，按照无形资产成本的150%摊销。假定开发形成的无形资产在当期期末已达到预定用途（尚未开始摊销）。

要求：请确定2018年12月31日该项无形资产的账面价值与计税基础。

【解析】 按照会计准则规定该企业发生的研究开发支出中，应予以费用化的金额为800万元，形成无形资产的成本为1 200万元，即无形资产的账面价值为1 200万元。

按照税法规定，企业当期发生的2 000万元研究开发支出中，可在当期税前扣除的金额为1 200万元。所形成无形资产在未来期间可予税前扣除的金额为1 800万元，其计税基础为1 800万元。

该无形资产账面价值与其计税基础之间的600万元差额，在未来期间会减少企业的应纳税所得额。

（2）无形资产后续计量时，会计与税收的差异主要来自两个方面：一是无形资产是否摊销；二是无形资产减值准备的提取。

《企业会计准则》规定，对于使用寿命有限的无形资产，无形资产的账面价值=无形资产实际成本-会计累计摊销-无形资产减值准备；对于使用寿命不确定的无形资产，不要求摊销，但持有期间每年应进行减值测试，无形资产账面价值=无形资产实际成本-无形资产减值准备。而根据《税法》规定，不管是何种无形资产，都要在一定期限内摊销，计提的无形资产减值准备在转变为实际损失前不允许税前扣除。因此，无形资产计税基础=无形资产实际成本-税收累计摊销。

【例6-38】 甲企业某年初以300万元购入一项无形资产，因其寿命无法合理估计，会计上视为使用寿命不确定的无形资产，不予摊销；但《税法》规定按照10年的期限摊销。一年后，对该项无形资产进行减值测试表明其未发生减值，其账面价值仍为300万

元，而计税基础为270万元(300－300/10)，产生的30万元差额，将计入未来期间企业的应纳税所得额。

3. 以公允价值计量且其变动计入当期损益的金融资产

根据会计准则规定，对于以公允价值计量且其变动计入当期损益的金融资产，于某一会计期末的账面价值应为其公允价值。税法规定，企业以公允价值计量的金融资产、金融负债以及投资性房地产等，持有期间公允价值的变动不计入应纳税所得额。

【例6-39】 某企业支付600万元取得了一项交易性金融资产，当年年末市价为660万元。

要求：请确定该项交易性金融资产年末的账面价值与计税基础。

【解析】 根据会计准则规定，该项交易性金融资产年末的账面价值为660万元；而根据税法规定，持有期间公允价值的变动不计入应纳税所得额，故其计税基础为600万元。产生的60万元差额，会增加未来期间的应纳税所得额。

4. 其他计提了减值准备的各项资产

有关资产计提了减值准备后，其账面价值会随之下降，而税法规定资产在发生实质性损失之前，不允许税前扣除，即计税基础不会因减值准备的提取而变化，造成在计提资产减值准备以后，资产的账面价值与计税基础之间的差异。

【例6-40】 甲公司2018年12月31日应收账款余额为4 500万元，该公司期末对应收账款计提了500万元的坏账准备。税法规定，不符合国务院财政、税务主管部门规定的各项资产减值准备不允许税前扣除。假定该公司期初应收账款级坏账准备的余额为零。

要求：请确定该应收账款年末的账面价值与计税基础。

【解析】 该项应收账款在2018年资产负债表日的账面价值为4 000(4 500－500)万元，因有关的坏账准备不允许税前扣除，其计税基础为4 500万元，该计税基础与其账面价值之间产生500万元的暂时性差异，在应收账款发生实质性损失时，会减少未来期间的应纳税所得额。

（二）负债的计税基础

负债的计税基础是指负债的账面价值减去未来期间计算应纳税所得额时按照归法规定可予抵扣的金额。用公式表示为：

负债的计税基础＝账面价值－未来期间按照税法规定可予税前扣除的金额

负债的确认与偿还一般一般不会影响企业的损益，也不会影响其应纳税所得额，未来期间计算应纳税所得额时按照税法规定可予抵扣的金额为0，计税基础即为账面价值。但是，某些情况下，负债的确认可能会影响企业的损益，进而影响不同期间的应纳税所得额，使得其计税基础与账面价值之间产生差额。

1. 企业应销售商品提供售后服务等原因确认的负债

根据会计准则规定，企业对于预计提供售后服务将发生的支出在满足有关确认条件时，销售当期即应确认为费用，同时确认预计负债。税法规定，与销售产品相关的支出应于发生时税前扣除。因该类事项产生的预计负债在期末的计税基础为其账面价值与未来期间可扣除的金额之间的差额，因有关的支出实际发生时可全部税前扣除，其计税基础为0。

【例6-41】 甲企业2018年因销售产品承诺提供三年的保修服务，在当年度利润表中确认了200万元的销售费用，同时确认为预计负债，当年度为发生任何保修支出。假定按照税法规定，与产品销售服务相关的费用在实际发生时允许税前扣除，请确定该预计负债年末的账面价值与计税基础。

【解析】 该项负债的账面价值=200(万元)；该项负债的计税基础=200-200=0。

当期产生的200万元差异，在未来期间会减少企业的应纳税所得额。

2. 预收账款

企业在收到客户预付的款项时，因不符合收入确认条件，会计上将其确认为负债。税法中对于收入的确认原则一般与会计期间协同，即会计上未确认收入时，计税时一般亦不计入应纳税所得额，该部分经济利益在未来期间计税时可予税前扣除的金额为0，计税基础等于账面价值。

某些情况下，因不符合会计准则规定的收入确认条件，未确认为收入的预收款项，按照税法规定应计入当期应纳税所得额时，有关预收账款的计税基础为0，即因其产生时已经计算加纳所得税，未来期间可全额税前扣除。

【例6-42】 甲公司于2018年12月30日收到客户一笔合同预付款，金额为500万元，因不符合收入确认条件，将其作为预收账款核算。假定按照适用税法规定，该款项应计入取得当期应纳税所得额计算缴纳所得税。

要求：请确定该预收账款年末的账面价值与计税基础。

【解析】 该预收账款在2018年12月31日资产负债表中的账面价值为500万元。假定按照《税法》规定，该项预收账款应计入取得当期的应纳税所得额计算缴纳所得税，与该项负债相关的经济利益已在取得当期计算缴纳所得税，未来期间按照《企业会计准则》规定应确认收入时，不再计入应纳税所得额，即其于未来期间计算应纳税所得额时可予税前扣除的金额为500万元，则计税基础=500(账面价值)-500(未来期间按照税法规定可予税前扣除的金额)=0，产生的500万元差额，会减少企业未来期间的应纳税所得额。

3. 其他负债

一般而言，短期借款、应付票据、应付账款、应付职工薪酬、其他应付款等负债的确认和偿还，不会对当期损益和应纳税所得额产生影响，其计税基础即为账面价值。

另外，企业应交的罚款和滞纳金等，在尚未支付之前按照会计规定确认为费用，同时作为负债反映。税法规定，罚款和滞纳金不能税前扣除，即该部分费用无论是发生当期还是以后期间均不允许税前扣除，其计税基础为账面价值减去未来期间计税时可予税前扣除的金额之间的差额，即计税基础等于账面价值，不形成差异。

三、暂时性差异

暂时性差异是指资产、负债的账面价值与其计税基础不同产生的差额。根据暂时性差异对未来期间应纳税所得额的影响，分为应纳税暂时性差异和可抵扣暂时性差异。

（一）应纳税暂时性差异

应纳税暂时性差异

应纳税暂时性差异是指在确定未来收回资产或清偿负债期间的应纳税所得额时，将导致产生应税金额的暂时性差异，即在未来期间不考虑该事项影响的应纳税所得额的基础上，由于该暂时性的转回，会进一步增加转回期间的应纳税所得额和应交所得税金额，在其产生当期应当确认相关的递延所得税负债。

应纳税暂时性差异通常产生于两种情况：资产的账面价值大于其计税基础；负债的账面价值小于其计税基础。

（二）可抵扣暂时性差异

可抵扣暂时性差异是指在确定未来收回资产或清偿负债期间的应纳税所得额时，将导致产生可抵扣金额的暂时性差异。该差异在未来期间转回时会减少转回期间的应纳税所得额，减少未来期间的应交所得税。在可抵扣暂时性差异产生当期，应当确认相关递延所得税资产。

可抵扣暂时性差异

可抵扣暂时性差异通常产生于两种情况：资产的账面价值小于其计税基础；负债的账面价值大于其计税基础。

（三）特殊项目产生的暂时性差异

1. 为作为资产、负债确认的项目产生的暂时性差异

某些交易或事项发生以后，因为不符合资产、负债条件而未体现为资产负债表中的资产或负债，但按照《税法》规定能够确定其计税基础的，其账面价值与计税基础之间的差异也构成暂时性差异。

如企业发生的符合条件的广告费和业务宣传费支出，除另有规定外，不超过当年销售收入的15%的部分，准予扣除；超过部分准予在以后年度结转扣除。该类费用在发生时按照《企业会计准则》规定计入当期损益，不形成资产负债表中的资产，但按照税法规定可以确定其计税基础的，两者之间的差异也形成暂时性差异。

【例6-43】　甲公司2018年发生了1 800万元广告费支出，发生时已作为销售费用计入当期损益。《税法》规定，该类支出不超过当年销售收入15%的部分允许当期税前扣除，超过部分允许向以后年度结转税前扣除。假定甲公司当年实现销售收入10 000万元。

要求：计算暂时性差异金额并判断为何种暂时性差异。

【解析】　该广告费支出按照《企业会计准则》规定在发生时已计入当期损益，不体现为期末资产负债表中的资产，如果将其视为资产，其账面价值为0。

按税法规定，当期可予税前扣除10 000×15%＝1 500（万元），其余300万元可以向以

后年度结转扣除,其计税基础为300万元。

产生的300万元差异,在未来期间可减少企业的应纳税所得额,为可抵扣暂时性差异。

2. 可抵扣亏损及税款抵减产生的暂时性差异

按照税法规定可以结转以后年度的未弥补亏损由于能够减少未来期间的应纳税所得额和应交所得税,会计处理上视同可抵扣暂时性差异,符合条件的情况下,应确认与其相关的递延所得税资产。

四、会计科目设置

(一)"所得税费用"科目

该科目为损益类科目,核算企业确认的应从当期利润总额中扣除的所得税费用。借方登记企业确认的所得税费用,贷方登记冲减及结转的所得税费用,结转后本科目无余额。该科目按"当期所得税费用""递延所得税费用"进行明细核算。

(二)"递延所得税资产"科目

该科目为资产类科目,核算企业确认的可抵扣暂时性差异产生的递延所得税资产。借方登记递延所得税资产的增加额,贷方登记递延所得税资产的转销额。期末借方余额反映企业已确认的递延所得税资产。本科目按可抵扣暂时性差异等项目进行明细核算。根据税法规定可用以后年度税前利润弥补的亏损及税款抵减产生的所得税资产,也在本科目核算。

(三)"递延所得税负债"科目

该科目为负债类科目,核算企业确认的应纳税暂时性差异产生的所得税负债。贷方登记递延所得税负债的增加额,借方登记递延所得税负债的转销额。期末贷方余额反映企业已确认的递延所得税负债。本科目可按应纳税暂时性差异的项目进行明细核算。

(四)"应交税费——应交所得税"科目

该科目为负债类科目,核算企业按照企业所得税法等规定计算应缴纳的企业所得税。贷方登记应向税务机关缴纳的企业所得税,借方登记已向税务机关缴纳的企业所得税,期末如为贷方余额反映企业尚未缴纳的企业所得税;期末如为借方余额反映企业多缴或尚未抵扣的企业所得税。

五、递延所得税负债及递延所得税资产的确认

企业在计算确定了应纳税暂时性差异与可抵扣暂时性差异后,应当按照《企业会计准则第18号——所得税》规定的原则确认相关的递延所得税负债以及递延所得税资产。

(一)递延所得税负债

递延所得税负债是指根据应纳税暂时性差异计算的未来期间应付的所得税金额。

应纳税暂时性差异在转回期间将增加未来期间企业的应纳税所得额和应交所得税，导致企业经济利益流出，从其发生当期来看，构成企业应支付税金的义务，应作为递延所得税负债确认。

除所得税准则中明确规定不确认递延所得税负债的情况以外，企业对于所有的应纳税暂时性差异均应确认相关的递延所得税负债。计算公式如下：

递延所得税负债=应纳税暂时性差异-适用所得税税率

在初始确认时，以资产负债表日计算的递延所得税负债金额为“递延所得税负债”账户的入账金额。在以后确认时，以资产负债表日计算的递延所得税负债金额减去期初余额后的差额，作为“递延所得税负债”账户的入账金额。计算公式如下：

递延所得税负债=期末递延所得税负债-期初递延所得税负债

除与直接计入所有者权益的交易或事项以及企业合并中取得资产、负债相关的以外，在确认递延所得税负债的同时，应增加利润表中的所得税费用。

【例 6-44】 甲公司 2012 年 12 月 20 日购入一套不需安装的设备，原价 1 200 000 元，会计上采用年限平均法计提折旧，折旧年限 5 年，无残值。税法规定可按年数总和法计提折旧，折旧年限 5 年，也无残值。除该事项外，不存在其他会计与税收的差异。递延所得税资产和递延所得税负债不存在期初余额。

该公司每年因固定资产账面价值与计税基础不同应予确认的递延所得税情况如表 6-5所示。

表 6-5　各年递延所得税情况

单位：元

日期	实际成本	累计会计折旧	账面价值	累计税法折旧	计税基础	暂时性差异	适用税率	递延所得税负债
2013.12.31	1 200 000	240 000	960 000	400 000	800 000	160 000	25%	40 000
2014.12.31	1 200 000	480 000	720 000	720 000	480 000	240 000	25%	60 000
2015.12.31	1 200 000	720 000	480 000	960 000	240 000	240 000	25%	60 000
2016.12.31	1 200 000	960 000	240 000	1 120 000	80 000	160 000	25%	40 000
2017.12.31	1 200 000	1 200 000	0	1 200 000	0	0	25%	0

要求：编制甲公司相关会计分录。

【解析】 该公司各年会计处理如下：

2013 年 12 月 31 日：

借：所得税费用　　40 000

　　贷：递延所得税负债　　40 000

2014 年 12 月 31 日：

借：所得税费用　　20 000

贷:递延所得税负债　　　　20 000

2015 年 12 月 31 日:

无所得税会计分录。

2016 年 12 月 31 日:

借:递延所得税负债　　　　20 000

贷:所得税费用　　　　20 000

2017 年 12 月 31 日:

借:递延所得税负债　　　　40 000

贷:所得税费用　　　　40 000

(二)递延所得税资产

递延所得税资产是指根据可抵扣暂时性差异计算的减少未来期间应缴所得税的金额。可抵扣暂时性差异在转回期间以应缴所得税的方式流出企业的经济利益,因此应在其产生时确认为资产。

确认由可抵扣暂时性差异产生的递延所得税资产,应当以未来期间可能取得的用以抵扣可抵扣暂时性差异的应纳税所得额为限。如果在可抵扣暂时性差异转回的未来期间内,企业无法产生足够的应纳税所得额用以利用可抵扣暂时性差异的影响,使得与可抵扣暂时性差异相关的经济利益无法实现的,则不应确认递延所得税资产。企业有明确的证据表明其于可抵扣暂时性差异转回的未来期间能够产生足够的应纳税所得额,进而利用可抵扣暂时性差异的,则应以可能取得的应纳税所得额为限,确认相关递延所得税资产。计算公式如下:

递延所得税资产=可抵扣暂时性差异–适用所得税税率

在初始确认时,以资产负债表日计算的递延所得税资产金额为“递延所得税资产”账户的入账金额。在以后确认时,以资产负债表日计算的递延所得税资产金额减去期初余额后的差额,作为“递延所得税资产”账户的入账金额。计算公式如下:

递延所得税资产=期末递延所得税资产–期初递延所得税资产

除与直接计入所有者权益的交易或事项以及企业合并中取得资产、负债相关的以外,在确认递延所得税资产的同时,应冲减利润表中的所得税费用。

【例 6–45】 甲公司 2012 年 12 月 20 日购入一套不需安装的设备,原价 120 万元,会计上按年数总和法计提折旧,折旧年限 5 年,无残值。税法规定采用年限平均法提折旧,折旧年限 5 年,也无残值。除该事项外,不存在其他会计与税收的差异。递延所得税资产和递延所得税负债不存在期初余额。

该公司每年因固定资产账面价值与计税基础不同应予确认的递延所得税情况如表 6–6所示。

表 6-6 各年递延所得税情况

单位:元

日期	实际成本	累计会计折旧	账面价值	累计税法折旧	计税基础	暂时性差异	适用税率	递延所得税资产
2013.12.31	1 200 000	400 000	800 000	240 000	960 000	160 000	25%	40 000
2014.12.31	1 200 000	720 000	480 000	480 000	720 000	240 000	25%	60 000
2015.12.31	1 200 000	960 000	240 000	720 000	480 000	240 000	25%	60 000
2016.12.31	1 200 000	1 120 000	80 000	960 000	240 000	160 000	25%	40 000
2017.12.31	1 200 000	1 200 000	0	1 200 000	0	0	25%	0

要求:编制公司相关会计分录。

【解析】 2013 年 12 月 31 日:

借:递延所得税资产　　40 000

　　贷:所得税费用　　40 000

2014 年 12 月 31 日:

借:递延所得税资产　　20 000

　　贷:所得税费用　　20 000

2015 年 12 月 31 日:

无所得税会计分录。

2016 年 12 月 31 日:

借:所得税费用　　20 000

　　贷:递延所得税资产　　20 000

2017 年 12 月 31 日:

借:所得税费用　　40 000

　　贷:递延所得税资产　　40 000

六、所得税费用的确认与计量

企业核算所得税,主要是为了确定当期应交所得税以及利润表中应确认的所得税费用。在按照资产负债表债务法核算所得税的情况下,利润表中的所得税费用由两个部分组成:当期所得税和递延所得税。

(一)当期所得税

当期所得税是指企业按照税法规定计算确定的针对当期发生的交易和事项,应缴纳给税务部门的所得税金额,即当期应交所得税。

(二)递延所得税

递延所得税是指按照所得税准则规定当期应予确认的递延所得税资产和递延所得

税负债金额,即递延所得税资产及负债当期发生额的综合结果,但不包括计入所有者权益或交易事项的所得税影响。用公式表示为:

递延所得税=(期末递延所得税负债-期初递延所得税负债)-(期末递延所得税资产-期初递延所得税资产)

【例6-46】 某企业持有某项可供出售金融资产,成本为500万元,会计期末,其公允价值为550万元,该企业适用的所得税税率为25%,除该事项外,该企业不存在其他会计与税收之间的差异,且递延所得税资产和递延所得税负债不存在期初余额。

要求:编制该企业的相关会计分录。

【解析】 (1)会计期末在确认50万元的公允价值变动时:

借:可供出售金融资产　　500 000

　　贷:其他综合权益

(2)确认应纳税暂时性差异的所得税影响时:500 000×25%=125 000(元)。

借:其他综合收益　　125 000

　　贷:递延所得税负债　　125 000

(三)所得税费用

计算确定了当期所得税费用及递延所得税以后,利润表中应予确认的所得税费用为两者之和,即:

所得税费用=当期所得税+递延所得税

【例6-47】 甲公司2018年度利润表中利润总额为20 000 000元,该公司适用的所得税税率为25%。递延所得税资产及递延所得税负债不存在期初余额。2018年发生的有关交易和事项中,会计处理与税收处理存在的差异有:

(1)2018年1月开始计提折旧的一台生产设备,成本为10 000 000元,使用年限为10年,净残值为0。会计按双倍余额递减法计提折旧,税法按直线法计提折旧。假定税法规定的使用年限及净残值与会计相同。

(2)向关联企业捐赠现金2 000 000元。假定按照《税法》规定,企业向关联方的捐赠不允许税前扣除。

(3)当期取得作为交易性金融资产核算的股票投资成本为8 000 000元,2018年12月31日的公允价值为12 000 000元。《税法》规定,以公允价值计量的金融资产持有期间市价变动不计入应纳税所得税额。

(4)违反环保法规定应支付罚款2 500 000元。

(6)年末,存货的账面成本为20 500 000元,可变现净值为20 000 000元,企业对持有的存货计提500 000元的存货跌价准备。

要求:根据以上资料进行甲公司2018年度企业所得税的会计处理。

【解析】

表 6-7　2018 年末资产负债表相关项目账面价值及其计税基础　　单位:元

项目	账面价值	计税基础	差异	
			应纳税暂时性差异	可抵扣暂时性差异
存货	20 000 000	20 500 000	—	500 000
固定资产	8 000 000	9 000 000	—	1 000 000
交易性金融资产	12 000 000	8 000 000	4 000 000	—
其他应付款	2 500 000	2 500 000	—	—
合计	—	—	4 000 000	1 500 000

(1)2018 年度当期应交所得税:

应纳税所得额=20 000 000+1 000 000+2 000 000-4 000 000+2 500 000+500 000
=22 000 000(元);

所得税=22 000 000×25%=5 500 000(元)。

(2)2018 年度递延所得税:

延所得税资产=1 500 000×25%=375 000(元);

延所得税负债=4 000 000×25%=1 000 000(元);

延所得税=1 000 000-375 000=625 000(元)。

(3)利润表中应确认的所得税费用:所得税费用=5 500 000+625 000=6 125 000(元)。确认所得税费用的账务处理如下:

借:所得税费用　　6 125 000
　递延所得税资产　　375 000
　贷:应交税费——应交所得税　　5 500 000
　　递延所得税负债　　1 000 000

第六节　源泉扣缴和征收管理

一、源泉扣缴

(一)扣缴义务人

(1)对非居民企业在中国境内未设立机构、场所的,或者虽设立机构、场所但取得的所得与其所设机构、场所没有实际联系的所得应缴纳的所得税,实行源泉扣缴,以支付人为扣缴义务人。

(2)对非居民企业在中国境内取得工程作业和劳务所得应缴纳的所得税,税务机关可以指定工程价款或者劳务费的支付人为扣缴义务人。

(二)扣缴方法

扣缴义务人每次代扣的税款,应当自代扣之日起 7 日内缴入国库,并向所在地的税务机关报送扣缴企业所得税报告表。

二、征收管理

(一)纳税地点

(1)除另有规定外,居民企业以企业登记注册地为纳税地点(登记注册的住所地)。但登记注册地在境外的,以实际管理机构所在地为纳税地点。

(2)居民企业在中国境内设立不具有法人资格的营业机构的,应当汇总计算并缴纳企业所得税。

(二)纳税期限

(1)企业所得税按年计征,分月或者分季预缴,年终汇算清缴,多退少补。

自年度终了之日起 5 个月内,向税务机关报送年度企业所得税纳税申报表,并汇算清缴,结清应缴应退税款。

(2)企业清算时,应将整个清算期作为一个独立的纳税年度计算清算所得。

(三)纳税申报

月份或者季度终了之日起 15 日内,向税务机关报送预缴企业所得税纳税申报表,预缴税款。

企业在报送企业所得税纳税申报表时,应当按照规定附送财务会计报告和其他有关资料。

(四)跨地区经营汇总纳税企业所得税征收管理

企业实行“统一核算、分级管理、就地预缴、汇总清算、财政调库”的企业所得税征收管理。适用于跨省设立不具有法人资格分支机构的居民企业。

(1)汇总纳税企业汇总计算的企业所得税,包括预缴税款和汇算清缴应缴应退税款。

(2)分支机构分摊预缴额计算:总机构应按照上年度分支机构的经营收入、职工工资和资产总额三个因素和对应权重计算各分支机构应分摊所得税款的比例。计算公式如下:

所有分支机构分摊税款总额=汇总纳税企业当期应纳所得税额×50%

某分支机构分摊税款=所有分支机构分摊税款总额×该分支机构分摊比例

某分支机构分摊比例=(该分支机构营业收入÷各分支机构营业收入之和)×0.35+(该分支机构职工薪酬÷各分支机构职工薪酬之和)×0.35+(该分支机构资产总额÷各分支机构资产总额之和)×0.30

（五）合伙企业所得税征收管理

（1）合伙企业以每一个合伙人为纳税义务人，合伙企业合伙人是自然人的，缴纳个人所得税；合伙人是法人的和其他组织的，缴纳企业所得税。

（2）合伙企业生产经营所得和其他所得采取“先分后税”的原则。

（3）合伙企业的合伙人是法人和其他组织的，合伙人在计算其缴纳企业所得税时，不得用合伙企业的亏损抵减其盈利。

第七章 资源税、城镇土地使用税、耕地占用税及其会计处理

【学习目标】

1. 理解资源税、城镇土地使用税及耕地占用税的纳税义务人、税目；
2. 掌握资源税、城镇土地使用税及耕地占用税的应纳税额计算；
3. 掌握资源税、城镇土地使用税及耕地占用税的会计处理。

第一节 资源税及其会计处理

资源税是对在我国境内从事应税矿产品开采和生产盐的单位和个人课征的一种税，属于对自然资源占用课税的范畴，我国 1984 年开征。

一、资源税的纳税义务人及扣缴义务人

（一）资源税的纳税义务人

资源税的纳税义务人是指在中华人民共和国领域及管辖海域开采应税资源的矿产品或者生产盐的单位和个人。资源税对在中国境内生产或开采应税资源的单位或个人征收，而对进口应税资源产品的单位或个人不征资源税。对开采或生产应税资源进行销售或自用的单位和个人，在出厂销售或移作自用时一次性征收，属于单一环节征收，为价内税。纳税义务人不仅包括符合规定的中国企业和个人，还包括外商投资企业和外国企业；不仅包括各类企业，还包括事业单位、军事单位、社会团体等。

（二）资源税的扣缴义务人

资源税的扣缴义务人是指独立矿山、联合企业和其他收购未税矿产品的单位。这里所称的扣缴义务人，是指独立矿山、联合企业及其他收购未税应税产品的单位。把收购未税应税产品的单位规定为资源税的扣缴义务人，是为了加强资源税的征管。主要适应

税源小、零散、不定期开采、易漏税等情况，税务机关认为不易控管，由扣缴义务人在收购时代扣代缴未税应税产品为宜。

独立矿山指只有采矿或只有采矿和选矿、独立核算、自负盈亏的单位，其生产的原矿和精矿主要用于对外销售。联合企业指采矿、选矿、冶炼（或加工）连续生产的企业或采矿、冶炼（或加工）连续生产的企业，其采矿单位，一般是该企业的二级或二级以下核算单位。这里所说的“其他收购未税矿产品的单位”，也包括收购未税矿产品的个体户在内。

【例 7-1】 下列各项中，属于资源税纳税义务人的有（　　）。

A. 进口盐的外贸企业　　B. 开采原煤的私营企业

C. 生产盐的外商投资企业　　D. 中外合作开采石油的企业

【解析】 答案为 BCD。

二、资源税的税目及税率

（一）资源税的税目

资源税的税目包括五大类，五大类税目下面又设若干个子目。

具体征税范围限定如下：

（1）原油，是指开采的天然原油，不包括人造石油。

（2）天然气，是指专门开采或与原油同时开采的天然气，暂不包括煤矿生产的天然气。

（3）煤炭，包括原煤和以未税原煤（即自采原煤）加工的洗选煤。

（4）金属矿，包含铁矿、金矿、铜矿、铝土矿、铅锌矿、镍矿、锡矿、钨、钼、未列举名称的其他金属矿产品原矿或精矿。

（5）其他非金属矿，如石灰石、稀土、煤层（成）气、井矿盐、湖盐、提取地下卤水晒制的盐、海盐，未列举名称的其他非金属矿产品。

特别说明：河北省开征水资源税试点，水资源费改税方式，将地表水和地下水纳入征税范围，实行从量定额计征。

生产或开采矿盐、湖盐、提取地下卤水晒制的盐、海盐属于资源栏目，但不包括食盐。

纳税人在开采主矿产品的过程中伴采的其他应税矿产品，凡未单独规定适用税额的，一律按主矿产品或视同主矿产品税目征收资源税。

【例 7-2】 下列生产或开采的资源产品中，不征收资源税的是（　　）。

A. 金属矿产品原矿或精矿　　B. 焦煤

C. 煤层气　　D. 食盐

【解析】 答案为 D。

（二）资源税的税率

资源税税率以比例税率为主，个别为固定税率，见表 7-1。

表7-1　资源税税率

矿产品	税率形式	具体标准
原油、天然气	比例税率	6%～10%
煤炭	比例税率	2%～10%
金属、非金属	比例税率	1%～20%
	固定税额	黏土、砂石原矿,每吨或立方米0.1～5元

说明:

(1)对列举名称的资源品目,由省级人民政府在规定的税率幅度内提出具体适用税率建议,报财政部、国家税务总局确定核准。

(2)煤炭资源税具体适用税率由省级财税部门提出建议,报省级人民政府拟定,报财政部、国家税务总局审批。跨省煤田的适用税率由财政部、国家税务总局确定。

(3)纳税人开采或者生产不同税目应税产品的,应当分别核算;否则,从高适用税率。

(三)扣缴义务人收购未税矿产品的税额确定

(1)独立矿山、联合企业收购未税矿产品的单位,按照本单位应税产品税额、税率标准,代扣代缴资源税。

(2)其他收购单位收购的未税矿产品,按税务机关核定的应税产品税额、税率标准,代扣代缴资源税。

三、资源税计税依据

(一)从价定率征收的计税依据

从价定率征收的计税依据是销售额。

销售额为纳税人销售应税产品向购买方收取的全部价款和价外费用,不包括增值税销项税额和运杂费用。

价外费用主要包括价外向购买方收取的手续费、补贴、基金、集资费、返还利润、奖励费、违约金、延期付款利息、储备费、优质费等。价外费用要计入销售额。

运杂费用是指应税产品从坑口或洗选(加工)地到车站、码头或购买方指定地点的运输费用、建设基金以及随运销产生的装卸、仓储、港杂费用。运杂费用不计入销售额。

运杂费用应与销售额分别核算,凡未取得相应凭据或不能与销售额分别核算的,应当一并计征资源税。

还有如下特殊情形:

(1)纳税人开采应税产品由其关联单位对外销售,按关联单位销售额征收资源税;既有对外销售,又有将应税产品用于除连续生产应税产品以外的其他方面,对自用的这部分应税产品按对外平均售价征收资源税。

(2)纳税人将其开采的应税产品直接出口，按离岸价格(不含增值税)征收资源税。

【例7-3】　某油田2017年10月共计开采原油8 000吨，当月销售原油6 000吨，取得销售收入1 800万元。下列各项中应并入销售额计征资源税的有(　　)。

A. 收取的违约金　　B. 单独收取的运输费

C. 收取的优质费　　D. 收取的增值税

【解析】　答案为AC。

(二)从量定额征收的计税依据

从量定额征收的计税依据是销售数量。

销售数量包括纳税人开采或者生产应税产品的实际销售数量和视同销售的自用数量。纳税人不能准确提供应税产品销售数量的，以应税产品的产量或者主管税务机关确定的折算比换算成的数量为计征资源税的销售数量。

四、资源税应纳税额的计算

(一)资源税应纳税额的计算办法

资源税的应纳税额按照从价定率或者从量定额的办法计算，见表7-2。

表7-2　资源税的应纳税额按照从价定率或者从量定额的办法计算

计税方法	计算公式	适用范围
从价定率征收	应纳税额=(不含增值税)销售额×税率	原油、天然气、煤炭、金属矿、其他非金属矿
从量定额征收	应纳税额=课税数量×单位税额 代扣代缴应纳税额=收购未税矿产品的数量×适用的单位税额	黏土、砂石原矿

【例7-4】　某油田开采企业2017年3月销售天然气90万立方米，取得不含税增值税收入1 350 000元，另向购买方收取手续费1 695元，延期付款利息2 260元。假设天然气的资源税税率为10%。

要求：计算该企业2017年3月销售天然气应缴纳的资源税为多少元。

【解析】　应纳资源税额=[1 350 000+(1 695+2 260)÷(1+13%)]×10%=135 350(元)。

(二)已税产品的税务处理

(1)纳税人用已纳资源税的应税产品进一步加工应税产品销售的，不再缴纳资源税。

(2)纳税人以未税产品和已税产品混合销售或者混合加工为应税产品销售，在计算加工后的应税产品销售额时：①准确核算已税产品的购进金额，准予扣减已税产品的购进金额;②未分别核算的,一并计算缴纳资源税。

（三）煤炭资源税计算

1. 纳税人开采原煤

(1)直接对外销售的:

原煤应纳税额=原煤销售额×适用税率

销售额不含从坑口到车站、码头等的运输费用。

(2)将开采的原煤自用于连续生产洗选煤的,在原煤移送使用环节不缴纳资源税;自用于其他方面的,视同销售原煤,移送环节缴纳资源税。

原煤及洗选煤销售额中包含的运输费用、建设基金以及随运销产生的装卸、仓储、港杂等费用应与煤价分别核算,凡取得相应凭据的,允许在计算煤炭计税销售额时予以扣减。

2. 纳税人将其开采的原煤加工为洗选煤对外销售

洗选煤应纳税额=洗选煤销售额×折算率×适用税率

洗选煤销售额包括洗选副产品的销售额,不包括洗选煤从洗选煤厂到车站、码头等的运输费用。

洗选煤折算率计算公式如下。

公式一:

洗选煤折算率=(洗选煤平均销售额-洗选环节平均成本-洗选环节平均利润)÷洗选煤平均销售额×100%

公式二:

洗选煤折算率=原煤平均销售额÷(洗选煤平均销售额×综合回收率)×100%

综合回收率=洗选煤数量÷入洗前原煤数量×100%

洗选煤折算率由省、自治区、直辖市财税部门或其授权的市级财税部门制定。

【例7-5】 某煤炭开采企业2015年4月销售洗煤5万吨,开具增值税专用发票注明金额5 000万元,另取得从洗煤厂到码头不含增值税的运费收入50万元。假设洗煤的折算率为80%,资源税税率为10%。

要求:计算该企业销售洗煤应缴纳的资源税。

【解析】 该企业销售洗煤应缴纳的资源税=5 000×80%×10%=400(万元)。

（四）视同销售

(1)纳税人以自采原煤直接或者经洗选加工后连续生产焦炭、煤气、煤化工、电力及其他煤炭深加工产品。

(2)销售核定:①按纳税人近期平均销售价格确定;②按其他纳税人近期同类平均售价确定;③按组成计税价格确定。

组成计税价格=成本×(1+成本利润率)÷(1-资源税税率)

（五）扣减额计算

扣减额:扣减外购相应原煤的购进金额。

(1)自采原煤+外购原煤→混合后销售：

混销计税依据=当期混合原煤销售额-当期用于混售的外购原煤的购进金额

(2)自采原煤连续加工的洗选煤+外购洗选煤→混合后销售：比照上述。

(3)自采原煤+外购原煤→混合加工洗选煤：

混合洗选煤计税依据=当期洗选煤销售额×折算率-当期用于混洗混售的外购原煤的购进金额

【例7-6】 某石油企业为增值税一般纳税人，本月开采原油9 000吨，其中当月销售6 000吨，取得不含税销售收入2 700万元，同时还向购买方收取延期付款利息3.51万元；取得运输企业的增值税专用发票注明的运费9万元、税额0.99万元。原油的资源税税率为6%。

要求：计算企业应纳的资源税税额与增值税税额。

【解析】 应纳资源税税额=[2 700+3.51÷(1+17%)]×6%=162.18(万元)；

应纳增值税税额=[2 700+3.51÷(1+17%)]×17%=459.51(万元)。

五、资源税的会计处理

(一)会计科目的设置

为了核算和监督企业资源税的计算、缴纳情况，应在“应交税费”科目下设置“应交资源税”明细科目进行核算；另外，资源税属于价内税，故企业销售应税产品时还应设置“税金及附加”科目。

(二)资源税的会计处理

1.开采(或生产)销售资源税应税产品的会计处理

资源税属于价内税，企业将开采或生产的应税资源产品对外销售时，应缴纳的消费税通过“税金及附加”核算。企业销售应税资源产品按规定计算出应缴纳的资源税时，借记“税金及附加”科目，贷记“应交税费——应交资源税”科目；实际缴纳时，借记“应交税费——应交资源税”科目，贷记“银行存款”等科目。

【例7-7】 某油田(增值税一般纳税人)当月销售自采的原油取得不含增值税销售额100 000元，其适用的资源税税率为6%。

要求：计算该油田应纳的资源税并进行会计处理。

【解析】 (1)销售实现时：

销项税额=100 000×16%=17 000(元)。

借：银行存款　　116 000

　　贷：主营业务收入　　100 000

　　　　应交税费——应交增值税(销项税额)　　16 000

(2)计算应纳的资源税时：

应纳资源税=100 000×6%=6 000(元)。

借:税金及附加　　6 000

　贷:应交税费——应交资源税　　6 000

(3)缴纳资源税时:

借:应交税费——应交资源税　　6 000

　贷:银行存款　　6 000

2. 自采自用资源税应税产品的会计处理

(1)纳税人开采或生产的应税产品自用于连续生产应税产品的,由于不缴纳资源税,所以只进行实际成本的核算,借记“生产成本”科目,贷记“原材料”科目。

【例 7-8】 某煤矿 2018 年 5 月将自采的一批原煤自用于连续生产洗选煤,已知原煤的开采成本为 100 000 元。

要求:编制在原煤移送使用环节的会计分录。

借:生产成本　　100 000

　贷:原材料　　100 000

(2)纳税人开采或者生产的应税产品自用于其他方面的,视同销售,于移送使用时计算缴纳资源税。企业按规定计算出自产自用应税产品应缴纳的资源税时,借记“生产成本”“制造费用”“营业外支出”“税金及附加”等科目,贷记“应交税费——应交资源税”科目;实际缴纳资源税时,借记“应交税费——应交资源税”科目,贷记“银行存款”等科目。

【例 7-9】 某油田将自采的成本为 500 000 元的原油用于连续生产柴油。

要求:假定同类原油的售价为 600 000 元,原油适用的资源税税率为 6%,计算该油田应纳的资源税并进行会计处理。

【解析】 (1)计算应缴纳的资源税时:

原油应纳资源税 = 600 000×6% = 36 000(元)。

借:生产成本　　536 000

　贷:原材料　　500 000

　　应交税费——应交资源税　　36 000

(2)缴纳资源税时:

借:应交税费——应交资源税　　36 000

　贷:银行存款　　36 000

(三)收购未税矿产品的会计处理

收购未税矿产品时,企业应按实际支付的收购款以及代扣代缴的资源税,作为收购矿产品的成本,借记“在途物资”“原材料”等科目;将代扣代缴的资源税,贷记“应交税费——应交资源税”科目;按实际支付的收购款,贷记“银行存款”等科目。实际缴纳资源税时,借记“应交税费——应交资源税”科目,贷记“银行存款”等科目。

六、资源税的征收管理

(一)纳税义务发生时间

(1)纳税人采取分期收款结算方式的,其纳税义务发生时间为销售合同规定的收款日期的当天。

(2)纳税人采取预收货款结算方式的,其纳税义务发生时间为发出应税产品的当天。

(3)纳税人自产自用应税产品的纳税义务发生时间,为移送使用应税产品的当天。

(4)扣缴义务人代扣代缴税款的纳税义务发生时间,为支付首笔货款或首次开具支付货款凭据的当天。

(二)纳税期限

纳税人以 1 个月为一期纳税的,自期满之日起 10 日内申报纳税。

(三)纳税环节和纳税地点

资源税在销售环节及自用环节计算缴纳。

资源税的纳税地点在矿产品的开采地或盐的生产地(本省范围纳税地点需要调整的,由省级地方税务机关决定)。

(1)以自采原矿加工精矿产品的,在原矿移送使用时不缴纳资源税,在精矿销售或自用时缴纳资源税。

(2)纳税人销售自采原矿或者自采原矿加工的金精矿、粗金,在原矿或者金精矿、粗金销售时缴纳资源税,在移送使用时不缴纳资源税。

(3)以应税产品投资、分配、抵债、赠与、以物易物等,视同销售。

(4)如果纳税人应纳的资源税属于跨省开采,其下属生产单位与核算单位不在同一省、自治区、直辖市的,对其开采或生产的应税产品,一律在开采地或者生产地纳税。

(5)扣缴义务人代扣代缴的资源税,应当向收购地主管税务机关缴纳。

【例 7-10】 甲县某独立矿山 2017 年 12 份开采铜矿石原矿,销售到外省乙县;当月还到丙县收购未税铜矿石原矿并运回甲县,并将收购矿石销售到丁县。则该独立矿山 12 月份资源税纳税地点为(　　)。

A. 甲县　　B. 乙县

C. 丙县　　D. 丁县

【解析】 答案为 A。

第二节　城镇土地使用税

一、纳税义务人与征税范围

城镇土地使用税是以国有土地或集体土地为征税对象，对拥有土地使用权的单位和个人征收的一种税。

（一）纳税义务人

城镇土地使用税的纳税义务人（纳税人），是使用城市、县城、建制镇和工矿区土地的单位和个人，包括内资企业、外商投资企业和外国企业在华机构、事业单位、社会团体、国家机关、军队及其他单位、个体工商户及个人。

纳税人通常包括以下几类：

（1）拥有土地使用权的单位和个人。

（2）拥有土地使用权的单位和个人不在土地所在地的，其土地的实际使用人和代管人为纳税人。

（3）土地使用权未确定或权属纠纷未解决的，其实际使用人为纳税人。

（4）土地使用权共有的，共有各方都是纳税人，由共有各方分别纳税。

（二）征税范围

城镇土地使用税的征税范围是城市、县城、建制镇和工矿区内属于国家所有和集体所有的土地，不包括农村集体所有的土地。

二、税率、计税依据和应纳税额的计算

（一）税率

城镇土地使用税采用定额税率，即采用有幅度的差别税额，按大、中、小城市和县城、建制镇、工矿区分别规定每平方米土地使用税年应纳税额，具体标准如下：

（1）大城市 1.5 元至 30 元。

（2）中等城市 1.2 元至 24 元。

（3）小城市 0.9 元至 18 元。

（4）县城、建制镇、工矿区 0.6 元至 12 元。

城镇土地使用税单位税额有较大差别，最高与最低税额之间相差 50 倍，同一地区最高与最低税额之间相差 20 倍。经济落后地区，税额可适当降低，但降低额不得超过税率表中规定的最低税额的 30%。经济发达地区的适用税额可适当提高，但需报财政部

批准。

（二）计税依据

计税依据是实际占用的土地面积。

（1）以测定面积为计税依据，适用于由省、自治区、直辖市人民政府确定的单位组织测定土地面积的纳税人。

（2）以证书确认的土地面积为计税依据，适用尚未组织测量土地面积，但持有政府部门核发的土地使用证书的纳税人。

（3）以申报的土地面积为计税依据，适用于尚未核发土地使用证书的纳税人。待核发土地使用证以后再做调整。

（4）对单独建造的地下建筑用地，暂按应纳税款的50%征收土地使用税：①取得土地使用证的，按证书面积；②未取得土地使用证或证书未标明土地面积的，按地下建筑物垂直投影面积。

（三）应纳税额的计算

计算公式为：

年应纳税额＝实际占用应税土地面积（平方米）×适用税额

【例7-11】 某企业在市区拥有一块地，尚未由有关部门组织测量面积，但持有政府部门核发的土地使用证书。下列关于该企业履行城镇土地使用税纳税义务的表述中，正确的是（　　）。

A. 暂缓履行纳税义务

B. 自行测量土地面积并履行纳税义务

C. 待将来有关部门测定完土地面积后再履行纳税义务

D. 以证书确认的土地面积作为计税依据履行纳税义务

【解析】 答案为D。

三、城镇土地使用税的会计处理

按照规定，企业应缴纳的城镇土地使用税，应设置“税金及附加”和“应交税费——应交城镇土地使用税”科目进行核算。企业按规定计算应缴的城镇土地使用税时，借记“税金及附加”科目，贷记“应交税费——应交城镇土地使用税”科目；实际缴纳时，借记“应交税费——应交城镇土地使用税”科目，贷记“银行存款”科目。

城镇土地使用税会计处理

【例7-12】 某企业位于某大城市，按地段划分适用城镇土地使用税单位税额为每平方米15元。该企业实际占用土地面积为16 000平方米，其中包括：企业自己办的幼儿园1 500平方米，企业自己办的医院用地2 500平方米，假定该企业按季度缴纳城镇土地使用税。

要求：计算该企业全年应纳的土地使用税税额并进行会计处理。

【解析】 该企业全年应纳的城镇土地使用税税额=(16 000−1 500−2 500)×15=180 000(元)。

(1)按月计提城镇土地使用税时,每月应纳城镇土地使用税税额=180 000÷12=15 000(元)。

借:税金及附加 15 000
  贷:应交税费——应交城镇土地使用税 15 000

(2)按季度缴纳时:

借:应交税费——应交城镇土地使用税 45 000
  贷:银行存款 45 000

四、城镇土地使用税的征收管理

(一)纳税期限

城镇土地使用税实行按年计算、分期缴纳的征收方法,具体纳税期限由省、自治区、直辖市人民政府确定。

(二)纳税义务发生时间

(1)纳税人购置新建商品房,自房屋交付使用之次月起,缴纳城镇土地使用税。

(2)以出让或转让方式有偿取得土地使用权的,应由受让方从合同约定交付土地时间的次月起缴纳城镇土地使用税;合同未约定交付时间的,由受让方从合同签订的次月起缴纳城镇土地使用税。

(3)纳税人新征用的耕地,自批准征用之日起满1年时开始缴纳土地使用税。

(4)纳税人新征用的非耕地,自批准征用次月起缴纳土地使用税。

(5)纳税人因土地的权利发生变化而依法终止城镇土地使用税纳税义务的,其应纳税款的计算应截止到土地权利发生变化的当月末。

(三)纳税地点和征收机构

在土地所在地缴纳城镇土地使用税。

纳税人使用的土地不属于同一省、自治区、直辖市管辖的,由纳税人分别向土地所在地的税务机关缴纳土地使用税;在同一省、自治区、直辖市管辖范围内,纳税人跨地区使用的土地,其纳税地点由各省、自治区、直辖市地方税务局确定。

【例7-13】 下列关于城镇土地使用税的表述中,正确的有( )。

A. 城镇土地使用税采用有幅度的差别税额,每个幅度税额的差距为20倍

B. 经批准开山填海整治的土地和改造的废弃土地,从使用的月份起免缴城镇土地使用税10年至20年

C. 对在城镇土地使用税征税范围内单独建造的地下建筑用地,暂按应征税款的50%征收城镇土地使用税

D. 经济落后地区,城镇土地使用税的适用税额标准可适当降低,但降低额不得超过

规定最低税额的30%

【解析】 答案为ACD。

第三节　耕地占用税及其会计处理

一、纳税义务人与征税范围

耕地占用税是对占用耕地建房或从事其他非农业建设的单位和个人，就其实际占用的耕地面积征收的一种税，它属于对特定土地资源占用课税。

(一)纳税义务人

耕地占用税的纳税义务人，是占用耕地建房或从事非农业建设的单位和个人。

(二)征税范围

耕地占用税征税范围包括建房或从事其他非农业建设而占用的国家所有和集体所有的耕地。

耕地是指种植农业作物的土地；占用鱼塘及其他农用土地建房或从事其他非农业建设，也视同占用耕地，必须依法征收耕地占用税。

【例7-14】 根据耕地占用税有关规定，下列各项土地中属于耕地的有(　　)。

A. 果园　　B. 花圃

C. 茶园　　D. 菜地

【解析】 答案为ABCD。

二、税率、计税依据及应纳税额的计算

(一)税率

实行地区差别定额税率：每平方米5～50元。

经济特区、经济技术开发区，以及经济发达、人均耕地特别少的地区，适用税额可以适当提高，但最多不得超过上述规定税额的50%。

(二)计税依据及应纳税额的计算

计算公式为：

应纳税额＝实际占用耕地面积(平方米)×定额税率

三、耕地占用税的会计处理

【例7-15】 某公司经批准在市郊区占用耕地10 000平方米，其中500平方米用于

建造职工医院，其余用于厂房建设。该地区耕地占用税适用税额为每平方米30元。

要求：计算该公司应纳的耕地占用税并进行会计处理。

【解析】 (1)职工医院占地免征耕地占用税。

(2)该公司应纳耕地占用税=(10 000-500)30=285 000(元)。

(3)会计处理：

借：在建工程　　285 000

　　贷：银行存款　　285 000

四、耕地占用税的征收管理

(一)税收优惠

1. 免征

(1)军事设施占用耕地。

(2)学校、幼儿园、养老院、医院占用耕地。

2. 减征

(1)铁路线路、公路线路、飞机场跑道、停机坪、港口、航道占用耕地，减按每平方米2元的税额征收耕地占用税。

(2)农村居民占用耕地新建住宅，按照当地适用税额减半征收耕地占用税。

【例7-16】 下列耕地占用的情形中，属于免征耕地占用税的是(　　)。

A. 医院占用耕地　　B. 建厂房占用鱼塘

C. 高尔夫球场占用耕地　　D. 商品房建设占用林地

【解析】 答案为A。

(二)征收管理

(1)耕地占用税由地方税务机关负责征收。

(2)获准占用耕地的单位或者个人应当在收到土地管理部门的通知之日起30日内缴纳耕地占用税。

(3)其他：①纳税人临时占用耕地，应当依照规定缴纳耕地占用税，纳税人在批准临时占用耕地的期限内恢复所占用耕地原状的，全额退还已经缴纳的耕地占用税；②占用林地、牧草地、农田水利用地、养殖水面以及渔业水域滩涂等其他农用地建房或者从事非农业建设的，比照条例的规定征收耕地占用税；③建设直接为农业生产服务的生产设施占用前款规定的农用地的，不征收耕地占用税。

【例7-17】 下列关于耕地占用税的表述中，正确的有(　　)。

A. 建设直接为农业生产服务的生产设施而占用农用地的，不征收耕地占用税

B. 获准占用耕地的单位或者个人，应当在收到土地管理部门的通知之日起60日内缴纳耕地占用税

C. 免征或者减征耕地占用税后，纳税人改变原占地用途，不再属于免征或者减征耕

地占用税情形的，应当按照当地适用税额补缴耕地占用税

D. 纳税人临时占用耕地，应当依照规定缴纳耕地占用税，在批准临时占用耕地的期限内恢复原状的，可部分退还已经缴纳的耕地占用税

【解析】 答案为AC。

第八章 房产税、契税、土地增值税及其会计处理

【学习目标】

1. 了解房产税、契税、土地增值税的纳税义务人、税目；
2. 掌握房产税、契税、土地增值税应纳税额计算；
3. 掌握房产税、契税、土地增值税的会计处理。

第一节 房产税及其会计处理

一、纳税义务人、征税对象与征税范围

房产税是以房屋为征税对象，按照房屋的计税余值或租金收入，向产权所有人征收的一种财产税。

(一)纳税义务人

房产税的纳税义务人是征税范围内的房屋产权所有人，包括国家所有和集体、个人所有房屋的产权所有人、承典人、代管人或使用人三类。具体包括：

(1)产权属国家所有的，由经营管理单位纳税；产权属集体和个人所有的，由集体单位和个人纳税。

(2)产权出典的，由承典人纳税。

(3)产权所有人、承典人不在房屋所在地的，或者产权未确定及租典纠纷未解决的，由房产代管人或者使用人纳税。

(4)无租使用其他房产的，由房产使用人纳税。

(5)外商投资企业、外国企业和组织及外籍个人。

(二)征税对象

征税对象是房产。

(1)与房屋不可分割的各种附属设施或不单独计价的配套设施,也属于房屋,应一并征收房产税。

(2)独立于房屋之外的建筑物(如水塔、围墙等)不属于房屋,不征房产税。

(3)房地产开发企业建造的商品房,在出售前,不征收房产税;但对出售前房地产开发企业已使用或出租、出借的商品房应按规定征收房产税。

(三)征税范围

房产税的征税范围:城市、县城、建制镇和工矿区。其中:

(1)城市是指国务院批准设立的市。城市的征税范围为市区、郊区和市辖县县城,不包括农村。

(2)县城是指县人民政府所在地的地区。

(3)建制镇是指经省、自治区、直辖市人民政府批准设立的建制镇。建制镇的征税范围为镇人民政府所在地,不包括所辖的行政村。

(4)工矿区是指工商业比较发达、人口比较集中、符合国务院规定的建制镇标准但尚未设立建制镇的大中型工矿企业所在地。开征房产税的工矿区须经省、自治区、直辖市人民政府批准。

房产税的征收范围不包括农村,这主要是为了减轻农民的负担。因为农村的房屋,除农副业生产用房外,大部分是农民居住用房。对农村房屋不纳入房产税征税范围,有利于支持农业发展,繁荣农村经济,有利于社会稳定。

【例 8-1】　下列房屋及建筑物中,属于房产税征税范围的是(　　)。

A. 农村的居住用房

B. 建在室外的露天游泳池

C. 个人拥有的市区经营性用房

D. 尚未使用或出租而待售的商品房

【解析】　答案为 C。

二、税率、计税依据与应纳税额的计算

(一)税率

(1)从价计征:税率为 1.2%。

(2)从租计征:税率为 12%;个人出租,减按 4%。

(二)计税依据

1. 从价计征

计税依据是房产原值一次减除 10% ~30% 的扣除比例后的余值。各地扣除比例由

当地省、自治区、直辖市人民政府确定。

房屋原价应根据国家有关会计制度规定进行核算。房产原值包括与房屋不可分割的附属设施，凡以房屋为载体，不可随意移动的附属设备和配套设施，如给排水、采暖、消防、中央空调、电气及智能化楼宇设备等，无论在会计核算中是否单独记账与核算，都应计入房产原值，计征房产税。纳税人对原有房屋进行改建、扩建的，要相应增加房屋的原值。房产原值中均应包含地价的规定：宗地容积率低于0.5的，按房产建筑面积的2倍计算土地面积并据此确定计入房产原值的地价。

特殊问题：

（1）以房产联营投资的，房产税计税依据应区别对待：①以房产联营投资，共担经营风险的，以房产余值为计税依据计征房产税；②以房产联营投资，收取固定收入，不承担经营风险，只收取固定收入的，实际是以联营名义取得房产租金，因此应由出租方按租金收入计征房产税。

【例8-2】 某公司2019年购进一处房产，2018年5月1日用于投资联营（收取固定收入，不承担联营风险），投资期3年，当年取得固定收入160万元。

要求：该房产原值3 000万元，当地政府规定的减除幅度为30%，计算该公司2018年应缴纳的房产税为多少万元。

【解析】 *房产税＝160×12%＋3 000×（1－30%）×4÷12×1.2%＝27.6（万元）。*

（2）融资租赁房屋。

以房产余值为计税依据计征房产税，租赁期内房产税的纳税人，由当地税务机关根据实际情况确定。

（3）居民住宅区内业主共有经营性房产，由实际经营的代管人或使用人缴纳房产税。其中：①自营的，依照房产原值减除10%～30%后的余值计征；②出租的，依照租金收入计征。

（4）地下建筑物房产税规定：①凡在房产税征收范围内的具备房屋功能的地下建筑，包括与地上房屋相连的地下建筑以及完全建在地面以下的建筑、地下人防设施等，均应当依据有关规定征收房产税；②对不同用途的独立地下建筑物房产税的减征，工业用途房产——房屋原价的50%～60%作为应税房产原值；商业和其他用途房产——房屋原价的70%～80%作为应税房产原值；③对于与地上房屋相连的地下建筑，如房屋的地下室、地下停车场、商场的地下部分等，应将地下部分与地上房屋视为一个整体按照地上房屋建筑的有关规定计算征收房产税；④出租的地下建筑，按照出租地上房屋建筑的有关规定计算征收房产税。

【例8-3】 某企业将其与办公楼相连的地下停车场和另一独立的地下建筑物改为地下生产车间，2019年3月办理竣工手续，4月投入使用，停车场原值100万元，地下建筑物原价200万元，该企业所在省财政和地方税务部门确定地下建筑物的房产原价的折算比例为50%，房产原值减除比例为30%。

要求：计算该企业以上两处地下建筑物2019年4月至12月份应缴纳房产税多少

万元。

【解析】　房产税＝(100+200×50%)×(1−30%)×1.2%×9÷12＝1.26(万元)。

2.从租计征

计税依据为房产租金收入。如果是以劳务或者其他形式为报酬抵付房租收入的，应根据当地同类房产的租金水平，确定一个标准租金额从租计征。对出租房产，约定免收租金期限的，在免收租金期间由产权所有人按照房产余值缴纳房产税。租金收入应不含增值税。

【例8−4】　下列项目中，应以房产租金作为计税依据征收房产税的有(　　)。

A.以融资租赁方式租入的房屋

B.以经营租赁方式租出的房屋

C.居民住宅区内业主自营的共有经营性房屋

D.以收取固定收入、不承担联营风险方式投资的房屋

【解析】　答案为BD。

(三)应纳税额的计算

应纳税额的计算见表8−1。

表8−1　应纳税额的计算

计税方法	计税依据	税率	税额计算公式
从价计征	房产计税余值	1.2%	全年应纳税额＝应税房产原值×(1−扣除比例)×1.2%
从租计征	房屋租金	12%(个人为4%)	全年应纳税额＝租金收入×12%(个人为4%)

【例8−5】　某上市公司2019年以5 000万元购得一处高档会所，然后加以改建，支出500万元在后院新建一露天泳池，支出500万元新增中央空调系统，拆除200万元的照明设施，再支付500万元安装智能照明和楼宇声控系统，会所于2019年底改建完毕并对外营业。

要求：当地规定计算房产余值扣除比例为30%，试计算2018年该会所应缴纳房产税多少万元。

【解析】　2018年应缴纳房产税＝(5 000+500−200+500)×(1−30%)×1.2%＝48.72(万元)。

三、房产税的会计处理

纳税人应当缴纳的房产税，需设置“税金及附加”和“应交税费——应交房产税”科目进行核算。企业按规定计算应缴的房产税时，借记“税金及附加”科目，贷记“应交税费——应交房产税”科目；上缴

房产税会计处理

时，借记“应交税费——应交房产税”科目，贷记“银行存款”科目。

【例 8-6】 某汽车修理厂 2018 年度自用房屋 7 间，原值 2 900 元。当地规定的减除比例为 30%。出租一处门市，年租金 10 万元。该企业按年计算、按季预缴房产税。要求：计算该企业 2018 年度第一季度应纳的房产税，并进行会计处理。

【解析】 (1)计算应纳的房产税税额：

从价计征的全年应纳房产税=29 000 000(1-30%)1.2%=243 600(元)；

每月应缴纳的房产税=24 360 012=20 300(元)；

第 1 季度应纳房产税=203 003=60 900(元)；

从租计征的全年应纳房产税=10 000 012%=12 000(元)；

每月应缴纳的房产税=1 200 012=1 000(元)；

第 1 季度应纳房产税=10 003=3 000(元)；

第 1 季度应纳的房产税合计=60 900+3 000=63 900(元)。

(2)会计处理如下：

1)每月计提房产税时：

借：税金及附加　　21 300

　　贷：应交税费——应交房产税　　21 300

2)按季度缴纳房产税时：

借：应交税费——应交房产税　　63 900

　　贷：银行存款　　63 900

四、房产税的征收管理

(一)纳税义务发生时间

纳税义务发生时间见表 8-2。

表 8-2　纳税义务发生时间

房产用途	纳税义务发生时间
1. 将原有房产用于生产经营	从生产经营之月起
2. 自行新建房屋用于生产经营	从建成之次月起
3. 委托施工企业建设的房屋	从办理验收手续之次月起(此前已使用或出租、出借的新建房屋，应从使用或出租、出借的当月起)
4. 纳税人购置新建商品房	自房屋交付使用之次月起
5. 购置存量房	自办理房屋权属转移、变更登记手续，房地产权属登记机关签发房屋权属证书之次月起

续表 8-2

房产用途	纳税义务发生时间
6. 纳税人出租、出借房产	自交付出租、出借房产之次月起
7. 房地产开发企业自用、出租、出借自建商品房	自房屋使用或交付之次月起
8. 其他	因房产的实物或权利状态发生变化而依法终止房产税纳税义务的，其应纳税款的计算应截止到房产的实物或权利状态发生变化的当月末

（二）纳税地点

房产税在房产所在地缴纳。房产不在同一地方的纳税人，应按房产的坐落地点分别向房产所在地的税务机关纳税。

第二节 契税及其会计处理

契税是以在中华人民共和国境内转移土地、房屋权属为征税对象，向产权承受人征收的一种财产税。

一、征税对象一般规定

征税对象一般规定：在境内转移土地、房屋权属的行为。

二、征税对象具体情况

（一）国有土地使用权出让

对承受国有土地使用权支付的土地出让金，要计征契税。不得因减免土地出让金而减免契税。

（二）国有土地使用权转让

土地使用权的转让不包括农村集体土地承包经营权的转移。

（三）房屋买卖

以下几种特殊情况视同买卖房屋：

（1）以房产抵债或实物交换房屋：按房产折价款缴纳契税。

（2）以房产作投资或作股权转让（房地产企业以自建商品房投资交土地增值税）：以自有房产作股投入本人独资经营的企业，免纳契税。

(3)买房拆料或翻建新房。

(四)房屋赠与

区分赠与和继承:

(1)各种赠与不动产行为,都是契税征税范围。

(2)继承要加以区分:①法定继承人继承土地、房屋权属,不征收契税;②非法定继承人根据遗嘱承受死者生前的土地、房屋权属,属于赠与行为,应征收契税。

(五)房屋交换(单位之间进行房地产交换应交土地增值税)

(1)以获奖方式承受土地、房屋权属的行为,应缴纳契税。

(2)以预购方式或者预付集资建房款方式承受土地、房屋权属,应缴纳契税。

【例8-7】 下列行为中,应缴纳契税的有(　　)。

A. 个人将自有房产无偿赠与非法定继承人

B. 个人以自有房产等价交换自住房产

C. 个人以自有房产投入本人独资经营的企业

D. 个人以自有房产抵偿银行的未偿还贷款

【解析】 答案为AD。

三、纳税义务人、税率和计税依据

(一)纳税义务人

契税的纳税义务人,是境内转移土地、房屋权属中,承受的单位和个人。

单位包括内外资企业、事业单位、国家机关、军事单位和社会团体。个人包括中国公民和外籍人员。

(二)税率

契税执行3% ~5%的幅度比例税率。

(三)计税依据

契税的计税依据:不动产的价格。

由于不动产的转移方式、定价方法不同,契税计税依据有以下几种情况:

(1)国有土地使用权出让、土地使用权出售、房屋买卖,以成交价格为计税依据。

(2)土地使用权赠与、房屋赠与,由征收机关参照土地使用权出售、房屋买卖的市场价格核定。

(3)土地使用权交换、房屋交换,以所交换的土地使用权、房屋的价格差额为计税依据(支付差价的一方为纳税人)。

(4)以划拨方式取得土地使用权,经批准转让房地产时,由房地产转让者补交契税,计税依据为补交的土地使用权出让费用或者土地收益。

(5)对于个人无偿赠与不动产行为(法定继承人除外),应对受赠人全额征收契税。

（6）房屋附属设施征收契税依据：①涉及土地使用权、房屋产权变动的缴契税；②采取分期付款方式购买房屋附属设施土地使用权、房屋所有权，按合同规定的总价款计算征收契税；③承受的房屋附属设施权属如果是单独计价的，按照当地适用的税率征收，如果与房屋统一计价的，适用与房屋相同的税率。

【例 8-8】　甲企业 2019 年 1 月因无力偿还乙企业已到期的债务 3 000 万元，经双方协商甲企业同意以自有房产偿还债务，该房产的原值 5 000 万元，净值 2 000 万元，评估现值 9 000 万元，乙企业支付差价款 6 000 万元，双方办理了产权过户手续。

要求：乙企业计缴契税的计税依据是多少？

【解析】　以房产抵偿债务，按照房屋的折价款作为计税依据缴纳契税，本题中的折价款为 9 000 万元。

【例 8-9】　居民乙因拖欠居民甲 180 万元款项无力偿还，年 6 月经当地有关部门调解，以房产抵偿该笔债务，居民甲因此取得该房产的产权并支付给居民乙差价款 20 万元。

要求：假定当地省政府规定的契税税率为 5%，计算居民甲应纳契税是多少。

【解析】　以房产抵债，按房产折价款由产权承受人缴纳契税。则：

居民甲应纳契税＝(180+20)×5%＝10（万元）。

【例 8-10】　下列各项中，契税计税依据可由征收机关核定的是（　　）。

A. 土地使用权出售

B. 国有土地使用权出让

C. 土地使用权赠与

D. 以划拨方式取得土地使用权

【解析】　答案为 C。

四、契税的会计处理

契税由承受土地、房屋权属的单位缴纳，对其而言，契税是取得不动产权属的一种必要支出，所以应计入所取得的土地使用权和房屋的成本。纳税人办理纳税事宜后，凭完税凭证，才能到土地管理部门办理有关土地、房屋的权属变更登记手续，所以，一般无须设置“应交税费”科目。

【例 8-11】　甲公司承受国有土地试用权出让，支付出让金 8 000 000 元；与乙公司交换一处门市，支付差价 500 000 元。

要求：（1）该地区契税适用税率为 4%；计算甲公司应缴纳的契税税额。

（2）进行相关会计处理。

【解析】　（1）契税应纳税额的计算：

取得国有土地使用权应缴纳的契税税额＝8 000 000×4%＝320 000（元）；

交换房屋所有权应缴纳的契税税额＝500 000×4%＝20 000（元）；

甲公司应该缴纳的契税税额合计＝320 000+20 000＝340 000（元）。

(2)会计处理如下:

借:无形资产——土地使用权　　320 000

　贷:银行存款　　320 000

借:固定资产　　20 000

　贷:银行存款　　20 000

五、契税的征收管理

(一)契税优惠

(1)国家机关、事业单位、社会团体、军事单位承受土地、房屋用于办公、教学、医疗、科研和军事设施的,免征契税。

(2)城镇职工按规定第一次购买公有住房,免征契税。

(3)个人购买住房契税优惠税率见表8-3。

表8-3　个人购买住房契税优惠税率

个人购买住房	面积	契税优惠税率
首套(唯一)	90平方米以下(含)	1%
	90平方米以上	1.5%
第二套(改善型)	90平方米以下(含)	1%
	90平方米以上	2%

(4)公租房经营单位购买住房作公租房,免征契税。

(5)因不可抗力灭失住房而重新购买住房,酌情减免。

(6)土地、房屋被县级以上人民政府征用、占用后,重新承受土地、房屋权属的,由省级人民政府确定是否减免。

(7)承受荒山、荒沟、荒丘、荒滩土地使用权,并用于农、林、牧、渔业生产的,免征契税。

(8)予以免税的外国驻华使馆、领事馆及其外交代表、领事官员等承受土地、房屋权属。

(二)征收管理

1. 纳税义务发生时间

纳税人在签订土地、房屋权属转移合同的当天,或者取得其他具有土地、房屋权属转移合同性质凭证的当天,为纳税义务发生时间。

2. 纳税期限

自纳税义务发生之日起的10日内。

3. 纳税地点

土地、房屋坐落地。

第三节　土地增值税及其会计处理

一、纳税义务人、征税范围、税率

土地增值税是对有偿转让国有土地使用权、地上建筑物及其附着物并取得收入的单位和个人征收的一种税。

（一）纳税义务人

土地增值税的纳税义务人是转让国有土地使用权、地上建筑物及其附着物并取得收入的单位和个人。不论自然人、法人；不论经济性质；不论内资与外资、中国公民与外籍个人；不论部门。

【例 8-12】 下列单位中，属于土地增值税纳税人的有（　　）。

A. 建造房屋的施工单位　　B. 中外合资房地产开发公司

C. 转让国有土地的事业单位　　D. 房地产管理的物业公司

【解析】 答案为 BC。

（二）征税范围

1. 基本规定

土地增值税是对转让国有土地使用权及其地上建筑物和附着物的行为征税。

土地增值税征税范围基本规定见表 8-4。

表 8-4　土地增值税范围基本规定

基本征税范围	不属于征税范围
1. 转让国有土地使用权，包括出售、交换和赠与 2. 地上的建筑物及其附着物连同国有土地使用权一并转让 3. 存量房地产的买卖	1. 不包括国有土地使用权出让所取得的行为 2. 不包括未转让土地使用权、房产产权的行为，如房地产的出租

2. 具体征税范围

土地增值税具体征税范围见表 8-5。

表 8-5　土地增值税具体征税范围

有关事项	是否属于征税范围
1. 继承、赠与	(1)继承:不征 (2)赠与:公益性赠与、赠与直系亲属或承担直接赡养义务人,不征;非公益性赠与,征
2. 出租	不征
3. 房地产抵押	抵押期不征;抵押期满,偿还债务本息不征;抵押期满,不能偿还债务,而以房地产抵债,征
4. 房地产交换	单位之间换房,征;个人之间互换自有住房,免征
5. 以房地产投资、联营	(1)房地产(房地产企业除外)转让到投资联营企业,暂免征;将投资联营房地产再转让,征 (2)投资、联营的企业属于从事房地产开发的,或者房地产开发企业以其建造的商品房进行投资和联营的,应当征收土地增值税
6. 合作建房	建成后自用,暂免征;建成后转让,征
7. 兼并转让	暂免征
8. 代建房	不征
9. 重新评估	不征
10. 改制重组	符合条件不征,但不适用于房地产开发企业

【例 8-13】 下列房地产交易行为中,应当计算缴纳土地增值税的是(　　)。

A. 县城居民之间互换自有居住用房屋

B. 非营利的慈善组织将合作建造的房屋转让

C. 房地产开发企业代客户进行房地产开发,开发完成后向客户收取代建收入

D. 房地产公司出租高档住宅

【解析】 答案为 B。

(三)税率

土地增值税采用四级超率累进税率,见表 8-6。最低税率为 30%,最高税率为 60%,税收负担高于我国的企业所得税。

表 8-6　土地增值税四级超率累进税率表

级数	增值额与扣除项目金额的比例	税率	速算扣除系数
1	不超过 50% 的部分	30%	0%
2	超过 50% ~100% 的部分	40%	5%
3	超过 100% ~200% 的部分	50%	15%
4	超过 200% 的部分	60%	35%

二、应税收入与扣除项目

（一）应税收入的确定

属于征收范围的收入，包括货币收入、实物收入、其他收入；该收入不含增值税。

不含增值税＝含税收入÷(1+5% 或 11%)×5%(或 11%)

（二）扣除项目的确定

计算土地增值额时准予从转让收入中扣除的项目，根据转让项目的性质不同，可进行以下划分(表 8-7)：

表 8-7　土地增值税划分

转让项目的性质	扣除项目
新建房地产转让	(1)取得土地使用权所支付的金额 (2)房地产开发成本 (3)房地产开发费用 (4)与转让房地产有关的税金 (5)财政部规定的其他扣除项目
存量房地产转让	(1)房屋及建筑物的评估价格 (2)取得土地使用权所支付的地价款和按国家统一规定缴纳的有关费用 (3)转让环节缴纳的税金

1. 新建房地产转让项目的扣除

(1)取得土地使用权所支付的金额，包括：①纳税人为取得土地使用权所支付的地价款；②纳税人在取得土地使用权时按国家统一规定缴纳的有关费用(包含契税)。

(2)房地产开发成本：是指纳税人房地产开发项目实际发生的成本。包括以下 6 项：①土地征用及拆迁补偿费(包含耕地占用税)；②前期工程费；③建筑安装工程费；④基础设施费；⑤公共配套设施费；⑥开发间接费用等。

【例 8-14】 某房地产开发公司,2019 年 3 月对一处已竣工的房地产开发项目进行验收,可售建筑面积共计 25 000 平方米。该项目的开发和销售情况如下:

(1)该公司取得土地使用权应支付的土地出让金为 8 000 万元,政府减征了 10%,该公司按规定缴纳了契税(税率 5%)。

(2)该公司为该项目发生的开发成本为 12 000 万元。

(3)该项目发生开发费用 600 万元,其中利息支出 150 万元,但不能按转让房地产项目计算分摊。

(4)4 月销售 20 000 平方米的房屋,共计取得收入 40 000 万元;另外 5 000 平方米的房屋出租给他人使用(产权未发生转移),月租金为 45 万元,租期为 8 个月。

要求:(1)计算该公司清算土地增值税时允许扣除的土地使用权支付金额。

(2)计算该公司清算土地增值税时允许扣除的开发成本。

【解析】 允许扣除的土地使用权支付金额=[8 000×5%+8 000×(1-10%)]×(20 000÷25 000)=6 080(万元)。

允许扣除的开发成本=12 000×(20 000÷25 000)=9 600(万元)。

(3)房地产开发费用:

1)期间费用,即销售费用、管理费用、财务费用,关键取决于财务费用中的利息处理:

a. 纳税人能够按转让房地产项目计算分摊利息支出,并能提供金融机构的贷款证明的:

房地产开发费用=利息+(取得土地使用权所支付的金额+房地产开发成本)×5%以内

利息扣除注意三点:提供金融机构证明;不能超过按商业银行同类同期银行贷款利率计算的金额;不包括加息、罚息。

b. 纳税人不能按转让房地产项目计算分摊利息支出,或不能提供金融机构贷款证明的:

房地产开发费用=(取得土地使用权所支付的金额+房地产开发成本)×10%以内

2)开发费用——取决于“利息支出”。

a. 单独扣除;

b. 不单独扣除。

开发费用=(地价+开发成本)×10%以内

【例 8-15】 承【例 8-14】,由于利息支出不能按转让房地产项目计算分摊,则允许扣除的开发费用=(6 080+9 600)×10%=1 568(万元)。

(4)与转让房地产有关的税金。

1)房地产开发企业:扣“一税两费”(城市维护建设税、教育费附加、地方教育费附加)。

注意:房地产开发企业印花税在开发费用中考虑。

2)非房地产开发企业:扣“两税两费”(城市维护建设税、印花税、教育费附加、地方教

育费附加）。

（5）财政部规定的其他扣除项目。从事房地产开发的纳税人可加计20%的扣除：

加计扣除费用=（取得土地使用权支付的金额+房地产开发成本）×20%

【例8-16】 房地产开发公司支付的下列相关税费，可列入加计20%扣除范围的有（　　）。

A. 支付建筑人员的工资福利费　　B. 占用耕地缴纳的耕地占用税

C. 销售过程中发生的销售费用　　D. 开发小区内的道路建设费用

【解析】 答案为ABD。

2. 存量房地产转让项目的扣除

（1）房屋及建筑物的评估价格。即：由政府批准设立的房地产评估机构评定的重置成本价乘以成新度折扣率后的价格。

评估价格=重置成本价×成新度折扣率

（2）取得土地使用权所支付的地价款和按国家统一规定缴纳的有关费用。

（3）转让环节缴纳的税金[附加（城建税和教育费附加）、印花税]。

特殊规定：

（1）凡不能取得评估价格，但能提供购房发票的：旧房及建筑物的评估价格，可按发票所载金额并从购买年度起至转让年度止每年加计5%计算扣除。

计算扣除项目时“每年”按购房发票所载日期起至售房发票开具之日止，每满12个月计一年；超过一年，未满12个月但超过6个月的，可以视同为一年。

（2）对纳税人购房时缴纳的契税，凡能提供契税完税凭证的，准予作为“与转让房地产有关的税金”予以扣除，但不作为加计5%的基数。

（3）对于转让旧房及建筑物，既没有评估价格，又不能提供购房发票的，地方税务机关可以实行核定征收。

【例8-17】 位于县城的某商贸公司2019年12月销售一栋旧办公楼，取得不含增值税收入1 000万元，缴纳印花税0.5万元，因无法取得评估价格，公司提供了购房发票，该办公楼购于2013年8月，购价为600万元，缴纳契税18万元。

要求：计算该公司销售办公楼计算土地增值税时，可扣除项目金额的合计数为多少万元。

【解析】 销售旧的办公楼需要交增值税=（1 000-600）×5%=20（万元），附加税费=20×（5%+3%+2%）=2（万元）；因为无法取得评估价格，按照购房发票所载金额从购买年度起至转让年度止每年加计5%扣除，600×（1+4×5%）=720（万元）；对纳税人购房时缴纳的契税，凡能提供契税完税凭证的，准予作为“与转让房地产有关的税金”予以扣除，但不作为加计5%的基数，所以可以扣除的金额合计数为720+2+18+0.5=740.5（万元）。

三、应纳税额的计算

(一)税额计算一般方法

应纳税额=增值额×适用税率-扣除项目金额×速算扣除系数

纳税人有下列情形之一的,按照房地产评估价格计算征收土地增值税:

(1)隐瞒、虚报房地产成交价格的。

(2)提供扣除项目金额不实的。

(3)转让房地产的成交价格低于房地产评估价格,又无正当理由的。

(4)旧房及建筑物的转让。

【例 8-18】 2019 年某房地产开发公司销售其新建商品房一幢,取得不含增值税销售收入 14 000 万元,已知该公司支付与商品房相关的土地使用费及开发成本合计为4 800万元;该公司没有按房地产项目计算分摊银行借款利息;该商品房所在地的省政府规定计征土地增值税时房地产开发费用扣除比例为最高比例;准予扣除的有关税金为770 万元。

要求:计算该商品房应缴纳的土地增值税为多少万元。

【解析】 (1)扣除金额=4 800+4 800×10%+770+4 800×20%=7 010(万元)。

(2)土地增值额=14 000-7010=6 990(万元)。

(3)增值率=6 990÷7 010×100%=99.71%,适用税率为第二档,税率 40%、速算扣除系数 5%。

(4)应纳土地增值税=6 990×40%-7 010×5%=2 445.5(万元)。

【例 8-19】 某工业企业 2016 年 9 月 1 日转让其位于县城的一栋办公楼,取得不含增值税销售收入 12 000 万元。2008 年建造该办公楼时,为取得土地使用权支付金额3 000万元,发生建造成本 4 000 万元。转让时经政府批准的房地产评估机构评估后,确定该办公楼的重置成本价为 8 000 万元。(其他相关资料:产权转移书据印花税税率 0.5‰,成新度折扣率 60%。纳税人选择简易办法缴纳增值税)

要求:根据上述资料,按照下列序号回答问题,如有计算,须计算出合计数。

(1)请解释重置成本价的含义。

(2)计算土地增值税时该企业办公楼的评估价格。

(3)计算土地增值税时允许扣除的税金及附加。

(4)计算土地增值税时允许扣除的印花税。

(5)计算土地增值税时允许扣除项目金额的合计数。

(6)计算转让办公楼应缴纳的土地增值税。

【解析】 (1)重置成本价的含义:对旧房及建筑物,按转让时的建材价格及人工费用计算,建筑同样面积、同样层次、同样结构、同样建设标准的新房及建筑物所需花费的成本费用。

(2)计算土地增值税时该企业办公楼的评估价格=8 000×60%=4 800(万元)。

(3)应纳增值税=12 000×5%=600(万元);

应纳城市维护建设税=600×5%=30(万元);

应纳两个附加费=600×(3%+2%)=30(万元);

可扣除税金及附加= 30+30 =60(万元)。

注意:如果为含税收入,应纳增值税=12 000 ÷(1+5%)×5%=571.43(万元),可扣除税金及附加=57.14(万元)。

(4)计算土地增值税时可扣除的印花税=12 000 ×0.5‰=6(万元)。

(5)计算土地增值税时允许扣除项目金额的合计数=4 800+3 000+60+6=7 866(万元)。

(6)转让办公楼的增值额=12 000-7 866=4 134(万元);

增值率=4 134÷7 866×100%=52.56%。

选择税率第二档:

应纳土地增值税=4 134×40%-7 866×5%=1 653.6-393.3=1 260.3(万元)

(二)房地产开发企业土地增值税清算

1. 土地增值税的清算单位

土地增值税以国家有关部门审批的房地产开发项目为单位进行清算,对于分期开发的项目,以分期项目为单位清算。

开发项目中同时包含普通住宅和非普通住宅的,应分别计算增值额。

【例 8-20】 对房地产开发公司进行土地增值税清算时,可作为清算单位的是(　　)。

A. 规划申报项目　　B. 审批备案项目

C. 商业推广项目　　D. 设计建筑项目

【解析】 答案为 B。房地产开发项目全部竣工、完成销售的,可以进行土地增值税的清算。因此,只有选项 B 正确。

2. 土地增值税的清算条件

(1)符合下列情形之一的,纳税人应当进行土地增值税的清算(比较绝对):①房地产开发项目全部竣工、完成销售的;②整体转让未竣工决算房地产开发项目的;③直接转让土地使用权的。

(2)符合下列情形之一的,主管税务机关可要求纳税人进行土地增值税清算:①已竣工验收的房地产开发项目,已转让的房地产建筑面积占整个项目可售建筑面积的比例在 85%以上,或未超 85%,但剩余可售建筑面积已经出租或自用;②取得销售(预售)许可证满三年仍未销售完毕的;③纳税人申请注销税务登记但未办理土地增值税清算手续的。

【例 8-21】 下列情形中,纳税人应进行土地增值税清算的是(　　)。

A. 直接转让土地使用权的

B. 房地产开发项目尚未竣工但已销售面积为 50%

C. 转让未竣工结算房地产开发项目50%股权的

D. 取得销售(预售)许可证满1年仍未销售完毕

【解析】 答案为A。

3. 非直接销售和自用房地产的收入确定

(1)房地产开发企业将开发的产品用于职工福利、奖励、对外投资、分配给股东或投资人、抵偿债务、换取其他单位和个人的非货币资产等,发生所有权转移时应视同销售房地产。

(2)房地产开发企业将开发的部分房地产转为企业自用或用于出租等商业用途时,如果产权未产生转移,不征收土地增值税,在税款清算时不列收入,不扣除相应的成本和费用。

(3)土地增值税清算时:①已全额开具商品房销售发票的,按照发票所载金额确认收入;②未开具发票或未全额开具发票的,以交易双方签订的销售合同所载的售房金额及其他收益确认收入;③销售合同所载商品房面积与有关部门实际测量面积不一致,在清算前已发生补、退房款的,应在计算土地增值税时予以调整。

4. 土地增值税的扣除项目

(1)不予扣除:除另有规定外,扣除取得土地使用权所支付的金额、房地产开发成本、费用及与转让房地产有关税金,须提供合法有效凭证;不能提供合法有效凭证的,不予扣除。

(2)计算扣除:房地产开发企业办理土地增值税清算所附送的前期工程费、建筑安装工程费、基础设施费、开发间接费用的凭证或资料不符合清算要求或不实的,地方税务机关可参照当地建设工程造价管理部门公布的建安造价定额资料,结合房屋结构、用途、区位等因素,核定上述四项开发成本的单位面积金额标准,并据以计算扣除。

(3)公共设施的扣除:房地产开发企业开发建造的与清算项目配套的居委会和派出所用房、会所、停车场(库)、物业管理场所、变电站、热力站、水厂、文体场馆、学校、幼儿园、托儿所、医院、邮电通信等公共设施,按以下原则处理:①建成后产权属于全体业主所有的,其成本、费用可以扣除;②建成后无偿移交给政府、公共事业单位用于非营利性社会公共事业的,其成本、费用可以扣除;③建成后有偿转让的,应计算收入,并准予扣除成本、费用。

【例8-22】 清算土地增值税时,房地产开发企业开发建造的与清算项目配套的会所等公共设施,其成本费用可以扣除的情形是(　　)。

A. 建成后开发企业转为自用的

B. 建成后开发企业用于出租的

C. 建成后直接赠与其他企业的

D. 建成后产权属于全体业主的

【解析】 答案为D。

注释:其成本、费用可以扣除的情形:①建成后产权属于全体业主所有的;②建成后无偿移交给政府、公用事业单位用于非营利性社会公共事业的；③建成后有偿转让的。

（4）装修费用：房地产开发企业销售已装修的房屋，其装修费用可以计入房地产开发成本。房地产开发企业的预提费用，除另有规定外，不得扣除。

（5）共同成本费用：属于多个房地产项目共同的成本费用，应按清算项目可售建筑面积占多个项目可售总建筑面积的比例或其他合理的方法，计算确定清算项目的扣除金额。

（6）扣留建筑安装施工的质量保证金：在计算土地增值税时，建筑安装施工企业就质量保证金对房地产开发企业开具发票的，按发票所载金额予以扣除；未开具发票的，扣留的质保金不得计算扣除。

（7）开发缴纳的土地闲置费不得扣除。

（8）为取得土地使用权所支付的契税，计入“取得土地使用权所支付的金额”中扣除。

（9）拆迁安置费的扣除规定：

1）房地产企业用建造的该项目房地产安置回迁户的，安置用房视同销售处理，同时将此确认为房地产开发项目的拆迁补偿费。房地产开发企业支付给回迁户的补差价款，计入拆迁补偿费；回迁户支付给房地产开发企业的补差价款，应抵减本项目拆迁补偿费。

2）开发企业采取异地安置，异地安置的房屋属于自行开发建造的，房屋价值计入本项目的拆迁补偿费；异地安置的房屋属于购入的，以实际支付的购房支出计入拆迁补偿费。

3）货币安置拆迁的，房地产开发企业凭合法有效凭据计入拆迁补偿费。

5. 土地增值税清算项目的审核鉴证

纳税人委托税务中介机构审核鉴证的清算项目，还应报送中介机构出具的《土地增值税清算税款鉴证报告》。对符合规定格式和要求的鉴证报告，税务机关可以采信。

6. 清算后再转让房地产的处理

在土地增值税清算时未转让的房地产，清算后销售或有偿转让的，纳税人应按规定进行土地增值税的纳税申报，扣除项目金额按清算时的单位建筑面积成本费用乘以销售或转让面积计算。

单位建筑面积成本费用＝清算时的扣除项目总金额÷清算的总建筑面积

7. 土地增值税清算后应补缴的土地增值税加收滞纳金

纳税人按规定预缴土地增值税后，清算补缴的土地增值税，在主管税务机关规定的期限内补缴的，不加收滞纳金。

【例 8-23】　房地产开发企业进行土地增值税清算时，下列各项中，允许在计算增值额时扣除的是（　　）。

A. 加罚的利息

B. 已售精装修房屋的装修费用

C. 逾期开发土地缴纳的土地闲置费

D. 未取得建筑安装施工企业开具发票的扣留质量保证金

【解析】 答案为 B。

【例 8-24】 甲房地产开发公司开发 A 项目的可售总面积为 45 000 平方米，截至 2019 年 8 月底销售面积为 40 500 平方米，取得收入 40 500 万元；计算土地增值税时扣除项目金额合计 29 013.75 万元；尚余 4 500 平方米房屋未销售。2019 年 9 月主管税务机关要求房地产开发公司就 A 项目进行土地增值税清算。2018 年 2 月底，公司将剩余的 4 500 平方米房屋打包销售，收取价款 4 320 万元。

要求：

(1)公司打包销售的 4 500 平方米房屋的单位建筑面积成本费用为多少?

(2)公司打包销售的 4 500 平方米房屋的土地增值税是多少?

【解析】 (1)公司打包销售的 4 500 平方米房屋的单位建筑面积成本费用为：

29 013.75÷40 500＝0.72(万元)。

(2)公司打包销售的 4 500 m^2 房屋的土地增值税为：

扣除项目＝0.72×4 500＝3 240(万元)；

增值额＝4 320－3 240＝1 080(万元)；

增值率＝1 080÷3 240×100%＝33.33%；

应纳土地增值税＝1 080×30%＝324(万元)。

四、土地增值税的会计处理

(一)会计科目的设置

为了核算土地增值税的计算和缴纳情况，纳税人应在“应交税费”科目下设置“应交土地增值税”明细科目进行核算。纳税人按规定计提的土地增值税，计入该科目的贷方；实际缴纳的土地增值税，计入该科目的借方。余额在贷方，反映欠缴的土地增值税；余额在借方，反映预缴或多缴的土地增值税。同时，企业负担的土地增值税税额，根据具体情况，分别在“税金及附加”“固定资产清理”等科目中列支。

(二)房地产开发企业土地增值税的会计处理

房地产开发企业转让房地产，无论主营还是兼营，都属于企业的经营活动，其应纳的土地增值税均应计入“税金及附加”科目。

【例 8-25】 凯越房地产开发公司(增值税一般纳税人)于 2019 年 5 月出售商品房一栋(为 2016 年 4 月 30 日前开工的老项目，企业选择简易计税方法计算增值税)，取得转让收入为 126 000 000 元(含增值税)，转让时按规定缴纳相关税费(城市维护建设税税率 7%、教育费附加征收比率 3%、地方教育费附加征收比率 2%、印花税税率为 0.5‰)。已知该公司开发该商品房相关的支出如下：支付地价款及各种费用 8 000 000 元；房地产开发成本 40 000 000 元；财务费用中的利息支出为 5 000 000 元，能够按转让房地产项目计算分摊并提供金融机构证明，其中超过扣除标准的部分为 1 000 000 元。已知该公司所在地政府规定的费用扣除比例为 5%。

要求：计算该公司应缴纳的土地增值税并进行会计处理。

【解析】 (1)房地产转让收入=126 000 000÷(1+5%)=120 000 000(元)

(2)扣除项目金额=8 000 000+40 000 000+(5 000 000-1 000 000)+(8 000 000+40 000 000)×5%+120 000 000×5%×(7%+3%+2%)+(8 000 000+40 000 000)×20%=64 720 000(元)

(3)土地增值额=120 000 000-64 720 000=55 280 000(元)。

(4)增值额与扣除项目金额的比率=55 280 000÷64 720 000×100%=85.41%，从而确定税率为40%，速算扣除系数为5%。

(5)应纳土地增值税=55 280 000×40%-64 720 000×5%=18 876 000(万元)。

(6)会计处理：

1)纳税人采用简易计税办法计算增值税(征收率为5%)，取得转让收入：

借：银行存款　　126 000 000

　贷：主营业务收入　　120 000 000

　　应交税费——简易征税　　6 000 000

2)计提城市维护建设税、教育费附加和土地增值税时：

借：税金及附加　　19 596 000

　贷：应交税费——应交城市维护建设税(60 000 00×7%)　　420 000

　　——应交教育费附加(60 000 00×3%)　　180 000

　　——应交地方教育费附加(60 000 00×2%)　　120 000

　　——应交土地增值税　　18 876 000

在实际工作中，纳税人在项目全部竣工前转让房地产取得的收入，由于涉及成本计算及其他原因而无法据以计算土地增值税的，可以按税法规定预缴土地增值税。为了方便纳税人，简化土地增值税预征税款的计算，房地产开发企业采取预收款方式销售自行开发的房地产项目的，可按照以下方法计算土地增值税预征的计征依据(依据《关于“营改增”后土地增值税若干征管规定的公告》国家税务总局公告2016年第70号)：

土地增值税预征的计征依据=预收款-应预缴增值税税款

企业预缴税款时，借记“应交税费——应交土地增值税”科目，贷记“银行存款”科目。待房地产转让收入实现时，按应缴纳的税款，借记“税金及附加”科目，贷记“应交税费——应交土地增值税”科目。该项目竣工、办理结算后进行清算，补缴土地增值税时，借记“应交税费——应交土地增值税”科目，贷记“银行存款”科目，收到退回多缴的土地增值税时，做相反的分录。

(三)非房地产在“固定资产”科目核算的

1. 转让的房地产在“固定资产”科目核算的

该房地产转让时应缴纳的土地增值税通过“固定资产清理”科目核算，即借记“固定资产清理”科目，贷记“应交税费——应交土地增值税”科目。

【例8-26】 某机械制造厂(增值税一般纳税人)于2019年5月将自建的一座仓库

连同土地使用权一并转让(作“固定资产核算”),取得转让收入 10 500 000 元(含增值税)。该仓库系 2010 年自建的,转让时企业选择简易计税方法计算增值税。已知该仓库账面原价为 4 000 000 元(其中地价款及相关费用为 1 000 000 元,能提供相关凭证),转让时已提折旧 1 500 000 元;该仓库转让时的评估价格为 5 000 000 元。

要求:计算该厂在转让仓库时应缴纳的各项税费,并进行相应的会计处理。

【解析】 (1)计算应纳的增值税、城建税、教育费附加、地方教育费附加和印花税:

应纳增值税=10 500 000×(1+5%)×5%=500 000(元);

应纳城建税=500 000×7%=35 000(元);

应纳教育费附加=500 000×7%=35 000(元);

应纳地方教育费附加=500 000×2%=10 000(元);

应纳印花税=500 000×0.5‰=5 000(元)。

(2)计算应纳的土地增值税:

准予扣除项目金额=5 000 000+1 000 000+35 000+15 000+10 000+5 000=6 065 000(元);

增值额=10 000 000-6 065 000=3 935 000(元);

增值额占扣除项目金额的比率=3 935 000÷6 065 000×100%=64.88%;

应纳的土地增值税税额=3 935 000×40%-6 065 000×5%=1 270 750(元)。

(3)会计处理如下:

1)将固定资产转入清理时:

借:固定资产清理	2 500 000	
累计折旧	1 500 000	
贷:固定资产		4 000 000

2)取得转让收入时:

借:银行存款	10 500 000	
贷:固定资产清理		10 000 000
应交税费——简易征税		500 000

3)计提各项税金及附加时:

借:固定资产清理	1 330 750	
贷:应交税费——应交城市维护建设税		35 000
——应交教育费附加		15 000
——应交地方教育费附加		10 000
——应交土地增值税		1 270 750

4)缴纳印花税时:

借:固定资产清理	5 000	
贷:银行存款		5 000

5)结转清理固定资产净收益时:

固定资产处理净收益=10 000 000-2 500 000-1 330 750-5 000=6 164 250(万元)。

借:固定资产清理　　6 164 250

　贷:营业外收入——处置非流动资产利得　　6 164 250

2. 转让的土地使用权在“无形资产”科目核算的

非房地产开发企业转让的国有土地使用权在“无形资产”科目核算的,按实际收到的金额,借记“银行存款”科目,按应缴的土地增值税,贷记“应交税费——应交土地增值税”,同时冲销土地使用权的账面价值,贷记“无形资产”科目,按上述借贷方差额,借记“营业外支出——处置非流动资产损失”科目或贷记“营业外收入——处置非流动资产利得”。实际缴纳土地增值税时,借记“应交税费——应交土地增值税”科目,贷记“银行存款”科目。

五、土地增值税的征收管理

(一)税收优惠

(1)建造普通标准住宅的税收优惠:纳税人建造普通标准住宅出售,增值额未超过扣除项目金额20%的,免征土地增值税。如果超过20%的,应就其全部增值额按规定计税。

(2)因国家建设的需要而被政府征用、收回的房地产,免征土地增值税。

(3)因城市规划、国家建设需要而搬迁由纳税人自行转让原房地产的,免征土地增值税。

(4)对企事业单位、社会团体以及其他组织转让旧房作为公租房房源,且增值额未超过扣除项目金额20%的,免征土地增值税。

(二)征收管理

(1)完善土地增值税的预征办法:除保障性住房外,东部地区省份预征率不得低于2%,中部和东北地区省份不得低于1.5%,西部地区省份不得低于1%。

(2)纳税地点。法人纳税人:房地产所在地。自然人纳税人:住所地、办理过户手续所在地。

第九章 车辆购置税、车船税和印花税及其会计处理

【学习目标】

1. 了解车辆购置税、车船税和印花税的纳税义务人、税目;
2. 掌握车辆购置税、车船税和印花税应纳税额计算;
3. 掌握车辆购置税、车船税和印花税的会计处理。

第一节 车辆购置税

车辆购置税是以在中国境内购置规定车辆为课税对象、在特定的环节向车辆购置者征收的一种税。车辆购置税 2001 年开征,性质属于直接税,纳税环节为最终消费环节,一次性征收。

一、纳税义务人与纳税范围

(一)纳税义务人

车辆购置税的纳税义务人是在我国境内购置应税车辆的单位和个人。购置是指取得并使用的行为,包括:①购买使用行为(包括购买自用国产、进口应税车辆);②进口使用行为;③受赠使用行为;④自产自用行为;⑤获奖使用行为;⑥拍卖、抵债、走私、罚没等方式取得并使用的行为。

【例 9-1】 下列各项中,属于车辆购置税应税行为的有(　　)。

A. 受赠使用应税车辆　　　　B. 进口使用应税车辆

C. 经销商经销应税车辆　　　D. 债务人以应税车辆抵债

【解析】 答案为 AB。

（二）征税范围

包括：汽车、摩托车、电车、挂车、农用运输车。

二、税率、计税依据及应纳税额的计算

（一）税率

车辆购置税率统一按比例税率10%执行。

（二）计税依据

计税依据：应税车辆的价格。

由于应税车辆购置的来源不同，计税价格的组成也就不一样，计税依据有以下几种情况：

1. 购买自用（包括购买自用的国产、进口自用应税车辆）

计税依据为纳税人购买应税车辆而支付给销售方的全部价款和价外费用（不含增值税）。

计税依据包括价外收入（如基金、手续费、保管费、装饰费、工具件、零部件价款等）；不包括代办保险费、代收牌照费、代收车辆购置税。使用委托方票据收取，受托方只履行代收义务的款项，一般不应并入计税价格计税。

2. 进口自用

以组成计税价格为计税依据：

组成计税价格=关税完税价格+关税+消费税

如果进口自用的是应缴消费税的小轿车，这个组价也是进口消费税、增值税的计税依据。

【例9-2】 某汽车贸易公司2019年6月进口11辆小轿车，海关审定的关税完税价格为25万元/辆，当月销售8辆，取得含税销售收入240万元；2辆企业自用，1辆用于抵偿债务。合同约定的含税价格为30万元。

要求：计算该公司应纳车辆购置税（小轿车关税税率28%，消费税税率为9%）。

【解析】 该公司应纳车辆购置税$=2\times(25+25\times28\%)\div(1-9\%)\times10\%=7.03$（万元）。

3. 其他自用

如自产、受赠、获奖和以其他方式取得并自用。

（1）以国家税务总局核定的最低计税价格为依据。

（2）未核定最低计税价格确定，以纳税人提供的有效价格证明注明的价格。

（3）有效价格证明注明的价格明显偏低，税务机关有权核定。

4. 按有效价格证明上注明的价格或税务机关核定的价格为计税依据

下列按有效价格证明上注明的价格或税务机关核定的价格为计税依据：①进口旧车；②不可抗力因素导致受损的车辆；③库存超过3年的车辆；④行驶8万公里以上的试

验车辆;⑤国家税务总局规定的其他车辆。

5. 免税、减税条件消失的车辆

以免税车辆初次办理纳税申报时确定的计税价格为基准。

计税依据=初次办理纳税申报时确定的计税价格×[1-(已使用年限÷规定使用年限)]×100%

(1)自初次办理纳税申报之日起使用年限未满10年,每满一年扣减10%。

(2)未满一年,计税依据为免税车辆的原计税价格。

(3)使用年限10年及以上,计税价格为0。

6. 最低计税价格作为计税依据的确定

(1)基本规定:纳税人购买自用或者进口自用应税车辆,申报的计税价格低于同类型应税车辆的最低计税价格,又无正当理由的,按照最低计税价格征收车辆购置税。

(2)特殊情形的最低计税价格规定:

1)对已缴纳并办理了登记注册手续的车辆,其底盘和发动机同时发生更换,其最低计税价格按同类型新车最低计税价格的70%计算。

计税依据=同类型新车最低计税价格×70%

2)非贸易渠道进口车辆的最低计税价格,为同类型新车最低计税价格。

【例9-3】 某企业2019年3月进口载货汽车1辆;4月在国内市场购置载货汽车2辆,支付全部价款和价外费用为75万元(不含增值税),另支付车辆购置税7.5万元,车辆牌照费0.1万元,代办保险费2万元;5月受赠小汽车1辆。上述车辆全部为企业自用。下列正确表述是(　　)。

A. 国内购置载货汽车的计税依据为84.5万元

B. 进口载货汽车的计税依据为关税完税价格加关税

C. 受赠小汽车的计税依据为同类小汽车的市场价格加增值税

D. 国内购置载货汽车的计税依据为77万元

【解析】 答案为B。

(三)应纳税额的计算

车辆购置税应纳税额的计算见表9-1。

表9-1　车辆购置税应纳税额的计算

应税行为	计税依据	税额计算
1. 购买自用	支付给销售方的全部价款和价外费用(不含增值税)	应纳税额=不含增值税价款×10%
2. 进口自用	组成计税价格=关税完税价格+关税+消费税	应纳税额=组价×10%
3. 其他自用	总局核定的最低计税价格	应纳税额=最低计税价格×10%

注意:未按规定纳税车辆应补税额的计算

(1)不能提供购车发票和有关购车证明资料,检查地税务机关应按同类型应税车辆的最低计税价格征税。

应纳税额=最低计税价格×10%

(2)纳税人回落籍地后提供的购车发票金额与支付的价外费用之和,落籍地主管税务机关还应对其高于核定的最低计税价格的差额计算补税。

【例9-4】 宋某2019年12月份,从某汽车有限公司购买一辆小汽车供自己使用,支付了含增值税税款在内的款项234 000元,另支付代收临时牌照费550元、代收保险费1 000元,支付工具件和零配件价款3 000元,车辆装饰费1 300元。所支付的款项均由该汽车有限公司开具"机动车销售统一发票"和有关票据。

要求:请计算宋某应纳的车辆购置税。

【解析】 (1)计税依据=(234 000+550+1 000+3 000+1 300)÷(1+17%)=205 000(元)。

(2)应纳税额=205 000×10%=20 500(元)。

【例9-5】 某公司购置一辆市场价格25万元的国产车自用,购置时因符合免税条件而未缴纳车辆购置税。购置使用4年后,免税条件消失。若免税车辆初次办理纳税申报时确定的计税价格是16万元,车辆使用年限10年,则该公司就该车应缴纳的车辆购置税为多少万元?

【解析】 应纳税额=16×(1-4÷10)×100%×10%=0.96(万元)。

三、车辆购置税的会计处理

企业购置应税车辆按规定缴纳的车辆购置税,及企业购置减税、免税车辆后改变用途,按规定应补缴的车辆购置税,均应当作为所购置车辆的成本,借记"固定资产"科目,贷记"银行存款"科目,一般不通过"应交税费"科目进行核算。

【例9-6】 某运输公司5月经批准从日本进口中轻型商用车5辆,到岸价格为182 400美元,进口关税税率为25%,消费税率为5%。该公司进行车辆购置税纳税申报当日,人民银行公布的基准售价为1美元=6.25元人民币。

要求:计算该公司进口车辆应纳的车辆购置税税额并进行会计处理。

【解析】 (1)应纳税额的计算:

关税完税价格=182 400×6.25=1 140 000(元);

应纳关税税额=1 140 000×25%=285 000(元);

组成计税价格=(1 140 000+285 000)÷(1-5%)=1 500 000(元);

应纳消费税=1 500 000×5%=75 000(元);

应纳增值税=1 500 000×17%=255 000(元);

应纳车辆购置税税额=1 500 000×10%=150 000(元)。

(2)会计处理如下:

借:固定资产　　1 650 000

应交税费——应交增值税(进项税额)　　255 000
贷:银行存款　　1 905 000

四、车辆购置税的征收管理

(一)税收优惠

1. 法定减免

(1)外国驻华使馆、领事馆和国际组织驻华机构及其外交人员自用车辆免税。

(2)中国人民解放军和中国人民武装警察部队列入军队武器装备订货计划的车辆免税。

(3)设有固定装置的非运输车辆免税。

(4)国务院规定予以免税或者减税的"其他情形":①防汛部门和森林消防部门用于指挥、检查、调度、报汛(警)、联络的设有固定装置的指定型号的车辆;②回国服务的留学人员用现汇购买1辆自用国产小汽车;③长期来华定居专家进口1辆自用小汽车。

(5)农用三轮运输车。

(6)城市公交企业购置的公共汽车、电车。

2. 退税

已纳购置税,在办理车辆登记手续前需退税的,可申请退税。

【例9-7】 某市有国际运输资质的运输公司,为增值税一般纳税人,2019年6月经营情况如下:

(1)从事运输服务,开具增值税专用发票,注明运输费320万元、装卸费36万元。

(2)从事仓储服务,开具增值税专用发票,注明仓储收入110万元,装卸费18万元。

(3)从事国内运输服务,价税合计277.5万元;运输至香港、澳门,价税合计51.06万元。

(4)出租客货两用车,取得含税收入60.84万元。

(5)销售使用过的未抵扣过进项税额的固定资产,普通发票3.09万元。

(6)进口货车,成交价160万元,境外运费12万元,保险费8万元。

(7)国内购进小汽车,取得增值税专用发票,价款80万元,增值税13.6万元;销售接受运输服务,取得增值税专用发票,价款6万元,增值税0.66万元。

(8)购买矿泉水,取得增值税专用发票,价款8万元,增值税1.36万元,其中60%赠送给客户,40%用于职工福利。

要求:已知关税税率20%,根据以上资料,按下列顺序回答问题,如有计算,应计算合计数。

(1)计算业务(1)的销项税额。

(2)计算业务(2)的销项税额。

(3)计算业务(3)的销项税额。

(4)计算业务(4)的销项税额。

(5)计算业务(5)的增值税税额。

(6)计算进口业务应纳的增值税。

(7)计算6月的进项税额。

(8)计算6月的增值税。

(9)计算6月的城建税、教育费附加、地方教育附加。

(10)计算应纳的车辆购置税。

【解析】 (1)业务(1)的销项税额=320×11%+36×6%=37.36(万元)。

(2)业务(2)的销项税额=110×6%+18×6%=7.68(万元)。

(3)境内单位和个人提供的往返香港、澳门、台湾的交通运输服务适用增值税零税率。业务(3)的销项税额=277.5÷1.11×11%=27.5(万元)。

(4)业务(4)的销项税额=60.84÷1.17×17%=8.84(万元)。

(5)业务(5)应缴纳的增值税=3.09÷(1+3%)×2%=0.06(万元)。

(6)进口环节关税完税价格=160+12+8=180(万元);

关税=180×20%=36(万元);

进口环节应缴纳的增值税=(180+36)×17%=36.72(万元)。

(7)6月的进项税额=36.72+13.6+0.66+1.36×60%=51.80(万元)。

(8)6月销项税额合计=37.36+7.68+27.5+8.84+1.36×60%=82.2(万元);

6月应缴纳的增值税=82.2−51.80+0.06=30.46(万元)。

(9)6月应缴纳的城建税、教育费附加和地方教育附加=30.46×(7%+3%+2%)=3.66(万元)。

(10)应缴纳的车辆购置税=(180+36)×10%+80×10%=21.6+8=29.6(万元)。

(二)征收管理

1. 纳税申报

纳税申报采用一车一申报制度。提供资料:纳税人身份证明、车辆价格证明、车辆合格证明。

2. 纳税环节

纳税环节在使用环节。纳税人应当在向公安机关等车辆管理机构办理车辆登记注册手续前,缴纳车辆购置税,即最终消费环节缴纳。

3. 纳税地点

(1)纳税人购置应税车辆,应当向车辆登记注册地(即车辆的上牌落籍地或落户地)的主管税务机关申报纳税。

(2)购置不需办理车辆登记注册手续的应税车辆,应当向纳税人所在地主管税务机关申报纳税。

4. 纳税期限

(1)购买自用的应税车辆,自购买之日(即购车发票上注明的销售日期)起60日内申报纳税。

(2)进口自用的应税车辆,应当自进口之日(报关进口的当天)起60日内申报纳税。

(3)自产、受赠、获奖和以其他方式取得并自用的应税车辆,应当自取得之日起60日内申报纳税。

5. 缴税方法

(1)自报核缴。

(2)集中征收缴纳。

(3)代征、代扣、代收。

6. 车辆购置税的退税制度

已缴纳的车辆购置税的车辆,发生下列情形之一的,准予纳税人申请退税:

(1)车辆退回生产企业或者经销商的。

(2)符合免税条件的设有固定装置非运输车辆但已征税的。

车辆退回生产企业或者经销商的,纳税人申请退税时,主管税务机关自纳税人办理纳税申报之日起,按已纳税款每满1年扣减10%,计算退税额;未满1年的,按已缴纳税款全额退税。

第二节　车船税及其会计处理

一、纳税义务人与征税范围

车船税是对在中华人民共和国境内的车辆、船舶的所有人或者管理人应缴纳的一种税。《中华人民共和国车船税法》于2011年2月25日经第十一届全国人大常委会通过,自2012年1月1日起施行。

(一)纳税义务人

在中华人民共和国境内,车辆、船舶(以下简称车船)的所有人或者管理人。

境内单位和个人租入外国籍船舶,不征收车船税;境内单位将船舶出租到境外的,应依法征收车船税。

(二)征税范围

(1)依法应当在车船管理部门登记的机动车辆和船舶。

(2)依法不需要在车船管理部门登记、在单位内部场所行驶或者作业的机动车辆和船舶。

二、计税依据与税额计算

(一)定额税率与计税单位

定额税率与计税单位见表9-2。

表9-2　定额税率与计税单位

名称	计税单位	备注
乘用车	每辆	核定载客人数9人(含)以下
商用车	每辆(客车)	核定载客人数9人(包括电车)以上
	整备质量每吨(货车)	1.包括半挂牵引车、挂车、客货两用汽车、三轮汽车和低速载货汽车等 2.挂车按照货车税额50%计算
其他车辆	整备质量每吨	不包括拖拉机
摩托车	每辆	—
船舶	净吨位每吨	拖船、非机动驳船分别按机动船舶税额的50%计算
游艇	艇身长度每米	—

固定税额关注要点:

(1)拖船:发动机功率每1千瓦按净吨位0.67吨计。

(2)车辆整备质量、净吨位、艇身长度等计税单位,有尾数的一律按照含尾数的计税单位据实计算应纳税额,税额计算到分。

(3)车船税法所涉及的排气量、整备质量、核定载客人数、净吨位、马力、艇身长度,以车船管理部门核发的车船登记证书或者行驶证相应项目所载数据为准。

【例9-8】　下列关于车船税计税单位确认的表述中,正确的是(　　)。

A.摩托车按“排气量”作为计税单位

B.游艇按“净吨位每吨”作为计税单位

C.专业作业车按“整备质量每吨”作为计税单位

D.商用货车按“每辆”作为计税单位

【解析】　答案为C。

(二)应纳税额的计算

年应纳税额=计税单位×年固定税额

(1)购置的新车船,购置当年的应纳税额自纳税义务发生的当月起按月计算。计算公式为:

应纳税额=(年应纳税额÷12)×应纳税月份数

应纳税月份数=12-纳税义务发生时间(取得月份)+1

【例9-9】 某机械制造厂2019年拥有货车3辆,每辆货车的整备质量均为1.499吨;挂车1部,其整备质量为1.2吨;小汽车2辆。已知货车车船税税率为整备质量每吨年基准税额16元,小汽车车船税税率为每辆年基准税额360元。

要求:计算该厂2019年度应纳车船税为多少元。

【解析】 该机械制造厂2019年应纳的车船税=1.499×3×16+1.2×16×50%+2×360=801.55(元)。

【例9-10】 某公司2019年度拥有拖船2艘,每艘发动机功率1 500千瓦。当年8月新购置机动船4艘,每艘净吨位2 000吨。该公司船舶适用的年税额为:净吨位201～2 000吨的,每吨4元。

要求:计算该公司应缴纳的车船税为多少元。

【解析】 拖船1千瓦按净吨位0.67吨计,按照船舶税额的50%计算:

该公司应缴纳的车船税=2×1 500×0.67×4×50%+4×2 000×4÷12×(12-8+1)=4 020+13 333.33=17 353.33(元)。

(2)在一个纳税年度内,已完税的车船被盗抢、报废、灭失的,纳税人可以凭有关管理机关出具的证明和完税证明,向纳税所在地的主管税务机关申请退还自被盗抢、报废、灭失月份起至该纳税年度终了期间的税款。

(3)已办理退税的被盗抢车船,失而复得的,纳税人应当从公安机关出具相关证明的当月起计算缴纳车船税。

(4)保险机构代收车船税的,不再向税务机关缴税。

(5)已税车船当年办理转让过户,不另纳税也不退税。

【例9-11】 某企业2019年1月缴纳了5辆客车车船税,其中一辆9月被盗,已办理车船税退还手续;11月由公安机关找回并出具证明,企业补缴车船税,假定该类型客车年基准税额为480元。

要求:计算该企业2019年实际缴纳的车船税总计为多少元。

【解析】 实际缴纳的车船税=4×480+480÷12×10=2 320(元)。

三、车船税的会计处理

企业缴纳的车船税应计入“税金及附加”科目,并在“应交税费”科目下设置“应交车船税”明细科目进行核算。分期计提车船税时,借记“税金及附加”科目,贷记“应交税费——应交车船税”科目;实际缴纳车船税时,借记“应交税费——应交车船税”科目,贷记“银行存款”科目。

【例9-12】 某企业2019年自有乘用车3辆,排气量分别为1.2升、1.8升和2.5升;自有商用货车1辆,整备质量10吨,挂车1辆,整备质量8吨。该地区1.0升以上至1.6升(含)的乘用车车船税单位税额是300元/辆,1.6升以上至2.0升(含)的乘用车车船税单位税额是450元/辆,2.0升以上至2.5升(含)的乘用车车船税单位税额是750

元/辆，商用货车车船税单位税额是60元/吨。

要求：计算该企业2019年应纳的车船税税额并进行会计处理。

【解析】（1）计算应纳的车船税税额：

乘用车全年应纳车船税税额＝300+450+750＝1 500（元）；

商用车全年应纳车船税税额＝10×60＝600（元）；

挂车全年应纳车船税税额＝8×60×50%＝240（元）；

全年应纳车船税税额＝1 500+600+240＝2 340（元）。

（2）会计处理如下：

1）按月计提车船税时：

每月车船税＝2 340÷12＝195（元）

借：税金及附加　　195

　贷：应交税费——应交车船税　　195

2）按年实际缴纳车船税时：

借：应交税费——应交车船税　　2 340

　贷：银行存款　　2 340

四、车船税的征收管理

（一）税收优惠

1. 法定减免

（1）捕捞、养殖渔船。

（2）军队、武警专用的车船。

（3）警用车船：指公安机关、国家安全机关、监狱、劳动教养管理机关和人民法院、人民检察院领取警用牌照的车辆和执行警务的专用船舶。

（4）依照法律规定应当予以免税的外国驻华使馆、领事馆和国际组织驻华机构及其有关人员的车船。

（5）新能源的车辆优惠：使用新能源的车辆包括纯电动汽车、燃料电池汽车和混合动力汽车。对节约能源车辆，减半征收车船税——其他混合动力汽车；对使用新能源的车辆，免征车船税——纯电动汽车、燃料电池汽车。

（6）省、自治区、直辖市人民政府根据当地实际情况，可以对公共交通车船，农村居民拥有并主要在农村地区使用的摩托车、三轮汽车和低速载货汽车定期减征或者免征车船税。

2. 特定减免

（1）经批准临时入境的外国车船和香港特别行政区、澳门特别行政区、台湾地区的车船，不征收车船税。

（2）按照规定缴纳船舶吨税的机动船舶，自车船税法实施之日起5年内免征车船税。

(3)机场、港口内部行驶或作业的车船,自车船税法实施之日起5年内免征车船税。

【例9-13】 下列车船属于法定免税的有( )。

A. 专项作业车　　B. 警用车船

C. 非机动驳船　　D. 捕捞、养殖渔船

【解析】 答案为BD。

(二)征收管理

1. 纳税期限

车船税纳税义务发生时间为取得车船所有权或者管理权的当月。以购买车船的发票或其他证明文件所载日期的当月为准。

2. 纳税地点

(1)车船税的纳税地点为车船的登记地或者车船税扣缴义务人所在地。依法不需要办理登记的车船,车船税的纳税地点为车船的所有人或者管理人所在地。

(2)扣缴义务人代收代缴车船税的,纳税地点为扣缴义务人所在地。

3. 纳税申报

(1)车船税按年申报,分月计算,一次性缴纳。具体申报纳税期限由省、自治区、直辖市人民政府规定。

(2)从事机动车第三者责任强制保险的保险机构,为机动车车船税的扣缴义务人,应当在收取保险费时依法代收车船税,并出具代收税款凭证。

(3)不需购买交强险的车辆,纳税人向主管税务机关申报缴纳车船税。

【例9-14】 下列各项中,符合车船税有关征收管理规定的有( )。

A. 新购置使用的车船,纳税地点为车船的登记地

B. 车船的所有人或者管理人未缴纳车船税的,使用人应当代为缴纳车船税

C. 纳税人在购买机动车交强险时缴纳车船税的,不再向地方税务机关申报纳税

D. 已办理退税的被盗抢车船失而复得的,纳税人应当从公安机关出具相关证明的当月起计算缴纳车船税

【解析】 答案为ABCD。

第三节　印花税及其会计处理

一、纳税义务人、税目及税率

印花税是以经济活动和经济交往中,书立、领受应税凭证的行为为征税对象征收的一种税。

印花税因其采用在应税凭证上粘贴印花税票的方法缴纳税款而得名，属于行为税。

（一）纳税义务人

印花税的纳税人，是在中国境内书立、使用、领受印花税法所列举的凭证，并应依法履行纳税义务的单位和个人，包括内、外资企业，各类行政（机关、部队）和事业单位，中、外籍个人。

按照所书立、使用、领受的应税凭证不同，纳税人又可分为以下类别。

（1）立合同人。指合同的当事人，不包括合同的担保人、证人、鉴定人。

（2）立据人。

（3）立账簿人。营业账簿的纳税人是立账簿人。

（4）领受人。权利、许可证照的纳税人是领受人。

（5）使用人。在国外书立、领受，但在国内使用的应税凭证，其纳税人是使用人。

（6）各类电子应税凭证的签订人。

印花税应税凭证，凡由两方或两方以上当事人共同书立应税凭证的，其当事人各方都是印花税的纳税人，应各就其所持凭证的计税金额履行纳税义务。

证券交易印花税 2008 年 9 月 19 日起，由双边征收改为单边征收，即只对卖出方（或继承、赠与 A 股 B 股股权的出让方）征收证券交易印花税，对买入方（受让方）不再征税。

【例 9-15】　下列属于印花税纳税人的有（　　）。

A. 借款合同的担保人

B. 发放商标注册证的国家商标局

C. 在国外书立，在国内使用技术合同的单位

D. 签订加工承揽合同的两家中外合资企业

【解析】　答案为 CD。

（二）税目及税率

1. 税目

印花税的税目是指印花税明确规定的应当纳税的项目。印花税税目具体划分了印花税的征税范围。印花税共有 13 个税目：购销合同、加工承揽合同、建设工程勘探设计合同、建筑安装工程承包合同、财产租赁合同、货物运输合同、仓储保管合同、借款合同、财产保险合同、技术合同、产权转移书据、营业账簿，以及权利、许可证照。下面是各个税目的具体说明。

（1）购销合同。包括供应、预购、采购、购销结合及协作、调剂、补偿、易货等合同。还包括出版单位与发行单位之间订立的图书、报纸、期刊和音像制品的应税凭证，例如，订购单、订数单等。

（2）加工承揽合同。包括加工、定作、修缮、修理、复制、印刷、广告、测绘、测试、检验等合同。

（3）建设工程勘察设计合同。包括勘察、设计合同。

(4)建设安装工程承包合同。指建设工程勘察设计合同和建筑安装工程承包合同,它包括总包合同、分包合同和转包合同。

(5)财产租赁合同。包括租赁房屋、船舶、飞机、机动车辆、机械、器具、设备等合同。其中也包括出租店面、柜台等签订的合同。

(6)货物运输合同。包括民用航空、铁路运输、海上运输、内河运输、公路运输和联运合同。

(7)仓储保管合同。包括仓储、保管合同。仓单或栈单作为合同使用的,按合同贴花。

(8)借款合同。银行及其他金融组织和借款人(不包括银行同业拆借)所签订的借款合同,以及只填开借据并作为合同使用取得银行借款的借据。单据作为合同使用的,也按借款合同贴花。银行及其他金融机构经营的融资租赁业务,是一种融物方式达到融资目的的业务,实际上是分期偿还的固定资金借款,因此融资租赁合同也属于借款合同。

(9)财产保险合同。包括财产、责任、保证、信用等保险合同。单据作为合同使用的,按财产保险合同贴花。财产保险合同分为企业财产保险、机动车辆保险、货物运输保险、家庭财产保险和农牧业保险五大类。家庭财产两全保险属于家庭财产保险性质,其合同在财产保险合同之列,应照章纳税。

(10)技术合同。包括技术开发、转让、咨询、服务等合同,以及作为合同使用的单据。其中,技术转让合同包括专利权转让、专利申请权转让、专利实施许可和非专利技术转让。技术咨询合同是当事人就有关项目的分析、论证、预测和调查订立的技术合同。技术服务合同是指当事人一方委托另一方就解决有关特定技术问题所订立的技术合同。包括技术服务合同、技术培训合同和技术中介合同。

(11)产权转移书据。指单位和个人产权的买卖、继承、赠与、交换、分割等所立的书据。包括财产所有权和版权、商标专用权、专利权、专有技术使用权等转移书据。财产所有权转移书据的征税范围是指经政府管理机关登记注册的动产、不动产的所有权转移所立的书据,以及企业股权转让所立的书据。

(12)营业账簿。指单位或者个人记载生产经营活动的财务会计核算账簿。营业账簿按其反映内容的不同可分为生产经营用账册、记载资金的账簿和其他账簿。

(13)权利、许可证照。包括政府部门发给的房屋产权证、工商营业执照、商标注册证、专利证、土地使用证。

另外还规定:①对纳税人以电子形式签订的各类应税凭证按规定征收印花税;②对发电厂与电网之间、电网与电网之间(国家电网公司系统、南方电网公司系统内部各级电网互供电量除外)签订的购售电合同按购销合同征收印花税,电网与用户之间签订的供用电合同不属于印花税列举征税的凭证,不征收印花税③对土地使用权出让合同、土地使用权转让合同按产权转移书据征收印花税;④对商品房销售合同按照产权转移书据征收印花税。

2. 税率

印花税税目税率见表9-3。

表9-3　印花税税目税率表

税目	范围	计税依据	税率	纳税义务人
1. 购销合同	包括供应、预购、采购、购销结合及协作、调剂、补偿、易货等合同	购销金额	0.3‰	立合同人
2. 加工承揽合同	包括加工、定作、修缮、修理、印刷、广告、测绘、测试、检验等合同	按加工或承揽收入	0.5‰	立合同人
3. 建设工程勘察设计合同	包括勘察、设计合同	收取费用	0.5‰	立合同人
4. 建筑安装工程承包合同	包括建筑、安装工程承包合同	承包金额	0.3‰	立合同人
5. 财产租赁合同	包括租赁房屋、船舶、飞机、机动车辆、机械、器具、设备等合同	租赁金额	1‰	立合同人
6. 货物运输合同	包括民用航空、铁路运输、海上运输、内河运输、公路运输和联运合同	运输费用	0.5‰	立合同人
7. 仓储保管合同	包括仓储、保管合同。仓单或栈单作为合同使用的，按合同贴花	仓储保管费用	1‰	立合同人
8. 借款合同	银行及其他金融组织和借款人（不包括银行同业拆借）所签订的借款合同，单据作为合同使用的，按合同贴花	借款金额	0.03‰	立合同人
9. 财产保险合同	包括财产、责任、保证、信用等保险合同，单据作为合同使用的，按合同贴花	投保金额	0.03‰	立合同人
10. 技术合同	包括技术开发、转让、咨询、服务等合同，以及作为合同使用的单据	所载金额	0.3‰	立合同人
11. 产权转移书据	包括财产所有权和版权、商标专用权、专利权、专有技术使用权等转移书据	所载金额	0.5‰	立据人

续表 9-3

税目	范围	计税依据	税率	纳税义务人
12. 营业账簿	生产经营用账册、记载资金的账簿	实收资本与资本公积合计总额	0.5‰	立账簿人
	其他账簿	按件	5 元	
13. 权利、许可证照	包括政府部门发给的房屋产权证、工商营业执照、商标注册证、专利证、土地使用证	每件	5 元	领受人

注:1. 税目税率表中的记载资金的账簿,是指载有固定资产原值和自有流动资金的总分类账簿,或者专门设置的记载固定资产原值和自有流动资金的账簿;其他账簿,是指除上述账簿以外的账簿,包括日记账簿和各明细分类账簿

2. 记载资金的账簿按固定资产原值和自有流动资金(改为按实收资本和资本公积合计金额)总额贴花后,以后年度资金总额比已贴花资金总额增加的,增加部分应按规定贴花

3. 税目税率表中自有流动资金的确定,按有关财务会计制度的规定执行

4. 印花税只对税目税率表中列举的凭证和经财政部确定征税的其他凭证征税

【例 9-16】 电网公司甲在 2019 年 4 月与发电厂订了购销电合同 1 份,与保险公司签订了保险合同 1 份,直接与用户签订了供电合同若干份,另与房地产开发公司签订了一份购房合同。下列说明甲公司计缴纳印花税的表述中,正确的有(　　)。

A. 签订保险合同按保险合同缴纳印花税

B. 签订的购电合同按购销合同缴纳印花税

C. 与用户签订的供电合同按购销合同缴纳印花税

D. 签订的购房合同,按产权转移书缴纳印花税

【解析】 答案为 ABD。

二、计税依据与税额计算

应纳税额=计税金额×比例税率

应纳税额=凭证件数×固定税额

(一)计税依据的一般规定

大部分应税凭证以计税金额纳税。计税金额以全额为主;差额计税的有两个:货物运输合同、技术开发合同。各税目具体如下:

1. 购销合同

计税依据为购销金额。

注意:如果是以物易物方式签订的购销合同,计税金额为合同所载的购、销金额合计数,适用税率 0.3‰。

【例9-17】 甲公司于2019年8月与乙公司签订了数份以货易货合同，以总价值750 000元的钢材换取650 000元的水泥，甲公司取得差价100 000元。下列各项中表述正确的有（　　）。

A. 甲公司8月应缴纳的印花税为225元

B. 甲公司8月应缴纳的印花税为420元

C. 甲公司可对易货合同采用汇总方式缴纳印花税

D. 甲公司可对易货合同采用汇贴方式缴纳印花税

【解析】 答案为BC。采用以货换货方式进行商品交易签订的合同，是反映既购又销双重经济行为的合同。对此，应按合同所载的购、销合计金额计税贴花，甲公司8月应缴纳的印花税=（750 000+650 000）×0.03%=420（元）。一份凭证应纳税额超过500元的，应向当地税务机关申请填写缴款书或者完税证，即"汇贴"办法纳税。上述凭证单份凭证纳税额不超过500元，不适用"汇贴"方式。

2. 加工承揽合同

计税依据为加工或承揽收入。

（1）由受托方提供原材料的加工、定做：①凡在合同中分别记载加工费金额与原材料金额的，加工费金额按"加工承揽合同"，原材料金额按"购销合同"计税，两项税额相加数，即为合同应贴印花；②若合同中未分别记载，则就全部金额依照加工承揽合同0.5‰计税贴花。

（2）由委托方提供原材料：原材料不计税，计税依据为加工费和辅料的合计数，按0.5‰计税贴花。

【例9-18】 某高新技术企业与广告公司签订广告制作合同1份，分别记载加工费3万元，广告公司提供的原材料7万元。

要求：计算高新技术企业应当缴纳的印花税。

【解析】 应纳税额=30 000×0.5‰+70 000×0.3‰=36（元）。

3. 建设工程勘察设计合同

计税依据为勘察、设计收取的费用（即勘察、设计收入）。

4. 建筑安装工程承包合同

计税依据为承包金额，不得剔除任何费用。

注意：施工单位将自己承包的建设项目分包或转包给其他施工单位所签订的分包合同或转包合同，应以新的分包合同或转包合同所载金额为依据计算应纳税额。

【例9-19】 某建筑公司与甲企业签订一份建筑承包合同，合同金额6 000万元（含相关费用50万元）。施工期间，该建筑公司又将其中价值800万元的安装工程转包给乙企业，并签订转包合同。

要求：计算该建筑公司此项业务应缴纳印花税多少万元。

【解析】 印花税=（6 000+800）×0.3‰=2.04（万元）。

5. 财产租赁合同

计税依据为租赁金额(即租金全额)。

(1)税额不足1元的按照1元贴花。

(2)财产租赁合同只是规定(月)天租金而不确定租期的,先定额5元贴花,再结算时按实际补贴印花。

【例9-20】 甲公司1月将闲置厂房出租给乙公司,合同约定每月租金2 500元,租期未定。签订合同时,预收租金5 000元,双方已按定额贴花。5月底合同解除,甲公司收到乙公司补交租金7 500元。

要求:计算甲公司5月份应补缴的印花税。

【解析】 应补缴印花税 $=(5\ 000+7\ 500)\times1‰-5=7.5$(元)。

6. 货物运输合同

(1)一般规定:取得的运输费金额(即运费收入),不包括所运货物的金额、装卸费和保险费等。

【例9-21】 某企业与货运公司签订运输合同,载明运输费用8万元(其中含装卸费0.5万元)。

要求:计算货运合同应纳印花税。

【解析】 货运合同应纳印花税 $=(8-0.5)\times0.5‰\times10\ 000=37.5$(元)。

(2)对各种形式的国内货物联运:凡在起运地统一结算全程运费的,应以全程运费作为计税依据,由起运地运费结算双方缴纳印花税;

凡分程结算运费的,应以分程的运费作为计税依据,分别由办理运费结算的各方缴纳印花税。

(3)对国际货运:凡由我国运输企业运输的,不论在我国境内、境外起运或中转分程运输,我国运输企业所持的一份运费结算凭证,均按本程运费计算应纳税额。

由外国运输企业运输进出口货物的,外国运输企业所持的一份运费结算凭证免纳印花税。

【例9-22】 我国运输企业甲与国外运输企业乙根据我国境内托运方企业丙的要求签订了1份国际货运合同,合同规定由甲负责起运,乙负责境外运输,甲、乙、丙分别持有全程运费结算凭证。下列关于计算缴纳印花税的表述中正确的有(　　)。

A. 甲按本程运费贴花　　B. 乙按本程运费贴花

C. 乙按全程运费贴花　　D. 丙按全程运费贴花

【解析】 答案为AD。选项A,对国际货运,凡由我国运输企业运输的,不论在我国境内、境外起运或中转分程运输,我国运输企业所持的一份运费结算凭证,均按本程运费计算应纳税额;选项D,托运方所持的一份运费结算凭证,按全程运费计算应纳税额;选项B、C,由外国运输企业运输进出口货物的,外国运输企业所持的一份运输结算凭证免纳印花税,所以乙是免税的。

7. 仓储保管合同

计税依据为仓储保管的费用(即保管费收入)。

8. 借款合同

计税依据为借款金额(即借款本金),特殊情况应了解:

(1)凡是一项信贷业务既签订借款合同,又一次或分次填开借据的,只以借款合同所载金额为计税依据计税贴花;凡是只填开借据并作为合同使用的,应以借据所载金额为计税依据计税贴花。

(2)借贷双方签订的流动资金周转性借款合同,一般按年(期)签订,规定最高限额,借款人在规定的期限和最高限额内随借随还,为避免加重借贷双方的负担,对这类合同只以其规定的最高限额为计税依据,在签订时贴花一次,在限额内随借随还不签订新合同的,不再贴花。

(3)对借款方以财产作抵押,从贷款方取得一定数量抵押贷款的合同,应按借款合同贴花;在借款方因无力偿还借款而将抵押财产转移给贷款方时,应再就双方书立的产权书据,按产权转移书据的有关规定计税贴花。

(4)对银行及其他金融组织的融资租赁业务签订的融资租赁合同,应按合同所载租金总额,暂按借款合同计税。

【例9-23】 某钢铁公司与机械进出口公司签订购买价值2 000万元设备合同,为购买此设备向商业银行签订借款2 000万元的借款合同。后因故购销合同作废,改签融资租赁合同,租赁费1 000万元。

要求:根据上述情况,计算该公司一共应缴纳印花税为多少元。

【解析】 本题涉及三项应税行为:

(1)购销合同应纳税额=2 000×0.3‰=0.6(万元),产生纳税义务后合同作废不能免税。

(2)借款合同应纳税额=2 000×0.05‰=0.1(万元)。

(3)融资租赁合同属于借款合同,应纳税额=1 000×0.05‰=0.05(万元)。

该公司应纳税额=0.6+0.1+0.05=0.75(万元)。

9. 财产保险合同

计税依据为支付(收取)的保险费金额,不包括所保财产的金额。

10. 技术合同

计税依据为合同所载的价款、报酬或使用费。技术开发合同研究开发经费不作为计税依据。

【例9-24】 甲公司作为受托方签订技术开发合同一份,合同约定:技术开发金额共计1 000万元,其中研究开发费用与报酬金额之比为3∶1。

要求:计算甲公司该笔业务应缴纳印花税。

【解析】 公司签订的技术合同应缴纳的印花税=1 000÷4×0.3‰×10 000=750(元)。

11. 产权转移书据

计税依据为书据中所载的金额。

【例 9-25】 某企业购置房屋,产权转移书据上注明的交易价格为 1 200 万元,在企业“固定资产”科目上记载的原值为 1 250 万元,取得了房屋权属证书。

要求:计算应纳印花税。

【解析】 应纳印花税 = $1\ 200 \times 10\ 000 \times 0.5‰ + 1 \times 5 = 6\ 005$(元)。

12. 营业账簿

(1)记载资金的营业账簿,以实收资本和资本公积的两项合计金额为计税依据。凡“资金账簿”在次年度的实收资本和资本公积未增加的,对其不再计算贴花。

(2)其他营业账簿,计税依据为应税凭证件数。

13. 权利、许可证照

计税依据为应税凭证件数,每件 5 元。

(二)计税依据的特殊规定

(1)上述凭证以“金额”“收入”“费用”作为计税依据的,应当全额计税,不得做任何扣除。

(2)同一凭证,载有两个或两个以上经济事项而适用不同税目税率,分别记载金额的,分别计算,未分别记载金额的,按税率高的计税。

(3)应税凭证所载金额为外国货币的,应按书立当日外汇牌价折合成人民币,计算应纳税额。

(4)有些合同,在签订时无法确定计税金额,可在签订时先按定额 5 元贴花,以后结算时再按实际金额计税,补贴印花。

(5)应税合同在签订时纳税义务即已产生,不论合同是否兑现或是否按期兑现,均应贴花完税。对已履行并贴花的合同,所载金额与合同履行后实际结算金额不一致的,只要双方未修改合同金额,一般不再办理完税手续。

(6)对有经营收入的事业单位,记载经营业务的账簿,按每件 5 元计税。

(三)应纳税额的计算方法

(1)适用比例税率的应税凭证,以凭证上所记载的金额为计税依据,计税公式为:

$$应纳税额 = 计税金额 \times 比例税率$$

(2)适用定额税率的应税凭证,以凭证件数为计税依据,计税公式为:

$$应纳税额 = 凭证件数 \times 固定税额$$

【例 9-26】 某企业 2019 年期初营业账簿记载的实收资本和资本公积余额为 500 万元,当年该企业增加实收资本 120 万元,新建其他账簿 12 本,领受专利局发给的专利证 1 件、税务机关重新核发的税务登记证 1 件。

要求:计算该企业上述凭证 2019 年应纳印花税为多少元。

【解析】 应纳印花税 = $120 \times 0.5‰ \times 10\ 000 + 12 \times 5 + 1 \times 5 = 665$(元)。

三、印花税的会计处理

企业缴纳的印花税，是由纳税人根据规定自行计算应纳税额，自行购买并一次贴足印花税票的方法缴纳税款，因此，不会发生应付未付税款的情况，不需要预计应纳税额，同时也不存在与税务机关结算或清算的问题，一般不需要通过“应交税费”科目进行核算。企业在购买印花税票时，直接借记“税金及附加”科目，贷记“银行存款”“库存现金”等科目。

印花税会计处理

【例 9-26】 2019 年 5 月，甲公司与乙商场签订购销合同一份，合同约定向该商场购买商品 50 000 元。

要求：计算甲公司应缴纳的印花税并进行会计处理。

【解析】 (1)应纳印花税税额为：

应纳印花税 = 500 000.3‰ = 15(元)。

(2)会计处理为：

借：税金及附加　　15

　贷：库存现金　　15

四、印花税的征收管理

(一)税收优惠

享受免税的凭证有：

(1)已缴纳印花税的凭证的副本或者抄本。但以副本或者抄本视同正本使用的，则应另贴印花。

(2)无息、贴息贷款合同。

(3)农牧业保险合同。

(4)涉及不动产的免征印花税项目：①房地产管理部门与个人签订的用于生活居住的租赁合同；②与高校学生签订的高校学生公寓租赁合同；③对公租房经营管理单位购买住房作为公租房，对公租房租赁双方签订租赁协议涉及的印花税；④对改造安置住房经营管理单位、开发商与改造安置住房相关的印花税、购买安置住房的个人涉及的印花税。

【例 9-27】 下列各项中，不属于印花税免税应税凭证的是(　　)。

A. 无息、贴息贷款合同

B. 发电厂与电网之间签订的电力购销合同

C. 保险公司与牧民签订的牧业保险合同

D. 银行因内部管理需要设置的现金收付登记簿

【解析】 答案为 BD。

(二)征收管理

1. 纳税方法

自行贴花、汇贴或汇缴、委托代征。

(1)自行贴花纳税。纳税人发生应税行为:自行计算应纳税额——自行购买印花税票——自行一次贴足印花税票并加以注销或划销,纳税义务才算全部履行完毕。

(2)汇贴或汇缴纳税。这两种方法一般适用于应纳税额较大或者贴花次数频繁的纳税人。

1)汇贴纳税法。当一份凭证应纳税额超过500元时,应向税务机关申请填写缴款书或者完税凭证。

2)汇缴纳税法。同一种类应税凭证需要频繁贴花的,可申请按期汇总缴纳印花税。汇总缴纳的期限,由当地税务机关确定,但最长不得超过1个月。

2. 纳税环节

印花税的纳税环节应当是在书立或者领受应税凭证时贴花纳税。书立或者领受应税凭证时贴花纳税,是指在合同签订、书据立据、账簿启用和证照领受时贴花。而如果合同在国外签订的,则应在国内使用时贴花。

3. 纳税地点

印花税一般实行就地纳税。对于全国性商品物资订货会(包括展销会、交易会等)上所签订合同应纳的印花税,由纳税人回其所在地后及时办理贴花完税手续;对地方主办、不涉及省际关系的订货会、展销会上所签合同的印花税,其纳税地点由各省、自治区、直辖市人民政府自行确定。

第十章
个人所得税及其会计处理

【学习目标】

1. 掌握个人所得税的纳税义务人、税目税率以及各个应税项目应纳税所得额及应纳税额的计算；

2. 了解个人所得税的纳税申报办法，明确个人所得税的优惠政策；

3. 掌握个人所得税的会计处理。

第一节　个人所得税纳税义务人及所得来源的确定

一、个人所得税的概念

个人所得税法是指国家制定的用于调整个人所得税征收与缴纳之间权利与义务关系的法律规范。个人所得税是对个人(自然人)取得的各项应税所得征收的一种税。

个人所得税的纳税义务人，依据住所和居住时间两个标准，区分为居民和非居民，分别承担不同的纳税义务。

新个人所得税的特点

我国目前个人所得税征收制度采用分类征收制，优点是利于征收管理，缺点是不利于平衡纳税人税负。针对目前个人所得税存在的问题，采用分类与综合相结合模式将是我国个人所得税制改革方向。

二、纳税义务人

(一)居民纳税义务人

居民纳税义务人负有无限纳税义务。其所取得的应纳税所得，无论是来源于中国境内还是境外,都要在中国缴纳个人所得税。

居民个人是指在中国境内有住所,或者无住所而一个纳税年度在中国境内居住累计满 183 天的。

中国境内有住所的个人,是指因户籍、家庭、经济利益关系,而在中国境内习惯性居住的个人。

习惯性居住是指个人因学习、工作、探亲等原因消除之后,没有理由在其他地方继续居留时,所要回到的地方,而不是指实际居住或在某一个特定时期内的居住地。一个纳税人因学习、工作、探亲、旅游等原因,原来是在中国境外居住,但是在这些原因消除之后,如果必项回到中国境内居住的,则中国为该人的习惯性居住地。尽管该纳税义务人在一个纳税年度内,其至连续几个纳税年度,都未在中国境内居住过 1 天,他仍然是中国的居民个人,应就其来自全球的应纳税所得,向中国缴纳个人所得税。

一个纳税年度在境内居住累计满 183 天,是指在一个纳税年度(即公历 1 月 1 日起至12 月 31 日止,下同)内,在中国境内居住累计满 183 日。在计算居住天数时,按其一个纳税年度内在境内的实际居住时间确定。境内无住所的某人,在一个纳税年度内无论出境多少次,只要在我国境内累计住满 183 天,就可判定为我国的居民个人。综上可知,个人所得税的居民个人包括以下两类:

(1)在中国境内定居的中国公民和外国侨民。

(2)从公历 1 月 1 日起至 12 月 31 日止,在中国境内累计居住满 183 天的外国人、海外侨胞和香港、澳门、台湾同胞。例如,一个外籍人员从 2018 年 10 月起到中国境内的公司任职,在 2019 年纳税年度内,虽然曾多次离境回国,但由于该外籍个人在我国境内的居住停留时间累计达 206 天,已经超过了一个纳税年度内在境内累计居住满 183 天的标准。因此,该纳税义务人应为居民个人。

现行税法中关于"中国境内"的概念,是指中国大陆(内地),目前还不包括香港、澳门和台湾地区。

(二)非居民个人

非居民个人承担有限纳税义务,即仅就其来源于中国境内的所得,向中国缴纳个人所得税。非居民个人是指在中国境内无住所又不居住,或者无住所而一个纳税年度内在境内居住累计不满 183 天的个人。非居民个人,是指习惯性居住地不在中国境内,而且不在中国居住,或者在一个纳税年度内,在中国境内居住累计不满 183 天的个人。在现实生活中,习惯性居住地不在中国境内的个人,只有外籍人员、华侨或香港、澳门和台湾同胞。因此,非居民个人,实际上只能是在一个纳税年度中,没有在中国境内居住,或者在中国境内居住天数累计不满 183 天的外籍人员、华侨或香港、澳门、台湾同胞。

对境内居住的天数和境内实际工作期间按以下规定:

1. 判定纳税义务时如何计算在中国境内居住的天数

对在中国境内无住所的个人,需要计算确定其在中国境内实际累计居住天数,以便依照税法和协定或安排的规定判定其在华负有何种纳税义务时,均应以该个人实际在华逗留天数计算。个人入境、离境、往返或多次往返境内外的当日，均按1天计算其在华实际逗留天数。

2. 个人入境离境当日及在中国境内实际工作期间的判定

对在中国境内、境外机构同时担任职务或仅在境外机构任职的境内无住所个人，计算境内工作期间时，对入境、离境、往返或多次往返境内外的当日，均按半天计算为在华实际工作天数。

三、所得来源地确定

判定所得来源地，是确定该项所得是否应该征收个人所得税的重要依据。对于居民纳税义务人，因为要承担无限纳税义务，因此，有关判断其所得来源地的问题，相对来说不那么重要。但是，对于非居民纳税义务人，由于只就其来源于中国境内的所得征税，因此判断其所得来源地就显得十分重要。

来源于中国境内的所得有：

(1)在中国境内的公司、企业、事业单位、机关、社会团体、部队、学校等单位或经济组织中任职，受雇而取得的工资、薪金所得。

(2)在中国境内提供各种劳务而取得的劳务报酬所得。

(3)在中国境内从事生产、经营活动而取得的所得。

(4)个人出租的财产，被承租人在中国境内使用而取得的财产租赁所得。

(5)转让中国境内的房屋、建筑物、土地使用权，以及在中国境内转让其他财产而取得的财产转让所得。

(6)提供在中国境内使用的专利权、专有技术、商标权、著作权，以及其他各种特许权利而取得的特许权使用费所得。

(7)因持有中国的各种债券、股票、股权而从中国境内的公司、企业或其他经济组织以及个人取得的利息、股息、红利所得。

(8)在中国境内参加各种竞赛活动取得的名次的奖金所得；参加中国境内有关部门和单位组织的有奖活动而取得的中奖所得；购买中国境内有关部门和单位发行的彩票取得的中彩所得。

(9)在中国境内以图书、报刊方式出版、发表作品，取得的稿酬所得。

第二节 应税所得项目

确定应税所得项目可以使纳税人掌握自己都有哪些收入是要纳税的。下列各项个人所得，应纳个人所得税。

一、工资、薪金所得

工资、薪金所得，是指个人因任职或者受雇而取得的工资、薪金、奖金、年终加薪、劳动分红、津贴、补贴以及任职或者受雇有关的其他所得。

属于“工资、薪金所得”的其他项目包括：①公司职工取得的用于购买企业国有股权的劳动分红；②出租汽车经营单位对出租车驾驶员采取单车承包或承租方式运营，出租车驾驶员从事客货营运取得的收入；③解除劳动合同的经济补偿金、退休人员再任职、企业（职业）年金、股票期权的行权等。

根据我国目前个人收入的构成情况，规定对于一些不属于工资、薪金性质的补贴、津贴或者不属于纳税人本人工资、薪金所得项目的收入，不予征税。这些项目包括：独生子女补贴、托儿补助费及差旅费津贴、误餐补助。按照财政部门规定，个人因公在城区、郊外工作，不能在工作单位或返回就餐的，根据实际误餐顿数，按规定的标准领取的误餐费。单位以误餐补助名义发给职工的补贴、津贴不能包括在内。

奖金，是指具有工资性质的奖金，免税奖金的范围在税法中另有规定。

个人独立劳动所得，按“劳务报酬所得”，例如个人兼职取得的收入。

二、劳务报酬所得

劳务报酬所得，是指独立从事非雇佣的各种劳务所取得的所得。主要包括设计、装潢、安装、制图、化验、测试、医疗、法律、会计、咨询、讲学、新闻、广播、翻译、审稿、书画、雕刻、影视、录音、录像、演出、表演、广告、展览、技术服务、介绍服务、经纪服务、代办服务、其他劳务等各种劳务。

企业和单位对其营销业绩突出的非雇员以培训班、研讨会、工作考察等名义组织旅游活动，通过免收差旅费、旅游费对个人实行的营销业绩奖励（包括实物、有价证券等），应根据所发生费用的全额作为该营销人员当期的劳务收入，按照“劳务报酬所得”项目征收个人所得税，并由提供上述费用的企业和单位代扣代缴。

三、稿酬所得

稿酬所得，是指个人因其作品以图书、报刊形式出版、发表而取得的所得。将稿酬所得独立划归为一个征税项目，而对不以图书、报刊形式出版、发表的翻译、审稿、书画所得归为劳务报酬所得，主要是考虑了出版、发表作品的特殊性。它是一种依靠较高智力创作的精神作品；它具有普遍性；它与社会主义精神文明和物质文明密切相关；它的报酬相对偏低。因此，稿酬所得应当与一般劳务报酬相对区别，并给予适当优惠照顾。

四、特许权使用费所得

特许权使用费所得，是指个人提供专利权、商标权、著作权、非专利技术以及其他特许权的使用权取得的所得。提供著作权的使用权取得的所得，不包括稿酬所得。

专利权，是由国家专利主管机关依法授予专利申请人或其权利继承人在一定期间内实施其发明创造的专有权。对于专利权，许多国家只将提供他人使用取得的所得，列入特许权使用费，而将转让专利权所得列为资本利得税的征税对象。我国没有开征资本利得税，故将个人提供和转让专利权取得的所得，都列为特许权使用费所得征收个人所得税。

商标权，即商标注册人享有的商标专有权。著作权，是作者依法对文学、艺术和科学作品享有的专有权。个人提供或转让商标权、著作权、专有技术或技术秘密、技术诀窍取得的所得，应当依法缴纳个人所得税。

五、经营所得

经营所得是指：

(1)个体工商户从事生产、经营活动取得的所得，个人独资企业投资人、合伙企业的个人合伙人，来源于境内注册的个人独资企业、合伙企业生产、经营的所得。个体工商户以业主为个人所得税纳税义务人。

(2)个人依法从事办学、医疗、咨询以及其他有偿服务活动取得的所得。

(3)个人对企业、事业单位承包经营、承租经营以及转包、转租取得的所得。

对企事业单位的承包经营、承租经营所得，是指个人承包经营或承租经营以及转包、转租取得的所得。承包项目可分多种，如生产经营、采购、销售、建筑安装等各种承包。转包包括全部转包或部分转包。

(4)个人从事其他生产、经营活动取得的所得。

个人因从事彩票代销业务而取得的所得；从事个体出租车运营的出租车驾驶员取得的收入，都应按照“经营所得”项目计征个人所得税。这里所说的从事个体出租车运营，包括出租车属个人所有，但挂靠出租汽车经营单位或企事业单位，驾驶员向挂靠单位缴纳管理费的，或出租汽经营单位将出租车所有权转移给驾驶员的。

六、利息、股息、红利所得

利息、股息、红利所得，是指个人拥有债权、股权而取得的利息、股息、红利所得。

(1)免税的利息：国债和地方政府债券利息、国家发行的金融债券利息、储蓄存款利息。

(2)除个人独资企业、合伙企业以外的其他企业的个人投资者，以企业资金为本人、家庭成员及其相关人员支付与企业生产经营无关的消费性支出及购买汽车、住房等财产性支出，视为企业对个人投资者的红利分配，依照“利息、股息、红利所得”项目计征个人所得税。企业的上述支出不允许在所得税前扣除。

(3)纳税年度内个人投资者从其投资企业(个人独资企业、合伙企业除外)借款，在该纳税年度终了后既不归还又未用于企业生产经营的，其未归还的借款可视为企业对个人投资者的红利分配，依照“利息、股息、红利所得”项目计征个人所得税。

七、财产租赁所得

财产租赁所得，是指个人出租建筑物、土地使用权、机器设备、车船以及其他财产取得的所得。

个人取得的财产租赁收入，属于“财产租赁所得”的征税范围，由财产转租人缴纳个人所得税。在确认纳税义务时，应以产权凭证为依据；对无产权凭证的，由主管税务机关根据实际情况确定。产权所有人死亡，在未办理产权继承手续期间，该财产出租而有租金收入的，以领取租金的个人为纳税义务人。

八、财产转让所得

财产转让所得，是指个人转让有价证券、股权、合伙企业中的财产份额、不动产、机器设备、车船以及其他财产取得的所得。

在现实生活中，个人进行的财产转让主要是个人财产所有权的转让。财产转让实际上是种买卖行为，当事人双方通过签订、履行财产转让合同，形成财产买卖的法律关系，使出让财产的个人从对方取得价款（收入）或其他经济利益。财产转让所得因其性的特殊性，需要单独列举项目征税。对个人取得的各项财产转让所得，除股票转让所得外，都要征收个人所得税。

（一）股票转让所得

鉴于我国证券市场还不成熟，股份制改革仍需完善，对股票转让所得的计算、征税办法和纳税期限的确认等都需要做深入的调查研究后，结合国际通行的做法，做出符合我国实际的规定。因此国务院决定，对股票转让所得暂不征收个人所得税。

（二）量化资产股份转让

集体所有制企业在改制为股份合作制企业时，对职工个人以股份形式取得的拥有所有权的企业量化资产，暂缓征收个人所得税；待个人将股份转让时，就其转让收入额，减除个人取得该股份时实际支付的费用支出和合理转让费用后的余额，按“财产转让所得”项目计征个人所得税。

九、偶然所得

偶然所得，是指个人得奖、中奖、中彩以及其他偶然性质的所得。得奖是指参加各种有奖竞赛活动，取得名次得到的奖金；中奖、中彩是指参加各种有奖活动，如有奖销售、有奖储蓄或者购买彩票，经过规定程序，抽中、摇中号码而取得的奖金。偶然所得应缴纳的个人所得税税款，一律由发奖单位或机构代扣代缴。

【例 10-1】 下列项目中，属于劳务报酬所得的有（　　）。

A. 个人书画展取得的报酬

B. 提供著作的版权而取得的报酬

C. 将国外的作品翻译出版取得的报酬

D. 高校教师受出版社委托进行审稿取得的报酬

【解析】 答案为 AD。

【例 10-2】 张某在足球世界杯期间参加下列活动所获得的收益中,应当缴纳个人所得税的有(　　)。

A. 参加某电商的秒杀活动,以 100 元购得原价 2 000 元的足球鞋一双

B. 为赴巴西看球,开通手机全球漫游套餐,获赠价值 1 500 元的手机一部

C. 参加某电台举办世界杯竞猜活动,获得价值 6 000 元的赴巴西机票一张

D. 作为某航空公司金卡会员被邀请参加世界杯抽奖活动,抽得市价 2 500 元球衣一套

【解析】 答案为 CD。

第三节　税　率

个人所得税的税率按所得项目不同分别确定。

一、综合所得税率

综合所得适用 7 级超额累进税率,税率为 3% ~45%。居民个人每一纳税年度内取得的综合所得包括:工资薪金所得、劳务报酬所得、稿酬所得及特许权使用费所得。详见表 10-1,表 10-2。

表 10-1　综合所得个人所得税税率

级数	全年应纳税所得额	税率	速算扣除数/元
1	不超过 36 000 元	3%	0
2	超过 36 000 元至 144 000 元的部分	10%	2 520
3	超过 144 000 元至 300 000 元的部分	20%	16 920
4	超过 300 000 元至 420 000 元的部分	25%	31 920
5	超过 420 000 元至 660 000 元的部分	30%	52 920
6	超过 660 000 元至 960 000 元的部分	35%	85 920
7	超过 960 000 元的部分	45%	181 920

注:本表所称全年应纳税所得额是指依照税法的规定,以每年收入额减除费用 60 000 元定额及纳税人享受子女教育、继续教育、大病医疗、住房贷款利息或者住房租金、赡养老人专项附加扣除后的余额

表 10-2　按月换算后综合所得个人所得税税率

级数	月应纳税所得额	税率	速算扣除数/元
1	不超过 3 000 元	3%	0
2	超过 3 000 元至 12 000 元的部分	10%	210
3	超过 12 000 元至 25 000 元的部分	20%	1 410
4	超过 250 000 元至 35 000 元的部分	25%	2 660
5	超过 35 000 元至 55 000 元的部分	30%	4 410
6	超过 55 000 元至 80 000 元的部分	35%	7 160
7	超过 80 000 元的部分	45%	15 160

二、经营所得税率

个体工商户的生产、经营所得和对企事业单位的承包经营、承租经营所得，适用 5% ~35% 的超额累进税率，见表 10-3。

表 10-3　经营所得个人所得税税率

级数	全年含税应纳税所得额	税率	速算扣除数/元
1	不超过 30 000 元的	5%	0
2	超过 30 000 ~ 90 000 元的部分	10%	1 500
3	超过 90 000 ~ 300 000 元的部分	20%	10 500
4	超过 300 000 ~ 500 000 元的部分	30%	40 500
5	超过 500 000 元的部分	35%	65 500

注：本表所称全年应纳税所得额，是指每一纳税年度的收入额，减除成本、费用以及损失后的余额。由于目前实行承包、承租经营的形式较多，分配方式也不相同，因此，承包、承租人按照承包、承租经营合同（协议）规定取得所得的用税率也不致。若承包、承租人对经营成果不拥有所有权，仅仅按合同（协议）规定取得一定所得的，其所得按"工资、薪金"所得项目征税，纳入年度综合所得适用 3% ~45% 七级超额累进税率征税。若承包、承租人按合同（协议）的规定只向发包、出租方缴纳一定费用后，企业经营成果归其所有的，承包、承租人取得的所得，按对企事业单位的承包经营、承租经费所得项目，适用 5% ~35% 的五级超额累进税率征税

三、其他所得

利息、股息、红利所得，财产租赁所得，财产转让所得和偶然所得，适用税率为 20% 的比例税率。

第四节　应纳税所得额的规定

由于个人所得税的应税项目不同，并且取得某项所得税所需费用也不相同，因此，计算个人应纳税所得额，需要按不同应税项目分项计算。以某项应税项目的收入额减去税法规定的该项费用减除标准后的余额，为该项应纳税所得额。

个人所得税专项附加扣除

一、费用减除标准

（一）综合所得

居民个人取得综合所得，以每年收入额减除费用60 000元以及专项扣除专附加扣除和依法确定的其他扣除后的余额，为应纳税所得额。

（1）专项扣除。包括居民个人按照国家规定的范围和标准缴纳的基本养老保险，本医疗保险、失业保险等社会保险费和住房公积金等。

（2）专项附加扣除。包括子女教育、继续教育、大病医疗、住房贷款利息或者住房租金、赡养老人支出等。

子女教育扣除：纳税人子女在全日制学历教育阶段（包括义务教育、高中阶段教育、高等教育）的支出，以及子女年满3岁至小学入学前处于学前教育阶段的支出，纳税人可选择由夫妻一方按每孩每月1 000元扣除，也可选择夫妻双方分别按每孩每月500元扣除。

继续教育扣除：纳税人在中国境内接受继续教育发生的支出，其中属于学历（学位）继续教育的支出，按每月400元扣除，扣除期限不能超过48个月（4年）；属于技能人员职业资格继续教育和专业技术人员职业资格继续教育的支出，在取得相关证书的当年扣除3 600元。

大病医疗扣除：一个纳税年度内，由纳税人负担的医药费用支出超过1.5万元的部分，在每年8万元的限额内据实扣除。可扣除的医药费用支出包括纳税人本人或其配偶、未成年子女发生的医药费用支出。

住房贷款利息或者住房租金扣除：纳税人本人或其配偶购买中国境内住房发生的首套住房贷款利息支出，可以选择由夫妻一方按每月1 000元扣除，扣除期限最长不超过240个月（20年）。

纳税人在主要工作城市没有自有住房而发生的住房租金支出，在直辖市、省会（首府）城市、计划单列市及国务院确定的其他城市的，按每月1 500元扣除；除上述城市外，市辖区户籍人口超过100万的城市，按每月1 100元扣除；市辖区户籍人口不超过100万的城市，按每月 800 元扣除。夫妻双方主要工作城市相同的，只能由一方扣除。

赡养老人支出扣除：纳税人赡养年满 60 岁父母的支出，或者祖父母、外祖父母的子女已经去世，纳税人赡养年满 60 岁的祖父母或外祖父母的支出可以扣除。纳税人属于独生子女的，按每月 2 000 元扣除；属于非独生子女的，与其兄弟姐妹分摊每月 2 000 元的扣除额度，其中每人分摊的扣除额度不得超过 1 000 元。

（二）经营所得

经营所得，以每一纳税年度的收入总额，减除成本、费用以及损失后的余额，为应纳税所得额。

成本、费用，是指纳税义务人从事生产、经营所发生的各项直接支出和分配计入成本的间接费用以及销售费用、管理费用、财务费用；损失，是指纳税义务人在生产、经营过程中发生的各项营业外支出。

取得经营所得的个人，没有综合所得的，计算其每一纳税年度的应纳税所得额时，应当减除费用 60 000 元、专项扣除、专项附加扣除以及依法确定的其他扣除。从事生产、经营活动，未提供完整、准确的纳税资料，不能正确计算应纳税所得额的，由主管税务机关核定应纳税所得额或者应纳税额。

个人独资企业的投资者以全部生产经营所得为应纳税所得额；合伙企业的投资者按照合伙企业的全部生产经营所得和合伙协议约定的分配比例，确定应纳税所得额，合伙协议没有约定分配比例的，以全部生产经营所得和合伙人数量平均计算每个投资者的应纳税所得额。

上述所称生产经营所得，包括企业分配给投资者个人的所得和企业当年留存的所得（利润）。

对个体工商户业主、个人独资企业和合伙企业自然人投资者的生产经营所得依法计征个人所得税时，个体工商户业主、个人独资企业和合伙企业是自然人投资者，本人的费用扣除标准统确定为 60 000 元/年（5 000 元/月）。

对企事业单位的承包经营、承租经营所得，以每一纳税年度的收入总额，减除必要费用后的余额，为应纳税所得额。每纳税年度的收入总额，是指纳税义务人按照承包经营、承租经营合同规定分得的经营利润和工资、薪金性质的所得；所说的减除必要费用，是指按年减除 60 000 元。

（三）财产租赁所得

财产租赁所得，每次收入不超过 4 000 元的，减除费用 800 元；4 000 元以上的，减除 20% 的费用，其余额为应纳税所得额。

（四）财产转让所得

财产转让所得，以转让财产的收入额减除财产原值和合理费用后的余额，为应纳税所得额。财产原值，是指：

（1）有价证券，为买入价以及买入时按规定缴纳的有关费用。

(2)建筑物,为建造价或者购进价格以及其他有关费用。

(3)土地使用权,为取得土地使用权所支付的金额、开发土地的费用以及其他有关费用。

(4)机器设备车船。为购进价格、运输费、安装费以及其他有关费用。

(5)其他财产,参照以上方法确定。

纳税义务人未提供完整、准确的财产原值凭证,不能正确计算财产原值的,由主管税务机关核定其财产原值。

合理费用,是指卖出财产时按照规定支付的有关费用。

(五)利息、股息、红利所得,偶然所得和其他所得

利息、股息、红利所得,偶然所得和其他所得,以每次收入额为应纳税额。

二、"次"的确定

由于扣除费用根据每次应纳税所得额的大小,分别规定了定额和定率两种标准。因此,无论是从正确贯彻税法的立法精神,维护纳税义务人的合法权益方面来看,还是从避免税收漏洞,防止税款流失,保证国家税收收入方面来看,如何准确划分"次",都是十分重要的。

(1)劳务报酬所得,根据不同劳务项目的特点,分别规定为:

1)只有一次性收入的,以取得该项收入为一次。例如从事设计、安装、装潢、制图、化验、测试等劳务,往往是接受客户的委托,按照客户的委托的要求,完成一次劳务后取得收入。因此,是属于只有一次性的收入,应以每次提供劳务取得收入为一次。

2)属于同一事项连续取得收入的所得,以一个月内取得的收入为一次。例如,某歌手与一卡拉 OK 厅签约,在 2019 年 1 年内每天到该卡拉 OK 厅演唱一次,每次后的报酬 1 000元。在计算其劳务报酬所得时,应视为同一事项的连续性收入,以其 1 个月内取得的收入为一次计征个人所得税,而不能以每天取得的收入为一次。

【例 10-3】 中国居民李某 4 月 1 日 ~6 月 30 日,前往 B 国参加培训,利用业余时间为当地三所中文学校授课,取得课酬折合人民币各 10 000 元,未扣缴税款。

要求:计算其预扣预缴的个人所得税。

【解析】 李某预扣预缴的个人所得税 = 10 000×(1−20%)×20%×3 = 4 800(元)。

【例 10-4】 张某承揽一项房屋装饰工程,工程 2 个月完工。房主第一个月支付给张某 15 000 元,第二个月支付 20 000 元。

要求:计算其预扣预缴的个人所得税。

【解析】 应税所得额 = (15 000+20 000)×(1−20%) = 28 000(元);

应税所得超过 20 000 元,适用加成征收办法。则:

应纳税额 = 28 000×30% −2 000 = 6 400(元)。

(2)稿酬所得,以每次出版、发表取得的收入为一次。具体可细分为:①同一作品再

版取得的所得,应视为另一次稿酬所得计征个人所得税;②同一作品先在报刊上连载,然后再出版,或先出版,再在报刊上连载的,应视为两次稿酬所得征税,即连载作为一次,出版作为另一次;③同一作品在报刊上连载取得的收入的,以连载完成后取得的所有收入合并为一次,计征个人所得税;④同一作品在出版和发表时,以预付稿酬或分次支付稿酬等形式取得的稿酬收入,应合并计算一次;⑤同一作品出版、发表后,因添加印数而追加稿酬的,应与以前出版、发表时取得的稿酬合并为一次,计征个人所得税。

【例 10-5】 中国公民李哲系自由职业者,2019 年收入情况如下:出版中篇小说一部,取得稿酬 50 000 元,后因小说加印和报刊连载,分别取得出版社稿酬 10 000 元和报社稿酬 3 800 元。

要求:计算其预扣预缴的个人所得税。

【解析】 (1)出版小说、小说加印应纳个人所得税=(50 000+10 000)×(1-20%)×20%×(1-30%)=6 720(元)

(2)小说连载应纳个人所得税=(3 800-800)×20%×(1-30%)=420(元)

(3)特许权使用费所得,以某项使用权的一次转让所取得的收入为一次。一个纳税义务人,可能不仅拥有一项特许权,每一项特许权的使用权也可能不止一次地向他人提供。因此,对特许权使用费所得的“次”的界限,明确为每一项使用权的每次转让所取得的收入为一次。如果该次转让所取得的收入是分笔支付的,则应将各笔收入相加为一次的收入,计征个人所得税。

【例 10-6】 某工程师 2019 年将自己研制的一项非专利技术使用权提供给甲企业,取得技术转让收入为 3 000 元,又将自己发明的一项专利转让给乙企业,取得收入为 45 000元。

要求:计算该工程师两次所得预扣预缴的个人所得税。

【解析】 应纳税额=(3 000-800)×20% +45 000×(1-20%)×20% =7 640(元)。

(4)财产租赁所得,以一个月内取得的收入为一次。

(5)利息、股息、红利所得,以支付利息、股息、红利取得收入为一次。

(6)偶然所得,以每次收入为一次。

(7)其他所得,以每次收入为一次。

三、应纳所得税额的其他规定

(1)劳务报酬、稿酬收入、特许权使用费所得以收入减除 20% 的费用后的余额为收入额。稿酬所得的收入额减按 70% 计算。个人兼有不同的劳务报酬所得,应当分别减除费用,计算缴纳个人所得税。

(2)个人将其所得通过中国境内的社会团体、国家机关向教育和其他社会公益事业以及遭受严重自然灾害地区、贫困地区捐赠,捐赠额未超过纳税义务人申报的应纳税所得额的 30% 的部分,可以从其他应纳税所得额中扣除。

【例 10-7】 2019 年 8 月,李某出版小说一本取得稿酬 80 000 元,从中拿出 20 000

元通过国家相关机构捐赠给受灾地区。

要求:计算李某8月份其预扣预缴的个人所得税。

【解析】 捐赠扣除限额=80 000×(1-20%)×30%=19 200(元)

实际发生20 000元,应扣除19 200元。则:

应纳个人所得税=[80 000×(1-20%)-19 200]×20%×(1-30%)=6 272(元)。

(3)个人所得的形式,包括现金、实物、有价证券和其他形式的经济利益;所得为实物的,应当按照取得的凭证上所注明的价格计算应纳税所得额,无凭证的实物或者凭证上所注明的价格明显偏低的,参照市场价格核定应纳税所得额;所得为有价证券的,据票面价格和市场价格核定应纳税所得额;所得为其他形式的经济利益的,参照市场价格核定应纳税所得额。

(4)居民个人从中国境外取得的所得,可以从其应纳税额中抵免已在境外缴纳的个人所得税税额,但抵免额不得超过该纳税人境外所得依照本法规定计算的应纳税额。

(5)所得为人民币以外货币的,按照办理纳税申报或者扣缴申报的上一月最后一日人民币汇率中间价折合成人民币计算应纳税所得额。年度终了后办理汇算清缴的,对已经按月,按季或者按次顶缴税款的人民币以外货币所得,不再重新折算;对应当补缴税款的所得部分,按照上一纳税年度最后一日人民币汇率中间价,折合成人民币计算应纳税所得额。

(6)对个人从事技术转让、提供劳务等过程中所支付的中介费,如能提供有效,合法凭证的,可以从其所得中扣除。

第五节 应纳税额的计算

个人所得税应纳税额的计算按应税项目和税率不同可以分为适用累进税率计算方法和适用比例税率计算方法。依照税法规定的适用税率和费用扣除标准,各项所得的应纳税额,应分别计算如下。

一、居民个人综合所得应纳税额的计算

首先,工资、薪金所得全额计入收入额;而劳务报酬所得、特许权使用费所得的收入额,为实际取得劳务报酬、特许权使用费收入的80%。此外,稿酬所得的收入额在扣除20%费用基础上,再减按70%计算,即稿酬所得的收入额为实际取得稿酬收入的56%。

其次,居民个人的综合所得,以每纳税年度的收入额减除费用六万元、专项扣除、专项附加扣除和依法确定的其他扣除后的余额,为应纳税所得额。

居民个人综合所得应纳税额的计算公式为:

应纳税额=全年应纳税所得额适用税率-速算扣除算数=(全年收入额-60 000元-

社保、住房公积金-享受的专项附加扣除-享受的其他扣除)适用税率-速算扣除算数

【例 10-8】 某纳税人 2019 年扣除“四险一金”后共取得含税工资收入 12 万元,除住房贷款专项附加扣除(年 12 000)外,该纳税人不享受其余专项附加扣除和税法规定的其他扣除。

要求:计算其当年应纳个人所得税税额。

【解析】 (1)全年应纳税所得额=120 000-60 000-12 00=48 000(元)

(2)应纳税额=48 000 10% -2 520 =2 280(元)

【例 10-9】 某居民个人纳税人为独生子女,2019 年交完社保和住房公积金后共取得税前工资收入 200 000 元,劳务报酬 10 000 元,稿酬 10 000 元。该纳税人有两个小孩且均由其扣除子女教育专项附加,纳税人的父母健在且均已年满 60 岁。

要求:计算其当年应纳个人所得税税额。

【解析】 (1)全年应纳税所得额=200 000+10 000×(1-20%)+10 000×70%×(1-20%)-60 000-12 000×2-24 000=213 600-108 000=105 600(元)。

(2)应纳税额=105 600×10%-2 520=8 040(元)。

二、经营所得应纳税额的计算

经营所得应纳的个人所得税,按其应纳税所得额,适用五级超额累进税率计算。其应纳税额的计算公式为:

应纳税额=(全年收入总额-成本、费用及损失)×适用税率-速算扣除数

(一)个体户应纳税额计算

个体工商户应纳税额的计算,以责发生制为原则,属于当期收入和费用,不论款项是否收付,均作为当期的收入和费用。

1. 计税基本规定

(1)个体工商户的生产经营所得,以每一个纳税年度的收入总额,减除成本、费用、税金、损失、其他支出以及允许弥补的以前年度亏损后的余额,为应纳税所得额。

(2)个体工商户从事生产经营以及与生产经营有关的活动(以下简称生产经营)取的货币形式和非货币形式的各项收入,为收入总额。包括:销售货物收入、提供劳务收入、转让财产收入、利息收入、租金收入、接受捐赠收入、其他收入。

(3)成本,是指个体工商户在生产经营活动中发生的销售成本、销货成本、业务支出以及其他耗费。

(4)费用,是指个体工商户在生产经营活动中发生的销售费用、管理费用和财务费用,已经计入成本的有关费用除外。

(5)税金,是指个体工商户在生产经营活动中发生的除个人所得税和允许抵扣的增值税以外的各项税金及其附加。

(6)损失,是指个体工商户在生产经营活动中发生的固定资产和存货的盘亏、毁损、

报废损失，转让财产损失，坏账损失，自然灾害等不可抗力因素造成的损失以及其他损失。

个体工商户发生的损失，减除责任人赔偿和保险赔款后的余额，参照有关企业资产损失税前扣除的规定扣除。

个体工商户已经作为损失处理的资产，在以后纳税年度又收回的，应当计入收回当期的收入。

(7)其他支出，总指除成本、费用、税金、损失外，个体工商户在生产经营活动中发生的、与生产活动有关的支出。

(8)个体工商户发生的支出应当区分收益性支出和资本性支出。受益性支出当期可以扣除，资本性支出可以分期扣除或计入资产成本中。

(9)个体工商户下列支出不得扣除：个人所得税税款；税收滞纳金；罚金、罚款和被没收财物的损失；不符合扣除规定的捐赠支出；赞助支出；用于个人和家庭的支出；与取得生产经营收入无关的其他支出；国家税务总局规定不准扣除的支出。

(10)个体工商户生产经营活动中，应当分别核算生产经营费用和个人、家庭费用。对于生产经营与个人、家庭生活混用难以分清的费用，其40%视为与生产经营有关费用准予扣除。

(11)个体工商户纳税年度发生的亏损，准予向以后年度结转，用以后年度的生产经营所得弥补，但结转年限最长不得超过五年。

(12)个体工商户使用或者销售存货，按照规定计算的存货成本，准予在计算应纳税所得额时扣除。

(13)个体工商户转让资产，该项资产的净值，准予在计算应纳税所得额时扣除。

(14)本办法所称亏损，是指个体工商户依照本办法规定计算的应纳税所得额小于零的数额。

(15)个体工商户与企业联营而分得的利润，按利息、股息、红利所得项目征收个人所得税。

(16)个体工商户和从事生产经营的个人，取得与生产、经营活动无关的各项应税所得，应按规定分别计算征收个人所得税。

2. 扣除项目及标准

(1)个体工商户实际支付给从业人员的合理的工资、薪金支出，准予扣除。

个体工商户业主的费用扣除标准，确定为6 000元/年。个体工商户业主的工资薪金支出不得税前扣除。

(2)个体工商户按照有关规定为业主和从业人员缴纳的基本养老保险费、基本医疗保险费、失业保险费、生育保险责、工伤保险费和住房公积金，准予扣除。

个体工商户为从业人员缴纳的补充养老保险费、补充医疗保险费，分别在不超过从业人员工资总额5%标准内的部分据实扣除；超过部分，不得扣除。

个体工商户业主缴纳补充养老保险费、补充医疗保险费，以当地(地级市)上年度社会平均工资的3倍为计算基数,分别在不超过该计算基数5%标准内的部分据实扣除;超过部分,不得扣除。

(3)除个体工商户依照国家有关规定为特殊工种从业人员支付的人身安全保险费和其他商业保险费外,个体工商户业主本人或者为从业人员支付商业保险费,不得扣除。

(4)个体工商户在生产经营活动中发生的合理的不需要资本化的借款费用,准予扣除。

个体工商户为购置、建造固定资产、无形资产和经过12个月以上的建造才能达到预定可使用状态的存货发生借款的,在有关资产购置、建造期间发生的合理的借款费用,应当作为资本性支出计入有关资产的成本,并依照本办法的规定扣除。

(5)个体工商户在生产经营活动中发生的下列利息支出,准予扣除:

向金融企业借款的利息支出;向非金融企业和个人借款的利息支出,不超过金融企业同期同类贷款利率计算的数额的部分。

(6)个体工商户在货币交易中,以及纳税年度终了时将人民币以外的货币性资产、负债按照期末即期人民币汇率中间价,折算为人民币时产生的汇兑损失,除已经计入有关资产成本部分外,准予扣除。

(7)个体工商户,向当地工会组织拨缴的工会经费、实际发生的职工福利费支出、职工教育经费支出分别在工资薪金总额的2%、14%、2.5%的标准内据实扣除。

(8)个体工商户发生的与生产经营活动有关的业务招待费,按照实际发生额的60%扣除,但最高不得超过当年销售(营业)收入的5‰。

业主自申请营业执照之日起至开始经营止,发生的业务招待费,按实际发生额的60%计入个体工商户的开办费。

(9)个体工商户每一纳税年度发生的与其生产经营活动直接相关的广告费和业务宣传费,不超过当年销售(营业)收入的15%的部分,可以据实扣除,超过部分,在以后纳税年度结转扣除。

(10)个体工商户代其从业人员或其他人员负担的税款,不得税前扣除。

(11)个体工商户按照规定缴纳的摊摊位费、行政性收费、协会会费等按实际发生额扣除。

(12)个体工商户根据生产经营活动的需要,经营方式租入的固定资产租赁费支出,按租赁期平均扣除;融资租赁方式租入的固定资产的租赁费支出,计入固定资产价值,提取折旧方式分期扣除。

(13)个体工商户参加财产保险缴纳的保险费,准予扣除。

(14)个体户发生的合理的劳动保护费支出,准予扣除。

(15)个体工商户自申请营业执照之日起至开始生产经营之日止,所发生符合本办法规定的费用,除为取得固定资产、无形资产的支出,以及应计入资产价值的汇兑损益、利息支出外,作为开办费,可以选择在开始生产经营的当年一次性扣除,也可自生产经营月份起在不短于3年期限内摊销扣除,但经选定,不得改变。

开始生产经营之日为个体工商户取得第一笔销售(营业)收入的日期。

(16)个体工商户通过公益性社会团体或者县级以上人民政府及其部门,进行的公益事业的捐赠,捐赠额不超过其应纳税所得额30%的部分可以据实扣除。

财政部、国家税务总局规定可以全额在税前扣除的捐赠支出项目,按有关规定执行。

个体工商户直接对受益人的捐赠不得扣除。

(17)个体工商户研究开发新产品、新技术、新工艺所发生的开发费用,以及研究开发新产品、新技术而购置单台价值在10万元以下的测试仪器和试验性装置的购置费,准予直接扣除;单台价值在10万元以上(含10万元)的测试仪器和试验性装置,按固定资产管理,不得当期直接扣除。

【例10-10】 甲小型运输公司系个体工商户,2019年12月取得经营收入为320 000元,准许扣除的当月成本、费用(不含业主工资)及相关税金共计250 600元。1至11月累计应纳税所得额88 400元(未扣除业主费用减除标准),1至11月累计已预缴个人所得税10 200元。除经营所得外,业主本人没有其他收入,且2019年全年均享受赡养老人一项专项附加扣除。

要求:不考虑专项扣除和符合税法规定的其他扣除。

要求:请计算该个体工商户就2019年度汇算清缴时应申请的个人所得税退税额。

【解析】 纳税人取得经营所得,按年计算个人所得规,由纳税人在月度或季度终了后15日内,向经营管理所在地主管税务机关办理预缴纳税中报;在取得所得的次年3月31日前,向经营管理所在地主管税务机关办理汇算清缴。

(1)全年应纳税所得额=320 000-250 600+88 400-60 000-24 000=73 800(元)。

(2)全年应缴纳个人所得税=73 800×10%-1 500=5 880(元)。

(3)2019年度应申请的个人所得税退税额=10 200-5 880=4 320(元)。

(二)个人独资企业和合伙企业应纳税额的计算

对个人独资企业和合伙企业生产经营所得,其个人所得税应纳税额的计算有以下两种方法:

1. 查账征税

(1)自2019年1月1日起,个人独资企业和合伙企业投资者的生产经营所得依法计征个人所得税时,个人独资企业和合伙企业投资者本人的费用扣除标准统一确定为60 000元/年,即5 000元/月。投资者的工资不得在税前扣除。

(2)投资者及其家庭发生的生活费用不允许在税前扣除。投资者及其家庭发生的生活费用与企业生产经营费用混合在一起难以划分的,全部视为投资者个人及其家庭发生的生活费用,不允许在税前扣除。

(3)企业生产经营和投资者及其家庭生活共用的固定资产,难以划分的,由主管税务机关根据企业的生产经营类型、规模等具体情况,核定准予在税前扣除的折旧费用的数额或比例。

(4)企业向其从业人员实际支付的合理的工资、薪金支出,允许在税前据实扣除。

（5）企业拨缴的工会经费、发生的职工福利费、职工教育经费支出分别在工资薪金总额2%、14%、2.5%的标准内据实扣除。

（6）每一纳税年度发生的广告费和业务宣传费用不超过当年销售（营业）收入15%的部分，可据实扣除；超过部分，准予在以后纳税年度结转扣除。

（7）每一纳税年度发生的与其生产经营业务直接相关的业务招待费支出，按照发生额的60%扣除，但最高不得超过当年销售（营业）收入的5‰。

（8）企业计提的各种准备金不得扣除。

（9）投资者兴办两个或两个以上企业，并且企业性质全部是独资的，年度终了后，汇算清缴时，应纳税款的计算按以下方法进行：汇总其投资兴办的所有企业的经营所得作为应纳税所得额，以此确定适用税率，计算出全年经营所得的应纳税额，再根据每个企业的经营所得占所有企业经营所得的比例，分别计算出每个企业的应纳税额和应补缴税额。

计算公式如下：

应纳税所得额＝∑各个企业的经营所得

应纳税额＝应纳税所得额税率－速算扣除数

本企业应纳税额＝应纳税额本企业的经营所得÷∑各个企业的经营所得

企业应补缴的税额＝本企业应纳税额－本企业预缴的税额

（10）投资者兴办两个或两个以上企业的，根据前述规定准予扣除的个人费用，由投资者选择在其中一个企业的生产经营所得中扣除。

（11）企业的年度亏损，允许用本企业以后年度的生产经营所得弥补，但最长不得超过5年。

投资者兴办两个或两个以上企业的，企业的年度经营亏损不能跨企业弥补。

（12）投资者来源于中国境外的生产经营所得，已在境外缴纳所得税的，可以按照个人所得税法的有关规定计算扣除已在境外缴纳的所得税。

2. 核定征收

核定征收方式，包括定额征收、核定应税所得率征收以及其他合理的征收方式。

（1）有下列情形之的，主管税务机关应采取核定征收方式征收个人所得税：

1）企业依照国家有关规定应当设置但未设置账簿的。

2）企业虽设置账簿，但账目混乱或者成本资料、收入凭证、费用凭证残缺不全，难以查账的。

3）纳税人发生纳税义务，未按照规定的期限办理纳税申报，经税务机关责令限期申报，逾期仍不申报的。

（2）实行核定应税所得率征收方式的，应纳所得税额的计算公式如下：

应纳所得税额＝应纳税所得额×适用税率

应纳税所得额＝收入总额×应税所得率＝成本费用支出额÷（1－应税所得率）×应税所得率

应税所得率应按规定的标准执行(见表10-4)。

表10-4 个人所得税核定征收应税所得率表

行业	应税所得率
工业、交通运输业、商业	5% ~20%
建筑业、房地产开发业	7% ~20%
饮食服务业	7% ~25%
娱乐业	20% ~40%
其他行业	10% ~30%

企业经营多业的,无论其经营项目是否单独核算,均应根据其主营项目确定其适用的应税所得率。

(3)实行核定征税的投资者,不能享受个人所得税的优惠政策。

(4)实行查账征税方式的个人独资企业和合伙企业改为核定征税方式后,在查账征税方式下,认定的年度经营亏损未弥补完的部分,不得再继续弥补。

(5)个体工商户、个人独资企业和合伙企业因在纳税年度中间开业、合并、注销及其他原因,导致该纳税年度的实际经营期不足1年的,对个体工商户业主、个人独资企业投资者与合伙企业自然人和合伙人的生产经营所得,计算个人所得税时,以其实际经营期为1个纳税年度。投资者本人的费用扣除标准,应按照其实际经营月份数,以每月5 000元的减除标准确定。

应纳税所得额=该年度收入总额-成本、费用及损失-当年投资者本人的费用扣除额

当年投资者本人的费用扣除额=月减除费用(5 000元/月)×当年实际经营月份数应纳税额=应纳税所得额×税率-速算扣除数

3. 其他

此外,无论是查账征收的,还是核定征税的个人独资企业和合伙企业,税法规定:

(1)个人独资企业和合伙企业对外投资分回的利息或者股息、红利,不并入企业的收入,而应单独作为投资者个人取得的利息、股息、红利所得,按“利息、股急、红利所得”应税项目计算缴纳个人所得税。

以合伙企业名义对外投资分回利息或者股息红利的,应按个人独资企业的投资者,以全部生产经营所得为应纳税所得额;合伙企业的投资者按照合伙企业的全部生产经营所得和合伙办议约定的分配比例确定应纳税所得额,合伙协议没有约定分配比例的,以全部生产经营所得和合伙人数量平均计算每个投资者的应纳税所得额的规定,确定各个投资者的利息、股息、红利所得,分别按“利息、股息、红利所得”应税项目计算缴纳个人所得税。

(2)企业进行清算时,投资者应当在注销工商登记之前,向主管税务机关结清有有关

税务事宜。企业的清算所得应当视为年度生产经营所得，由投资者依法缴纳个人所得税。

（3）企业在纳税年度的中间开业，或者由于合并、关闭等原因，使该纳税年度的实际经营期不足12个月的，应当以其实际经营期为一个纳税年度。

【例10-11】 某个人独资企业2019年经营收入为480 000元，应税所得率为10%。要求：计算则全年应纳所得税是多少。

【解析】 应纳税所得额=480 000×10%=48 000（元）；

应纳税额=48 000×20%-3 750=5 850（元）。

三、财产租赁所得应纳税额的计算

（一）应纳税所得额

财产租赁所得一般以个人每次取得的收入，定额或定率减除规定费用后的余额为应纳税所得额。每次收入不超过4 000元，定额减除费用800元；每次收入在4 000元以上，定率减除20%的费用。财产租赁所得以一个月内取得的收入为一次。

在确定财产租赁的应纳税所得额时，纳税人在出租财产过程中缴纳的税金和教育费附加，可持完税（缴款）凭证，从其财产租赁收入中扣除。准予扣除的项目，除了规定费用和有关税、费外，还准予扣除能够提供有效、准确凭证，证明由纳税人负担的该出租财产实际开支的修缮费用。允许扣除的修缮费用，以每次800元为限。一次扣除不完的，准予在下一次继续扣除，直到扣完为止。

个人出租财产取得的财产租赁收入，在计算缴纳个人所得税时，应依次扣除以下费用：

（1）财产租赁过程中缴纳的税金和国家能源交通重点建设基金、国家预算调节基金、教育费附加。

（2）由纳税人负担的该出租财产实际开支的修缮费用。

（3）税法规定的费用扣除标准。

1）每次（月）收入不超过4 000元：

应纳税所得额=每次（月）收入额-准予扣除的项目-修缮费（800元限）-800元

2）每次（月）收入超过4 000元：

应纳税所得额=[每次（月）收入额-准予扣除项目修缮费（800元限）]×（1-20%）

（二）个人房屋转租

个人将承租房屋转取得的租金收入，应按“财产租赁所得”项目计算缴纳个人所得税。

具体规定为：

（1）取得转租收入的个人向房屋出租方支付的租金，凭房屋租赁合同及合法凭据，在转租收入中扣除。

(2)有关财产租赁所得个人所得税前扣除次序调整为:①财产租赁过程中缴纳的税费;②向出租方支付的租金;③由纳税人负担的租赁财产实际开支的修缮费用;④税法规定的费用扣除标准。

(三)应纳税额的计算方法

财产租赁所得适用20%的比例税率。但对个人按市场价格出租的居民住房取得的所得,减按10%的税率征收。

应纳税额=应纳税所得额适用税率

【例10-12】　刘某于2019年1月将其自有的面积为150平方米的公寓按市场价出租张某居住,刘某每月租金收入4 500元。

要求:计算刘某全年租金应纳的个人所得税(不考虑其他税收)。

【解析】　(1)每月应纳税额=4 500×(1-20%)10%　=360(元)。

(2)全年应纳税额=360×12=4 320(元)。

【例10-13】　刘某于2019年1月将其自有的面积为150平方米的公寓按市场价出租张某居住,刘某每月租金收入4 500元。当年2月因下水道堵塞找人修理,发生修理费用1 000元,有维修部门的正式收据。

要求:计算刘某2月和3月的应纳税额。

【解析】　(1)2月应纳税额=(4 500-800-800)×10%=290(元)。

(2)3月应纳税额=(4 500-200)×(1-20%)×10%=344(元)。

四、财产转让所得应纳税额的计算

(一)一般情况下财产转让所得

应纳税额=应纳税所得额×适用税率
=(收入总额-财产原值-合理税费)×20%

【例10-14】　某个人建房一幢,造价360 000元,支付其他费用50 000元。建成后将房屋出售,售价600 000元。售房过程中按规定支付交易费等相关税费35 000。

要求:计算应纳个人所得税税额

【解析】　(1)应纳税所得额=财产转让收入-财产原值-合理费用=600 000-(36 000+50 000)-35 000=155 000(元);

应纳税额=155 000×20%=31 000(元)。

(三)个人转让股权应纳税额的计算

股权是指自然人股东(以下简称个人)投资于在中国境内成立的企业或组织(以下统称被投资企业,不包括个人独资企业和合伙企业)的股权或股份。

股权转让是指个人将股权转让给其他个人或法人的行为,包括以下情形:

(1)出售股权。

(2)公司回购股权。

(3)发行人首次公开发行新股时,被投资企业股东将其持有的股份以公开发行方式一并向投资者发售。

(4)股权被司法或行政机关强制过户。

(5)以股权对外投资或进行其他非货币性交易。

(6)以股权抵偿债务。

(7)其他股权转移行为。

个人转让股权,以股权转让收入减除股权原值和合理费用后的余额为应纳税所得额,按"财产转让所得"缴纳个人所得税。合理费用是指股权转让时按照规定支付的有关税费。

五、应纳税额计算中的特殊问题

个税全年一次性奖金

(一)个人取得全年一次性奖金计税方法

1. 计税原则

全年一次性奖金也包括年终加薪、实行年薪制和绩效工资办法的单位根据考核情况兑现的年薪和绩效工资。

2. 计税办法

居民个人取得全年一次性奖金,在 2021 年 12 月 31 日前,可选择不并入当年综合所得,按以下计税办法,由扣缴义务人发放时代扣代缴:将居民个人取得的金年次性奖金,除以 12 个月,按其商数依照按月换算后的综合所得税率表月应纳税所得额。所得税率表确定适用税率和速算扣除数(见表 10-5)。

表 10-5　按月换算后的综合所得税率表

级数	月应纳税所得额	税率	速算扣除数/元
1	不超过 3 000 元	3%	0
2	超过 3 000 元至 12 000 元的部分	10%	210
3	超过 12 000 元至 25 000 元的部分	20%	1 410
4	超过 25 000 元至 35 000 元的部分	25%	2 660
5	超过 35 000 元至 55 000 元的部分	30%	4 410
6	超过 55 000 元至 80 000 元的部分	35%	7 160
7	超过 80 000 元的部分	45%	15 160

在一个纳税年度内,对每个纳税人,该计税办法只允许采用一次。

实行年薪制和绩效工资的单位,居民个人取得年终兑现的年薪和绩效工资,按上述方法执行。

居民个人取得除全年一次性奖金以外的其他各种名目奖金，如半年奖、季度奖、加班奖、先进奖、考勤奖等，一律与当月工资、薪金收入合并，按税法规定缴纳个人所得税。

自2022年1月1日起，居民个人取得全年一次性奖金，应并入当年综合所得计算缴纳个人所得税。

【例10-15】 假定中国居民个人李某2019年在我国境内1-12月每月的税后工资为3 800元，12月31日又一次性领取年终含税奖金60 000元。

要求：计算李某取得年终奖金应纳的个人所得税。

【解析】 (1)年终奖金适用的税率和速算扣除数为：每月奖金=60 000÷12=5 000(元)。对应税率和速算扣除数分别为10%、210元。

(2)年终奖应缴纳个人所得税为：应纳税额=年终奖金×适用的税率-速算扣除数=60 000×10%-210=5 790(元)。

(二)企事业单位将自建住房以低于建造成本价格销售给职工的个人所得税

(1)根据住房制度改革政策的有关规定，职工因支付的房改成本价格低于房屋建造成本价格或市场价格而取得的差额受益，免征个人所得说。

(2)除上述符合规定的情形外，单位按低于购置价或建造成本价出售住房给职工，职工因此而少支出的差价部分，不并入当年综合所得，以差价收入除于12个月得到的数额，按月度确定税率及速算扣除数。

应纳税额=差额适用税率-速算扣除教

其中“差价”，是指职工实际支付的购房价款低于该房屋的购置或建造成本价格的差额。

(三)关于廉租住房的个人所得税规定

(1)对个人按规定取得的廉租住房货币补贴，免征个人所得税；对于所在单位以廉租住房名义发放的不符合规定的补贴，应征收个人所得税。

(2)个人捐赠住房作为廉租住房的，捐赠额未超过其申报的应纳税所得额30%的部分，准予从其应纳税所得额中扣除。

(四)房屋赠与个人所得税的计算

(1)以下情形的房屋产权无偿赠与，对当事双方不征收个人所得税：

1)房屋产权所有人将房屋产权无偿赠与配偶、父母、子女、祖父母、外祖父母、孙子女、外孙子女、兄弟姐妹。

2)房屋产权所有人将房屋产权无偿赠与对其承担直接抚养或者赡养义务的抚养人或赡养人。

3)房屋产权所有人死亡，依法取得房屋产权的法定继承人、遗嘱继承人或受遗赠人。

(2)除上述情形以外，房屋产权所有人将房屋产权无偿赠他人的，受赠人因无偿受赠房屋取得的所得，按其他所得缴纳个人所得税，税率为20%。

(3)对受赠人无偿受赠房屋计征个人所得税时，其应纳税所得额为房地产赠与合同上标明的赠与房屋价值，减除赠与过程中受赠人支付的相关税费后的余额。赠与合同标明的房屋价值明显低于市场价格或房地产赠与合同未标明赠与房屋价值的，税务机关可依据受赠房屋的市场评估价格或采取其他合理方式确定受赠人的应纳税所得额。

(4)受赠人转让受赠房屋的，以其转让受赠房屋的收入减除原捐赠人取得该房屋的实际购置成本以及赠与和转让过程中受赠人支付的相关税费后的余额为受赠人的应纳税所得额，依法计征个人所得税。受赠人转让受赠房屋价格明显偏低且无正当理由的，税务机关可以依据该房屋的市场评估价格或其他合理方式确定的价格核定其转让收入。

(五)关于个人取得公务交通、通信补贴收入的征税问题

个人取得的公务用车、通信补贴收入，扣除一定标准的公务费用后，按照“工资、薪金所得项目”计征个人所得税。按月发放的，并入当月“工资、薪金所得”计征个人所得税；不按月发放的，分解到所属月份并与该月份“工资、薪金所得”合并后计征个人所得税。

公务费用扣除标准，由省级地方税务局根据纳税人公务交通、通信费用实际发生情况调查测算，报经省级人民政府批准后确定，并报国家税务总局备案。

(六)对个人因解除劳动合取得经济补偿金的征税方法

(1)企业依照国家有关法律规定宣告破产，企业职工从该破产企业取得的一次性安置费收入，免征个人所得税。

(2)个人因与用人单位解除劳动关系取得的一次性补偿收入(经济补偿金、生活补助费和其他补助费用)，其收入在当地上年职工平均工资 3 倍数额以内的部分，免征个人所得税；超过 3 倍数额的部分，不并入当年综合所得，单独适用综合所得税率表计算纳税。

个人在解除劳动合同后又再次任职、受雇的，已缴纳的一次性补偿收入不再与再次任职、受雇的工资薪金所得合并计算补缴个人所得税。

(3)个人领取一次性补偿收入时，按照国家和地方政府规定的比例实际缴纳的住房公积金、医疗保险费、基本养老保险费、失业保险费，可以在计征其一次性补偿收入的个人所得税时予以扣除。

(七)因增效和机构改革内部退养办法人员取得收入的征税问题

实行内部退养的个人在其办理内部退养手续后至法定离退休年龄之间，从原任职单位取得的工资、薪金，不属于离退休工资，应按“工资、薪金所得”项目计征个人所得税。

个人在办理内部退养手续后从原任职单位取得的一次性收入，应按办理内部退养手续后至法定离退休年龄之间的所属月份进行平均，并与领取当月的“工资、薪金”所得合并后减除当月费用扣除标准，以余额为基数确定适用税率，再将当月工资、薪金加上取得的一次性收入，减去费用扣除标准，按适用税率计征个人所得税。

个人在办理内部退养手续后至法定离退休年龄之间重新就业取得的“工资、薪金”所得，应与其从原任职单位取得的同月份的“工资、薪金”所得合并，并依法自行向主管税务机关申报缴纳个人所得税。

(八)个人提前退休取得补贴收入征收个人所得税的规定

应纳税额={[(一次性补贴收入÷办理提前退休手续至法定退休年龄的实际年度数)-费用扣除标准]×适用税率-速算扣除数}×办理提前退休手手续至法定退休年龄的实际年度数

(九)办理补充养老保险退保和提供担保的征税方法

1.单位为个人办理补充养老保险退保后个人所得税的处理

单位为职工个人购买商业性补充养老保险等,在办理投保手续时应作为个人所得税的“工资、薪金所得”项目,按税法规定缴纳个人所得税;因各种原因退保,个人未取得实际收入的,已缴纳的个人所得税应予以退回。

2.个人提供担保取得收入征收个人所得税

个人为单位或他人提供担保获得报酬,应按“其他所得”项目缴纳个人所得税,税款由支付所得的单位或个人代扣代缴。

(十)个人兼职和退休人员再任职取得收入计算征收个人所得税问题

1.个人兼职取得的收入

按“劳务报酬所得”应税项目缴纳个人所得税。

2.退休人员再任职取得的收入

按“工资、薪金所得”应税项目缴纳个人所得税(可扣每月5 000元)。

第六节　个人所得税会计处理

一、代扣代缴个人所得税会计科目的设置

个人所得税以支付个人所得的单位为扣缴义务人。扣缴义务人应在向个人支付支付各项应税所得税时,代扣代缴按规定计算的个人所得税税额。为了正确核算企业代扣代缴个人所得税的情况,应在“应交税费”科目下设置“应交个人所得税”明细科目核算。同时,还应设置“应付职工薪酬”“管理费用”“应付账款”“应付股利”等相关科目。

二、个人所得税的会计处理

(一)代扣代缴工资、薪金个人所得税的会计处理

【例10-16】　某公司2018年5月应发工资共计800 000元,代职工扣缴个人所得税共计49 600元。

要求:写出该公司的会计处理。

【解析】 (1)发放工资并代扣个人所得税时:

借:应付职工薪酬 800 000
　　贷:库存现金(或银行存款) 750 400
　　　　应交税费——应交个人所得税 49 600

(2)实际缴纳扣缴的个人所得税时:

借:应交税费——应交个人所得税 49 600
　　贷:银行存款 49 600

(二)代扣代缴其他项目个人所得税的会计处理

企业在向个人支付劳务报酬、稿酬、特许权使用费、财产租赁、财产转让及利息、股息、红利等所得时,应按税法规定代扣代缴个人所得税。企业在支付上述费用时,借记“管理费用”“财务费用”“其他应付款”“应付股利”等科目,贷记“应交税费——应交个人所得税”“库存现金”等科目;实际缴纳扣缴的个人所得税时,借记“应交税费——应交个人所得税”科目,贷记“银行存款”等科目。

【例 10-17】 某企业请外单位的甲某协助翻译一部外文论著,支付甲某酬劳18 000元。

要求:计算应由该企业代扣代缴的个人所得税并进行会计处理。

【解析】 (1)该企业支付甲某酬劳并代扣其个人所得税时:

该企业应代扣代缴的个人所得税税额=18 000(1-20%)20%=2 880(元)

借:管理费用 18 000
　　贷:库存现金(或银行存款) 15 120
　　　　应交税费——应交个人所得税 2 880

(2)实际缴纳扣缴的个人所得税时:

借:应交税费——应交个人所得税 2 880
　　贷:银行存款 2 880

第七节　税收优惠与征收管理

一、税收优惠

《中华人民共和国个人所得税法》及其实施条例,以及财政部、国家税务总局的若干规定等,都对个人所得项目给予了减税免税的优惠,主要如下。

(一)免征个人所得税的优惠

(1)省级人民政府、国务院部委和中国人民解放军军以上单位,以及外国组织颁发的科学、教育、技术、文化、卫生、体育、环境保护等方面的奖金。

(2)国债利息、国家发行的金融债券利息、地方政府债券利息。

(3)按国家统一规定发给的补贴、津贴。国务院规定发放政府特殊津贴、院士津贴等。

(4)福利费、抚恤金、救济金。

(5)保险赔款。

(6)军人的转业费、复员费。

(7)离退休工资。

(8)驻华使馆、领事馆的人员免税。

(9)中国政府参加的国际公约以及签订的协议中规定免税的所得。

(10)政府或够条件的机构发放的见义勇为奖金。

(11)企业和个人按照省级以上人民政府规定的标准,以个人工资中的部分作为社会保险(住房、医疗、失业、养老)免税。

个人领取原提存的住房公积金、医疗保险金、基本养老保险金等社会保险时,免予征收个人所得税。

(12)外籍个人以非现金形式或实报实销形式取得的以下所得:①住房补贴、伙食补贴、搬迁费、洗衣费;②按合理标准取得的境内、外出差补贴;③取得的探亲费、语言训练费、子女教育费等,经当地税务机关审核批准为合理的部分。其中探亲费,仅限于外籍个人在我国的受雇地与其家庭所在地(包括配偶或父母居住地)之间搭乘交通工具,且每年不超过两次的费用。

(13)个人举报及协查违法、犯罪而获得的奖金。

(14)个人办理代扣代缴税款的手续费。

(15)个人转让自用达5年以上并且是唯一的家庭居住用房取得的所得。

(16)达到离退休年龄,但确因工作需要,适当延长离退休年龄的高级专家,在延长离退休期间的工资、薪金所得,视同退休工资、离休工资免征个人所得税。

(17)外籍个人从外商投资企业取得的股息、红利所得。

(18)符合条件的外籍专家工资、薪金所得。

(19)股权分置改革中非流通股股东通过对价方式向流通股股东支付的股份、现金等收入,暂免征收流通股股东应缴纳的个人所得税。

(20)对被拆迁人按照国家有关城镇房屋拆迁管理办法规定的标准取得的拆迁补偿款,免征个人所得税。

(21)对保险营销员的佣金。

保险营销员的佣金由展业成本和劳务报酬构成:①展业成本,免征个人所得税;②劳务报酬部分,扣除实际缴纳的税金及附加后,依照税法有关规定计算征收个人所得税。

(22)证券经纪人从证券公司取得的佣金收入:按照“劳务报酬所得”项目缴纳个人所得税,方法同上。

【例 10-18】 证券经纪人王某于 2019 年 9 月初入职某市一证券公司,试用期 3 个月,试用期间每月佣金 20 600 元,于试用期满一次发放。

要求:计算王某试用期取得的佣金收入应纳个人所得税。

【解析】 应纳增值税 = 20 600÷(1+3%)×3% = 600(元);

应纳个人所得税 = [20 600÷(1+3%)−600×(7%+3%+2%)]×(1−40%)×(1−20%)×20%×3 = 5 739.26(元)。

(23)个人从公开市场取得上市公司股票的股息红利所得,根据持股期限分别按全额(1 个月以内)、减按 50%(1 个月至 1 年)、免税(1 年以上)计入应纳税所得额。

【例 10-19】 张某 2019 年 2 月购进甲上市公司股票 100 000 股,成交价格为每股 12 元。同年 4 月因甲上市公司进行 2018 年度利润分配取得 35 000 元分红所得。

要求:计算张某应纳个税。

【解析】 张某应纳个税 = 35 000×50%×20% = 3 500(元)。

(二)减征个人所得税的优惠

(1)残疾、孤老人员和烈属的所得。

(2)因严重自然灾害造成重大损失的。

(3)其他经国务院财政部门批准减税的。

【例 10-20】 个人取得的下列所得中,免予征收个人所得税的是(　　)。

A. 企业职工李某领取原提存的住房公积金

B. 王某在单位任职表现突出获得 50 000 元总裁特别奖金

C. 徐某因持有某上市公司股票取得该上市公司年度分红

D. 退休教授张某受聘任另一高校兼职教授每月取得 4 000 元工资

【解析】 答案为 A。

二、征收管理

(一)自行申报纳税

自行申报纳税,是由纳税人自行在税法规定的纳税期限内,向税务机关申报应税所得项目和数额,如实填写个人所得税纳税申报表,并按照税法规定计算应纳税额,据此缴纳个人所得税的方法。

1. 有下列情形之的,纳税人应当依法办理纳税申报

(1)取得综合所得需要办理汇算清缴。

(2)取得应税所得没有扣缴义务人。

(3)取得应税所得,扣缴义务人未扣缴税款。

(4)取得境外所得。

(5)因移居境外注销中国户籍。

(6)非居民个人在中国境内从两处以上取得工资、薪金所得。

(7)国务院规定的其他情形。

2. 取得综合所得需要办理汇算清缴的纳税申报

取得综合所得,且符合下列情形之一的纳税人,应当依法办理汇算清缴:

(1)从两处以上取得综合所得,且综合所得年收入额减除专项扣除后的余额超过60 000元。

(2)取得劳务报酬所得、稿酬所得、特许权使用费所得中一项或者多项所得,且综合所得年收入额减除专项扣除的余额超过60 000 元。

(3)纳税年度内预缴税额低于应纳税额。

(4)纳税人申请退税。

需要办理汇算清缴的纳税人,应当在取得所得的次年 3 月 1 日至 6 月 30 日内,向任职、受雇单位所在地主管税务机关办理纳税申报,并报送《个人所得税年度自行纳税申报表》。纳税人有两处以上任职、受雇单位的,选择向其中一处任职、受雇单位所在地主管税务机关办理纳税申报;纳税人没有任职、受雇单位的,向户籍所在地或经常居住地主管税务机关办理纳税申报。

纳税人办理综合所得汇算清缴,应当准备与收入、专项扣除、专项附加扣除、依法确定的其他扣除、指赠、享受税收优惠等相关的资料,并按规定留存备查或报送。

3. 取得经营所得的纳税申报

个体工商户业主、个人独资企业投资者、合伙企业个人合伙人、承包承租经营者个人及其他从事生产、经营活动的个人去的经营所得,包括以下情形:

(1)个体工商户从事生产、经营活动取得的所得,个人独资企业投资人、合伙企业的个人合伙人,来源于境内注册的个人独资企业、合伙企业生产、经营的所得。

(2)个人依法从事办学、医疗、咨询以及其他有偿服务活动取得的所得。

(3)个人对企业、事业单位承包经营、承租经营以及转包、转租取得的所得。

(4)个人从事其他生产、经营活动取得的所得。

纳税人取得经营所得,按年计算个人所得税,由纳税人在月度或季度终了后 15 日内,向经营管理所在地主管税务机关办理预缴纳税申报,并报送《个人所得税经营所得纳税申报表(A 表)》。在取得所得的次年 3 月 31 日前,向经营管理所在地主管税务机关办理汇算清缴,并报送《个人所得税经营所得纳税申报表(B 表)》;从两处以上取得经营所得的,选择向其中一处经营管理所在地主管税务机关办理年度汇总申报,并报送《个人所得税经营所得纳税申报表(C 表)》。

(二)全员全额扣缴申报纳税

扣缴义务人向个人支付应税款项时,应当依照个人所得税法规定预扣或代扣税款,按时缴库,并专项记载备查。

全员全额扣缴申报,是指扣缴义务人应当在代扣税款的次月十五日内,向主管税务机关在支付所得的所有个人的有关信息、支付所得数额、扣除项和数额、扣缴税款的具体数额和总额以及其他相关信息。

1. 扣缴义务人和代扣预扣税款范围

（1）扣缴义务人，是指向个人支付所得的单位或者个人。

（2）实行个人所得税全员全额扣缴申报的应税所得包括：①工资、薪金所得；②劳务报酬所得；③稿酬所得；④特许权使用费所得；⑤利息、股息、红利所得；⑥财产租赁所得；⑦财产转让所得；⑧偶然所得。

2. 不同项目所得扣缴方法

（1）扣缴义务人向居民个人支付工资、薪金所得时，预扣预缴处理：

本期应预扣预缴税额=（累计预扣预交应纳税所得额×预扣率-速算扣除数）-减免税额-累计已预扣预缴税额

累计预扣预交应纳税所得额=累计收入-累计免税收入-累计减除费用-累计专项扣除-累计专项附加扣除-累计依法确定的其他扣除

其中：累计减除费用，按照5 000元/月乘以纳税人当年截至本月在本单位的任职受雇月份数计算。

居民个人向扣缴义务人提供有关信息并依法要求办理专项附加扣除的，扣缴义务人应当按照规定，在工资、薪金所得按月预扣预缴税款时予以扣除，不得拒绝。

年度预扣预缴税额与年度应纳税额不致的，由居民个人于次年3月I日至6月30日向主管税务机关办理综合所得年度汇算清缴，税款多退少补。

【例10-21】 某居民个人2019年每月取得工资收入10 000元，每月缴纳社保费和住房公积金1 500元，该居民个人全年均享受住房贷款利息专项附加和除。

要求：请计算该居民个人的工资薪金和扣缴义务人2019年每月代扣代缴的税款金额。

【解析】 （1）1月：累计预扣预缴应纳税所得额=累计收入-累计免税收入-累计基本减除费用-累计专项扣除-累计专项附加扣除-累计依法确定的其他扣除=10 000-5 000-1 500-1 000=2 500（元）。

（2）本期应预扣预缴税额=2 500×3%-0=75（元）。

2月：累计预扣预缴应纳税所得额=20 000-10 000-3 000-2 000=5 000（元）。

本期应预扣预缴税额=（5 000×3%-0）-75=75（元）。

（3）2019年12月：

累计预扣预缴应纳税所得额=累计收入-累计免税收入-累计基本减除费用-累计专项扣除-累计专项附加扣除-累计依法确定的其他扣除

本期应预扣预缴税额=（30 000×3%-0）-75×11=75（元）。

（2）扣缴义务人向居民个支付劳务报酬所得、稿酬所得、特许权使用费所得时，预扣预缴处理（表10-6）。

1）劳务报酬所得、稿酬所得、特许权使用费所得，以收入减除费用后的余额为收入额：其中，稿酬所得的收入额减按70%计算。

2）减除费用：预扣预缴税款时，劳务报酬所得、稿酬所得、特许权使用费所得，每次收入不超过 4 000 元的，减除费用 800 元；每次收入 4 000 元以上的，减除费用按 20%。

3）应纳税所得额：劳务报酬所得、稿酬所得、特许权使用费所得，以每次所得额为预扣预缴应纳税所得额。

4）预扣预缴税额计算公式：

劳务报酬所得应预扣预缴税额＝预扣预缴应纳税所得额预扣率－速算扣除数

稿酬所得、特许权使用费所得应预扣预缴税额＝预扣预缴应纳税所得额 20%

表 10-6　劳务报酬所得个人所得税预扣预缴率表

级数	预扣预缴应纳税所得额	预扣率（%）	速算扣除数（元）
1	不超过 20 000 元	20	0
2	20 000～50 000 元	30	2000
3	超过 50 000 元	40	7 000

居民个人办理年度综合所得汇算清缴时，应当依法计算劳务报酬所得、稿酬所得、特许权使用费所得的收入额，并入年度综合所得计算应纳税款，税款多退少补。

【例 10-22】　歌星刘某一次取得表演收入 40 000 元，扣除 20% 的费用后，应纳税所得额为 32 000 元。

要求：请计算其应预扣预缴个人所得税税额。

【解析】　应预扣预缴税额＝预扣预缴应纳税所得额×（1－20%）×预扣率－速算扣除数＝40 000×（1－20%）×30%－2 000＝7 600（元）。

【例 10-23】　某作家为居民个人，2019 年 3 月取得一次未扣除个人所得税的稿酬收入 20 000 元。

要求：请计算其应预扣预缴的个人所得税税额。

【解析】　应预扣预缴税额＝预扣预缴应纳税所得额×预扣率×（1－30%）＝20 000×（1－20%）×20%（1－30%）＝2 240（元）。

非居民的纳税人个税政策

目　录

第一章　税务会计概述

一、单项选择题

1. 下列税种收入属于中央政府与地方政府共享收入的是(　　)。
   A. 消费税　　B. 增值税
   C. 车辆购置税　　D. 土地增值税
2. 税法规定的纳税人是指直接(　　)的单位和个人。
   A. 直接负有纳税义务　　B. 最终负担税款
   C. 代收代缴税款　　D. 承担纳税担保
3. 税制构成要素中,用以区分不同税种的是(　　)。
   A. 税率　　B. 征税对象
   C. 纳税人　　D. 税目
4. 在税制构成要素中,(　　)是计算应纳税额的尺度,体现纳税人的税收负担。
   A. 征税对象　　B. 纳税期限
   C. 税率　　D. 税目
5. 使税收收入不受价格水平影响,只与征税对象的实物量有关的税率是(　　)。
   A. 定额税率　　B. 累进税率
   C. 名义税率　　D. 比例税率
6. 假设税法规定起征点为200元,税率为10%,甲、乙纳税人取得应税收入分别为200元和400元,则甲、乙纳税人分别纳税(　　)。
   A. 0元和20元　　B. 0元和40元
   C. 20元和40元　　D. 以上说法都不对
7. 某纳税人某月取得收入250元,税率为10%,假定起征点和免征额均为240元,则按起征点和免征额办法计算,分别应纳税(　　)。
   A. 25元和1元　　B. 25元和24元
   C. 24元和1元　　D. 1元和0元
8. 我国现行税法中,以下各税中采用多次课征的税种是(　　)。
   A. 增值税　　B. 消费税
   C. 营业税　　D. 关税
9. 我国现行税法中,以下各税不属于中央税的是(　　)。
   A. 增值税　　B. 消费税
   C. 营业税　　D. 个人所得税
10. 我国现行税法中,以下各税属于地方税的是(　　)。
    A. 增值税　　B. 消费税
    C. 营业税　　D. 关税
11. 法律、行政法规规定负有代扣代缴、代收代缴税款义务的单位和个人称为(　　)。
    A. 纳税人　　B. 代扣代缴税款纳税人
    C. 代收代缴税款纳税人　　D. 扣缴义务人

二、多项选择题

1. 税务会计特点包括(　　)。
   A. 法定性　　B. 广泛性
   C. 统一性　　D. 协调性
2. 计税基础和计税依据有(　　)。
   A. 流转额、成本、费用额　　B. 行为计税额
   C. 利润额与收益额　　D. 财产额(金额、数额)
3. (　　)属于税务会计的前提。
   A. 纳税主体　　B. 持续经营
   C. 货币时间价值　　D. 纳税会计期间
4. (　　)属于税务会计的原则。
   A. 法定性原则　　B. 较少运用谨慎原则
   C. 税收筹划原则　　D. 接受审查原则
5. 下列属于税收“三性”的内容有(　　)。
   A. 强制性　　B. 无偿性
   C. 固定性　　D. 合法性
6. 我国现行的税率主要有(　　)。
   A. 比例税率　　B. 超额累进税率
   C. 定额税率　　D. 超率累进税率
7. 按税收管理和使用权限划分,税收可分为(　　)。
   A. 中央税　　B. 省市税
   C. 地方税　　D. 中央和地方共享税
8. 下列税种属于流转税类的有(　　)。
   A. 增值税　　B. 消费税
   C. 营业税　　D. 房产税
9. 税法的构成要素一般包括(　　)。
   A. 征税对象　　B. 计税依据
   C. 减免税　　D. 纳税期限
10. 目前我国采用复合计税方法的有(　　)。
   A. 卷烟　　B. 白酒
   C. 黄酒　　D. 茶叶

三、判断题

1. 企业凡能够用货币计量的涉税事项都是税务会计的对象。(　　)
2. 在任何情况下,财务会计主体一定是税务会计主体。(　　)
3. 纳税人享受减(免)税待遇的,在减(免)税期间也应当按规定办理纳税申报。(　　)
4. 节税与避税都是合法行为,两者没有任何区别。(　　)
5. 区别一种财政收入是税还是非税,不仅要看它的名称,还要看它是否具有无偿性。(　　)
6. 对同一征税对象,不论其数额多少,均按同一比例征税的税率称为定额税率。(　　)

7. 通过直接减少应纳税额的方式实现的减免税形式叫税基式减免。(　　)
8. 我国的增值税实行的是一次课征制。(　　)
9. 定额税率又称"固定税额"。(　　)
10. 税率是应纳税额占征税对象数额的比例,也是衡量税负轻重的重要标志。(　　)。
11. 起征点是指对课程对象的数额达到或超过事先确定数额的就其全部数额征税,达不到的不征税;而免征额是指对课程对象的数额达到或超过事先确定数额的,可按扣除其该数额后的余额计税。(　　)
12. 向税务机关缴纳或解缴税款的单位和个人是纳税人。(　　)
13. 代收代缴是指按照税法规定,负有扣缴税款义务的法定义务人,在向纳税人支付款项时,从所支付的款项中直接扣收税款的方式。(　　)

四、简答题

1. 试述税务会计的概念及其特点。
2. 税务会计与财务会计有何联系与区别?
3. 简述税务会计的目标和对象。
4. 简述税务会计的基本前提。
5. 简述税务会计的一般原则。
6. 简述税务会计要素。

第二章　增值税及其会计处理

一、单项选择题

1. 增值税的征税对象为(　　)。
   A. 营业额　　B. 增值额
   C. 销售额　　D. 毛利
2. 税法中的增值税是属于(　　)中的一种。
   A. 流转税　　B. 所得税
   C. 财产税　　D. 资源税
3. 下列不属于增值税的特点的有(　　)。
   A. 实行价外税　　B. 税收负担不可转嫁
   C. 实行单一税率　　D. 凭票扣税
4. 销售方收取的(　　),就是购买方支付的进项税额。
   A. 销售额　　B. 利润额
   C. 销售税额　　D. 增值税额
5. 以下关于增值税的表述不正确的是(　　)。
   A. 增值税是价外税
   B. 增值税属于间接税
   C. 增值税的作用是调节收入差距
   D. 我国增值税采用其他实行增值税的国家广泛采用的间接计算法计算税额
6. 根据购进固定资产的进项税额是否可以扣除,可以将增值税划分为不同类型。2009 年

1月1日起,我国增值税实行(　　)。

A. 消费型增值税　　B. 收入型增值税

C. 生产型增值税　　D. 消耗型增值税

7. 增值税的三种类型中,(　　)最符合按增值额征税的原理。

A. 生产型增值税　　B. 收入型增值税

C. 消费型增值税　　D. 积累型增值税

8. 根据增值税法律制度的规定,下列情形中,视同销售货物或服务的是(　　)。

A. 将购进的货物用于集体福利

B. 将购进的货物用于个人消费

C. 向他人无偿提供既不是用于公益事业也不是以社会公众为对象的娱乐服务

D. 单位为其员工提供的无偿接送的班车交通服务

9. 根据增值税法律制度的规定,小规模纳税人标准是年应征增值税销售额在一定数额以下,该数额是(　　)万元。

A. 50　　B. 80

C. 100　　D. 500

10. 根据增值税法律制度的规定,纳税人发生的下列情形中,不应视同销售货物的是(　　)。

A. 将自产的货物用于集体福利的

B. 将委托加工的货物作为投资提供给其他单位的

C. 将购进的货物分配给股东的

D. 设有两个以上的机构并实行统一核算的纳税人将货物从一个机构移送设在同一市的其他机构用于销售的

11. 下列各项中,不属于增值税非应税项目的是(　　)。

A. 修配业务　　B. 交通运输业务

C. 建筑业务　　D. 保险业务

12. 征税范围是(　　)的具体化。

A. 纳税义务人　　B. 征税对象

C. 征税税种　　D. 征税税率

13. 下列销售行为不属于增值税征税范围的有(　　)。

A. 商店销售农业初级产品　　B. 典当业销售死当物品

C. 银行销售金银　　D. 邮局销售邮票、信封

14. 银行(　　),应当征收增值税。

A. 办理储蓄业务　　B. 销售金银业务

C. 办理电子汇款业务　　D. 办理借款业务

15. 下列行为属于视同销售货物,应征收增值税的是(　　)。

A. 某商店为服装厂代销儿童服装

B. 某批发部门将外购的部分饮料用于职工福利

C. 某企业将外购的水泥用于不动产在建工程

D. 某企业将外购的洗衣粉用于个人消费

16. 下列项目不征收增值税的是(　　)。
A. 生产企业产权转让中涉及的有形动产
B. 旧货经营单位销售旧货
C. 经有权机关批准的免税商店销售免税货物
D. 销售进口时已纳增值税的货物
17. 下列各项中,属于视同销售行为的是(　　)。
A. 将接受的应税劳务用于非应税项目
B. 将购买的货物委托外单位加工
C. 将购买的货物无偿赠送他人
D. 将购买的货物用于集体福利
18. 下列行为属于增值税混合销售的是(　　)。
A. 电信局提供电话安装业务的同时销售电话
B. 建材商店销售建材的同时,提供装修服务
C. 塑钢门窗商店销售产品,并为客户安装
D. 汽车制造厂既生产销售汽车,又提供汽车修理服务
19. 下列各项中,不属于增值税征收范围的有(　　)。
A. 纳税人随同销售软件一并收取的软件培训费收入
B. 纳税人委托开发的受托方拥有著作权的软件所得的收入
C. 转让企业全部产权涉及的应税货物的转让
D. 印刷企业接受出版单位委托印刷有国家统一刊号的图书取得的收入
20. 根据增值税法律制度的规定,增值税一般纳税人在中国境内从事下列行为取得的收入中,适用6%增值税税率的是(　　)。
A. 销售加工劳务　　B. 销售有形动产租赁服务
C. 销售不动产　　D. 销售增值电信服务
21. 甲公司为增值税一般纳税人。2019 年 5 月,甲公司销售产品取得不含税销售额 50 万元,另销售一批下脚料取得含税销售额 1.13 万元。已知,甲公司销售产品适用的税率为 13%。甲公司当月的销项税额为(　　)万元。
A. 6.5　　B. 6.37
C. 6.65　　D. 6.63
22. 某汽修厂为小规模纳税人,2019 年 4 月取得含税修理收入 61 800 元;处置自己使用过的举升机一台,取得含税销售额 5 150 元。该厂当月份应纳的增值税为(　　)元。
A. 150　　B. 1 800
C. 1 900　　D. 1 950
23. 根据增值税法律制度的规定,下列情形中,不属于我国增值税征税范围的是(　　)。
A. 境外单位日本某公司出租设备供我国某公司在广州使用
B. 境外单位德国某公司转让专利权供我国某公司在北京使用
C. 境外单位法国某酒店为我国科研团队提供在巴黎的住宿服务
D. 境外单位美国某公司为我国某公司在上海的楼宇提供装饰服务
24. 根据增值税法律制度的规定,增值税纳税人的下列行为中,应视同销售货物的

是(　　)。

A. 将购进的货物用于个人消费　　B. 将购进的货物用于集体福利

C. 将购进的货物分配给投资者　　D. 将购进的货物用于生产经营

25. 根据增值税法律制度的规定,融资性售后回租适用的税目是(　　)。

A. 销售无形资产　　B. 金融服务——保险服务

C. 现代服务——租赁服务　　D. 金融服务——贷款服务

26. 甲公司为增值税一般纳税人,适用税率13%。甲公司主要从事服装的生产与销售,2019年4月发生如下业务:销售1 000套新款服装,市价为每套200元(不含增值税);将该款服装300套用于员工福利。该款服装成本为每套140元,成本利润率为10%。当月甲公司上述业务的增值税销项税额为(　　)元。

A. 23 660　　B. 26 026

C. 31 460　　D. 33 800

27. 甲会计师事务所为增值税一般纳税人。2019年2月,甲会计师事务所提供鉴证咨询服务取得收入500万元(不含增值税,适用税率6%);出租2016年10月购入的不动产,当月取得租金收入200万元(不含增值税,适用税率9%)。已知:甲会计师事务所对不同类别的销售额分别核算。甲会计师事务所当月的增值税销项税额为(　　)万元。

A. 39　　B. 48

C. 33　　D. 66

28. 根据增值税法律制度的规定,下列业务中,不属于增值税视同销售的是(　　)。

A. 单位无偿向其他企业提供建筑服务

B. 单位无偿为公益事业提供建筑服务

C. 单位无偿为关联企业提供建筑服务

D. 单位以自产的建筑材料对外投资

29. 根据增值税法律制度的规定,下列情形中,应当缴纳增值税的是(　　)。

A. 建筑公司员工接受本公司的工作任务设计建筑图纸

B. 客运公司无偿为本公司员工提供班车服务

C. 运输公司为灾区免费提供运输救灾物资的服务

D. 母公司无偿向子公司转让商标专用权

30. 根据增值税法律制度的规定,下列服务中,应按照“现代服务”税目计缴增值税的是(　　)。

A. 文化体育服务　　B. 市场调查服务

C. 教育医疗服务　　D. 旅游娱乐服务

31. 根据增值税法律制度的规定,下列情形中,属于增值税征税范围的是(　　)。

A. 一般纳税人提供融资租赁服务的

B. 单位为聘用的员工提供应税服务的

C. 单位聘用的员工为本单位提供加工、修理修配劳务的

D. 被保险人获得保险赔付的

32. 某服装厂为增值税一般纳税人。2019年4月,该服装厂将自产的一批服装作为福利

发放给职工。已知该批服装的成本为 10 万元，同类服装的市场不含税售价为 18 万元。假设该服装厂当月没有其他业务，也没有可以抵扣的进项税额。该服装厂当月应纳的增值税额为(　　)万元。

A. 0　　B. 1.76

C. 2.34　　D. 3.06

33. 甲饭店为增值税小规模纳税人，2018 年第三季度提供住宿餐饮服务取得含税销售额 51.5 万元，购进货物取得增值税普通发票注明税额 0.8 万元。已知增值税征收率为 3%。甲饭店第三季度应缴纳增值税税额为(　　)万元。

A. 1.545　　B. 1.5

C. 0.745　　D. 0.7

34. 对商业企业向供货方收取的与商品销售量、销售额挂钩(如以一定比例、金额、数量计算)的各种返还收入，均应按照平销返利行为的有关规定(　　)。

A. 冲减当期增值税进项税金　　B. 计算销项税

C. 征收营业税　　D. 计入营业外不征流转税

35. 增值税纳税人下列项目中，不缴纳增值税的是(　　)。

A. 随同货物一并销售的包装物　　B. 随同货物销售收取的包装物租金

C. 逾期的白酒包装物押金　　D. 收取的白酒包装物押金

36. 纳税人视同销售的销售额不能按(　　)确定。

A. 当月同类货物的最高销售价格　　B. 当月同类货物的平均销售价格

C. 最近时期同类货物的平均销售价格　　D. 组成计税价格

37. 下列各项中，不允许从增值税计税销售额中扣除的有(　　)。

A. 销售额开在同一张发票上的折扣额　　B. 销售折扣额

C. 销售折让额　　D. 销售退货额

38. 甲公司为增值税一般纳税人。2018 年 6 月销售自产小汽车 300 辆，不含税售价 18 万元/辆，另收取优质费 2 万元/辆。已知销售小汽车适用的增值税税率为 13%。甲公司当月增值税的销项税额为(　　)万元。

A. 727.59　　B. 702

C. 771.03　　D. 780

39. 某生产企业(增值税一般纳税人)，2019 年 4 月销售化工产品取得含税销售额 793.26 万元，为销售货物出借包装物收取押金 15.21 万元，约定 3 个月内返还；当月没收逾期未退还包装物的押金 1.3 万元。该企业 2008 年 7 月上述业务计税销售额为(　　)万元。

A. 679.11　　B. 702

C. 806.72　　D. 809.62

40. 某酒厂为一般纳税人，本月取得啤酒的逾期包装物押金 2 万元，白酒的逾期包装物押金 3 万元。该酒厂当月计税销售额为(　　)万元。

A. 0.65　　B. 1.77

C. 4.42　　D. 2.65

41. 某厂商某月将产品分别以 10 元、11 元和 5 元(被认定为偏低价格)的单价销售给甲、乙、丙各100件，则当月该厂商的销售额在计算其销项税时应被核定为（　　）。

A. 2 600元　　B. 3 150元

C. 3 000元　　D. 3 300元

42. 某生产企业为增值税一般纳税人，本期销售收入为135.6万元（含税），本期发出包装物收取押金为4.52万元，本期逾期未归还包装物押金为2.26万元。则该企业计税销售额为（　　）万元。

A. 120　　B. 122

C. 142.38　　D. 140.12

43. 家具厂销售货物30 000元（不含税）同时送货上门，单独收取运费1 000元，则该家具厂的计税销售额为（　　）。

A. 30 000元　　B. 31 000元

C. 5 245.30元　　D. 30 884.96元

44. 某黄酒厂销售黄酒的不含税销售额为100万元，发出货物包装物押金为5.65万元，定期60天收回，则该黄酒厂当期计税销售额是（　　）万元。

A. 100　　B. 105

C. 105.65　　D. 118.65

45. 某增值税一般纳税人将自产化妆品一批赠送给某协作企业，生产成本总计为100 000元，无市场售价可供参考，该化妆品适用消费税税率为30%，成本利润率5%，则该企业此项行为计税销售额为（　　）。

A. 105 000元　　B. 214 285.71元

C. 150 000元　　D. 25 500元

46. 甲企业（一般纳税人）销售给乙公司2 000套服装，每套不含税价格为200元，由于乙公司购买数量多，甲企业按原价的8折优惠销售（与销售业务开具了一张发票），并提供1/10，*n*/20的销售折扣。乙公司于10日内付款，则甲企业此项业务的计税销售额为（　　）。

A. 320 000元　　B. 54 400元

C. 400 000元　　D. 316 800元

47. 某酒厂为一般纳税人。本月向一小规模纳税人销售白酒，并开具普通发票上注明金额90 400元；同时收取单独核算的包装物押金2 000元（尚未逾期），此业务酒厂的计税销售额为（　　）。

A. 10 400元　　B. 90 400元

C. 81 769.91元　　D. 10 630.01元

48. 某企业将自产的产品作为福利发给本厂职工，该批产品制造成本为20万元人民币，利润为20%，按当月同类产品的平均售价计算为28万元人民币，请问该批产品计征增值税的销售为（　　）。

A. 20万元人民币　　B. 28万元人民币

C. 24万元人民币　　D. 32万元人民币

49. 某钢琴厂为增值税一般纳税人，本月采取“还本销售”方式销售钢琴，开了普通发票20张，共收取了货款25万元。企业扣除还本准备金后按规定23万元作为销售处理，则增值税计税销售额为(　　)万元。

A. 25　　B. 23

C. 22. 12　　D. 20. 35

50. 某化工厂(一般纳税人),向一个体工商户销售化工产品取得含税收入60万元,又用20万元含税的化工产品抵偿前欠供货商货款。本月销项税额为(　　)万元。

A. 10.4　　B. 6.9

C. 7.8　　D. 9.2

51. 某生产企业为增值税一般纳税人,本期销售收入为135.6万元(含税),本期发出包装物收取押金为4.52万元,本期逾期未归还包装物押金为2.26万元。该企业本期应申报的销项税额为(　　)万元。

A. 16.12　　B. 15.86

C. 20.38　　D. 20.79

52. 某生产白酒企业为增值税一般纳税人,当期白酒销售收入12.43万元(含税),当期发出包装物收取押金5.65万元,当期逾期未归还包装物押金2.26万元。该企业本期应申报的销项税额为(　　)万元。

A. 1.43　　B. 2.34

C. 1.69　　D. 2.21

53. 某增值税一般纳税人将自产的化妆品一批赠送给某协作企业,生产成本总计100 000元,无市场售价可供参考,该化妆品适用消费税税率为30%,成本利润率为5%,则该企业此项行为应纳增值税销项税额为(　　)。

A. 13 000元　　B. 26 714.3元

C. 15 000元　　D. 19 500元

54. 甲企业(一般纳税人)销售给乙公司2 000套服装,每套不含税价格为200元,由于乙公司购买数量多,甲企业按原价的8折优惠销售(与销售业务开具了一张发票),并提供1/10,*n*/20的销售折扣。乙公司于10日内付款,则甲企业此项业务的销项税额为(　　)。

A. 48 960元　　B. 41 600元

C. 61 200元　　D. 52 000元

55. 某商贸企业(一般纳税人)受托代销某品牌服装,取得代销收入9.04万元(零售价),与委托方进行结算,取得增值税专用发票上注明税额0.92万元。则该商贸企业代销业务应纳增值税为(　　)万元。

A. 1.04　　B. 0.35

C. 0.12　　D. 1.59

56. 某商业企业(一般纳税人)为甲公司代销货物,按零售价以5%收取手续费5 000元,尚未收到甲公司开来的增值税专用发票。则该代销业务应纳增值税销项税额为(　　)万元。

A. 11 504.42　　B. 650

C. 13 000　　D. 1 300

57. 某建筑公司,附设工厂(一般纳税人)生产A、B两种建筑材料,本月销售A种建筑材料取得销售收入 29 万元(含增值税),则销售 A 建筑材料应缴纳的增值税为(　　)万元。

A. 3.34　　B. 3.77

C. 5.42　　D. 3.87

58. 某建筑公司,附设工厂(一般纳税人)生产 A、B 两种新研制的建筑材料,本月将生产的 B 种建筑材料移送本企业承包的建筑工程使用(当月未完工),该批材料的生产成本 11 万元。则使用 B 建筑材料应缴纳的增值税(　　)万元。

A. 1.43　　B. 1.57

C. 1.3　　D. 1.1

59. 某市一家电生产企业为增值税一般纳税人,12 月份将自产家电移送职工活动中心一批,成本价 20 万元,市场销售价格 23 万元(不含税)。此业务应确认的销项税额为(　　)万元。

A. 0　　B. 2.6

C. 2.99　　D. 3.66

60. 某服装厂为一般纳税人。本月向一小规模纳税人销售服装一批,并开具普通发票上注明金额 90 400 元;同时收取单独核算的包装物押金 2 000 元(尚未逾期),此业务服装厂应确认的销项税额为(　　)元。

A. 10 400　　B. 10 660

C. 10 630.09　　D. 13 890.6

61. 某金店(中国人民银行批准的金银首饰经销单位)为增值税一般纳税人,采取"以旧换新"方式销售 24K 纯金项链 1 条,新项链对外销售价格 5 000 元,旧项链作价 3 000 元,从消费者手中收取新旧差价款 2 000 元,该金店 12 月份采取"以旧换新"方式销售货物,该事项产生的销项税额为(　　)元。

A. 650　　B. 260.00

C. 230.09　　D. 575.22

62. 某企业为增值税一般纳税人,生产某种电机产品,本月采用以旧换新方式促销,销售该电机产品 618 台,每台旧电机产品作价 260 元,按照出厂价扣除旧货收购价实际取得不含税销售收入 791 040 元,该事项产生的销项税额为(　　)元。

A. 134 476.8　　B. 123 723.6

C. 27 315.6　　D. 138 284.10

63. 某电机厂用 15 台该电机与原材料供应商换取等值生产用原材料,双方均开具增值税专用发票,不含税销售额为 23 100 元,原材料已入库,该事项产生的销项税额为(　　)元。

A. 0　　B. 3 003

C. 3 356.41　　D. 693

64. 甲维修部为增值税小规模纳税人。2018 年 3 月,销售一辆自用小汽车,取得含税销售额 3 万元。甲维修部就该笔收入应缴纳的增值税为(　　)元。

A. 873.79　　B. 582.52

C. 1 428.57　　D. 857.14

65. 某副食品商店为增值税小规模纳税人，2018 年 8 月销售副食品取得含税销售额 66 950元，销售自己使用过的固定资产取得含税销售额 17 098 元。该商店应缴纳的增值税为（　　）元。

A. 2 282　　B. 2 291.96

C. 2 448　　D. 2 477.88

66. 根据增值税法律制度的规定，下列关于增值税进项税额抵扣的表述中，不正确的是（　　）。

A. 购进的餐饮服务，进项税额不得抵扣

B. 购进的贷款服务，进项税额不得抵扣

C. 用于免征增值税项目的，进项税额不得抵扣

D. 购进的住宿服务，取得增值税专用发票并通过认证，进项税额不得抵扣

67. 根据增值税法律制度的规定，增值税一般纳税人的下列行为中，不应视同销售的是（　　）。

A. 将购进的货物用于本单位职工集体福利

B. 将自产的货物捐赠给贫困地区的儿童

C. 将委托加工收回的货物用于个人消费

D. 将自产的货物分配给投资者

68. 根据增值税法律制度的规定，销售方向购买方收取的下列费用中，不属于价外费用组成部分的是（　　）。

A. 手续费　　B. 包装物租金

C. 储备费　　D. 因代办保险收取的保险费

69. 甲公司为增值税一般纳税人。2018 年 6 月，甲公司销售应税货物取得不含税销售额 500 万元，销售免税货物取得销售额 500 万元。购进动力燃料（取得增值税专用发票）支付的增值税进项税额 30 万元，一部分用于应税项目，另一部分用于免税项目，无法分开核算。已知甲公司销售应税货物适用的增值税税率为 13%。甲公司当月应纳的增值税额是（　　）万元。

A. 35　　B. 50

C. 60　　D. 65

70. 甲货场为增值税一般纳税人。2019 年 4 月，甲货场取得的含税收入包括货物保管收入 40.28 万元、装卸搬运收入 31.8 万元。甲货场当月的销项税额为（　　）万元。

A. 2.04　　B. 4.32

C. 4.08　　D. 6.8

71. 根据增值税法律制度的规定，增值税一般纳税人购进的下列服务所负担的进项税额，可以抵扣的是（　　）。

A. 购进的餐饮服务　　B. 购进的居民日常服务

C. 购进的会议服务　　D. 购进的娱乐服务

72. 甲公司新试制一批产品，产品试制成功后，作为礼物赠送给甲公司的客户试用。已知该批产品的不含税成本为 20 万元。已知：该产品不适用增值税低税率。则该批新产品的销项税额为（　　）万元。

A. 0　　B. 2.6
C. 2.86　　D. 3.6

73. 下列关于增值税起征点的表述中,不正确的是(　　)。
A. 小规模纳税人的个人销售额未达到起征点的,免征增值税
B. 起征点的规定不适用于登记为一般纳税人的个体工商户
C. 小规模纳税人的个体工商户销售额达到起征点的,全额计算缴纳增值税
D. 小规模纳税人的个人销售额达到起征点的,超过起征点的部分计算缴纳增值税

74. 根据增值税法律制度的规定,下列情形中,适用增值税免税政策的是(　　)。
A. 退役士兵创业就业
B. 北京的张某将其购买超过两年的普通住宅销售
C. 一般纳税人提供管道运输服务,对其增值税实际税负超过3%的部分
D. 残疾人组织提供的应税服务

75. 关于在不同销售方式下确定计征增值税的销售额,下列说法中正确的是(　　)。
A. 采取商业折扣方式销售货物,如果销售额和折扣额在同一张发票上分别注明的,可按折扣后的余额作为计税销售额
B. 采取以旧换新方式销售货物,按新货物的同期销售价格扣减旧货物的收购价格后作为计税销售额
C. 采取还本销售方式销售货物,以销售额扣减还本支出后的余额作为计税销售额
D. 采取以物易物方式销售,如未发生补价,则无计税销售额

76. 关于在不同销售方式下确定计征增值税的销售额,下列说法中正确的是(　　)。
A. 采取折扣方式销售货物,可按折扣后的余额作为计税销售额
B. 采取以旧换新方式销售货物,按新货物的同期销售价格作为计税销售额
C. 采取还本销售方式销售货物,以销售额扣减还本支出后的余额作为计税销售额
D. 采取以物易物方式销售,如未发生补价,则无计税销售额

77. 对纳税人为销售货物而出租出借包装物收取的押金,其增值税正确的计税方法是(　　)。
A. 单独记账核算的,一律不并入销售额征税,对逾期收取的包装物押金,均并入销售额征税
B. 酒类包装物押金,一律并入销售额计税,其他货物押金,单独记账核算的,不并入销售额征税
C. 无论会计如何核算,均应并入销售额计算缴纳增值税
D. 对销售除啤酒、黄酒外的其他酒类产品收取的包装物押金,均应并入当期销售额征税,其他货物押金,单独记账且未逾期者,不计算缴纳增值税

78. 甲企业销售给乙企业一批货物,乙企业因资金紧张,无法支付货币资金,经双方友好协商,乙企业用自产的产品抵顶款,则下列表述正确的是(　　)。
A. 甲企业收到乙企业的抵顶货物不应作购货处理
B. 乙企业发出抵顶货款的货物不应作销售处理,不应计算销项税额
C. 甲、乙双方发出货物都作销售处理,但收到货物所含增值税额一律不能计入进项税额

D. 甲、乙双方都应作购销处理，可对开增值税专用发票，分别核算销售额和购进额，并计算销项税额和进项税额

79. 增值税条例规定，纳税人采取托收承付方式销售货物，其纳税义务发生时间是（　　）。

A. 货物发出的当天　　B. 收到销货款的当天

C. 发出货物并办妥托收手续的当天　　D. 签订合同的当天

80. 根据《增值税暂行条例》的规定，采取预收货款方式销售货物，增值税纳税义务的发生时间是（　　）。

A. 销售方收到第一笔货款的当天　　B. 销售方收到剩余货款的当天

C. 销售方发出货物的当天　　D. 购买方收到货物的当天

81. 根据现行增值税法，下列关于增值税纳税义务发生时间的规定，错误的是（　　）。

A. 采取直接收款方式销售货物，不论货物是否发出，均为收到销售额或取得销售额的凭据、并将提货单交给买主的当天

B. 采取托收承付和委托银行收款方式销售货物，为发出货物并办妥托收手续的当天

C. 采取赊销和分期收款方式销售货物，为按合同约定的收款日期的当天

D. 委托其他纳税人代销货物，为代销货物交给受托方的当天

82. 按照增值税纳税义务发生时间的规定，下列说法错误的是（　　）。

A. 采取委托银行收款结算方式的，为货物发出并办妥托收手续的当天

B. 采取直接收款方式销售货物，为收到销售款或者取得索取销售款凭据的当天

C. 采取分期付款结算方式的为合同约定的收款日期的当天

D. 将货物交付给他人代销，为向受托人发出货物的当天

83. 下列结算方式中，以货物发出当天为增值税纳税义务发生时间的是（　　）。

A. 预收货款　　B. 赊销

C. 分期收款　　D. 将货物交付他人代销

84. 下列表述中，不符合代销货物的纳税义务发生时间的是（　　）。

A. 应以货物移送的当天作为纳税义务的发生时间

B. 应以收到代销清单的当天作为纳税义务发生时间

C. 在收到代销清单前已收到全部和部分货款的，其纳税义务发生时间为收到全部或部分货款的当天

D. 对于发出代销商品超过 180 天仍未收到代销清单及货款的，视同销售实现，一律征收增值税，其纳税义务发生时间为发出代销商品满 180 天的当天

85. 按照增值税的纳税义务发生时间的规定，下列说法错误的是（　　）。

A. 采取委托银行收款结算方式的，为发出货物并办妥托收手续的当天

B. 采取直接收款方式销售货物，不论货物是否发出，均为收到销售额或取得索取销售额的凭据，并将提货单交给买方的当天

C. 采取赊销和分期收款结算方式，且无书面合同的，为发出货物的当天

D. 将货物交付给他人代销，为收到受托人送交货款的当天

86. 企业发生的下列行为中，按规定允许开具增值税专用发票的是（　　）。

A. 商业企业零售烟酒　　B. 小规模纳税人销售货物

C. 销售免税的货物　　　　D. 服装厂向商场销售服装

87. 下列各项中,可以开具增值税专用发票的是(　　)。

A. 销售报关出口的货物　　　　B. 将货物用于集体福利

C. 销售免税项目　　　　D. 将货物用于对外投资

88. 以下关于增值税纳税地点的表述错误的是(　　)。

A. 固定业户在其机构所在地

B. 非固定业户在其居住所在地

C. 进口货物向报关地海关申报纳税

D. 总机构分支机构不在同一县(市)的,分别向各自所在地主管税务机关申报纳税。

89. 经税务机关确定为混合销售行为或兼营非应税劳务,应当征收增值税的,非应税劳务所用外购货物或应税劳务的进项税额,(　　)进项税额之中。

A. 准予计入当期　　　　B. 不准计入

C. 准予计入下期　　　　D. 分期计入

90. 关于小规模纳税人的标准,下列表述中正确的是(　　)。

A. 从事货物生产或者提供应税劳务的纳税人,以及以从事货物生产或者提供应税劳务为主,并兼营货物批发或者零售的纳税人,年应征增值税销售额在 50 万元以下的

B. 非从事货物生产或者提供应税劳务的纳税人,年应征增值税销售额在 180 万元以下的

C. 从事货物生产或者提供应税劳务的纳税人,年应征增值税销售额在 100 万元以下的

D. 以从事货物生产或者提供应税劳务为主,是指纳税人的年货物生产或者提供应税劳务的销售额占年应税销售额的比重在 60% 以上。

91. 采用预收货款方式销售货物,其增值税纳税义务发生时间为(　　)。

A. 收到预收款的当天　　　　B. 货物发出的当天

C. 货物送达购货方的当天　　　　D. 签订购销合同的当天

92. 根据《中华人民共和国增值税暂行条例》及其实施细则的规定,采取预收货款方式销售货物,增值税纳税义务的发生时间是(　　)。

A. 销售方收到第一笔货款的当天　　　　B. 销售方收到剩余货款的当天

C. 销售方发出货物的当天　　　　D. 购买方收到货物的当天

93. 下列业务中,一般纳税人允许开具增值税专用发票的为(　　)。

A. 向个人提供餐饮服务　　　　B. 向某科技公司零售烟酒、食品

C. 向一般纳税人销售货物　　　　D. 向个人销售房屋

94. 根据增值税法律制度的规定,进口货物申报纳税的地点为(　　)。

A. 收货人取得进口货物地　　　　B. 收货人机构所在地

C. 进口货物销售地　　　　D. 进口货物报关地

95. 根据增值税法律制度的规定,下列情形中,适用增值税零税率的是(　　)。

A. 纳税人在境内载运旅客或者货物出境

B. 纳税人以无运输工具承运方式提供的国际运输服务

C. 纳税人提供的直接国际货物运输代理服务
D. 纳税人提供的间接国际货物运输代理服务

二、多项选择题

1. 增值税的特点包括(　　)。
A. 保持税收中性　　B. 实行价外税制度
C. 税收负担由企业承担　　D. 实行税款抵扣制度

2. 以下关于增值税的表述正确的是(　　)。
A. 增值税是价外税　　B. 增值税属于间接税
C. 增值税的作用是调节收入差距
D. 我国增值税采用其他实行增值税的国家广泛采用的间接计算法计算税额

3. 下列属于增值税的特点的有(　　)。
A. 实行价外税　　B. 实行价内税
C. 实行单一税率　　D. 凭票扣税

4. 增值税的计税方法及增值税应纳税额的计算方法,主要有(　　)。
A. 税基列举法　　B. 税基相减法
C. 税基相加法　　D. 购进扣税法

5. 按对外购固定资产价款处理方式的不同进行划分,增值税的类型有(　　)。
A. 生产型增值税　　B. 收入型增值税
C. 消费型增值税　　D. 积累型增值税

6. 以下关于增值税类型的说法正确的是(　　)。
A. 生产型增值税的税基,相当于国民生产总值
B. 2009 年 1 月 1 日,我国增值税由过去的生产型变为消费型
C. 消费型增值税的税基相当于国民经济整体中的消费资料的价值
D. 收入型增值税的税基相当于国民收入

7. 应交增值税的行业是(　　)。
A. 商业　　B. 建筑业
C. 交通运输业　　D. 制造业

8. 我国增值税的征收范围包括(　　)。
A. 在中国境内销售货物　　B. 在中国境内提供应税劳务
C. 进口货物　　D. 过境货物

9. 在下列项目中,应视同销售计算增值税销项税额或应纳税额的有(　　)。
A. 将购进的货物无偿赠送他人
B. 将购进的货物分配给职工
C. 将委托加工收回的货物用于本企业在建工程
D. 将自制的货物用于对外投资

10. 下列业务中,应当征收增值税的是(　　)。
A. 电信器材的生产销售
B. 房地产公司销售开发商品房业务
C. 某报社自己发行报刊

D. 农业生产者销售自产农产品

11. 下列行为属于视同销售货物,应征收增值税的是(　　)。

A. 将外购货物分配给投资者　　B. 将外购货物赠送给其他单位

C. 将外购货物用于个人消费　　D. 将外购货物用于对外投资

12. 下列各项中,属于增值税征收范围的有(　　)。

A. 纳税人随同销售软件一并收取的软件培训费收入

B. 邮政部门发行报刊

C. 纳税人销售货物同时代办保险而向购买方收取的保险费收入

D. 动漫企业销售其自主开发生产的动漫软件

13. 根据现行增值税的规定,下列混合销售应当征收增值税的有(　　)。

A. 电讯超市销售各类电话并销售电话充值卡

B. 某家电商场对 A 销售空调,对 B 负责上门安装空调

C. 运输企业销售货物并负责运输

D. 建材商店销售建材并负责上门安装

14. 根据增值税法律制度的规定,纳税人取得的下列收入中,应当缴纳增值税的有(　　)。

A. 商业银行对个人贷款的利息收入

B. 从事学历教育的学校收取的学费收入

C. 广告公司提供广告设计服务的收入

D. 生产企业销售自产货物的销售收入

15. 根据增值税的有关规定,下列混合销售行为中,应征收增值税的有(　　)。

A. 企业生产销售门窗并负责安装

B. 宾馆提供餐饮服务并销售烟酒饮料

C. 电信部门为客户提供电信服务同时销售电话机

D. 批发企业销售货物并实行送货上门

16. 依据增值税的有关规定,下列行为中属于增值税征税范围的是(　　)。

A. 集邮商品的生产　　B. 邮政部门销售集邮商品

C. 邮政部门发行报刊　　D. 电力公司向发电企业收取的过网费

17. 依据增值税的有关规定,下列行为中属于增值税征税范围的是(　　)。

A. 集邮商品的生产　　B. 邮政部门销售集邮商品

C. 天然气公司向居民销售天然气　　D. 供电局销售电力产品

18. 根据增值税法律制度的规定,下列服务中,适用零税率的有(　　)。

A. 向境外单位提供的完全在境外消费的物流辅助服务

B. 向境外单位提供的完全在境外消费的软件服务

C. 在境内载运旅客出境的国际运输服务

D. 纳税人提供的直接国际货物运输代理服务

19. 根据增值税法律制度的规定,一般纳税人购进的下列服务或货物所负担的进项税额,不得抵扣的有(　　)。

A. 购进的贷款服务　　B. 购进的餐饮服务

C. 购进的用于简易计税方法计税项目的货物

D. 购进的专用于免征增值税项目的专利技术

20. 根据增值税法律制度的规定，增值税一般纳税人的下列行为取得的收入中，适用6%税率的有（　　）。

A. 转让土地使用权　　B. 销售建筑物

C. 转让技术　　D. 提供会议展览服务

21. 下列关于发生在中国境内的表述中，符合增值税法律制度的有（　　）。

A. 销售货物的，起运地在中国境内的，属于在中国境内销售货物

B. 销售修理、修配劳务的，修理、修配的主体在中国境内注册成立的，属于在中国境内销售劳务

C. 销售信息技术服务的，销售方在中国境内的，属于在中国境内销售服务

D. 销售自然资源使用权的，销售方在中国境内的，属于在中国境内销售自然资源使用权

22. 根据增值税法律制度的规定，增值税一般纳税人的下列行为中，应视同销售货物的有（　　）。

A. 食品厂将自产的月饼发给职工作为中秋节的福利

B. 商场将购进的服装发给职工用于运动会入场式

C. 电脑生产企业将自产的电脑分配给投资者

D. 纺织厂将自产的窗帘用于职工活动中心

23. 根据增值税法律制度的规定，下列各项中，应当征收增值税的有（　　）。

A. 电力公司向发电企业收取的过网费

B. 银行销售金银的业务

C. 境外单位或者个人向境内单位或者个人销售完全在境外发生的服务

D. 个体工商户聘用的员工为雇主提供取得工资的服务

24. 根据增值税法律制度的规定，下列情形中，适用零税率的有（　　）。

A. 生产企业报关出口货物

B. 运输企业在境外载运旅客入境

C. 境内单位向境外单位提供的完全在境外消费的设计服务

D. 境外单位向境内单位提供的完全在境内消费的广播影视节目

25. 根据增值税法律制度的规定，下列情形中，按照简易办法依照3%的征收率减按2%的征收增值税的有（　　）。

A. 一般纳税人销售自己使用过的已经抵扣进项税额的固定资产

B. 小规模纳税人销售自己使用过的固定资产

C. 一般纳税人销售旧货

D. 小规模纳税人销售旧货

26. 根据增值税法律制度的规定，增值税一般纳税人转让下列权属取得的收入中，适用6%税率计算销项税额的有（　　）。

A. 转让商标专用权　　B. 转让商誉

C. 转让土地使用权　　D. 转让建筑物所有权

27. 根据增值税法律制度的规定，下列服务中，应按照“现代服务——租赁服务”税目缴纳增值税的有（　　）。
A. 不动产融资租赁服务
B. 有形动产融资租赁服务
C. 有形动产经营租赁服务
D. 有形动产融资性售后回租服务

28. 根据增值税法律制度的规定，向境外单位提供的完全在境外消费的下列服务中，适用增值税零税率的有（　　）。
A. 研发服务
B. 软件服务
C. 知识产权服务
D. 合同能源管理服务

29. 根据增值税法律制度的规定，下列关于纳税人的表述中，正确的有（　　）。
A. 个体工商户必须按照小规模纳税人纳税
B. 非企业性单位可以选择按照小规模纳税人纳税
C. 不经常发生应税行为的企业可以选择按照小规模纳税人纳税
D. 年应税销售额超过小规模纳税人标准的个人按照一般纳税人纳税

30. 根据增值税法律制度的规定，下列各项中，应按照“金融服务”税目计缴增值税的有（　　）。
A. 融资性售后回租
B. 资产管理
C. 财产保险服务
D. 转让外汇

31. 某生产企业为增值税一般纳税人。2018 年 8 月，对部分资产盘点后进行处理：销售边角料，取得含税销售额 79 100 元；销售 2015 年 2 月购进的小汽车一辆，取得含税销售额 72 100 元；销售 2009 年进口的生产设备一台，取得含税销售额 120 000 元，销售 2005 年购进的机器一台，取得含税销售额 41 200 元。下列关于企业上述业务的增值税处理中，正确的有（　　）。
A. 销售边角料应缴纳增值税 9 100 元
B. 销售小汽车应缴纳增值税 1 400 元
C. 销售生产设备应缴纳增值税 2 330.1 元
D. 销售机器应缴纳增值税 800 元

32. 根据增值税法律制度的规定，下列各项中，在计算增值税销项税额时，应按照差额确定销售额的有（　　）。
A. 商业银行提供贷款服务
B. 企业逾期未收回包装物不再退还的押金
C. 转让金融商品
D. 一般纳税人的房地产开发企业销售其在 2016 年 5 月 1 日以后开发的房地产项目

33. 根据增值税法律制度的规定，一般纳税人下列项目所涉及的进项税额不得从销项税额中抵扣的有（　　）。
A. 纳税人进口货物从海关取得的海关进口增值税专用缴款书上注明的增值税额
B. 因管理不善造成购进货物丢失的
C. 购进的娱乐服务
D. 自按照简易计税方法依照 3% 征收率计算缴纳增值税的小规模纳税人处取得增值税专用发票的

34. 根据增值税法律制度的规定，下列情形所涉及的进项税额，不得从销项税额中抵扣的有（　　）。

A. 用于简易计税方法计税项目的服务

B. 非正常损失的不动产在建工程所耗用的建筑服务

C. 一般纳税人从小规模纳税人的税务所取得由其代开的增值税专用发票上填写的税额

D. 非正常损失的产成品所耗用的交通运输业服务

35. 根据增值税法律制度的规定，下列项目，不得从销项税额中抵扣的有（　　）。

A. 专用于集体福利的购进不动产的进项税额

B. 因进货退出而收回的进项税额

C. 进口货物发生在中国境外的各种税金

D. 一般纳税人取得由税务所为小规模纳税人代开的增值税专用发票上注明的增值税额

36. 根据增值税法律制度的规定，增值税一般纳税人发生的下列业务中，可以选择适用简易计税方法的有（　　）。

A. 提供装卸搬运服务　　B. 提供电影放映服务

C. 提供公共交通运输服务　　D. 提供税务咨询服务

37. 根据增值税法律制度的规定，下列各项中，适用零税率的有（　　）。

A. 航天运输服务

B. 在境外载运货物

C. 向境内单位提供的完全在境外消费的软件服务

D. 向境外单位提供的完全在境外消费的业务流程管理服务

38. 根据增值税法律制度的规定，个人的下列行为中，适用增值税免税政策的有（　　）。

A. 销售新书　　B. 转让著作权

C. 转让金融商品　　D. 提供技术转让

三、判断题

1. 增值税一般纳税人销售加工劳务，适用6%的税率。（　　）
2. 燃气公司向用户收取的安装费，按照安装服务缴纳增值税。（　　）
3. 一般纳税人销售有形动产租赁服务，按照6%的税率征收增值税。（　　）
4. 一般纳税人在可选择按简易办法计算增值税的情形下，选择了按简易办法计算缴纳增值税后，36个月不得变更。（　　）
5. 一般纳税人因购进货物退回或者折让而收回的增值税额，应从发生购进货物退回或折让当期的进项税额中扣减。（　　）
6. 一般纳税人将购进的固定资产既用于生产免税产品，又用于生产应税产品的，该固定资产的进项税额准予全部抵扣。（　　）
7. 增值税一般纳税人取得的2017年7月1日及以后开具的增值税专用发票，应自开具之日起180日内认证或登录增值税发票选择确认平台进行确认。（　　）
8. 纳税人兼营免税、减税项目的，未分别核算免税、减税项目的销售额，不得免税、减税。（　　）

9. 纳税人发生应税销售行为同时适用免税和零税率规定的，纳税人可以选择使用免税或者零税率。（　　）

10. 商场将购进货物作为福利发放给职工，应作视同销售计征增值税（　　）。

11. 货物销售后，由于其品种、质量等原因，销货方给予购货方销售折让，对销售折让可以按折让后的货款为销售额。（　　）

12. 销货方将自产、委托加工和购买的货物用于实物折扣的（如买二赠一），则该实物款额不能从原销售额中减除，且该实物应按“视同销售货物”中的“无偿赠送”计算征收增值税。（　　）

13. 增值税小规模纳税人购进货物取得增值税专用发票可抵扣进项税额，取得普通发票不允许扣除进项税额。（　　）

14. 出口货物增值税退税率是出口货物的实际增值税征税额与退税计税依据的比例。（　　）

15. 纳税人发生视同销售货物行为，其纳税义务发生时间为货物移送的当天。（　　）

16. 采取直接收款方式销售货物，不论货物是否发出，均为收到销售款或者得索取销售款凭据的当天。（　　）

17. 零税率表示税率为零，也即等同于免税。（　　）

18. 纳税人进货退回而收回的增值税税额，不允许从当期发生的进项税额中冲减。（　　）

19. 纳税人不论有无销售额，均应按主管税务机关核定的纳税期限按期填报本表，并于次月一日起十五日内，向当地税务机关申报。（　　）

20. 采取以旧换新方式销售电视机，应按新电视机的同期销售价格确定销售额，不得扣减旧电视机的收购价格。（　　）

四、简答题（涉及计算的，写出计算过程，计算结果保留到小数点后两位）

1. 甲饭店为增值税一般纳税人。2019 年 4 月，甲饭店提供餐饮服务取得含税销售额 31.8 万元；出租一处不动产，取得含税的租金收入 10.9 万元；另免费向其员工提供午餐。

要求：甲饭店将不同类别的收入分别核算，根据增值税法律制度的规定，回答下列问题。

（1）计算甲饭店提供餐饮服务的销项税额。

（2）计算甲饭店出租不动产的销项税额。

（3）甲饭店免费向其员工提供午餐服务的行为，是否视同销售服务？简要说明理由。

2. 某会计师事务所是增值税小规模纳税人。2019 年 6 月，提供咨询服务取得含税收入 103 000 元，提供鉴证服务取得含税收入 20 600 元，销售会计师事务所使用过的笔记本电脑取得含税收入 2 060 元。已知该会计师事务所将不同类别的收入分别核算。

要求：根据增值税法律制度的规定，回答下列问题。

（1）计算该会计师事务所当月提供咨询服务的应纳的增值税额。

（2）计算该会计师事务所当月提供鉴证服务的应纳的增值税额。

（3）计算该会计师事务所当月销售笔记本电脑的应纳的增值税额。

3. 某船运公司为增值税一般纳税人。2018 年 7 月，取得国内运输含税销售额 654 万元，从国内载运旅客出境，取得销售额 700 万元；从事打捞业务，取得含税销售额 31.8 万元；销售一艘自己使用过的货船，取得含税销售额 309 万元，该货船在买入时按规定不得抵扣且没有抵扣进项税额。已知该船运公司将不同类别的收入分别核算。

要求:根据增值税法律制度的规定,回答下列问题。

(1)计算该船运公司提供运输服务的销项税额。

(2)计算该船运公司从事打捞业务的销项税额。

(3)计算该船运公司销售货船的应纳税额。

4. 甲维修企业为增值税一般纳税人。2018 年 8 月,甲维修企业取得修理修配劳务含税销售额 33.9 万元,销售自己使用过的一台设备取得含税销售额 3.39 万元(该设备于 2013 年购入,进项税额于购进当期抵扣),销售边角料取得含税销售额 1.13 万元。

要求:根据增值税法律制度的规定,回答下列问题。

(1)计算甲维修企业当月销售劳务的销项税额。

(2)计算甲维修企业当月销售设备的增值税应纳税额。

(3)计算甲维修企业当月销售边角料的销项税额。

5. 甲律师事务所(以下简称“甲律所”)为增值税一般纳税人。2018 年 8 月,提供鉴证服务取得含税销售额 5 300 万元;提供咨询服务取得不含税销售额 500 万元;销售一处房产取得含税销售额 2 180 万元,该房产是该律师事务所于 2016 年 10 月购入的。

要求:根据增值税法律制度的规定,回答下列问题。

(1)计算甲律所当月提供鉴证服务的销项税额。

(2)计算甲律所当月提供咨询服务的销项税额。

(3)计算甲律所当月销售房产的销项税额。

6. 某家用电器商场是增值税小规模纳税人。2018 年 6 月,发生如下业务:

(1)采用“以旧换新”方式销售洗衣机 400 台,每台洗衣机的市场含税售价为 1 545 元,每台旧洗衣机的收购价格为 50 元,该商场每台实际取得的收入为 1 495 元;

(2)采用“买一赠一”方式销售冰箱 300 台,开具的普通发票注明每台售价为 3 090 元,赠送的小家电每台市场含税售价为 103 元;

(3)采用分期收款方式向甲公司销售空调 100 台,该商场与甲公司的书面合同约定,本月收款 40%,余款在 7 月底之前收取。该商场按本月收款数额开具普通发票,注明每台售价为 4 120 元。

要求:根据上述资料和增值税法律制度的规定,回答下列问题。

(1)计算业务(1)中该商场的应纳税额。

(2)计算业务(2)中该商场的应纳税额。

(3)计算业务(3)中该商场的应纳税额。

7. 甲企业是一般纳税人。2018 年 8 月,甲企业发生下列事项:

(1)采用折扣方式销售货物,同类货物市场不含税售价为 100 万元,由于购买方购买数量大,以原价的八折销售。开具的发票上,将销售额写在发票的“金额”栏内,将折扣额写在发票的“备注”栏内。销售货物适用的增值税税率为 16%。

(2)购入生产用原材料,取得的增值税专用发票上注明价款 50 万元,增值税额为 8 万元。取得增值税专用发票已经认证。

(3)退回部分质量不合格的原材料,收回 1.6 万元的进项税额。该批原材料已在 6 月份购入时抵扣了进项税额。

要求:根据增值税法律制度的规定,回答下列问题。

(1)甲企业折扣销售货物的销售额是多少?简要说明理由。

(2)甲企业发生的进货退出,涉及的进项税额应如何处理?简要说明理由。

(3)计算甲企业当月的增值税应纳税额。

8.甲公司为增值税一般纳税人,主营快递收派服务。2018年6月,甲公司的业务情况如下:

(1)购入一辆运输用货车,取得的增值税专用发票上注明的增值税税额为2.88万元。由于在运输中发生故障,对该车进行维修,对方开具的增值税专用发票上注明的修理费用0.5万元。

(2)承租两辆运输货车,取得出租方开具的增值税专用发票上注明的租金共计15万元。

(3)提供收派服务取得不含税销售额为600万元。

要求:根据上述资料和增值税法律制度的规定,回答下列问题。

(1)计算业务(1)中甲公司的进项税额。

(2)计算业务(2)中甲公司的进项税额。

(3)计算甲公司当月应纳的增值税税额。

五、综合题

1.甲公司为增值税一般纳税人,主要从事不锈钢用品的生产。2019年4月,甲公司的有关事项如下:

(1)销售产品取得含税销售额2 260万元;将新研制的一批产品赠送给客户,该批产品的成本为500万元,没有同类产品的销售价格。

(2)向乙公司出租闲置生产设备,本月收取含税租金1.13万元;向丙公司出售一台已使用过3年的生产设备,取得含税销售额3.39万元。

(3)从丁公司取得与转让技术相关的技术咨询不含税服务费用10万元。

(4)从国外进口一批原材料,支付给国外的买价是30万元(人民币,下同),运到我国境内输入地点起卸前的运费20万元、装卸费2万元、保险费8万。已知进口原材料的关税税率为21%。

(5)向某银行支付含税贷款利息106万元,该银行向甲公司开具了增值税专用发票。

(6)由于管理不善,5月份抵扣进项税额的原材料被盗,成本为10万元。

要求:根据上述资料和增值税法律制度的规定,回答下列问题。

(1)计算事项(1)中甲公司的销项税额。

(2)计算事项(2)中甲公司的销项税额。

(3)事项(3)中,甲公司取得的收入是否需要缴纳增值税?如果需要,计算销项税额。如果不需要,说明理由。

(4)计算事项(4)中甲公司在进口环节应缴纳的增值税。

(5)事项(5)中甲公司支付的贷款利息可以从销项税额中抵扣吗?如果可以抵扣,计算可以抵扣的进项税额;如果不可以抵扣,说明理由。

(6)事项(6)中,甲公司应做何种税务处理?

2.甲公司为增值税一般纳税人,主要生产销售汽车。2018年7月发生下列事项:

（1）购进汽车座椅一批，取得的增值税专用发票上注明金额280万元，另支付运费，取得承运部门开具的增值税专用发票上注明的运费为10万元。

（2）销售10台自产的发动机给一小规模纳税人，取得含税销售额27.84万元。

（3）进口汽车配件一批，支付给国外的买价120万元，包装材料8万元，到达我国海关以前的运输装卸费3万元、保险费13万元。海关代征了进口环节的增值税，并向该企业开具了进口增值税专用缴款书。

（4）7月1日将A型小轿车130辆赊销给某汽车销售公司，约定7月15日付款，15日甲公司开具增值税专用发票，注明金额2 340万元，销售公司实际30日才将货款和延期付款的违约金11.6万元支付给企业。

（5）以成本价销售A型小轿车10辆（总成本80万元）给本企业有突出贡献的业务人员。

（6）企业新设计生产B型小轿车2辆，每辆成本价12万元，将其赠送给某汽车俱乐部，市场上无B型小轿车销售价格。

已知：该企业进口汽车配件的关税税率为10%；生产销售的小轿车适用消费税率12%；B型小轿车成本利润率8%；相关增值税专用发票和进口增值税专用缴款书在当期内均通过了主管税务机关认证。

要求：根据上述资料及增值税法律制度的规定，回答下列问题。

（1）计算事项（1）中甲公司可以抵扣的进项税额。

（2）计算事项（2）中甲公司的销项税额。

（3）计算事项（3）中甲公司进口环节应纳的增值税额。

（4）计算事项（4）中甲公司的销项税额。

（5）计算事项（5）中A型小轿车的销项税额；

（6）事项（6）中，甲公司是否应缴纳增值税？如果应该缴纳，说明理由并计算销项税额；如果不应该缴纳，说明理由。

3. 甲公司是增值税一般纳税人，从事实木地板的生产、销售，同时从事木质工艺品、筷子等的生产经营。2018年8月，甲公司发生下列业务：

（1）购进油漆、修理零备件一批，取得增值税专用发票上注明的价款为50万元；支付运费1.4万元，取得运输部门开具的普通发票。

（2）购入原木，取得增值税专用发票上注明的价款为200万元，税额18万元。

（3）将橡木加工成A型实木地板，本月销售取得含税销售额79.1万元，将部分橡木做成工艺品进行销售，取得含税销售额50.85万元。

（4）销售自产B型实木地板4.5万平方米，不含税销售额为每平方米280元，开具增值税专用发票；另外收取包装费11.3万元，开具普通发票。

（5）将自产的C型实木板0.2万平方米无偿提供给某房地产公司，用于装修该房地产公司的样板间供客户参观，C型实木地板的成本为18万元，市场销售价为每平方米160万（不含增值税额）。

已知：实木地板消费税税率和成本利润率均为5%；相关增值税专用发票已经主管税务机关认证。

要求：根据上述内容和相关税收法律制度的规定，回答下列问题。

(1)业务(1)中甲公司支付的运费可否抵扣?说明理由。

(2)计算业务(1)中甲公司可以抵扣的进项税额。

(3)计算业务(3)中甲公司的销项税额。

(4)计算业务(4)中甲公司的销项税额。

(5)计算业务(5)中甲公司的销项税额。

(6)计算甲公司当月应纳的增值税额。

4. 甲银行为增值税一般纳税人,2018 年第四季度有关经营情况如下:

(1)购入 15 台自助存取款机,取得增值税专用发票注明的价款为 120 万元,增值税额为 19.2 万元;为运输购入的自助存取款机,向承运人支付运费,取得的增值税专用发票上注明的运费为 1 万元,税额为 0.1 万元。

(2)租入一处底商作为营业部。一般纳税人的出租方按照规定选择简易计税方法缴纳增值税,向甲银行开出的增值税普通发票记载租金 100 万元,税额 5 万元。

(3)购入一批食品,作为集体福利发放给职工。取得的增值税专用发票上注明的价款为 10 万元,增值税额为 1.6 万元。

(4)提供直接收费金融服务,取得的收入包括:含税结算手续费 63.6 万元;含税账户管理费 53 万元。

(5)取得的利息收入包括:为客户提供贷款取得的含税利息收入 2.12 亿元;金融同业往来不含税利息收入 300 万元。

(6)当季转让金融商品取得不含税收入 500 万元,负差 480 万元。上一季度结转的转让金融商品的负差为 50 万元。

已知:甲银行取得的增值税专用发票均已通过税务机关认证。甲银行提供金融服务适用的增值税税率为 6%。

要求:根据上述资料,不考虑其他因素,分析回答下列问题。

(1)计算甲银行购入自动取款机准予抵扣的进项税额。

(2)甲银行租入底商的进项税额是否准予抵扣?说明理由。

(3)甲银行购入食品的进项税额是否准予抵扣?说明理由。

(4)计算甲银行直接收费金融服务的销项税额。

(5)计算甲银行利息收入的销项税额。

(6)计算甲银行金融商品转让的销售额。金融商品转让的负差如何进行税务处理?说明理由。

5. 甲商场为增值税一般纳税人。2018 年 7 月,甲商场发生下列事项:

(1)采用折扣方式向乙公司销售高压锅,因乙公司购买量大,以每口不含税售价 320 元打八折的价格销售了 700 口。在开具给乙公司的增值税专用发票上,甲商场将销售额和折扣额都写在发票的“金额”栏内。甲商场按照每口高压锅 256 元的价格确定了的销售额。甲商场销售高压锅适用的增值税税率为 16%。

(2)采用“买一送一”方式销售食用植物油,销售一桶 5 升的食用植物油赠送一瓶 500 毫升的食用油。共计销售食用植物油 300 桶,每桶市场含税售价为 132 元,赠送的每瓶食用植物油市场含税售价为 11 元。甲商场销售食用植物油适用的增值税税率为 10%。

(3)销售其他适用16%税率的货物,共计取得含税销售额580万元。

(4)从小规模纳税人处购进劳保用品一批,取得税务机关代开的增值税专用发票,注明价款2万元、增值税税额0.06万元。该增值税专用发票已经主管税务机关认证。

(5)购进一批货物,取得的增值税专用发票上注明的价款20万元,增值税额3.2万元。由于保管不善,该批货物丢失3%。

(6)购进一批服装,取得的增值税转发票上注明的价款30万元,增值税税额为4.8万元。将其中的5%作为职工福利发放给职工。

要求:根据上述资料及增值税法律制度的规定,回答下列问题。

(1)甲商场按照每口高压锅258元的价格确定的销售额是否符合规定?说明理由。计算甲商场销售高压锅的销项税额。

(2)计算甲商场销售食用植物油的销项税额。

(3)计算事项(3)中,甲商场的销项税额。

(4)计算事项(5)中,甲商场可以抵扣的进项税额。

(5)计算事项(6)中,甲商场可以抵扣的进项税额。

(6)计算甲商场当月应纳的增值税额。

6. 甲公司具有国际运输资质,是增值税一般纳税人。2018年6月经营业务如下:

(1)从事运输服务,开具增值税专用发票,注明运费320万元。

(2)从事仓储服务,开具增值税专用发票,注明仓储收入110万元。

(3)从事国内运输服务,取得含税销售额275万元;取得国际运输不含税销售额46万元。

(4)出租客货两用车,取得含税租金60.32万元。

(5)销售使用过的未抵扣过进项税额的固定资产,取得含税销售额3.09万元。

(6)购买矿泉水,取得的增值税专用发票上注明价款8万元,增值税1.28万元,其中60%赠送客户,40%用于职工福利。

要求:根据上述资料和增值税法律制度的规定,回答下列问题。

(1)计算业务(1)的销项税额。

(2)计算业务(2)的销项税额。

(3)计算业务(3)的销项税额。

(4)计算业务(4)的销项税额。

(5)计算业务(5)的增值税税额。

(6)计算业务(6)准予抵扣的进项税额。

7. 甲公司2019年3月购入一批原材料,取得防伪税控系统开具的增值税专用发票,尚未到税务机关认证通过,增值税专用发票上注明的原材料价款400 000元,增值税额为52 000元;开出一张3个月到期的商业汇票支付货款,材料已到并验收入库。发票6月份认证通过。

2019年3月支付乙公司设计费用,取得的增值税专用发票上注明的价款为500 000元,增值税税额为30 000元。发票已认证。

2019年3月因管理不善霉烂变质材料一批购买该批材料时,取得的增值税专用发票上注明的金额为100 000元,税额为13 000元,该笔进项税额已经抵扣。

2019 年 3 月甲公司采用分期收款方式向丙公司销售 A 产品 100 台，每台不含税售价 3 000 元，共计价款 300 000 元。合同约定分 2 个月等额付款。该型号 A 产品单位成本 2 000元。

2019 年 3 月向客户销售一批 A 产品，增值税专用发票上注明的价款为 800 000 元，增值税税额为 104 000 元，其付款条件为“2/10，1/20，n/30”。试分别写出第 10 天、第 20 天，第 30 天收到款项的会计分录。

甲公司共有职工 200 名，其中 170 名为直接参加生产的职工，30 名为总部管理人员。2019 年 2 月，甲公司以其生产的每台成本为 900 元的 A 产品作为春节福利发放给公司职工。该型号的电器市场售价为每台 1 000 元。

2019 年 3 月份将自产的 A 产品一批作为利润分配给投资者，该批产品的实际成本为 250 000 元，不含税售价为 300 000 元；将 B 产品一批作为投资投入丁公司，该批产品成本为 200 000 元，公允价值为 250 000 元，占公丁司股份的 10%。

要求：编制甲公司相关的会计分录。

第三章　消费税及其会计处理

一、单项选择题

1. 下列消费品属于消费税征税范围的有（　　）。
   A. 电动汽车　　B. 竹制一次性筷子
   C. 护肤护发品　　D. 高尔夫球杆
2. 下列项目不征消费税的有（　　）。
   A. 手扶拖拉机的专用轮胎　　B. 汽油
   C. 柴油　　D. 酒精度在 1 度以上的各种酒类饮料
3. 下列项目应征消费税的有（　　）。
   A. 影视演员化妆用的上妆油　　B. 指甲油
   C. 影视演员化妆用的卸装油　　D. 影视演员化妆用的油彩
4. 下列烟类产品实行从量定额与从价定率相结合的办法计征消费税的有（　　）。
   A. 卷烟　　B. 雪茄烟
   C. 烟丝　　D. 水烟
5. 下列消费品中在批发环节应征收消费税的是（　　）。
   A. 化妆品　　B. 金银首饰
   C. 卷 烟　　D. 烟丝
6. 下列行为应征收消费税的有（　　）。
   A. 进口葡萄酒　　B. 批发啤酒
   C. 零售葡萄酒　　D. 自制烟丝用于连续加工卷烟
7. 纳税人将应税消费品与非应税消费品以及适用税率不同的应税消费品组成套装销售的，应按（　　）。
   A. 应税消费品的平均税率征收　　B. 应税消费品的最高税率征收
   C. 应税消费品的不同税率分别征收　　D. 应税消费品的最低税率征收

8. 纳税人委托个体经营者加工应税消费品的,其消费税应(　　)。

A. 由受托方代收代缴
B. 由委托方在受托方所在地缴纳
C. 由委托方收回后在委托方所在地缴纳
D. 由委托方在受托方或委托方所在地缴纳

9. 委托加工应税消费品是指(　　)。

A. 由受托方以委托方的名义购进原材料生产的产品
B. 由受托方提供原材料生产的产品
C. 由受托方将原材料卖给委托方,然后再接受加工的产品
D. 由委托方提供原材料和主要材料,受托方只收取加工费和代垫部分辅助材料加工的产品

10. 纳税人进口应税消费品应自海关填发税款缴款书的次日起(　　)日内缴纳税款。

A. 5
B. 7
C. 10
D. 15

11. 下列应税消费品应在生产环节和批发环节同时征收消费税的是(　　)。

A. 烟丝
B. 卷烟
C. 小汽车
D. 成品油

12. 下列关于自产自用应税消费品消费税的计税依据,说法正确的有(　　)。

A. 用于对外投资的应以纳税人同类应税消费品的中间价格为计税依据
B. 用于换取生产资料的应以纳税人同类应税消费品的最高价格为计税依据
C. 用于换取消费资料的应以纳税人同类应税消费品的平均价格为计税依据
D. 用于抵偿债务的应以纳税人同类应税消费品的最低价格为计税依据

13. 下列关于从价计税委托加工应税消费品组成计税价格计算公式表示正确的是(　　)。

A. (材料成本+加工费)÷(1-消费税税率)
B. (材料成本+利润)÷(1-消费税税率)
C. (材料成本+加工费)÷(1+消费税税率)
D. (材料成本+利润)÷(1+消费税税率)

14. 纳税人以委托收款方式销售应税消费品的,其消费税纳税义务发生时间为(　　)。

A. 发出应税消费品当天
B. 办妥托收手续的当天
C. 收到货款的当天
D. 合同约定的收款日期当天

15. 下列各项中,符合现行消费税政策规定的是(　　)。

A. 纳税人总分支机构不在同一县(市)市的,一律在总机构所在地缴纳消费税
B. 纳税人销售的应税消费品(除另有规定外),应向纳税人机构所在地或居住地税务机关申报纳税
C. 纳税人委托加工应税消费品,其纳税义务发生时间为纳税人支付加工费的当天
D. 因质量原因由购买方退回的消费品,可退还已征的消费税,也可直接抵减应纳税额

二、多项选择题

1. 下列单位中属于消费税纳税义务人的有(　　)。

A. 进口应税消费品的单位
B. 委托加工应税消费品的单位

C. 生产销售应税消费品(金银首饰除外)的单位
D. 受托加工应税消费品的单位
E. 烟草专卖局

2. 下列消费品不属于消费税征税范围的有(　　)。
A. 未经涂饰的素板
B. 汽油
C. 卸妆油
D. 高尔夫车
E. 农用拖拉机专用轮胎

3. 下列各项应同时征收增值税和消费税的是(　　)。
A. 批发的卷烟
B. 零售的金银首饰
C. 生产环节销售的护肤护发品
D. 零售的卷烟
E. 批发白酒

4. 下列各业务不承担消费税纳税义务的有(　　)。
A. 在中国境内零售化妆品
B. 在中国境内委托加工化妆品
C. 出口国内生产的化妆品
D. 将委托加工收回的化妆品在国内销售
E. 在中国境内受托加工化妆品

5. 下列消费品中实行从量定额与从价定率相结合征税办法计征消费税的是(　　)。
A. 啤酒
B. 粮食白酒
C. 酒 糟
D. 葡萄酒
E. 薯类白酒

6. 纳税人外购下列已税消费品不得从应税销售额中扣除的有(　　)。
A. 外购已税散装白酒装瓶出售的白酒
B. 外购已税汽车轮胎生产的汽车
C. 外购已税化妆品生产的化妆品
D. 外购已税珠宝玉石生产的金银首饰
E. 外购已税烟丝生产的卷烟

7. 下列应税消费品适用从量计征方式征收消费税的有(　　)。
A. 溶剂油
B. 润滑油
C. 石脑油
D. 汽油
E. 柴油

8. 关于酒类产品消费税的征收,下列说法正确的是(　　)。
A. 啤酒、黄酒采用比例税率
B. 以外购白酒为原料兑制的白酒出售时,可以扣除外购白酒已纳消费税
C. 已核定最低计税价格的白酒,销售单位对外销售价格持续上涨或下降时间达到 3 个月以上的,税务机关重新核定最低计税价格
D. 白酒生产企业销售给销售单位的白酒,生产企业消费税计税价格低于销售单位对外销售价格 70% 以下的,税务机关应核定消费税最低计税价格
E. 已核定最低计税价格的白酒,生产企业实际销售价格高于消费税最低计税价格的,按最低计税价格申报纳税

9. 化妆品厂生产的化妆品的下列用途中应征消费税的有(　　)。

A. 本厂职工运动会奖品
B. 出厂前的抽检品
C. 促销活动中的赠送品
D. 电视广告样品
E. 对外投资

10. 纳税人销售应税消费品向购买方收取的价外费用不包括(　　)。
A. 承运部门的运费发票开具给购货方的代垫运费
B. 委托加工由受托方代收代缴的消费税
C. 销售货物收取的增值税
D. 销售货物收取的手续费
E. 同时符合税法规定条件代为收取的政府性基金或行政事业性收费

11. 按现行消费税法规规定,下列关于消费税从量计征的说法正确的是(　　)。
A. 委托加工应税消费品为受托方加工的应税消费品数量
B. 销售应税消费品为应税消费品的销售数量
C. 自产自用应税消费品为应税消费品移送使用数量
D. 进口应税消费品为海关核定的应税消费品数量
E. 进口应税消费品为纳税人申报进口数量

12. 化妆品报送进口时,应由海关征收的税种有(　　)。
A. 关税
B. 增值税
C. 消费税
D. 营业税
E. 所得税

13. 下列关于消费税的说法正确的有(　　)。
A. 消费税是价外税
B. 消费税是价内税
C. 消费税全部实行从价税征
D. 消费税只在生产环节,或委托加工环节,或进口环节征税
E. 从价计征消费税的计税依据含有消费税不含增值税

14. 下列消费税的纳税地点表述正确的是(　　)。
A. 纳税人销售的应税消费品和自产自用的应税消费品,除国家另有规定外,应向纳税人核算地的税务机关申报缴纳消费税
B. 纳税人到外县(市)销售或委托外县(市)代销自产应税消费品,应事先向其所在地主管税务机关提出申请,并且在应税消费品销售以后回纳税人核算地缴纳消费税
C. 纳税人的总分机构不在同一县(市)的,应当在生产应税消费品的分支机构所在地缴纳消费税
D. 委托加工的应税消费品,一律由受托方向所在地的税务机关解缴消费税税款
E. 委托加工的应税消费品,一般由受托方和委托方本着方便缴纳的原则就近向税务机关解缴消费税税款

15. 下列各项符合消费税纳税义务发生时间规定的有(　　)。
A. 自产自用的应税消费品,为移送使用的当天
B. 进口的应税消费品,为取得进口货物的当天
C. 委托加工的应税消费品,为支付加工费的当天
D. 采取预收货款结算方式的,为收到预收款的当天
E. 采取分期收款结算方式无书面合同的,为发出货物的当天

三、判断题

1. 凡征收消费税的应税消费品均应征收增值税。(　　)
2. 企业缴纳的消费税最终由消费者负担。(　　)
3. 消费税的税率呈现单一税率形式。(　　)
4. 金店采用“以旧换新”方式销售的金银首饰,其征收消费税的计税依据是同类新金银首饰的销售价格。(　　)
5. 消费税与增值税的计税依据均为含消费税但不含增值税的销售额,因而两税的税额计算方法也是一致的。(　　)
6. 某卷烟厂将自己生产的烟丝连续生产卷烟,销售卷烟应缴纳消费税,烟丝不缴纳消费税。(　　)
7. 委托加工的应税消费品,受托方为消费税的纳税义务人。(　　)
8. 委托加工的应税消费品由委托方收回后直接出售的,不再缴纳消费税。(　　)
9. 销售啤酒时收取的包装物押金不计入啤酒的出厂价中。(　　)
10. 纳税人兼营不同税率的应税消费品,应当分别核算不同税率应税消费品的销售额、销售数量,未分别核算的,适用加权平均税率。(　　)
11. 纳税人将自己生产的应税消费品无偿赠送给他人时,按近期同类产品的最高售价征收消费税。(　　)
12. 将外购的汽车轮胎用于生产小汽车,在计算小汽车的消费税时,汽车轮胎的消费税不能抵扣。(　　)
13. 纳税人进口应税消费品,应当自海关填发海关进口消费税专用缴款书之日起7日内缴纳税款。(　　)
14. 为了避免重复征税,凡已征收消费税的应税消费品,不再征收增值税。(　　)
15. 卷烟与酒类产品的消费税实行从量定额与从价定率相结合的复计税办法。(　　)

四、业务计算题

1. 某日化厂为增值税一般纳税人,2019年3月份发生如下经济业务:

(1)购进原材料,取得增值税专用发票注明价款150万元、增值税25.5万元;从小规模纳税人生产企业购进已税香水,取得增值税专用发票注明价款26万元,全部领用生产高档化妆品。

(2)支付购货运输费10万元、装卸费0.5万元,包括从小规模纳税人处购进香水支付的运输费3万元,取得税务机关认定的运输企业开具的运输发票。

(3)销售自产香水精取得销售额62万元,销售指甲油取得销售额47万元,销售成套化妆品组成的化妆品盒取得销售额48万元(其中包括价值28万元的化妆品和20万元的护肤护发品,并且分别核算)。

(4)将200套化妆礼品盒抵顶货款。该化妆礼品盒平均售价420元/盒,最高售价480元/盒。

(5)月末盘点发现丢失化妆品,账面成本1.3万元,成本中外购货物比重为70%。

假设题中的价格除特别说明外均为不含税价格,本月取得的相关凭证均已在本月通过认证。

要求:分别计算该日化厂3月份应纳的增值税税额和消费税税额。

2. 某珠宝饰品制造公司为增值税一般纳税人，2019 年 2 月份发生经济业务如下：

(1)向某大型商场销售黄金项链 100 枚，专用发票注明的销售额为 118 000 元。

(2)采取“以旧换新”方式向消费者销售自产纯金项链 200 条，新项链对外含税销售价格 4 000 元/条，旧项链作价 1500 元/条，向消费者收取差价款 2 500 元/条。

(3)以自产的 A 型纯金项链 10 枚赠送关系户，该型号纯金项链无同类产品售价，账面生产成本 2 200 元/枚；销售自产包金项链 5 条，收取含税价款 40 000 元；向消费者个人销售自产镀金项链 5 条，开具普通发票金额为 60 000 元。

上述业务均分开核算，金银首饰的消费税税率为 5%，珠宝玉石贵重首饰的消费税税率为 10%，金银首饰成本利润率为 7%。

要求：计算该公司 2 月份应纳消费税税额。

3. 某市甲卷烟厂为增值税一般纳税人，2019 年 12 月发生如下经济业务：

(1)从农民手中收购烟叶一批，收购凭证上注明的收购价为 30 000 元，同时支付给烟农的收购价 10% 的补贴和烟叶税 6 600 元，支付运费 1 000 元、装卸费 500 元，取得了符合税收规定的运费发票。

(2)购买的烟叶直接运往位于某县乙企业委托其加工烟丝，取得增值税专用发票注明加工费 5 000 元、增值税 850 元，乙企业代扣代缴了消费税。

甲卷烟厂将收回的烟丝的 20% 直接销售，取得不含税销售额 35 000 元，80% 用于生产 A 牌卷烟，本月销售卷烟 17 标准箱，取得不含税销售额 416 500 元。A 牌卷烟的不含税调拨价为 98 元/条。

要求：计算甲卷烟应纳消费税税额。

4. 某酒厂为增值税一般纳税人，2018 年 2 月份发生如下经济业务：

(1)销售瓶装粮食白酒 35 吨，含税单价每吨 22 230 元，全部款项存入银行；销售散装粮食白酒 3 吨，含税单价每吨 4 680 元，收取包装物押金 2 340 元，全部款项存入银行。

(2)用自产瓶装粮食白酒 10 吨，等价换取酿酒所用原材料 222 300 元，互开了增值税发票。

(3)用本厂生产的瓶装粮食白酒春节前馈赠他人 3 吨，发给本厂职工 7 吨。

(4)外购薯类白酒 4 吨，含税价共计 7 020 元，取得增值税专用发票，全部用于勾兑；销售以外购薯类白酒和自产糠麸白酒勾兑的散装酒 6 吨，含税单价每吨 2457 元，货款存入银行。

(5)该厂委托另一酒厂为其加工酒精 5 吨，由委托方提供粮食，发出材料成本 51 000 元；支付加工费 6 000 元、增值税 1 020 元，用银行存款支付。收回的酒精全部用于连续生产套装礼品白酒 20 吨，含税单价每吨 35 100 元，当月全部销售。

要求：计算该酒厂本月应纳消费税税额。

5. 某商场为增值税一般纳税人，2019 年 3 月向消费者个人销售纯银项链取得含税收入 589 500 元，销售金银镶嵌项链取得含税收入 357 800 元；销售高档酒 20 瓶，每瓶不含税售价 42 000 元；销售光电显示式的贵金属电子手表 15 块，每块含税售价 29 000 元。

要求：计算该商场上述业务应缴的消费税税额。

6. 甲公司为增值税一般纳税人，主要从事化妆品生产销售，2011 年 3 月该公司发生如下经济业务：

(1)进口化妆品一批,进口关税完税价格200万元人民币,海关收取关税、消费税和增值税。

(2)将上月进口的化工原料价值100万元全部发往乙公司委托加工化妆品,以付加工费20万元,取得增值税专用发票。

(3)将加工收回的化妆品全部继续加工成另一型号化妆品,实现内销收取含税销售额万元。

假设进口化妆品关税税率为50%。

要求:根据上述资料,按顺序计算回答下列问题。

(1)甲公司进口化妆品应纳消费税税额。

(2)乙公司受托加工化妆品应代扣代缴消费税税额。

(3)甲公司销售化妆品应纳消费税税额(不含代扣代缴部分)。

7. 某啤酒厂为增值税一般纳税人,2019年2月发生如下经济业务:

(1)外购生产啤酒的各种原材料,取得增值税专用发票上注明的价款共计250 000元、增值税42 500元,款项已付,材料验收入库。

(2)当月销售生啤100吨,增值税专用发票上注明的出厂价为每吨2 800元,另开具收据收取每吨200元的包装物押金,限期3个月。

(3)当月销售果啤140吨,增值税专用发票上注明的出厂价为每吨2 900元,另开具收据收取每吨200元的包装物押金,期限3个月。

(4)当月有以往发出到期包装物押金5 000元(生啤)和3 000元(果啤)到期未退。上述出厂价均含税销售单价,专用发票均已通过认证。

要求:计算该酒厂2月份应纳增值税和消费税。

8. 某酒厂为增值税一般纳税人,主要生产粮食白酒和薯类白酒,2019年3月份发生如下经济业务:

(1)外购薯类酒精10吨,增值税专用发票上注明的单位每吨1 500元;外购粮食酒精20吨,增值税专用发票上注明的单价每吨2 100元。

(2)外购生产白酒的各种辅料,增值税专用发票上注明的价款共计12 000元。

(3)销售用8吨薯类酒精及辅料生的薯类白酒22吨,销售了20吨,每吨不含税售价12 000元;用15吨粮食酒精及辅料生产粮食白酒32吨,销售了30吨,每吨不含税售价18 000元。

(4)当月用剩余的酒精和辅料生产白酒10吨,每吨生产成本为8 500元,此部分白酒全部用于抵偿债务,已知该白酒的每吨不含税售价分别为9 000元、10 000元、11 000元。

要求:计算该酒厂应纳增值税和消费税。

五、会计处理题

1. 某酒厂本月销售白酒200箱,每箱净重20千克,共取得不含税销售额42 000元,另收取包装物押金1 160元,押金单独记账。

要求:进行相关会计处理。

2. 靓美日化厂将自产的一批高档化妆品作为职工福利,该批高档化妆品的不含税售价为80 000元,成本为50 000元。

要求:计算该日化厂应缴纳的消费税并进行会计处理。

3. A 卷烟厂委托泰 B 烟厂(均为增值税一般纳税人)加工烟丝一批,A 卷烟厂发出的材料成本为30 000 元,支付加工费5 000 元,增值税6 500 元。A 卷烟厂提货时,B 卷烟厂代收代缴了消费税。A 卷烟厂收回委托加工的烟丝后对外销售,取得不含增值税销售额60 000 元。

要求:

(1)请编制委托方 A 卷烟厂的会计分录。

(2)请编制受托方 B 卷烟厂的会计分录。

第四章　流转税附加及其会计处理

一、单项选择题

1. 下列纳税人中,应缴纳城市维护建设税的有(　　)。

A. 印花税的纳税人　　B. 车船使用税的纳税人

C. 消费税的纳税人　　D. 个人所得税的纳税人

2. 市区某纳税人当月应纳增值税 2 万元,减免 1 万元,补交上月未缴的增值税 0.5 万元,滞纳金 0.1 万元。本月应缴纳城市维护建设税(　　)万元。

A. 0.14　　B. 0.182

C. 0.105　　D. 0.154

3. 设在县城的乙企业按税法规定代收代缴设在市区的甲企业的消费税,则下列处理正确的是(　　)。

A. 由乙企业按 5% 税率代征代扣城市维护建设税

B. 由甲企业按 5% 的税率回所在地缴纳

C. 由乙企业按 7% 的税率代征代扣城市维护建设税

D. 由甲企业按 7% 税率自行缴纳城市维护建设税

4. 某乡镇企业(地处农村)三月份应缴纳增值税 6 万元,营业税 2 万元,则该乡镇企业当月应纳城市维护建设税为(　　)。

A. 200 元　　B. 400 元

C. 600 元　　D. 800 元

5. 下列对城市维护建设税的表述不正确的是(　　)。

A. 城市维护建设税是一种附加税

B. 税款专门用于城市的公用事业和公用设施的维护建设

C. 外商投资企业和外国企业也要征收城市维护建设税

D. 海关对进口产品代征增值税、消费税、城市维护建设税

6. 城市维护建设税的特定目的是(　　)。

A. 巩固国家政权　　B. 调节经济结构

C. 用于城市公共事业和公共设施的维护　　D. 调整城市建设布局

7. 以下属于城市维护建设税的纳税人的是(　　)。

A . 外商投资企业　　B. 外国企业

C. 缴纳所得税的所有企业　　D. 缴纳“三税”的股份制企业

8. 城市维护建设税(　　)的不同设置三档适用税率。
A. 纳税人规模　　B. 纳税人身份
C. 纳税人所在地区　　D. 税务机关的要求

9. 流动经营的单位,在经营地缴纳“三税”的,则其城市维护建设税应在(　　)缴纳。
A. 经营地按当地适用税率计算　　B. 机构所在地按当地适用税率计算
C. 经营地但按机构所在地的适用税率计算　　D. 机构所在地但按经营地的适用税率计算

10. 下列税率中不适用于城市维护建设税的是(　　)。
A. 7%　　B. 5%
C. 3%　　D. 1%

11. 城市维护建设税的计税依据是(　　)。
A. 纳税人欠缴的“三税”税额　　B. 纳税人免税的“三税”税额
C. 纳税人实际缴纳的“三税”税额　　D. 纳税人应缴的“三税”税额

12. 某市市区某企业无故拖欠当年应缴纳的营业税 20 万元,经税人员进行检查后,补缴了拖欠税款,同时加收了滞纳金 500 元(滞纳 5 天),下列对企业处理正确的为(　　)。
A. 补缴城市维护建设税 14 000 元
B. 补缴城市维护建设税的滞纳金 28 元
C. 补缴城市维护建设税 14 000 元,滞纳金 35 元
D. 补缴城市维护建设税 14 000 元,滞纳金 140 元

13. 某县城一生产企业为增值税般纳税人,本期进口原材料一批,向海关缴纳进口环节增值税 30 万元、消费税 50 万元,由于缴纳消费税时超过纳税期限 10 天,被罚滞纳金 1 万元。该企业本期应缴纳城市维护建设税 (　　)万元
A. 4.55　　B. 4
C. 4.25　　D. 5.6

14. 某城市税务分局对辖区内一家内资企业进行税务检查时,发现该企业故意少缴营业税 58 万元,遂按相关执法程序对该企业做出补缴营业税、城市维护建设税和教育费附加并加收滞纳金(滞纳时间 50 天)和罚款(与税款等额)的处罚决定。该企业于当日接受了税务机关的处罚,补缴的营业税、城市维护建设税及滞纳金、罚款合计为(　　)元。
A. 1 215 100　　B. 1 216 115
C. 1 241 200　　D. 1 256 715

15. 某城市一卷烟厂委托某县城一卷烟厂加工一批雪茄烟,委托方提供原材料 40 000 元,支付加工费 5 000 元(不含增值税),雪茄烟消费税税率为 25%,这批雪茄烟无同类产品市场价格。受托方代收代缴消费税和城市维护建设税(　　)元。
A. 450　　B. 775
C. 750　　D. 455

16. 设在某县城的白鹭旅行社 6 月份组织 4 次国内旅团,收取旅游费 60 000 元,其中替旅游者支付给其他单位的各项费用 30 000 元,改由其他旅游企业接待 2 个团,转付旅游费 20 000 元,该旅行社应缴城市维护建设税为(　　)。

A. 25 元　　B. 75 元

C. 100 元　　D. 150 元

17. 下列各项中,不符合城市维护建设税规定的有(　　)。

A. 只要交纳增值税、消费税、营业税的企业都应缴纳城市维护建设税

B. 因减免税而需进行“三税”退库的,可同时退还城市维护建设税

C. 对出口产品退还增值税、消费税的,不退还城市维护建设税

D. 海关对进口产品代征的增值税、消费税,不征收城市维护建设税

18. 教育费附加的计算依据是(　　)。

A. 纳税人欠缴的“三税”税额　　B. 纳税人免税的“三税”税额

C. 纳税人实际缴纳的“三税”税额　　D. 纳税人应缴的“三税”税额

19. 现行教育费附加征收比例为(　　)。

A. 1%　　B. 3%

C. 5%　　D. 7%

二、多项选择题

1. 下列各项中,属于城市维护建设税计税依据的是(　　)。

A. 实纳“三税”税额　　B. 纳税人滞纳“三税”而加收的滞纳金

C. 纳税人偷逃“三税”被处的罚款　　D. 纳税人偷逃“三税”被查补得税款

2. 城市维护建设税税率为地区差别比例税率,其地区确定可以是(　　)。

A. 纳税人所在地税率

B. 缴纳“三税”所在地适用税率

C. 受托方代征代扣“三税”的,按委托方所在地的适用税率

D. 经营地的适用税率

3. 城市维护建设税的适用税率有(　　)。

A. 7%　　B. 5%

C. 3%　　D. 1%

4. 下列情况中,属于城市维护建设税范围的是(　　)。

A. 外商投资企业　　B. 外国企业

C. 海关对进口代征的增值税、消费税　　D. 缴纳营业税的交通运输企业

5. 下列项目中,不属于城市维护建设税计税依据的是(　　)。

A. 纳税人实际缴纳的“三税”　　B. 纳税人减免退税的“三税”

C. 纳税人计算出的应缴“三税”　　D. 受托方代扣代缴的“三税”

6. 城市维护建设税的税收减免规定有(　　)。

A. 随“三税”的减免而减免　　B. 随“三税”的退库而退库

C. 按减免“三税”后实际缴纳的税额计征

D. 个别缴纳城市维护建设税有困难的,由税务局批准给予减免

7. 下列各项中,符合城市维护建设税纳税地点规定的有(　　)。

A. 取得输油收入的管道局,为管道局所在地

B. 流动经营无固定地点的单位,为单位注册地

C. 流动经营无固定地点的个人,为居住所在地

D. 代征代扣“三税”的单位和个人,为代征代扣地

8. 城市维护建设税的特点有(　　)。

A. 广泛征收　　B. 用于城市公用设施的维护

C. 是一种附加税　　D. 外商投资企业

9. 以下不属于我国城市维护建设税计税依据的是(　　)。

A. 国有企业　　B. 外国企业

C. 股份制企业　　D. 外商投资企业

10. 以下情况符合城市维护建设税计征规定的有(　　)。

A. 对出口产品退还增值税、消费税的,也有一并退还已缴纳城市维护建设税

B. 纳税人享受增值税、消费税、营业税的免征优惠时,也同时免征城市维护建设税

C. 纳税人违反增值税、消费税、营业税有关税法二加收的滞纳金和罚款,也作为城市维护建设税的计税依据

D. 海关对进口产品代征的增值税、消费税、不征收城市维护建设税

三、判断题

1. 城市维护建设税的征税范围不包括农村。(　　)
2. 凡负有缴纳“三税”义务的单位和个人都是城市维护建设税的纳税义务人。(　　)
3. 流动经营等无固定纳税地点单位,在经营地缴纳“三税”的,其城市维护建设税的缴纳按经营地适用税率。(　　)
4. 减免增值税、营业税的同时也减免了城市维护建设税和教育费附加。(　　)
5. 出口货物,退还增值税也应同时退还城市维护建设税和教育费附加。(　　)
6. 依照税法,除另有规定者外,对出口商品退还增值税、消费税的,不退还已缴纳的城市维护建设税。(　　)
7. 纳税人在被查补“三税”和被处理罚款时,不再对其偷漏的城市维护建设税进行补税和罚款。(　　)
8. 城建维护建设税既是一种附加税,又是具有特定目的的税种。(　　)
9. 我国城市维护建设税的计税依据是纳税人应当缴纳的增值税、消费税、营业税额。(　　)

四、会计处理题

1. 某企业设在市区,本期实际应上缴增值税 559 000 元、消费税 241 000 元。

要求:应如何核算本月的城建税?

2. 某市区一家企业 6 月份实际缴纳增值税 300 000 元、消费税 300 000 元。

要求:试计算该企业应缴纳的教育费附加。

第五章　关税及其会计处理

一、单项选择题

1. 对同一种货物在税则中规定从价、从量两种税率,在征税时选择其中征收税额较多或较少的一种的关税是(　　)。

A. 复合关税　　B. 混合关税

C. 选择性关税　　D. 滑动关税

2. 对某种货物在税则中预先按该商品的价格规定几档税率的关税是(　　)。

A. 复合关税　　B. 混合关税

C. 选择性关税　　D. 滑动关税

3. 在进行税则归类时,对于制成品,应首先考虑按(　　)归类。

A. 按其用途　　B. 按其属性

C. 按其主要材质　　D. 按其特性

4. 进口地海关无法解决的归类问题,应报(　　)明确。

A. 国家税务总局　　B. 海关总署

C. 国务院　　D. 财政部

5. 下列各项中符合关税有关规定的是(　　)。

A. 查获的走私进口货物需补税时,按照原进口之日的税率计税

B. 溢卸进口货物事后确定需要补税的,按照确定补税当天实施的税率计税

C. 暂时进口货物转为正式进口需要补税的,按照原报关进口之日的税率计税

D. 进口货物由于税则归类改变需要补税的,按照原征税日期实施的税率计税

6. 特别关税包括报复性关税、反倾销税与反补贴税、保障性关税。征收特别关税由(　　)决定。

A. 海关总署　　B. 国家税务总局

C. 财政部　　D. 国务院关税税则委员会

7. 某企业海运进口一批货物,海关审定货价折合人民币 5 000 万元,运费折合人民币 20 万元,该批货物进口关税税率为 7%,则应纳关税(　　)万元。

A. 350　　B. 351

C. 352.45　　D. 360

8. 下列各项中,符合关税法定免税规定的是(　　)。

A. 残疾人专用品

B. 起卸时,遭受损坏或损失的

C. 关税税款在人民币 100 元以下的一票货物

D. 经海关核准进口的无商业价值的广告品和货样

9. 加工贸易进口料件及其制成品需征税的,海关按照一般进口货物的规定审定完税价格。下列各项中,符合审定完税价格规定的是(　　)。

A. 进口时需征税的进料加工进口料件,以该料申报进口时的价格估定

B. 内销的进料加工进口料件或其制成品,以该料件申报进口时的价格估定

C. 内销的来料加工进口料件或其制成品,以该料件申报进口时的价格估定

D. 保税区内的加工企业内销的进口料件或其制成品,以该料件申报进口时的价格估定

10. 下列各项中,符合进口关税完税价格规定的是(　　)。

A. 留购的进口货样,以海关审定的留购价格为完税价格

B. 留购的租赁货物,以租赁期间审定的租金作为完税价格

C. 准予暂时进口的施工机械,按同类货物的价格为完税价格

D. 运往境外加工的货物,应以加工后入境时的到岸价格为完税价格

11. 关税纳税义务人因不可抗力或者在国家税收政策调整的情形下，不能按期缴纳税款的，经海关总署批准，可以延期缴纳税款，但最多不得超过（　　）。

A. 3 个月　　B. 6 个月

C. 9 个月　　D. 12 个月

12. 某公司进口一批货物，海关于 2019 年 3 月 1 日填发税款缴款书，但公司迟至 3 月 27 日才缴纳 500 万元的关税。海关应征收关税滞纳金（　　）万元。

A. 2.75　　B. 3

C. 6.5　　D. 6.75

13. 以下计入进口货物关税完税价格的项目有（　　）。

A. 货物运抵境内输入地点之后的运输费用

B. 进口关税　　C. 国内保险费

D. 卖方间接从买方对该货物进口后使用所得中获得的收益

二、多项选择题

1. 下列未包含在进口货物价格中的项目，应计入关税完税价格的有（　　）。

A. 由买方负担的购货佣金

B. 由买方负担的包装材料和包装劳务费

C. 由买方负担的经纪费用

D. 由买方负担的与该货物视为一体的容器费用

2. 下列进口货物，海关可以酌情减免关税的有（　　）。

A. 在境外运输途中或者起卸时，遭受损坏或者损失的货物

B. 起卸后海关放行前，因不可抗力遭受损坏或者损失的货物

C. 海关查验时已经破漏. 损坏或者腐烂，经查不是保管不慎的货物

D. 因不可抗力，缴税确有困难的纳税人进口的货物

3. 加工贸易进口料件及其制成品需征税的，海关按照一般进口货物的规定审定完税价格。下列各项中，符合审定完税价格规定的是（　　）。

A. 进口时需征税的进料加工进口料件，以该料申报进口时的价格估定

B. 内销的进料加工进口料件或其制成品，以该料件原进口时的价格估定

C. 内销的来料加工进口料件或其制成品，以该料件申报内销时的价格估定

D. 出口加工区内的加工企业内销的制成品，以制成品申报内销时的价格估定

4. 下列各项中，符合进口关税完税价格规定的错误的是（　　）。

A. 留购的进口货样，以海关审定的留购价格为完税价格

B. 转让进口的免税旧货物，以原入境的到岸价格为完税价格

C. 准予暂时进口的施工机械，按同类货物的价格为完税价格

D. 运往境外加工的货物，应以加工后入境时的到岸价格为完税价格

5. 下列出口货物完税价格确定方法中，符合关税法规定的有（　　）。

A. 海关依法估价确定的完税价格

B. 以成交价格为基础确定的完税价格

C. 根据境内生产类似货物的成本. 利润和费用计算出的价格

D. 按照合理方法估定的完税价格

6. 我国特别关税的种类包括(　　)。

A. 报复性关税　　B. 保障性关税

C. 出口附加税　　D. 反倾销税与反补贴税

7. 下列各项中,不符合关税减免规定的有(　　)。

A. 因故退还的国内出口货物,经海关审查属实,可予免征进口关税,已征收的出口关税准予退还

B. 因故退还的国内出口货物,经海关审查属实,可予免征进口关税,但已征收的出口关税不予退还

C. 因故退还的境外进口货物,经海关审查属实,可予免征出口关税,已征收的进口关税准予退还

D. 因故退还的境外进口货物,经海关审查属实,可予免征出口关税,但已征收的进口关于不予退还

8. 特别关税包括以下选项(　　)。

A. 报复性关税　　B. 反倾销税

C. 反补贴税　　D. 保障性关税

9. 我国《关税法》规定,下列费用(　　),如能与该货物实付或者应付价格区分,不得计入完税价格。

A. 厂房、机械、设备等货物进口后的基建.安装.装配.维修和技术服务的费用

B. 货物运抵境内输入地点之后的运输费用.保险费和其他相关费用

C. 进口关税及其他国内税收

D. 由买方负担的与该货物视为一体的容器费用

10. 根据我国法律规定,下列说法正确的有(　　)。

A. 关税税额在人民币 50 元以下的一票货物,可免征关税

B. 无商业价值的广告品和货样,可免征关税

C. 因故退还的中国出口货物,经海关审查属实,可予免征进口关税,已征收的出口关税酌情退还

D. 因故退还的境外进口货物,经海关审查属实,可予免征出口关税,但已征收的进口关税不予退还

三、判断题

1. 出口货物以海关审定的成交价格为基础的售予境外的离岸价格作为关税的完税价格。(　　)

2. 出口货物的完税价格,是由海关以该货物向境外销售的成交价格为基础审查确定,包括货物运至我国境内输出地点装卸前的运输费、保险费,但不包括出口关税(　　)。

3. 根据进出口关税条例的规定,外国政府.国际组织.国际友人和港澳台同胞无偿赠送的物资,经海关审查无讹,可以免税。(　　)

4. 进口货物,因收发货人或者他们的代理人违反规定而造成的关税少征或漏征,海关在 3 年内可以追征,有特殊情况的,追征期可以延长到 10 年。(　　)

5. 我国对少数进口商品计征关税时所采用的滑准税实质上是一种特殊的从价税。(　　)

6. 海关在对进出口货物的完税价格进行审定时，可以进入进出口货物收发货人的生产经营场所，检查与进出口活动有关的货物和生产经营情况，但不可以进入该收发货人的业务关联企业进行检查。(　　)
7. 在海关对进出口货物进行完税价格审定时，如海关不接受申报价格，而认为有必要估定完税价格时，可以与进出口货物的纳税义务人进行价格磋商。(　　)
8. 在确定进口货物完税价格时，货物成交价格中含进口人向卖方支付的佣金，应该从完税价格中扣除。(　　)
9. 某企业向海关报明后将一台价值65万元的机械运往境外修，机械修复后准时复运进境。假设该机械的关税税率为5%，支付的修理费和料件费为35万元(经海关审查确定)，该企业缴纳的关税应为1.75万元。(　　)

四、会计处理题

1. 某企业海运进口一批货物，海关审定的货价折合人民币2 000万元，运费折合人民币10万元，保险费无法查明，该批货物进口关税税率为5%。

要求：计算应纳关税为多少万元。

2. 某进出口公司自营出口商品一批，完税价为240万元，货款尚未收到，出口关税税率为20%，根据海关开出的税款缴纳凭证，以银行转账支票付讫税款。

要求：进行相关会计处理。

第六章　企业所得税及其会计处理

一、单项选择题

1. 下列利息收入中，不计入企业所得税应纳税所得额的是(　　)。
   A. 企业债券利息　　B. 外单位欠款付给的利息收入
   C. 购买国库券的利息收入　　D. 银行存款利息收入
2. 某小型微利企业年应纳税所得额为30 000元，其应纳的企业所得税税额为(　　)。
   A. 6 000元　　B. 5 400元
   C. 3 000元　　D. 9 900元
3. 企业缴纳的下列税种，在计算企业所得税应纳税所得额时，不准从收入总额中扣除的是(　　)。
   A. 增值税　　B. 消费税
   C. 营业税　　D. 土地增值税
4. 下列项目中，准予在计算企业所得税应纳税所得额时从收入总额中扣除的项目是(　　)。
   A. 资本性支出　　B. 无形资产开发未形成资产的部分
   C. 违法经营的罚款支出　　D. 各项税收滞纳金、罚金、罚款支出
5. 在一个纳税年度内，居民企业技术转让所得不超过(　　)的部分，免征企业所得税，超过部分，减半征收企业所得税。
   A. 5万元　　B. 10万元
   C. 20万元　　D. 500万元

6. 企业所得税法中所称的小型微利工业企业，必须符合年度应纳税所得额不超过（　　）万元，从业人数不超过（　　）人，资产总额不超过（　　）万元。

A. 30；80；3 000　　B. 30；80；1 000

C. 20；100；3 000　　D. 30；100；3 000

7. 某工业生产企业，从业人员 85 人，资产总额 2 800 万元，全年销售额 1 520 万元，成本 600 万元，销售税金及附加 460 万元，按规定列支各种费用 400 万元。已知上述成本费用中包括新产品开发费 80 万元。该企业当年应纳企业所得税（　　）。

A. 15 万元　　B. 19.8 万元

C. 4 万元　　D. 6.6 万元

8. 下列各项中，可以不计入企业所得税应纳税所得额的有（　　）。

A. 纳税人按国家统一规定进行清产核资时发生的固定资产评估净增值

B. 企业取得国家财政性补贴收入

C. 纳税人购买国家重点建设债券的利息收入

D. 纳税人接受捐赠的实物资产

9. 根据企业所得税法等有关规定，不得提取折旧的固定资产是（　　）。

A. 以经营租赁方式租出的固定资产　　B. 以融资租赁方式租入的固定资产

C. 以经营租赁方式租入的固定　　D. 季节性停用的机器设备

10. 纳税人通过国内非营利的社会团体、国家机关的公益、救济性捐赠，在年度（　　）12% 以内的部分准予扣除。

A. 收入总额　　B. 利润总额

C. 纳税调整后所得　　D. 应纳税所得额

11. 除国务院财政、税务主管部门另有规定外，企业所得税法等规定：固定资产计算折旧的最低年限为（　　）。

A. 房屋、建筑物，为 25 年

B. 与生产经营活动有关的器具、工具、家具、电子设备等，为 5 年

C. 飞机、火车、轮船、机器、机械和其他生产设备，为 10 年

D. 飞机、火车、轮船以外的运输工具，为 6 年

12. 企业所得税实行的是比例税率，若某小型微利企业某年度应纳税所得额为 50 万元，上一年度所得亏损 42 万元，则本年度该企业应纳所得税额为（　　）。

A. 2 万元　　B. 1.6 万元

C. 2.16 万元　　D. 1.44 万元

13. 缴纳企业所得税，月份或季度终了后要在规定的期限内预缴，年度终了后要在规定的期限内汇算清缴，其预缴、汇算清缴的规定期限分别是（　　）。

A. 7 日、45 日　　B. 15 日、45 日

C. 15 日、4 个月　　D. 15 日、5 个月

14. 企业来源于境外所得，已在境外实际缴纳的所得税税款，在汇总纳税并按规定计算扣除限额时，如果境外实际缴纳的税款超过扣除限额，对超过部分的处理方法是（　　）。

A. 列为当年费用支出

B. 从本年的应纳所得税额中扣除

C. 用以后年度税额扣除的余额补扣，补扣期限最长不得超过 5 年

D. 从以后年度境外所得中扣除

16. 纳税人在纳税年度内无论盈利或亏损，都应当在年度终了后(　　)，向其所在地主管税务机关报送年度会计报表和所得税申报表。

A. 15 日　　B. 45 日

C. 5 个月　　D. 60 日

17. 已知某外商投资生产性企业全年销售净额在 2 000 万元，实际支付业务招待费为 15 万元，准予税前列支的业务招待费为(　　)万元。

A. 9　　B. 6

C. 10　　D. 12

18. 某外商投资企业某年实现利润 200 万元，通过境内民政局向灾区捐赠 20 万元，若无其他调整项目，该企业的应税所得额为(　　)万元。

A. 180　　B. 176

C. 200　　D. 220

19. 一个纳税人同时交叉适用两个或两个以上减免税优惠政策的，在执行时应(　　)。

A. 各项优惠政策累加执行　　B. 各项优惠政策顺序执行

C. 由税务机关确定　　D. 选择其中一项最优惠政策

19. 纳税人计算应税所得额时准予扣除的税金包括(　　)。

A. 增值税、消费税、营业税、城建税、教育费附加、资源税

B. 消费税、营业税、城建税、教育费附加、关税

C. 增值税、消费税、营业税、城建税、教育费附加

D. 消费税、营业税、城建税、教育费附加、企业所得税

20. 企业在计算应纳税所得额时，准予扣除的项目是(　　)。

A. 欠税滞纳金　　B. 修缮职工浴室支出

C. 火灾保险赔款　　D. 逾期还贷罚息支出

21.《企业所得税法》规定，纳税人收取包装物押金，从收取之日起，超过 1 年(指 12 个月)仍未返还的，原则上应确认为(　　)之日所属年度的收入，计征企业所得税。

A. 收到　　B. 返还

C. 期满　　D. 年末

22. 企业进行清算时，应当在(　　)，向当地主管税务机关办理所得税申报，并就其清算终了后的清算所得，缴纳企业所得税。

A. 清算终结之日　　B. 办理工商注销登记的同时

C. 办理工商注销登记之前　　D. 办理工商注销登记之后

23. 境内居民企业注册地与实际经营管理地不一致时，其纳税地点按税法规定应该是(　　)。

A. 注册地　　B. 实际经营管理地

C. 由税务机关决定　　D. 由纳税人自行决定

24. 纳税人进行清算时，应当以(　　)作为一个企业所得税的纳税年度计算清算所得。

A. 当年1月1日至清算开始日期　　B. 当年1月1日至清算结束日期
C. 当年1月1日至12月31日　　D. 清算期间

25. 下列企业或单位中,不属于企业所得税纳税人的是(　　)。
A. 个人独资企业　　B. 联营企业
C. 集体企业　　D. 股份制企业

26. 自2008年起,下列企业适用企业所得税税率20%的是(　　)。
A. 有有的居民企业
B. 在中国境内设有机构场所的非居民企业来自中国境外的与该机构有实际联系的所得
C. 在中国境内设有机构场所的非居民企业来自中国境内的所得
D. 在中国境内未设立机构场所的非居民企业来自中国境外的与该机构无实际联系的所得

27. 在计算应纳税所得额时,不允许作为税金项目从收入总额中扣除的流转税或费用是(　　)。
A. 增值税　　B. 消费税
C. 土地增值税　　D. 教育费附加

28. 下列借款利息支出中允许从所得税前扣除的是(　　)。
A. 建造固定资产竣工决算投产后发生的各项贷款利息支出
B. 购进固定资产尚未竣工决算投产前的利息支出
C. 房地产开企业为开发房地产而借入资金所发生的借款费用,在房地产完工之前发生的利息支出
D. 纳税人从关联方取得的借款金额超过其注册资本50%的,超过部分的利息支出

29. 某企业2008年销售收入1 000万元,广告费支出160万元,2009年销售收入2 000万元,广告费支出130万元,则2009年准予税前扣除的广告费为(　　)。
A. 100万元　　B. 200万元
C. 140万元　　D. 130万元

30. 某企业全年营业收入5 000万元,全年实际发生业务招待费30万元,按规定可在税前费用中列支的业务招待费应为(　　)。
A. 20万元　　B. 18万元
C. 19万元　　D. 25万元

31. 企业所得税的纳税人发生年度亏损的,可用以后年度所得逐年延续弥补,但延续(　　)。
A. 1年　　B. 3年
C. 5年　　D. 10年

32. 下列收入项目中不需征收企业所得税的是(　　)。
A. 财政拨款收入　　B. 特许权使用费收入
C. 财产租赁收入　　D. 股息收入

33. 根据企业所得税法的规定,下我项目中,纳税人在计算应纳税所得额时准予扣除的是(　　)。

A. 罚金
B. 银行按规定加收的罚息
C. 税收滞纳金
D. 罚款和被没收的损失

34. 根据企业所得税法的规定，下列各项中，属于不征税收入的是(　　)。
A. 国债利息收入
B. 符合条件的非营利组织的收入
C. 依法收取并纳入财政管理的行政事业性收费
D. 因债权人缘故确实无法支付的应付款项

35. 根据企业所得税法的规定，对于符合条件的小型微利企业，按(　　)的税率征收企业所得税。
A. 10%
B. 15%
C. 20%
D. 25%

36. 根据企业所得税法的规定，下列各项中，在计算应纳税所得额时准予按一定比例扣除的公益、救济性捐赠是(　　)。
A. 纳税人直接向某学校的捐赠
B. 纳税人通过企业向自然灾害地区的捐赠
C. 纳税人通过电视台向灾区的捐赠
D. 纳税人通过民政部门向贫困地区的捐赠

37. 根据企业所得税法的规定，纳税人发生下列支出中，在计算应纳税所得额时准予扣除的是(　　)。
A. 工商机关所处罚款
B. 银行加收的罚息
C. 司法机关所处罚金
D. 税务机关加收的税收滞纳金

38. 根据企业所得税法的规定，企业发生的公益性捐赠支出，准予按照一定比例在税前扣除，该比例是(　　)。
A. 应纳税所得额的30%
B. 应纳税所得额的12%
C. 利润总额的12%
D. 利润总额的30%

39. 根据企业所得税法的规定，下列各项中，在计算应纳税所得额时，不准从收入总额中扣除的是(　　)。
A. 增值税
B. 印花税
C. 资源税
D. 消费税

40. 根据企业所得税法的规定，下列关于企业所得税纳税人的表述中，不正确的是(　　)。
A. 民民企业就其来源于我国境内外的全部所得纳税
B. 非居民企业就其来源于我国境内外的全部所得纳税
C. 个人独资企业和合伙企业不是企业所得税的纳税人
D. 企业设有多个不具有法人资格营业机构的，实行由法人汇总纳税

二、多选题

1. 在下列支出项目中，准予在计算应纳税所得额时从收入总额中直接扣除的有(　　)。
A. 企业缴纳的增值税
B. 转让固定资产发生的费用

C. 以经营租赁方式租入的固定资产发生的租赁费

D. 以融资租赁方式租入的固定资产发生的租赁费

2. 确定企业所得税税前扣除项目时应遵循的原则有(　　)。

A. 确定性原则　　B. 配比原则

C. 权责发生制原则　　D. 收付实现制原则

3. 下列项目中,属于纳税调整增加额的项目有(　　)。

A. 职工教育经费支出超标准　　B. 利息费用支出超标准

C. 公益救济性捐赠超标准　　D. 查补的营业税

4. 下列项目中,属于纳税调整减少额的项目有(　　)。

A. 查补的消费税　　B. 多提的职工福利费

C. 国库券利息收入　　D. 多列的无形资产摊销费

5. 纳税人下列经营业务的收入,可以分期确定并据以计算应纳税所得额的是(　　)。

A. 分期收款方式销售商品

B. 代销方式销售商品

C. 建筑、安装工程持续时间超过一年

D. 为其他企业加工、制造大型机器设备,持续时间超过一年

6. 在计算企业应纳税所得额时,不得从收入总额中扣除的有(　　)。

A. 企业为他人提供贷款担保,因被担保方无力还清贷款,而由该担保企业承担的贷款本息

B. 所得税前依法缴纳的增值税

C. 所得税前依法缴纳的土地增值税

D. 来源于境外的所得,在境外实际缴纳的未超过扣除限额的所得税税款

7. 企业所得税纳税人以融资租赁方式取得固定资产,其租金支出不得扣除,但可按规定提取折旧费用。符合融资租赁固定资产条件的有(　　)。

A. 在租赁期满时,租赁资产的所有权转让给承租方

B. 承租方租赁固定资产的时间在一年以上

C. 租赁期为资产使用年限的大部分(75%或以上)

D. 租赁期内租赁最低付款额大于租赁开始日资产的公允价值

8. 某企业2012年2月向其主管税务机关申报的利润表中,注明2011年度的会计利润为60万元。2012年5月税务机关对该企业进行税务检查,发现和处理以下事项应调整会计利润的有(　　)。

A. 查补的消费税　　B. 多提的职工福利费

C. 国库券利息收入　　D. 多列无形资产摊销

9. 企业从事(　　)项目的所得,减半征收企业所得税。

A. 中药材的种植

B. 花卉、茶以及其他饮料作物和香料作物的种植

C. 海水养殖、内陆养殖

D. 牲畜、家禽的饲养

10. 对接受捐赠的资产的会计处理和税务处理的说法中,正确的是(　　)。

A. 按照会计制度,对接受捐赠的资产不确认收入,不计入企业接受捐赠当期的利润总额

B. 按照会计制度,对接受捐赠的资产应确认收入,计入企业接受捐赠当期的利润总额

C. 按照税法规定,企业接受捐赠的资产,应计入当期应纳税所得额,计算缴纳企业所得税

D. 按照税法规定,企业接受捐赠的资产,不计入当期应纳税所得额

11. 下列叙述正确的是(　　)。

A. 企业从事国家重点扶持的公共基础设施项目的投资经营的所得,自项目取得第一笔生产经营收入所属纳税年度起,第一年至第三年免征企业所得税,第四年至第六年减半征收企业所得税(简称“三免三减半”)

B. 企业从事符合条件的环境保护、节能节水项目的所得,自项目取得第一笔生产经营收入所属纳税年度起,实行“三免三减半”

C. 企业从事以《资源综合利用企业所得税优惠目录》规定的资源作为主要原材料,生产国家非限制和禁止并符合国家和行业相关标准的产品取得的收入,减按 90% 计入收入总额

D. 企业从事开发新技术、新产品、新工艺发生的研究开发费用,未形成无形资产的计入当期损益,在按照规定据实扣除的基础上,按照研究开发费用的 50% 加计扣除;形成无形资产的,按照无形资产成本的 150% 摊销

12. 下列各种情形中,应对纳税人采取核定征收企业所得税的有(　　)。

A. 能正确核算成本费用支出,收入总额不能准确核算的

B. 收入和费用均不能正确核算的

C. 没有按规定保存有关账簿、凭证资料的

D. 不按税法规定的期限办理纳税申报的

E. 按规定可以不设置账簿的

13. 企业下列收入应计入收入总额计算缴纳所得税的有(　　)。

A. 在建工程发生的试运行收入

B. 接受的捐赠收入

C. 外单位欠款收到的利息

D. 固定资产盘盈收入

14. 企业发生的借款利息支出,在计算应纳税所得额时,不得从收入额中扣除的有(　　)。

A. 筹办期间发生的借款利息支出

B. 在生产、经营期间,向金融机构借款的利息支出

C. 开发无形资产发生的借款利息支出

D. 以融资租赁方式租入固定资产投入使用前发生的借款利息支出

15. 企业发生的下列费用可不受比例限制,计入管理费用扣除的是(　　)。

A. 自行研究开发新产品、新技术、新工艺发生的各项费用

B. 资助非关联科研机构研究开发新产品、新技术、新工艺的资助支出

C. 委托其他单位进行科研试制的费用

D. 投资境内符合国家产业政策的技改造项目所需国产设备购置费的 40%

16. 下列准予扣除的项目中,如果当年不足抵扣或当年未抵扣,不得结转以后年度抵扣的

是(　　)。

A. 技术开发费加扣的 50% 部分

B. 业务招待费用支出

C. 应提未提折旧

D. 创业投资企业采取股权投资方式投资于未上市中小高新技术企业 2 年以上投资额的 70% 部分

17. 我国税法规定，企业的下列各项支出中，不准税前扣除的是(　　)。

A. 销售白酒给予买方的回扣　　B. 赞助支出

C. 逾期还贷支付银行加收的罚息　　D. 卖给职工的住房折旧费和维修费

18. 企业发生的下列广告性支出中，准予在所得税前扣除的是(　　)。

A. 啤酒　　B. 黄酒

C. 超过当年销售收入 15% 的部分　　D. 果酒

19. 下列固定资产不得计提折旧的是(　　)。

A. 季节性停用的机器设备　　B. 不需用机器设备

C. 以融资租赁方式租入的固定资产　　D. 以经营租赁方式租入的固定资产

20. 下列所得应缴纳企业所得税的有(　　)。

A. 城市公用事业的生产经营所得　　B. 交通运输企业的营业外收益

C. 企业终了后的清算所得　　D. 来源于境外的所得

三、判断题

1. 企业所得税的纳税人仅指企业，不包括社会团体。(　　)
2. 利息收入和股息收入一样都表现为全额增加企业所得税的应纳税所得额。(　　)
3. 企业自产产品的广告宣传费均可在企业所得税前列支。(　　)
4. 纳税人对外进行来料加工装配业务节省的材料，如按合同规定留归企业所有的，也应作为收入处理。(　　)
5. 企业取得的所有技术服务收入均可暂免征企业所得税。(　　)
6. 企业销售啤酒、黄酒以外的酒类产品收取的包装物押金，无论是否退回均应计征增值税和消费税，同时也要计征企业所得税。(　　)
7. 乡镇企业可以享受应纳税所得额的 10% 的减免税照顾。(　　)
8. 纳税人缴纳的增值税不得在企业所得税前扣除，担按当期缴纳的增值税计算的城建税和教育费附加，准予在所得税前扣除。(　　)
9. 纳税人在生产、经营期间的借款利息支出作为费用，在计算应纳税所得时，可以按实际发生数扣除。(　　)
10. 企业发生的年度亏损，可用以后五个盈利年度的利润弥补。(　　)
11. 某内资企业当年应纳税所得额为 50 万元，但上一年度利润表上亏损 48 万元，则当年应缴纳企业所得税 6 600 元。(　　)
12. 确定应纳税所得额时，对企业生产、经营期间，向经人民银行批准从事金融业务的非银行金融机构的借款利息支出，可按照实际发生额从税前扣除。(　　)
13. 纳税人来源于境外的所得在境外实际缴纳的所得税税款，准予在汇总纳税时从其应纳税额中扣除；其在境外发生的亏损也可用境内的利润弥补。(　　)

14. 年度终了,某企业填报的利润表反映全年利润总额为-17 万元,因此,当年不需缴纳企业所得税。(　　)
15. 企业接受其他单位的捐赠物资,不计入应纳税所得额。(　　)
16. 企业所得税法规定,对非居民企业在中国境内取得工程作业和劳务所得应缴纳的所得税,工程价款或者劳务费的支付人为扣缴义务人。(　　)
17. 因债权人缘故确实无法支付的应付款项,应该纳入收入总额,计算缴纳企业所得税。(　　)
18. 企业在计算应纳税所得额时,对于根据生产需要租入固定资产所支付的租赁费可以据实从收入总额中扣除。(　　)
19. 纳税人有应提未提折旧、应计未计费用,导致年度应纳税额减少的,应于下年发现时补扣,相应调减应纳税所得额。(　　)
20. 某纳税人在甲、乙两国的分支机构有盈有亏,本年在中国境内无盈利,有甲、乙两国所得分别为 120 万元、-50 万元,则该纳税人本年的应纳税所得额为 70 万元。(　　)

四、业务计算题

1. 乐家百货公司为居民企业,2017 年经营资料如下:销售收入 6 000 万元;销售成本 2 500 万元;销售费用 1 500 万元(其中广告费 800 万元);管理费用 400 万元(其中业务招待费 95 万元);财务费用 100 万元;营业税金及附加 200 万元;营业外收入 200 万元;营

业外支出 300 万元(其中通过公益性社会团体向贫困山区捐款 200 万元,直接向某学校捐款 20 万元);计入成本费用的工资总额为 700 万元(属于合理范围),支出的职工福利费 96 万元,支出的职工教育经费 20 万元,拨缴的工会经费 14 万元。

要求:计算乐家百货公司 2017 年度实际应缴纳的企业所得税税额。

2. 荣荣太阳能公司为居民企业,2017 年境内生产经营应纳税所得额 3 000 万元,且境内经营无减免、抵免所得税额。当年公司在甲、乙两国设立的分支机构收益情况如下:甲国分

支机构应纳税所得额 600 万元,其中生产经营所得 500 万元,税率 20%,租金所得 100 万元,税率 30%;乙国分支机构应税所得额 400 万元,其中生产经营所得 300 万元,税率 30%,特许权使用费所得 100 万元,税率 20%。上述两分支机构的所得已分别按所在国规定计算并缴纳了相关税款。

要求:

(1)计算该公司境外所得应纳所得税额;

(2)计算该公司境外所得抵免所得税额;

(3)计算该公司全年实际应纳所得税额。

3. 某市一家居民企业为增值税一般纳税人,主要生产销售建筑机器。2017 年度有关经营情况如下:

(1)销售商品取得收入 6 200 万元,提供设计取得收入 200 万元。

(2)销售成本 3 500 万元。

(3)营业税金及附加 65.05 万元。

(4)管理费用 370 万元,其中业务招待费 80 万元,当年发生三新费用支出 150 万元。

(5)销售费用 800 万元,其中广告费 400 万元,业务宣传费 80 万元,展览费 50 万元。

(6)财务费用80万元,其中含向非金融企业借款500万元所支付的年利息40万元(当年金融企业贷款的年利率为5.8%)。

(7)投资收益50万元,其中国债利息收入30万元,去年1月投资一家居民企业,当年取得红利收益20万元。

(8)营业外支出320万元,其中包括通过公益性社会团体向农村义务教育捐款150万元,发生质量赔偿100万元。

(9)计入成本、费用中的工资400万元,工会经费8万元、职工福利费58万元、职工教育经费80万元。

(10)当年购买安全生产专用设备投资300万元。

其他资料:上年有超支广告费50万元尚未扣除。

要求:根据上述资料,按顺序计算回答下列问题,每小题需计算出合计数。

(1)企业2011年实现的利润总额;

(2)管理费用应调整的应纳税所得额;

(3)销售费用应调整的应纳税所得额;

(4)财务费用应调整的应纳税所得额;

(5)投资收益应调整的应纳税所得额;

(6)公益性捐赠应调整的应纳税所得额;

(7)工资、职工工会经费、职工福利费、职工教育经费应调整的应纳税所得额;

(8)企业2017年度应纳税所得额;

(9)企业2017年度应缴纳的企业所得税。

4.国内某生产型企业,为增值税一般纳税人。2017年该企业发生的业务如下:

(1)取得产品销售收入2 700万元,其他业务收入200万元,销售成本1 000万元,其他业务成本50万元。

(2)"管理费用"账户列支100万元,其中:业务招待费30万元、新产品技术开发费40万元、支付给母公司的管理费10万元。

(3)"销售费用"账户列支500万元,其中:广告费300万元、业务宣传费160万元。

(4)"财务费用"账户列支40万元,其中:2015年6月1日向非金融企业借入资金200万元用于生产经营,当年支付利息12万元(同期银行贷款年利率为6%)。

(5)"营业外收入"账户反映受赠价值100万元的货物一批,取得的增值税专用发票上的增值税税额是17万元。

(6)"营业外支出"账户列支50万元,其中:对外捐赠30万元(通过县级政府向贫困地区捐赠20万元,直接向某校捐赠10万元);由于环境污染,被环保部门处以罚款20万元。

(7)"投资收益"账户贷方发生额45万元,其中:从境内居民企业(小型微利企业)分回股息40万元,还取得国债利息收入5万元。

(8)计入成本费用中实际支付合理的工资是300万元(其中残疾人员工资50万元),支出职工福利费45万元、职工工会经费6万元、职工教育经费7万元。

(9)2015年12月份购进安全生产专用设备,取得增值税普通发票上注明价款20万元。

(10)用自产产品对外投资,产品成本70万元,不含税销售价格100万元,该项业务未反映在账务中。

要求:据上述资料,回答以下问题(如有计算,需计算出合计数,不考虑城市维护建设税和教育费附加)。

(1)企业2015年实现的会计利润总额。

(2)管理费用应调整的应纳税所得额。(包括加计扣除部分)

(3)销售费用应调整的应纳税所得额。

(4)财务费用应调整的应纳税所得额。

(5)营业外支出应调整的应纳税所得额。

(6)投资收益应调整的应纳税所得额。

(7)工资和"三项经费"应调整的应纳税所得额。(包括加计扣除部分)

(8)企业2017年应缴纳的企业所得税。

五、会计处理题

1. 甲公司2018年度利润表中利润总额为2 000万元,该公司适用的所得税税率为25%。递延所得税资产及递延所得税负债不存在期初余额。2018年发生的有关交易和事项中,会计处理与税收处理存在的差异有:

(1)2018年1月开始计提折旧的一台生产设备,成本为1 000万元,使用年限为10年,净残值为0。会计按直线法计提折旧,税法按双倍余额递减法计提折旧。假定税法规定的使用年限及净残值与会计相同。

(2)取得国债利息收入200万元。

(3)当期取得作为交易性金融资产核算的股票投资成本为800万元,2016年12月31日的公允价值为1 200万元。税法规定,以公允价值计量的金融资产持有期间市价变动不计入应纳税所得税额。

(4)违反环保法规定应支付罚款250万元。

(5)年末,计提了产品保修费用50万元,已计入销售费用,预计负债余额为50万元。

要求:根据以上资料进行甲公司2018年度企业所得税的会计处理。

2. A公司2018年1月1日经董事会批准研发某项新产品专利技术,有关资料如下:

(1)2018年1月,共发生费用6 200万元,其中6 000万元符合资本化条件。当月达到预定用途。A公司预计该新产品专利技术的使用寿命为5年,A公司对其采用直线法摊销;税法规定该项无形资产采用直线法摊销,摊销年限与会计相同。

(2)2018年末,该项无形资产出现减值迹象,经减值测试,该项无形资产的可收回金额为4 320万元,减值后摊销年限和摊销方法不需变更。

(3)假定A公司每年的税前利润总额均为20 000万元,不考虑其他因素对所得税的影响;A公司适用的所得税税率为25%。

要求:

(1)计算2018年该公司应交所得税税额。

(2)计算2018年该无形资产的账面价值和计税基础,并确认递所得税。

(3)计算所得税费用,并做相关所得税的账务处理。

3. 某公司2018年度利润总额为750万元,递延所得税资产和递延所得税负债均无余额。该公司当年与所得税核算有关的会计事项如下：

(1)2月2日以200万元取得作为交易性金融资产核算的股票投资，年未该股票的公允价值为400万元，确认公允价值变动收益200万元；

(2)年未存货账面余额2 200万元，经测试存货的可变现净值为2 000万元，计提存货跌价准备200万元；

(3)因售后服务预计负债100万元；

(4)确认国债利息收入30万元；

(5)支付税收滞纳金、罚款20万元。该公司适用的所得税税率为25%。

要求：根据上述资料运用资产负债表债务法进行所得税会计核算。

第七章　资源税、城镇土地使用税、耕地占用税及其会计处理

一、单项选择题

1. 土地增值税实行(　　)税率。

A. 比例税率　　B. 全额累进税率

C. 超额累进税率　　D. 超率累进税率

2. 纳税人建造普通标准住宅出售，增值额未超过扣除项目金额(　　)的免征土地增值税。

A10%　　B. 20%

C. 30　　D. 40%

3. 在资源税中，煤炭的征税范围包括(　　)。

A. 洗煤一　　B. 选煤

C. 原煤　　D. 煤炭制品

4. 资源税纳税人开采或者生产应税产品销售的，课税数量为(　　)。

A. 销售数量　　B. 开来数量

C. 生产数量　　D. 实际产量

5. 耕地占用税的征收机构是(　　)。

A. 税务机关　　B. 财政机关

C. 土地管理部门　　D. 国有资产管理部门

6. 现行资源税的征税范围为(　　)。

A. 原油、天然气、煤炭　　B. 原油、天然气、煤炭、盐

C. 矿产品和盐　　D. 原油、有色金属矿原矿

7. 下列占用耕地的单位和个人属于耕地占用税纳税人的是(　　)。

A. 占用耕地从事农业生产的单位和个人　　B. 占用耕地种植蔬菜的单位和个人

C. 占用耕地种植果树的单位和个人　　D. 占用耕地建房的单位和个人

8. 经批准开山填海整治土地和改造的废弃土地，从使用的月份起免缴土地使用税的年限是(　　)。

A. 1~3年　　B. 3~5年

C. 5~10年　　D. 10~15年

9. 属于土地增值税征税范围的有(　　)。
A. 房地产的出租
B. 房地产的抵押
C. 国有土地使用权的转让
D. 集体所有的土地自行转让
10. 某盐场附设的非独立核算的精盐加工厂,以本场生产的液体盐 1 000 吨加工成精制盐 400 吨对外销售,其资源税的计税依据为(　　)。
A. 1 000 吨
B. 400 吨
C. 600 吨
D. 1 400 吨
11. 下列企业中,不缴纳城镇土地使用税的是(　　)。
A. 设在工矿区占用的国有土地的企业
B. 设在工矿区占用的集体土地的企业
C. 设在农村的乡办企业
D. 设在工矿区的军队三产企业
12. 新征用耕地应缴纳的城镇土地使用税,其纳税义务发生时间是(　　)。
A. 自批准征用之日起满 3 个月
B. 自批准征用之日起满 6 个月
C. 自批准征用之日起满 1 年
D. 自批准征用之日起满 2 年
13. 土地使用权未确定或权属纠纷未解决的,以(　　)为城镇土地使用税的纳税人。
A. 原拥有人
B. 实际使用人
C. 代管人
D. 产权所有人
14. 下列应缴纳城镇土地使用税的是(　　)。
A. 纳税单位使用免税单位的土地
B. 人民团体办公楼用地
C. 企业办的幼儿园用地并与企业其他用地能划分
D. 市政街道用地
15. 依据土地使用税的有关规定,经济发达地区,城镇土地使用税额标准可以(　　)。
A. 适当提高,但提高额不得超过规定的最高税额的 30%
B. 适当提高,但提高额不得超过规定的最低税额的 30%
C. 适当提高,但需报经国家税务总局批准
D. 适当提高,但需报经财政部批准
16. 土地使用税的有关规定,经济落后地区,城镇土地使用税的适用税额标准可以降低,但降低额不得超过税法规定最低额的(　　)。
A. 10%
B. 30%
C. 50%
D. 100%
17. 土地,可以依法免缴城镇土地使用税的是(　　)。
A. 公园中附设的照相馆使用的土地
B. 农副产品加工厂和生活、办公用地
C. 寺庙自用的土地
D. 纳税单位无偿使用免税单位的土地
18. 企业实际占地面积共为 30 000 平方米,其中企业子弟学校面积 2 000 平方米,医院 1 000平方米。该企业每年应缴纳的城镇土地使用税为(　　)元。(该企业所处低端适用税率为 3 元/平方米)
A. 81 000
B. 84 000
C. 87 000
D. 90 000
19. 土地使用税的征收,由(　　)的税务机关进行。

A. 土地所在地
B. 纳税人机构所在地
C. 纳税人经营所在地
D. 国家税务总局指定地

20. 下列情况中，不交纳城镇土地使用税的有（　　）。
A. 区妇联开办对外营业的理发店用地
B. 校办工厂用地
C. 出版社用地
D. 市政府街道绿化地带

21. 镇土地使用税的计税依据是（　　）。
A. 纳税人实际拥有的土地面积
B. 纳税人实际使用的土地面积
C. 纳税人实际占用的土地面积
D. 税务机关认定的土地面积

二、多选题

1. 土地增值税的纳税人转让房地产取得的收入包括（　　）。
A. 利息收入
B. 货币收入
C. 实物收入
D. 其他收入

2. 资源税与流转税、所得税比较，具有以下特点（　　）。
A. 兼有有偿性和强制性的特征
B. 实行差别税
C. 只对特定资源征税
D. 从量定额征收

3. 下列经批准占用的耕地，免征耕地占用税的有（　　）。
A. 部队设施用地和炸药库用地
B. 铁路线路、飞机场跑道和停机坪跑道
C. 学校、幼儿园、敬老院和医院用地
D. 农村居民新建住宅用地

4. 资源税的纳税人是在我国境内从事开采应税资源的单位和个人，但不包括（　　）。
A. 外商投资和外国企业
B. 进口应税产品的单位
C. 进口应税产品的个人
D. 行政单位

5. 不属于土地增值税征税范围的有（　　）。
A. 国家出让土地使用权取得的收入
B. 国有企业房地产的重新评估升值
C. 房地产的交换
D. 将房地产赠与直系亲属

6. 资源税的其他非金属矿原矿包括（　　）。
A. 石棉
B. 硫铁矿
C. 石灰石
D. 铁矿石

7. 城镇土地使用税的征税范围包括（　　）。
A. 城市
B. 乡村
C. 建制镇
D. 工矿区

8. 土地增值税中下列项目允许扣除的有（　　）。
A. 房地产开发费用
B. 取得土地使用权所支付的金额
C. 房地产开发成本
D. 转让房地产时交纳的税金

9. 资源税规定：纳税人开采或生产应税产品销售或自用的，以（　　）为课税数量
A. 开采数量
B. 销售数量
C. 生产数量
D. 自用数量

10. 城镇土地使用税的纳税义务人通常包括（　　）。

A. 拥有土地使用权的单位和个人
B. 拥有土地使用权的单位和个人不在所在地时的土地实际使用人和代管人
C. 土地使用权尚未确定或权属纠纷尚未解决时的实际使用人
D. 土地使用权共有时的共有各方

11. 说法不符合城镇土地使用税的税率规定的是（　　）。
A. 有幅度差别的比例税率
B. 有幅度差别的定额税率
C. 全国统一定额
D. 由各地税务机关确定所辖地区适用的税额幅度

12. 下列占用土地免征城镇土地使用税的有（　　）。
A. 公园自用的土地　　B. 外商投资企业占用的生产用地
C. 企业内绿化占用的土地　　D. 国家机关自用的土地

13. 下列土地中，可以依土地使用税条例规定免缴土地使用税的有（　　）。
A. 宗教寺庙自用的土地
B. 国家机关的办公楼用地
C. 市政街道、广场、绿化用地带等公共用地
D. 房产管理部门在房租调整改革前经租的居民住房用地

14. 下列土地中，（　　）可由省、自治区、直辖市地方税务局确定是否减免土地使用税。
A. 市政街道、广场、绿化地带等公共用地
B. 个人所有的居住房屋及院落用地
C. 免税单位职工家属的宿舍用地
D. 各类学校的教学楼、操场等占用的土地

15. 下列说法符合土地使用税规定的是（　　）。
A. 营利性医疗机构免征城镇土地使用税
B. 高校后勤实体由于具有企业性质，所以占用的土地也征收城镇土地使用税
C. 城镇土地适用税率是采用幅度的差别税额，具体税额由省级人民政府确定
D. 城镇土地使用税是实行按年计算，分期缴纳的办法

16. 下列单位用地，需征收城镇土地使用税的有（　　）。
A. 公园办企业的用地　　B. 水电站发电厂厂房用地
C. 水利设施及管护用地　　D. 机场飞行区用地

17. 下列不属于免征城镇土地适用税的有（　　）。
A. 公园内管理部门的办公用地　　B. 农副产品加工场地
C. 免税单位有偿使用税单位的用地　　D. 纳税单位无偿使用免税单位的用地

18. 下列土地应计征城镇土地使用税的有（　　）。
A. 校办企业的经营用地　　B. 盐矿的矿井用地
C. 集体企业的养殖场的办公用地　　D. 房地产开发公司建造商品房的用地

19. 根据城镇土地使用税的规定，下列说法不正确的是（　　）。
A. 城镇土地使用税实行分级幅税额的税率形式
B. 煤炭企业的报废矿井占地，可以暂免土地使用税

C. 城镇土地使用税的计税依据是纳税人用于生产经营活动的土地面积
D. 城镇土地使用税的纳税期限由省、自治区、直辖市的地方税务局确定

20. 以下关于城镇土地使用税的表述中,正确的是(　　)。
A. 纳税人使用的土地不属于同一市(县)管辖范围内的,由纳税人分别向土地所在地的税务机关申报缴纳
B. 纳税人使用的土地在同一省(自治区、直辖市)管辖范围内,纳税人跨地区使用的土地,由纳税人分别向土地所在地的税务机关申报缴纳
C. 纳税人出租房产,自交付出租房产之次月起计征城镇土地使用税
D. 城镇土地使用税按年计算,分期缴纳

三、判断题

1. 资源税扣缴义务人代扣代缴税款的纳税义务发生时间,为支付货款的当天。(　　)
2. 凡是在我国境内从事开采资源的单位和个人,都是资源税的纳税人。(　　)
3. 经济特区和经济发达、人均耕地特别少的地区,计算耕地占用税时,适用税额可适当降低,但最低不得低于中央规定税额的50%。(　　)
4. 我国现行资源税采用从量定额征收的办法。(　　)
5. 城镇土地使用税,是对一切使用土地的单位和个人,按其实际占用的土地面积征收的一种税。(　　)
6. 进口盐应依照资源税税额表所列最高税额,由海关代征资源税。(　　)
7. 资源税与增值税交叉征收。(　　)
8. 土地增值税按照纳税人转让房地产取得的收入和规定的税率计算征收。(　　)
9. 转让房地产的成交价格如果低于房地产评估价格,又无正当理由的,应按照房地产评估价格计算征税。(　　)
10. 占用耕地从事非农业建设的单位,应在定额缴纳耕地占用税后,才可提请土地管理部门实施划拨土地。(　　)
11. 在城镇土地使用税征收范围内,利用林场土地兴建度假村等休闲娱乐场所的,其经营、办公和生活用地,应按规定征收城镇土地使用税。(　　)
12. 城镇土地适用税是以城镇国有土地为征税对象,对拥有土地经营权的单位和个人征收的一种税。(　　)
13. 几个人或者几个单位共同拥有同一块土地的使用权,则由其轮流缴纳这块土地的城镇土地使用权。(　　)
14. 应缴纳城镇土地使用税的工矿区是指所有建在城市、县城、建制镇外的工厂、矿所在地。(　　)
15. 城镇土地使用税的计税依据是纳税人因地理位置不同而产生的级差收入和出租场地而取得的租金收入。(　　)
16. 纳税人实际占用面积尚未核发土地使用证书的,应由纳税人申报土地面积,并以此为计税依据计算征收城镇土地使用税。(　　)
17. 城镇土地使用税采用有幅度的差别税额,按大、中、小城市和县城、建制镇、工矿区分别规定每平方米土地使用税年应纳税额。(　　)
18. 经批准开山填海整治的土地和改造的废弃地,可以由省、自治区、直辖市地方税务局

确定是否减免其城镇土地使用税。(　　)

19. 民政部门举办的福利工厂使用地可以按土地使用税条例规定免缴城镇土地使用税。(　　)

20. 某工厂于8月份购买一处旧厂房,于9月份在房地产权属管理部门办理了产权证书,该厂新增土地计算征收城镇土地使用税的时间是9月。(　　)

四、会计处理题

1. 某煤矿2018年5月将自采的一批原煤自用于连续生产洗选煤。已知原煤的开采成本为120 000元,则在原煤移送使用环节应进行怎样的会计处理?

2. 某企业位于某大城市,按地段划分适用城镇土地使用税单位税额为每平方米15元。该企业实际占用土地面积为8 000平方米,其中包括:企业自己办的幼儿园750平方米,企业自己办的医院用地1 250平方米,假定该企业按季度缴纳城镇土地使用税。计算该企业全年应纳的土地使用税税额并进行会计处理。

3. 某公司经批准在市郊区占用耕地20 000平方米,其中800平方米用于建造职工医院,其余用于厂房建设。该地区耕地占用税适用税额为每平方米30元。计算该公司应纳的耕地占用税并进行会计处理。

第八章　房产税、契税、土地增值税及其会计处理

一、单项选择题

1. 房产税的征税对象不包括(　　)的房产。

A. 城市　　B. 县城

C. 建制镇　　D. 农村

2. 房产税的纳税人不包括(　　)。

A. 房屋产权所有人　　B. 房产出典人

C. 房产承典人　　D. 房产使用人

3. 下列房屋不征房产税的是(　　)。

A. 经营租赁的房屋　　B. 融资租赁的房屋

C. 企业因大修停用七个月的厂房　　D. 企业因大修停用五个月的厂房

4. 某企业有房产1 000平方米,房产原值100万元。2010年该企业将其中的300平方米的房产出租,年租金20万元,已知省政府规定的减除比例为30%,该企业当年应纳房产税为(　　)万元。

A. 0.84　　B. 1.44

C. 2.4　　D. 2.988

5. 下列各项中,应当征收房产税的是(　　)。

A. 行政机关所属的招待所使用的房产

B. 自收自支事业单位向职工出租的单位自有房屋

C. 施工期间施工企业在基建工地搭建的临时办公用房

D. 邮政部门坐落在城市、县城、建制镇、工矿区以外的房产

6. 下列情况中不缴纳房产税的是(　　)。

A. 工厂用房　　B. 居民自住房
C. 个人开办的商店用房　　D. 学校出租的房屋

7. 以房产投资入股收取固定收入时，房产税的缴纳办法是(　　)。
A. 由投资方按房产余值和1.2%的税率计征
B. 由投资方按收取的固定收入和12%的税率计征
C. 由接受投资方房产余值和1.2%的税率计征
D. 待房产转让时再缴纳

8. 下列各项中，符合房产税纳税义务发生时间规定的是(　　)。
A. 将原有房产用于生产经营，从生产经营之月起
B. 自行新建房产用于生产经营，从建成之月起
C. 委托施工企业建设的房产，从办理验收手续之月起
D. 自行新建房产用于生产经营，从生产经营之月起

9. 下列各项中，符合房产税纳税义务人规定的是(　　)。
A. 产权属于集体的由承典人缴纳
B. 房屋产权出典的由出典人缴纳
C. 产权纠纷未解决的由代管人或使用人缴纳
D. 产权属于国家所有的不缴纳

10. 某企业有原值为2 500万元的房产，2010年1月1日将其中的30%用于对外投资联营，投资期10年，每年固定利润分红50万元不承担投资风险。已知当地政府规定的扣除比例为20%。该企业2010年度应缴纳产房税(　　)万元。
A. 24　　B. 22.8
C. 30　　D. 16.8

11. 下列行为中，不属于契税征税对象的是(　　)。
A. 国有土地使用权出让　　B. 国有土地使用权的交换
C. 农村集体土地承包经营权转移　　D. 出售国有土地使用权

12. 甲、乙两单位互换经营性用房，甲换到的房屋价格为490万元，乙换到的房屋价格为600万元，当地契税税率为3%，则B应缴纳的契税是(　　)。
A. 甲缴纳14.7万元　　B. 甲缴纳3.3万元
C. 乙缴纳18万元　　D. 乙缴纳3.3万元

13. 下列各项中，不符合契税有关规定的是(　　)。
A. 采取分期付款方式购买房屋附属设施土地使用权、房屋所有权的，应按合同规定的首付款计征契税
B. 承受的房屋附属设施权属如为单独计价的，按照当地确定的适用税率征收契税
C. 承受的房屋附属设施权属如与房屋统一计价的，适用与房屋相同的契税税率
D. 个人无偿赠与不动产行为(法定继承人除外)，应对受赠人全额征收契税

14. 以下行为中，应缴纳契税的是(　　)。
A. 以相等价格交换房屋
B. 城镇职工按国家规定标准面积第一次购买公有住房
C. 个人承受荒山土地使用权，用于农业生产

D. 以土地、房屋权属抵债

15. 企业关闭破产，非债权人承受土地房屋权属，妥善安置原企业职工(　　)以上的减半征收，全部安置原企业职工的，免征契税。

A. 25%　　B. 30%

C. 50%　　D. 51%

16. 纳税人应当自纳税义务发生之日起(　　)内办理契税的纳税申报。

A. 5 日　　B. 10 日

C. 15 日　　D. 1 个月

17. 税务机关不应按照房地产评估价格对纳税人计算征收土地增值税的情形是(　　)。

A. 纳税人不进行土地增值税纳税申报的

B. 纳税人提供的扣除金额不实

C. 纳税人隐瞒、虚报房地产成交价格

D. 纳税人人转让房地产的成交价格低于房地产评估价格有无正当理由

18. 根据土地增值税有关规定，纳税人提供扣除项目金额不实的，在计算土地增值税时，应按照(　　)。

A. 税务机关根据评估价格确定扣除项目金额

B. 税务机关与纳税人协商价格扣除

C. 市场同类房地产扣除项目平均价格扣除

D. 房地产原值减除一定比例后的余值扣除

19. 某单位转让一幢已经使用的楼房，原价为 500 万元，已提折旧 300 万元，经房地产评估机构评估，该楼重置成本价为 800 万元，成新度折扣率为五成，转让时缴纳各种税金共 30 万元，则计算土地增值评估价格为(　　)万元。

A. 200　　B. 400

C. 230　　D. 430

20. 下列房地产转让行为中应征收土地增值税的是(　　)。

A. 继承房屋

B. 无偿赠与房屋给直系亲属

C. 被兼并企业将房屋并入兼并企业中

D. 合作建房有偿转让的

二、多选题

1. 房产税的计税依据有(　　)。

A. 房产净值　　B. 房产余值

C. 租金收入　　D. 房产市价

2. 下列各项中，应征收房产税的有(　　)。

A. 城市居民出租的房产　　B. 城市居民投资联营的房产

C. 城市居民所有的自有住房　　D. 城市居民拥有的营业用房

3. 按照房产税暂行条例的规定，下列表述正确的有(　　)。

A. 事业单位对外出租经营的房屋免征房产税

B. 房屋大修停工 3 个月以上的房产免征房产税

C. 地下人防设施的房屋暂不征收房产税

D. 企业办的各类学校、托儿所、幼儿园、自用的房产免征房产税

4. 下列项目中，符合房产税计税依据规定的有(　　)。

A. 对以房产投资联营且共担风险的，以房产余值为计税依据

B. 对融资租赁房屋的，以房产的余值为计税依据

C. 对企业将原按余值缴纳房产税的房产出租，以租金为计税依据

D. 国家机关将房产出租，以租金为计税依据

5. 下列各项中，暂免征收房产税的有(　　)。

A. 房管部门向居民出租的公有住房　　B. 文化体育单位出租的公有住房

C. 企业向职工出租的单位自有住房　　D. 个人对外出租经营的自有住房

6. 下列各项中，符合房产税纳税义务人规定的是(　　)。

A. 将房屋产权出典的，承典人为纳税人

B. 将房屋产权出典的，产权所有人为纳税人

C. 房屋产权未确定的，房产代管人或使用人为纳税人

D. 产权所有人不在房产所在地的，房产代管人或使用人为纳税人

7. 下列各项中，符合房产税纳税义务发生时间的有(　　)。

A. 将原有房产用于经营，自生产经营之月起

B. 自行新建房产用于生产经营，从建成之月起

C. 委托施工企业建设的房产，从办理验收手续之月起

D. 委托施工企业建设的房产，在办理验收手续前已使用的，从使用当有起

8. 下列在征税范围内的房产或其他建筑物，属于房产征税对象的是(　　)。

A. 企业职工宿舍　　B. 水塔

C. 工厂围墙　　D. 房地产公司出租的写字楼

9. 下列应征收房产税的有(　　)。

A. 外商投资企业出租其办公用房　　B. 政府拨款的事业单位出租其办公用房

C. 农村居民出租其住宅　　D. 国有企业自用办公房

10. 房产的租金收入，是房屋产权所有人出租房产使用权所得的报酬，包括(　　)。

A. 利息所得　　B. 货币收入

C. 实物收入　　D. 隐形收入

11. 下列行为中，应视同土地使用权转让征收契税的有(　　)。

A. 以土地权属作价投资　　B. 以土地权属抵债

C. 以获奖方式承受土地权属　　D. 以预购方式承受土地权属

12. 契税的计税依据有(　　)。

A. 房地产的成交价格　　B. 房地产的租金

C. 房地产的市场价格　　D. 房地产交换时的价格差额

13. 下列以成交价格为依据计算契税的有(　　)。

A. 土地使用权赠与　　B. 土地使用权出让

C. 土地使用权出售　　D. 房屋买卖

14. 下列各项中，免征契税的有(　　)。

A. 承受荒山、荒丘用于农业生产
B. 房屋继承赠与
C. 因灾害损失而重新购买住房
D. 对于承租与房屋相关的附属设施

15. 以下属于土地增值税纳税义务人的有(　　)。
A. 外商投资企业
B. 国家机关
C. 个人
D. 出租办公楼的企业

16. 下列各项中,不征或免征土地增值税的有(　　)。
A. 以房地产使用权抵押未发生房地产权属转让的
B. 企业与个人之间交换的房地产
C. 被兼并企业的房地产在企业兼并中转让到兼并方的
D. 以出售、出资双方合作建房,建成后又转让给其中一方的

17. 根据《土地增值税暂行条例》极其实施细则规定,土地增值税的征税范围包括(　　)。
A. 转让国有土地使用权
B. 出让国有土地使用权
C. 转让集体土地使用权
D. 地上的建筑物及其附着物连同国有土地使用权一并转让

18. 下列项目中,属于土地增值税免税范围的有(　　)。
A. 国家机关转让自用的房产
B. 因国家建设需要而自行转让的房地产
C. 房地产开发企业对外投资的商品房
D. 企事业单位转让旧房作为经济适用房房源,且增值额未超过扣除项目金额之和20%的

19. 下列项目中,属于土地增值税扣除项目并且可据实扣除的有(　　)。
A. 取得土地使用权支付的价款
B. 销售房产的业务招待费
C. 销售房产的广告费用
D. 土地征用及拆迁补偿费

20. 计算土地增值税时,下列费用准予从收入总额中扣除的有(　　)。
A. 出售旧房过程中的评估费用
B. 开发小区的排污费,绿化费
C. 建房贷款超期支付的利息
D. 项目可行性研究费用

三、判断题

1. 农民王某,年初他将位于本村20万元的楼房出租,取得租金收入3 000元,按照房产税从租计征计算,王某当年应缴纳房产税360元。(　　)
2. 融资租赁的房屋,以该房产的余值计算房产税。(　　)
3. 对个人按市场价格出租的居民住房,可暂按其租金收入征收4%的房产税。(　　)
4. 应税房产停用半年以上的,经纳税人申请,税务机关审核,在大修期间免征房产税。(　　)
5. 个人所有的房产,除出租外,一律免征房产税。(　　)
6. 对房地产开发企业建造的商品房,在出售前,一律不征收房产税,(　　)。
7. 所有拥有房屋产权的单位和个人,都是房产税的纳税人。(　　)
8. 对融资租赁房屋的情况,在计征房产税时,应以房产原值进行征收,至于租赁期内房产税的纳税人,由当地机关根据实际情况确定。(　　)

9. 某单位出租一房屋，每月收取租金 6 000 元，半年缴纳一次房产税，每年缴纳税金 8 640 元。(　　)

10. 对于以房产投资联营，投资者参与投资利润分红，共担风险的，由出租方按租金收入计缴房产税。(　　)

11. 纳税人转让旧房及建筑物时，为确定房地产的评估价值而发生的评估费用，允许在计算土地增值税时予以扣除。(　　)

12. 土地增值税的纳税人为转让土地使用权、地上的建筑物及 其附着物并取得收入的单位和个人。(　　)

13.《土地增值税暂行条例》及其实施细则规定，纳税人转让 房地产取得的收入，包括转让房地产的全部价款及有关的经济收益，但不包括实物收入。(　　)

14. 对于代收费用未作为转让房地产的收入计税的，在计算增 值税额时不允许扣除代收费用。(　　)

15. 对于个人购入房地产再转让按发票所载金额并从购买年 度起至转让年度止每年加计 5% 计算的，对其在购入时已缴纳的契税，准予作为“转让房地产有关的税金”予以扣除。(　　)

16. 对于个人购入房地产再转让按旧房及建筑物的评估价计 算扣除的，对其在购入时已缴纳的契税，不另作为“与转让房地产有关的税金”予以扣除。(　　)

17. 房地产开发企业代收的费用一律并入转让房地产收入计 征土地增值税。(　　)

18. 房地产开发企业将开发产品用于职工福利、奖励，应在房 产移交使用时视同销售房地产。(　　)

19. 房地产开发企业开发建造的与清算项目配套的公共设施，建成后产权属于全体业主所有的，不计算收入，其成本、费用也不得扣除。(　　)

20. 个人将房地产赠与他人的应视同销售不动产征收土地使用税。(　　)

四、会计处理题

1. 2019 年 5 月，某工业企业(增值税一般纳税人)将其 2015 年底取得的一项国有土地使用权(在“无形资产”科目核算)转让，取得转让收入 8 150 万元(含增值税)，转让时该企业选择简易计税方法计算增值税。已知该土地使用权受让原价为 5 000 万元，已累计摊销 200 万元。

要求：计算该企业转让土地使用权时应缴纳的各项税费，并进行会计处理。

2. 某企业 2019 年 7 月份固定资产账面原值为 5 000 000 元，当地政府规定，企业自用房屋按照房产原值一次减除 30% 后作为房产余值纳税。

要求：计算该企业 7 月份应缴纳的房产税，并进行会计处理。

第九章　车辆购置税、车船税和印花税及其会计处理

一、单选题

1. 根据《车辆购置税暂行条例》的规定，不属于车辆购置税应税行为的是(　　)。

A. 自产自用行为　　B. 获奖使用行为

C. 购买使用走私车辆的行为　　D. 馈赠车辆的行为

2. 根据《车辆购置税暂行条例》的规定，不属于车辆置税的征税对象与征税范围的是(　　)。
A. 二轮摩托车　　B. 三轮摩托车
C. 电动自行车　　D. 农用运输车
3. 某县工商局2018 年3 月从汽车贸易公司购进一辆轿车自用，取得汽车销售行业的专用发票，注明价款250 000 元；另外支付购买工具和零配件价款8 100 元；支付控购部门控购费35 000 元，并取得控购部门的收款收据；汽车贸易公司提供系列服务，代办各种手续并收取一定的费用，该单位支付代收费用9 500 元，并取得汽车贸易公司开具的普通发票。该工商局应纳车辆购置税税额(　　)元。
A. 22 894.21　　B. 26 504.27
C. 27 240　　D. 30 260
4. 依据车辆购置税的有关规定，下列车辆中可以享受减免税的是(　　)。
A. 国家机关购买的小汽车
B. 留学人员销售自己使用过的小汽车
C. 有突出贡献专家购买的小汽车
D. 国际组织驻华机构购买的自用小汽车
5. 车辆购置税的纳税环节是(　　)。
A. 销售和使用环节　　B. 生产环节
C. 销售环节　　D. 使用环节
6. 下列表述符合车船税征税现行规定的有(　　)。
A. 电车不需缴纳车船税　　B. 半挂牵引车不需缴纳车船税
C. 挂车不需缴纳车船税　　D. 拖船按照船舶税额的50%计税
7. 某公司拥有船舶2 艘，净吨位分别为200.5 吨，180.7 吨。100 马力的拖船1 艘；该地船舶车船税税额为：净吨位每吨年税额5 元，该公司应缴纳的车船税为(　　)元。
A. 2 155 元　　B. 2 030 元
C. 2 500 元　　D. 2 250 元
8. 外商进出口公司有载客汽车4 辆，载货汽车4 辆，自重吨位分别为20 吨、15.4吨、15.6 吨、30.5 吨，当地省政府规定，载客汽车年税额为250 元/辆，载货汽车为60 元/吨，则该公司应缴纳的车船税为(　　)元。
A. 5 890　　B. 5 920
C. 5 950　　D. 5 980
9. 下列各项中，可以免征车船税的有(　　)。
A. 外商投资企业外籍人员自用的车辆
B. 在国外已纳船舶吨税的我国远洋运输船
C. 警用车辆
D. 处于还贷期间的国有交通部门贷款购买的车船
10. 下列车船税的表述正确的是(　　)。
A. 纳税人对扣缴义务人代收代缴税款有异议的，可以向纳税所在地的国家税务机关提出

B. 车船税的纳税义务发生时间,为车船管理部门核发的车船登记证书或者行驶证书所记载日期的当天

C. 车船税的所有人或者管理人未缴纳车船税的,使用人应当代为缴纳车船税

D. 跨省、自治区、直辖市使用的车船,纳税地点为纳税人户口所在地

二、多选题

1. 下列属于车辆购置税特点的有( )。

A. 征收环节单一　　　　B. 价外征收,税负不发生转嫁

C. 征税具有特定目的　　　　D. 有利于合理筹集建设资金

2. 下列属于车辆购置税的纳税人的有( )。

A. 国有企业　　　　B. 集体企业

C. 国家机关　　　　D. 外国公民

3. 关于车辆购置税的税率与计税依据,下列说法正确的有( )。

A. 进口自用的应税小汽车的计税价格包括关税完税价格和关税,不包括消费税

B. 底盘和发动机同时发生更换的车辆,其最低计税依据为同类新型新车最低计税依据的70%计算

C. 车辆购置税实行统一比例税率,除排气量为1.6升及以下的小排量乘用车外,税率为10%

D. 纳税人购买自用的应税车辆的计税依据为纳税人购买应税车辆而支付给销售方的全部价款和价外费用(含增值税)

4. 根据《车辆购置税暂行条例》的规定,下列车辆中可以减免车辆购置税的有( )。

A. 武警部队购买的列入武器装备订货计划的车辆

B. 长期来华定居专家进口1辆自用小汽车

C. 在外留学人员购买1辆自用进口小汽车

D. 森林消防部门用于指挥、检查、调度、联络的设有固定装置的指定型号的车辆

5. 下列车辆购置税的涉税管理政策,陈述正确的是( )。

A. 纳税人在申报纳税时,税款的缴纳方式主要有:现金支付、支票、信用卡和电子结算及委托银行代收、银行划转等方式

B. 已经缴纳车辆购置税的车辆,因质量原因,车辆被退回生产企业或者经销商的,纳税人可申请退税

C. 对公安机关车辆管理机构不予办理车辆登记注册手续的车辆。退还全部已缴纳税款

D. 代征、代扣、代收也是车辆购置税的缴税方法

6. 车船税征税过程中,以“辆”为计税依据的有( )。

A. 电车　　　　B. 载货汽车

C. 专项作业车　　　　D. 中型客车

7. 下列对车辆税额的特殊规定中不正确的是( )。

A. 对车辆自重尾数未超过0.5吨者,按1吨计算

B. 船舶净吨位尾数在0.5吨以下者,按0.5吨计算;超过0.5吨者,按1吨计算

C. 对车辆自重吨位尾数超过半吨者,按1吨计算

D. 船舶净吨位尾数在0.5吨以下者，免算；超过0.5吨者，按1吨计算

8. 下列表述符合车船税征税现行规定的有（　　）。

A. 外商投资企业不缴纳车船税

B. 对车辆自重吨位尾数在半吨以下的，按半吨计算车辆的税额

C. 拖船按照发动机功率每2马力折合净吨位1吨计算征收车船税

D. 依法不应当在车船管理部门登记的车船不征车船税

9. 下列关于车船税表述正确的有（　　）。

A. 属于行为税类

B. 实行从量定额征收

C. 适用于在我国境内拥有或管理车船的所有单位和个人，但不包括外商投资企业

D. 按年申报缴纳

10. 下列车辆中应纳车船税的是（　　）。

A. 出租汽车

B. 行政单位办公车辆

C. 自行车

D. 外商投资企业经营用车

11. 下列车辆应缴纳车船税的是（　　）。

A. 电车

B. 事业单位班车

C. 检察院领取警用牌照的车辆

D. 符合国家有关标准的残疾人机动轮椅车

12. 下列关于船舶的车船税的陈述正确的是（　　）。

A. 非机动车船全部免税

B. 捕捞、养殖渔船，免税

C. 按照有关规定已经缴纳船舶吨税的船舶，免税

D. 拖船以马力为计税依据征收车船税

三、判断题

1. 立合同人是指合同的当事人，既指对凭证有直接权利义务关系的单位和个人，但不包括合同的担保人、证人、鉴定人。（　　）

2. 加工承揽合同中，如由受托方提供原材料和辅助材料金额的，可将辅助材料金额剔除后计征印花税。（　　）

3. 某施工单位将自己承包建设项目中的安装工程部分，又转包给了其他单位，其转包部分在总承包合同中已缴过印花税，因为不必再次贴花纳税。（　　）

4. 技术合同中的技术咨询合同，不包括一般的法律、会计、审计等方面的咨询合同，其所立合同不贴印花税。（　　）

5. 对融资租赁合同，其合同所载租赁总额，按借款合同计税贴花。（　　）

6. 同一应税凭证载有两项经济事项，并分别记载金额，可按两项金额合计和最低的适用税率，计税贴花。（　　）

7. 对于签订时无法确定计税金额的合同，可在合同结算时根据实际税金额，汇总纳税。（　　）

8. 应税合同中未兑现的部分金额，不需缴纳印花税。（　　）

9. 以合并或分立方式成立的新企业，其新启用的资金账簿记载的资金，可不再贴花。（　　）

10. 对纳税人以电子形式签订的各类应税凭证不属于印花税列举凭证，不征收印花税。(　　)

11. 根据《印花税暂行条例施行细则》的规定，在国外签订的合同，在我国境内履行的，应在生效时贴花。(　　)

四、会计处理题

1. 2019 年初某企业房产原值 3 000 万元，其中厂房原值 2 600 万元，厂办幼儿园房产原值300 万元，仓库原值100 万元，拥有整备质量10 吨货车10 辆、7.8 吨挂车5 辆。该企业 2019 年发生如下业务：

(1)7 月 20 日购置 2.5 吨客货两用车 2 辆，合同载明金额 10 万元，当月领取行驶证书。

(2)6 月 30 日将原值为 300 万元的厂房出租，合同载明每年租金 24 万元，租赁期3 年。

(3)10 月份接受甲公司委托加工一批产品，签订的合同中注明原材料由甲公司提供，金额为 100 万元，收取加工劳务费 30 万元；完工产品由甲公司负责运输，甲公司与运输公司签订合同中注明运费 2 万元、保管费 0.2 万元、装卸费 0.05 万元。

已知：当地省政府规定计算房产余值的扣除比例为 20%，货车车船税年税额 20 元/吨，以上价格均不含增值税。

要求：根据上述资料，按下列序号计算回答问题，每小题需要计算出合计数。

(1)计算该企业应缴纳车船税。

(2)计算该企业应缴纳的房产税。

(3)计算该企业应缴纳的印花税。

2. 某公司主要从事建筑工程机械的生产制造，2019 年 1 月发生以下业务：

(1)启用账簿 8 本；

(2)签订钢材采购合同一份，采购金额为 900 万元；

(3)新增实收资本 300 万元、资本公积 50 万元。

要求：计算该公司应缴纳的印花税，并进行相关的会计处理。

第十章　个人所得税及其会计处理

一、单项选择题

1. 根据个人所得税法律制度的规定，下列个人所得中，应缴纳个人所得税的是(　　)。

A. 财产租赁所得　　B. 退休工资

C. 保险赔偿　　D. 国债利息

2. 根据个人所得税法律制度的规定，下列各项中，属于工资薪金所得项目的是(　　)。

A. 年终加薪　　B. 托儿补助费

C. 独生子女补贴　　D. 差旅费津贴

3. 我国工资薪金所得个人所得税适用税率形式为(　　)。

A. 比例税率　　B. 超率累进税率

C. 全额累进税率　　D. 超额累进税率

4. 计算个体工商户生产经营所得个人所得税时，允许从收入中扣除的税金不包括(　　)。

A. 增值税　　B. 消费税

C. 营业税　　D. 印花税

5. 下列关于个体工商户生产经营所得应纳个人所得税的表述正确的是(　　)。

A. 业主的工资薪金可以税前扣除

B. 雇员的工资薪金可以税前扣除

C. 业主家庭和企业共用发生的费用一律不允许扣除

D. 个体工商户的捐赠支出一律不允许扣除

6. 下列关于个人独资企业和合伙企业投资者个人所得税的计税规定表述正确的有(　　)。

A. 投资者的工资不允许在税前扣除

B. 企业生产经营和投资者家庭生活共用的固定资产，全部视为投资者家庭生活用品，所提折旧不允许税前扣除

C. 企业每一纳税年度发生的广告费不超过当年销售收入2%的部分可据实扣除；超过部分可无限期向以后年度结转

D 企业计提的各种准备金可以税前扣除

7. 关于个体工商户生产经营所得应纳个人所得税的下列表述正确的是(　　)。

A. 个体工商户生产经营所得按年计征

B. 个体工商户生产经营所得按月计征

C. 个体工商户生产经营所得适用七级超额累进税率

D. 个体工商户一律按查账征收法征收个人所得税

8. 下列所得中一次收入畸高可实行加成征收的是(　　)。

A. 稿酬所得　　B. 利息、股息、红利所得

C. 劳务报酬所得　　D. 偶然所得

9. 下列所得中以一个月内取得的收入为一次计征个人所得税的有(　　)。

A. 财产转让所得　　B. 稿酬所得

C. 利息所得　　D. 财产租赁所得

10. 下列个人所得在计算应税所得额时，应按收入全额计税的是(　　)。

A. 个体工商户生产经营所得

B. 财产转让所得

C. 偶然所得

D. 对企事业单位承包经营、承租经营所得

11. 关于稿酬所得的下列说法不正确的是(　　)。

A. 稿酬所得以个人每次取得的收入定额或定率扣除规定费用后的余额为应纳税所得额

B. 稿酬所得适用20%的税率

C. 稿酬所得适用14%的税率

D. 稿酬所得按次缴纳个人所得税

12. 关于劳务报酬所得，下列说法正确的是（ ）。

A. 适用 20% 的固定比例税率

B. 适用 20% 的固定比例税率，但对一次收入畸高的可加成征收

C. 适用 30% 固定比例税率

D. 适用超额累进税率

13. 根据个人所得税法律制度的规定，个人转让房屋所得应按（ ）税目计税。

A. 财产转让所得 B. 特许权使用费所得

C. 偶然所得 D. 劳务报酬所得

14. 根据个人所得税法律制度的规定，下列个人所得中，免征个人所得税的是（ ）。

A. 劳动分红 B. 出版科普读物的稿酬所得

C. 年终奖金

D. 转让自用 6 年唯一家庭生活用房所得

15. 在中国境内两处或两处以上取得工资、薪金所得的纳税地点为（ ）。

A. 收入来源地 B. 税务局指定地点

C. 纳税人户籍所在地 D. 纳税人选择并固定一地

二、多选题

1. 根据个人所得税法律制度的规定，下列关于个人所得来源的判断正确的有（ ）。

A. 特许权使用费所得，以特许权使用地为所得来源地

B. 生产、经营所得，以生产、经营活动实现地为所得来源地

C. 财产租赁所得，以被租赁财产的使用地为所得来源地

D. 工资、薪金所得，以纳税人居住地为所得来源地

E. 动产转让所得，以实现转让地为所得来源地

2. 下列情形中，属于居民纳税人的有（ ）。

A. 中国境内有住所的个人

B. 在中国境内无住所又不居住的

C. 在中国境内无住所而在境内居住不满 1 年的个人

D. 在中国境内无住所而居住满 2 年的个人

E. 在中国境内无住所而居住满 1 年的个人

3. 个人所得税的纳税义务人包括（ ）。

A. 有中国境内有所得的外籍人员 B. 股份有限公司

C. 合伙企业投资者 D. 个人独资企业投资者

E. 股份有限公司投资者

4. 工资薪金所得与劳务报酬所得的主要区别在于（ ）。

A. 独立劳动与非独立劳动的关系 B. 经常所得与偶然所得的关系

C. 主动劳动与被动劳动的关系 D. 雇佣与被雇佣的关系

E. 智力劳动与体力劳动的关系

5. 计算工资、薪金所得个人所得税时，可享受附加减除费用的个人包括（ ）。

A. 有两处所得的中国公民

B. 在中国境内有住所但在境外工作的中国居民

C. 在中国工作的外籍专家
D. 在中国的外资企业工作的中方人员
E. 华侨和港澳台同胞

6. 下列稿酬所得应合并一次征税的有(　　)。
A. 同一作品在报刊上连载分次取得的稿酬
B. 同一作品再版取得的稿酬与原版稿酬
C. 同一作品出版社分三次支付的稿酬
D. 同一作品出版后加印而追加的稿酬
E. 再版作品分次取得的稿酬

7. 关于特许权使用费所得的下列说法正确的是(　　)。
A. 费用减除标准与劳务报酬所得规定完全相同
B. 特许权使用费所得按次计征,以一次特许收入为一次
C. 特许权使用费所得适用20%的固定比例税率,并按应纳税额减征30%
D. 特许权使用费所得适用20%的固定比例税率,但一次收入畸高的应加成征收
E. 特许权使用费所得适用20%的固定比例税率

8. 下列关于财产转让所得的表述正确的是(　　)。
A. 个人转让自用5年以上的家庭唯一生活用房所得免征个人所得税
B. 财产转让所得按次纳税
C. 财产转让所得以每次转让财产取得的收减除固定费用后的余额为应纳税所得额
D. 财产转让所得适用20%的固定比例税率
E. 对于建筑物允许扣除的财产原值是指建造费用或购进价格以及其他有关费用

9. 下列所得中,个人所得税适用税率为20%的有(　　)。
A. 特许权使用费所得　　B. 劳务报酬所得
C. 财产租赁所得　　D. 财产转让所得
E. 稿酬所得

10. 下列各项中,适用5%～35%的五级超额累进税率的有(　　)。
A. 个体工商户的生产经营所得　　B. 个人独资企业的生产经营所得
C. 对企事业单位的承包经营所得　　D. 合伙企业的生产经营所得
E. 劳务报酬所得

11. 下列项目需要代扣代缴个人所得税的有(　　)。
A. 个体工商户的生产经营所得　　B. 工资薪金所得
C. 特许权使用费所得　　D. 偶然所得
E. 稿酬所得

12. 下列各项所得,在计算应纳税所得额时不允许扣除任何费用的有(　　)。
A. 偶然所得　　B. 利息、股息和红利所得
C. 特许权使用费所得　　D. 财产转让所得
E. 财产租赁所得

13. 个人取得的下列所得,在计算应纳税所得额时采用定额扣除费用的有(　　)。
A. 设计费4 000元　　B. 出租场地所得30 000元

C. 偶然所得 2 000 元　　D. 稿酬所得 2 000 元

E. 工资薪金所得 5 000 元

14. 根据个人所得税法律制度的规定，下列情形的纳税人应自行申报个人所得税的有(　　)。

A. 年所得 10 万元以上的

B. 从中国境外取得所得的

C. 取得应税所得没有扣缴义务人的

D. 从中国境内两处或两处以上取得工资、薪金所得的

E. 个体工商户生产经营所得

15. 关于个人所得税纳税申报地点的下列说法正确的有(　　)。

A. 从两处或两处以上取得工资、薪金的，选择并固定向其中一处单位所在地申报

B. 从中国境外取得所得的，向中国境内户籍所在地主管税务机关申报个体工商户向家庭住址所在地主管税务机关申报

C. 从中国境外取得收入的个人，在中国境内有户籍，但户籍所在地与中国境内经常

D. 居住地不一致的，选择并固定向其中一地主管税务机关申报

E. 个体工商户向实际经营所在地主管税务机关申报

三、判断题

1. 日本公民三普 2009 年 1 月 1 日至 2009 年 12 月 3 日在中国境内工作，则 2009 年他不属于我国个人所得税的居民纳税人。(　　)

2. 王平年薪 20 万元，由于单位已足额代扣代缴个人所得税，因此他无须再自行申报个人所得税。(　　)

3. 李华因工作业绩表现出色，任职单位奖励其住房一套，该项所得应按工资薪金所得缴纳个人所得税。(　　)

4. 王工程师为任职单位职工培训取得劳动报酬 2000 元，该所得应按劳务报酬所得缴纳个人所得税 240 元。(　　)

5. 王丽与某歌厅签订为期 5 个月的合约，约定每月出场唱 8 场，出场费每场 400 元，则王丽共应缴纳个人所得税 2400 元。(　　)

6. 市民李某 2018 年 1 月将其自有住房出租，租期一年，月租金 2 000 元，6 月该房屋漏水发生维修费用 1 000 元，则李某 8 月份应纳个人所得税 240 元。(　　)

7. 个人出版同一作品，不论出版单位是预付还是分笔支付稿酬，或加印再付稿酬，均应合并为一次征税。(　　)

8. 个人领取的原提存的住房公积金、医疗保险金、基本养老保险金，免征个人所得税。(　　)

9. 某设计师取得一次性的劳务报酬 2.3 万元，此项所得应实行加成征收办法计征个人所得税。(　　)

10. 个人将其应税所得全部用于公益救济性捐赠，仍可能要承担缴纳个人所得税义务。(　　)

11. 在个人所得税法中，“境内居住满一年”是指在中国境内居住满 365 日。(　　)

12. 退休教师李某月退休工资 5 000 元，李某此项所得无须缴纳个人所得税。(　　)

13. 工资、薪金所得附加减除费用不适用于华侨和香港、澳门、台湾同胞。(　　)

14. 凡向个人支付应纳税所得的单位和个人，不论是向本单位人员支付，还是向其他人员支付，均应在支付时代扣代缴其应纳的个人所得税。(　　)

15. 特许权使用费所得以特许权使用地为所得来源地。(　　)

四、业务计算题

1. 若某纳税人 2019 年扣除“四险一金”后共取得含税工资收入 120 000 元，除住房贷款专项附加扣除(每年 12 000 元)外，该纳税人不享受其余专项附加扣除和税法规定的其他扣除。

要求：计算其当年应纳个人所得税税额。

2. 某居民个人纳税人为独生子女，2019 年交完社保和住房公积金后共取得税前工资收入 200 000 元，劳务报酬 10 000 元，稿酬 10 000 元。该纳税人有两个小孩且均由其扣除子女教育专项附加，纳税人的父母健在且均已年满 60 岁。

要求：计算其当年应纳个人所得税税额。

3. 2019 年 8 月，李某出版小说一本取得稿酬 80 000 元，从中拿出 20 000 元通过国家机关捐赠给受灾地区。李某 8 月份其预扣预缴的个人所得税是多少？

4. 中国公民李哲系自由职业者，2019 年收入情况如下：出版中篇小说一部，取得稿酬 50 000 元，后因小说加印和报刊连载，分别取得出版社稿酬 10 000 元和报社稿酬 3 800 元。

要求：计算其预扣预缴的个人所得税。

五、会计处理题

1. 某企业 2018 年 11 月支付给员工张某工资 5 600 元，奖金 600 元。

要求：计算张某应缴纳的个人所得税并进行会计处理。

2. 甲企业支付给李某项目设计费 1 800 元。

要求：计算李某应缴纳的个人所得税。